Knowledge House & Walnut Tree Publishing

Knowledge House & Walnut Tree Publishing

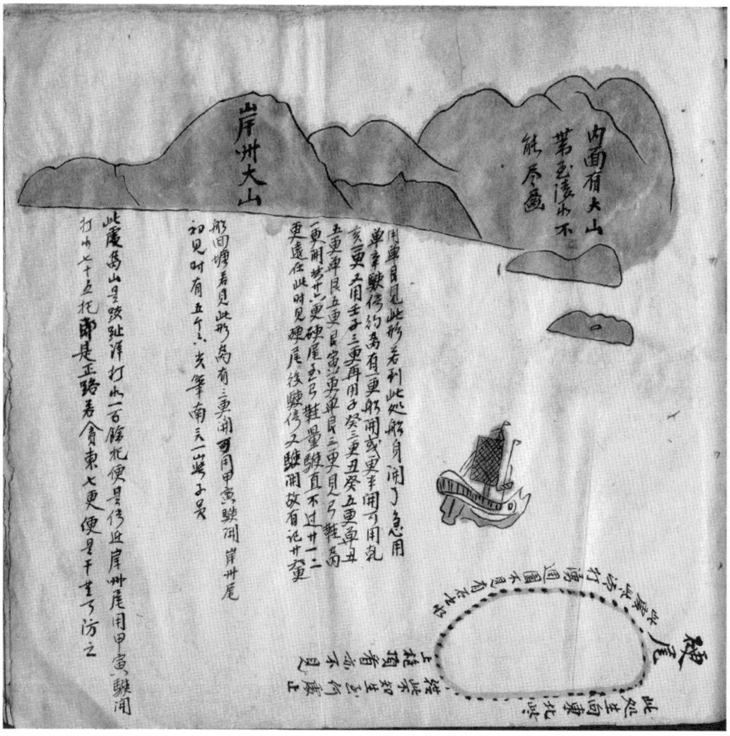
內面有大山
茀玉淺水不
能本畫
岸州大山
用單艮見此形若到此處船身開了急用
單辛駛傍約為有更船開或更半開可用乾
亥更又用壬子三更再用子癸三更丑癸五更單丑
五更單艮五更艮寅二更單艮三更見弓鞋為
一更開共廿六更硬尾玉弓鞋量駛直不过廿一二
更遠在此時見硬尾後駛傍又駛開故有從廿更
船回塘若見此形為有三更開可用甲寅駛開岸州尾
初見時有五个〻尖筆南頭一山為子号
此處為山是交趾洋打水一百餘托便是傍近岸州尾用甲寅駛開
打水七十五托即是正路若貪東七更便是千里石防之
硬尾

内面有大山
萬死淺水不
能停泊

岸州大山

此庵為山身歧趾洋打水一百膁托便是傍近岸州尾用甲寅鍼開
打水七十五托即是正騎考貪東七更便見千生方防之

庵尾

海洋地圖

中國古代海洋地圖舉要

梁二平 著

引言

中國古代海洋地圖概說

關於中國古代地圖的傳說都與大禹有關。一個故事說，大禹奉王命去治理水患，有位老伯在河邊撿起一片青石送給他，大禹發現那片青石原來是一幅治水用的地圖。這就是《莊子》「河伯獻圖」的故事；此外，《左傳》中也記錄了，禹收「九牧之金」鑄成風物九鼎的故事；但人們至今沒找到刻有地圖的夏代器物，所以，這些傳說還不能實證明中國有四千多年的地圖史。

關於地圖的可靠記載，應是周厲王時的「散氏盤」銘文。這段銘文記載了西周「散」與「矢」兩國以地圖調解土地糾紛的事：矢人將交於散人的田地繪製成地圖，在周王派來的官員監督下交接，成為矢、散兩國的正式券約。我們大體可以相信西周時，中國已有了很好的地圖。但真正可以觸摸到的最古老的地圖是一九七〇年代河北平山縣中山王墓中出土的銅板地圖。

這幅戰國青銅地圖，實際上是中山王的陵園規劃圖，所以被專家命名為《兆域圖》。不過，《兆域圖》畢竟表現的不是一個地域的方位圖景。真正稱得上中國最古老的地圖是一九八六年天水放馬灘秦墓發掘出的七幅木版地圖。此圖不僅繪有山川、河流、居民點、城邑，並有八十二條文字注記，而且還用「上」字，標注了北方為上的定位。據考，這些地圖應為秦王政八年（西元前二三九年）的物品，稱得上是現存最早的古代地圖。

那麼，中國最早描繪海洋的地圖又是哪一幅呢？

中國古代的輿地學問中，海是被邊緣化的。在中國最古老的地理文獻《禹貢》中，記錄的都是「禹定九州」的事，關於大海，僅止於「東漸於海，西被於流沙」的泛泛之說。直到《漢書・地理志》，朝廷才首次明確了東北至東海，西至越南的萬里海疆；也是在漢代，先人的地圖上才有了關於大海的描繪。

在馬王堆漢墓出土的「地形圖」上，南海露出了一個小小的「月牙」，它由此成為中國最早描海大海與海疆的地圖。此後，魏晉、南北朝戰亂不停，幾乎沒為後世留下任何地圖，包括海圖，似乎一切都在等待大宋來完成。

本書所講的「古代海圖」，一是指廣義的涉及海洋的古代地圖；二是指以航海為目的繪製的航海專圖；三是指用於籌海海防的地圖。本書所講的古代海圖，與現代海圖有著很大的區別。後者的英文名稱是：「nautical chart」，它的定義是：用於艦船安全航行和航海定位的海圖，按用途可分為：航海總圖、航行圖、海岸圖和港灣圖。

西方的古代海圖與中國的大為不同。中世紀的西方海圖，被稱為「波特蘭（portolam）」，它是專供航海使用的地圖，圖上佈滿放射狀的羅盤線，航行者借助這些方位線和羅經儀，可以隨時測定船隻在海洋上的方向。圖上詳細繪出海岸線、海灣、島嶼、海角、淺灘、沿海山脈以及有助於航海的地貌地物。

中國最早的航海圖出現在宋代，如《輿地圖》上就出現了海上航線的標注，但航海功能還沒有從地圖中分離出來，構成航海專圖。中國最早的航海專圖，應該出現於元代，但存世的只有明代仿照元人繪製的航海專圖。如明初的《海道指南圖》即被稱為最早的航海專圖。

明代是中國古代航海圖的繪製高峰，這次編寫修訂版時，特別增補了近年了被重新發現和研究的兩件重要的航海圖，一件是現藏牛津大學博多立安（Bodleian）圖書館的《明東西洋航海圖》，另一件是現藏耶魯大學斯特林（Sterting）紀念圖書館的「山形水勢圖冊」，這兩件地圖作品，與《鄭和航海圖》一起構成了，明代的三大航海，或也可以說是中國古代的三大航海圖，迄今為止尚未發現可以與之比肩的航海圖。

《鄭和航海圖》出現在鄭和下西洋二百年後的《武備志》一書中，原圖名為《自寶船廠開船從龍江關出水直抵外國諸番圖》，成圖時間沒有確切記錄，一般認它是根據鄭和下西洋的經驗整理而成。原圖應是一字展開式長卷，茅元儀將它收入《武備志》時，改為書本式，自右而左，有圖二十對頁，共四十幅，最後附《過洋牽星圖》四幅。海圖中記載了五百三十多個地名，其中五分之三是外域地名。宋代發明的指南針，在十二世紀傳入阿拉伯後，又進而傳入歐洲，使西方海員在航行中獲益非淺。但在《鄭和航海圖》上，仍舊是「過洋牽星」，仍舊是「山水畫」式的對景圖，圖上沒有羅盤導航的元素，也無數學與實測基礎。

可以和同時期西方航海圖比肩而立的是近些年來被重新發現的《明代東西洋航海圖》筆者曾親赴牛津訪問此圖，回國後在深圳海洋文化論策劃了此圖的專題研討會，主持這次研討會的葛劍雄等專家皆認真為此圖在中國古代海圖史中，具有添補空白的重要價值的意義，所以這次出版修訂本特把它補入其中。

《明代東西洋航海圖》反映了中國東南沿海民間海商的東西洋海上貿易航路，同樣反映民間海商海上活動的還有近年來再次受到專家們關注的《山形水勢圖》。在明鈔本《順風相送》及清鈔本《指南正法》等針路簿中，都能讀到從「山形水勢圖」中轉錄下來的文字，但山形水勢圖或因刻印的原因都被刪節了。一九七四年在美國的台灣學者李弘祺先生卻在耶魯大學斯特林紀念圖書館中發現了該館收藏的一套中國古代航海圖，冊即中國民間的「舟子秘本」。但關於它的深入研究，則是近年來才達到高潮。這之中，有最先研究此圖的台灣學者李弘祺、香港學者錢江，北京學者劉義傑，諸多專家對它作了專題研究，認為它是明清兩代民間一直在航海實踐中應用的重要航海圖，所以這次出版修訂本特把它補入其中，借助專家們的研究對此圖做一個簡單介紹。

這次還增補了一部分清代的重要海圖，如《四海總圖》、《江海全圖》、《閩省鹽場全圖》、《新安縣志重印本・海防圖》，此外還增補了晚清割香港島、租新界的幾幅重要地圖，如《廣東廣州府輿圖・新安縣圖》、《新安縣志重印本・海防圖》、《新安縣全圖》。

中國的古代海圖原本就不多，歷經戰亂能夠傳世的就更少，加之學界對這一領域的研究少有投入，所以普通讀者甚至連影印的古代海圖都見不到。我這裡，也只能從各種發行量很少的古代地圖集中，海外圖書館，還有民間古代地圖收藏家手裡，把它們以海洋的名義請出來，在此排排隊、亮亮相，盡最大努力把它們的來龍去脈介紹給大家，借此構築一個簡約版的中國古代海圖史，或中國古代海圖思想史。

梁二平

二〇一四年冬，於深圳。

CONTENTS 目錄

引言 005

1 創造歷史的大漢到蒙元的海疆地圖 016

引言：中國古代海圖的起步 016
最早描繪出大海的地圖——《地形圖》 019
最早最精確的海疆地圖——禹跡圖 023
最早的海疆陸界國防圖——《華夷圖》 029
最早上石全國行政地圖——《九域守令圖》 033
追復故疆盡歸版籍之圖——《墜理圖》 036
最早雕版墨印行政地圖——《九州山川實證總圖》 039
最早描繪出流求的地圖——《古今華夷區域總要圖》 042
以天星分地界的地圖——《唐一行山河分野圖》 047
以印度為世界中心的地圖——《佛祖統記》三地圖 049
最早繪出海上航線的地圖——《輿地圖》 056
宋代海防的縮影——《定海縣境圖》 060
宋代昌壯國勢的圖畫——《昌國縣境圖》 063
蒙元粗造的疆域描繪——《大元混一圖》 066

CONTENTS 目錄

海陸擴張的版圖展示——《元經世大典地理圖》 070
陸海兼治的——《南臺按治三省十道圖》 075
蒙元遠航的海圖線索——清浚《廣輿疆里圖》 078

2
漢至元的海上貿易與「口岸」圖景 082
引言：古代的海上貿易之路 082
大漢開洋第一灣北部灣古港——《九域守令圖》、《墜理圖》（局部） 085
開放時間最長的口岸——《廣東通志初稿・廣州府地理圖》、《嶺海輿圖・廣州府輿地圖》 090
唐代開啟的東方大港明州港——《鄞縣縣境圖》、《寧郡地輿圖》 098
宋代最興旺的口岸城杭州港——《京城圖》 104
宋元時期世界級大港泉州港——《泉州府圖說》 108

3
大明的海上漕運圖 116
引言：大明的海運夢 116
中國最早的海運專圖——《海道指南圖》 118
明代覆議海運的藍圖——《新河海運圖》 121
明代海上漕運的實踐指南——《廣輿圖・海運圖》 124

目錄 CONTENTS

懷念前朝的海運盛景——《三才圖會・海運圖》 127
縱貫大明南北的海上漕運夢——《皇明職方地圖・海運圖》 129

4 大明的「海上絲綢之路」 132

引言：明代三大航海圖 132
中國最早的世界航海圖——《鄭和航海圖》 135
真正的海上貿易航線圖——《明代東西洋航海圖》 144
民間海上貿易的「舟子秘本」——《山形水勢圖》 148

5 明代的海禁與防倭 154

引言：商貨不通，海寇不息 154
中國首部全面論述海防圖籍——《籌海圖編》 158
集海防圖與海防理論於一圖——《乾坤一統海防全圖》 162
邊政地圖之集大成者——《皇明職方地圖・皇明大一統地圖》 165
地圖符號的集大成者——《楊子器跋輿地圖》 168
明代描繪釣魚台的航海圖——《琉球圖說》《琉球過海圖》 173

CONTENTS 目錄

6 大明眼中的中國與世界 178
引言：中國人怎樣繪製世界地圖 178
尚未「混一」的世界——《大明混一圖》 181
源自中國的世界地圖——《混一疆理歷代國都之圖》 184
第一幅傳入西方的中國全圖——《古今形勝之圖》 188
第一部綜合性的全國地圖集——《廣輿圖》、《分野輿圖・西南海夷圖》 192
西南海洋鄰國圖——《安南圖》 196
東南陸海鄰國圖——《朝鮮圖》 199
東南海洋鄰國圖——《日本圖》 202
早期的海外專圖——《東南海夷圖》、《西南海夷圖》 205
中央之國的四海歸一圖——《四海總圖》 209
以大明為中心的世界地圖——《乾坤萬國全圖古今人物事跡》 212
江海關係的風水表達——《中國三大幹圖》 218
大明海權思想的版圖表達——《山海輿地全圖》 221

7 西洋人眼中的大明與世界 224
引言：騎在全球化門檻上的大明王朝 224
第一幅中文版世界地圖——《坤輿萬國全圖》 228

目錄 CONTENTS

世界是圓的——《東西兩半球圖》 232
西儒送來的極地圖——《北輿地圖》、《南輿地圖》 234
西洋人最早繪製的中國全圖——《世界概觀·中國地圖》 238
葡萄牙人繪製的中國城市地圖——《澳門地圖》 241
荷蘭人實測的中國島嶼圖——《澎湖群島及福爾摩沙島地圖》 244

8 大清盛世的疆域地圖 246

引言：清初三朝的實測中國全圖 246
第一幅科學實測的全國地圖——康熙朝《皇輿全覽圖》 249
承上啟下的大清版圖——《雍正十排全圖》 254
最完整亞洲大陸全圖——《乾隆十三排圖》 257
萬年一統的美好願景——《大清分省輿圖》、《大清萬年一統地理全圖》 261

9 清代的台灣、琉球、南海諸島地圖 266

引言：大清開啟的台灣測繪的新時代 266
最早的單幅台灣地圖——康熙朝《臺灣輿圖》 270
最大的台灣地圖——雍正朝《臺灣圖附澎湖群島圖》 274
最精細的台灣地圖——乾隆朝《臺灣輿圖》 278

CONTENTS 目錄

早期的台灣海道圖——《澎台海圖》 284
清冊封琉球國圖——《琉球國全圖》 287
清冊封琉球航海圖——《針路圖》 290
南海諸島的海圖記錄——《四海總圖》 295

10 晚清時局與海洋格局 300

引言：閉關鎖國的「鮀鳥」策略 300
清初的全國海疆防禦圖——《沿海全圖》 303
中日海航故道——《大清廣輿圖》 307
清代漕政改革的歷史畫卷——《海運全圖》 312
近海航運指南——《江海全圖》 315
由生產到海防——《閩省鹽場全圖》、《福省全圖》 318
第一部中國海口大全——《海口圖說》 324
伶仃洋裡看零丁——《澳門紀略．海防總圖》 330
深圳前傳新安縣——《廣東廣州府輿圖．新安縣圖》、《新安縣志重印本．海防圖》 334

目錄 CONTENTS

描繪殖民地的香港、九龍、新界地圖
——清道光二十一年一八四一年《香港和附近海域》 339
——清咸豐十年一八六〇年《北京條約》割九龍附圖 339
——清光緒二十四年一八九八年《展拓香港界址專條・附粘附地圖》 339
現代測繪地圖的經典之作——《新安縣全圖》 346
現代海岸地圖的經典之作——《浙江沿海要口全圖》 352
晚清的版圖光景——《清會典・大清皇輿全圖》 354
晚清被列強欺侮的政治地圖——《時局全圖》 357

1 創造歷史的大漢到蒙元的海疆地圖

引言：中國古代海圖的起步

中國的所謂「封建」到秦朝就改為郡縣制了，「封」的色彩大大淡化，「統」的色彩大大加強。據《史記・秦始皇本紀》載，西元前二二一年，秦滅六國後，「分天下以為三十六郡」。但這「三十六郡」具體是哪些郡，太史公似嫌囉嗦就沒有詳記。

南北朝時，劉宋的裴駰著《史記集解》，首次開列了「三十六郡」的名單：「三川、河東、南陽、南郡、九江、鄣郡、會稽、潁川、碭郡、泗水、薛郡、東郡、琅邪、齊郡、上谷、漁陽、右北平、遼西、遼東、代郡、鹿、邯鄲、上黨、太原、雲中、九原、雁門、上郡、隴西、北地、漢中、巴郡、蜀郡、黔中、長沙，凡三十五郡，與內史為三十六郡」——我為什麼要在這裡開列全部郡名，就是想借此說明，秦的三十六個行政區的名字中——竟然沒有一個「海」字出現。

海與郡的聯繫出現在秦征服嶺南「百越」之後，中國海圖的歷史也將從這裡開始。

西元前二一四年，秦兵統一了嶺南，隨即設立了南海郡，這是古代中國行政區劃第一次用「海」來命名郡。依王國維的《秦郡考》之說，大約在秦統一嶺南的幾年後，秦在郯郡（今連雲港）東部，設立了東海郡。南海、東海成為秦朝後期「四十八郡」中，僅有的兩個以「海」來命名的郡。

從以海名水，到以海名地。這種命名在地與海的微妙轉換中，透露出海洋意識在王道中的萌動：南海郡和東海郡的設立，不僅是建兩個「省級單位」的那麼簡單，它也是某種海疆權力的朦朧表達，可算作帝國海疆的原始行政表述（至今這兩個郡名還在海域的意義上被後人使用）。

如果說命名與敕令是行政權力的一種表達，那麼版圖的繪製則是主權的直接宣示。不過，遺憾的是秦朝的地圖中，有沒有「海」的描繪。我們對中國古代海圖的眺望，還要等到湖南馬王堆漢墓的考古挖掘。馬王堆漢墓出土的帛地圖，為我們推開了一扇「面朝大海」的小窗。從那幅《地形圖》上，我們可以看到南海郡所轄的一小片「月牙」形南海灣。

如果按照漢代高超的繪圖水準一路走下去，此後的中國將會有很多精製的海圖或海疆圖出現，但漢和秦代一樣都因戰亂而沒有留下完整的行政區地圖。不僅如此，連古代中國文化的最高峰唐代，也沒有留下一幅全國行政區地圖。我們只能在地理文獻中得到一點點關於古代中國全圖的文字慰藉。

據文獻記載，漢代曾用縑八千匹畫成全國地圖——《天下大圖》；西晉初年，中國第一位地圖大師裴秀曾在《天下大圖》的基礎上，以一寸折地百里的比例尺（約1：180萬）縮繪成一丈見方的晉代全國地圖——《地形方丈圖》；據說，此圖曾流傳到唐代，後來又失傳了。唐代傑出地圖學家賈耽沿襲裴秀的製圖方法，令繪工又繪了一幅唐代的全國地圖——《海內華夷圖》幾乎比裴秀《地形方丈圖》的面積大十倍，可惜《海內華夷圖》也沒能保留下來。

歷史把展示大型地圖的機會全留給了宋朝，借助宋代的地圖，我們得以一覽古代中國的「全國」。

不斷丟失北方疆土的大宋特別重視地圖製做與管理，在北宋大觀元年（西元一一〇七年）成立了九域圖志局這樣的中央地圖管理機構。宋人似乎總結了漢唐用紙、錦、縑製作的地圖難以傳世的教訓，想到了以碑刻的方法製作地圖。

據考，早在西元四世紀左右，人們就發明了用紙在石碑上墨拓的複製方法——拓碑，在印刷術沒有出現之前，石刻是一種保存與傳播的最好手段。古代的碑刻內容有：墓碑、墓誌、書畫碑、記事碑、宗教碑、天文碑和地圖碑等多種，可謂「無事不可入碑」。宋人的《禹跡圖》、《華夷圖》、《九域守令圖》等石刻地圖，都是在這樣的背景下產生的。

元代本應承繼宋代，把地圖繪製推向高峰，但戰亂不停的這個短命的王朝，沒能留下多少地圖。雖然如此但元代的海陸擴張，還是為我們貢獻了描繪世界和繪製航海圖的線索，如《海外諸域圖》、《海外諸蕃地理圖》都是歷史上記載較早的海圖。此外，元代地圖還吸收了西域國家的製圖方法，如《元經世大典地理圖》，豐富了中國的製圖技巧和難得的國際視野。

從大漢到大元，傳世的地圖不多，涉及海洋的地圖就更少，但這一段是中國海圖的重要起步期，少量傳世的地圖與海圖所包含的珍貴歷史文化訊息，仍值得我們深入研究。

最早描繪出大海的地圖——《地形圖》

〰《地形圖》〰 漢文帝十二年（西元前一六八年）

漢代沒有留下描繪國土的全國版圖，現在我們能看到了漢代地圖是一九七三年湖南馬王堆三號墓出土了漢代的帛書地圖。雖然，僅僅是「湖廣兩省」的地圖，但人們有幸借此看到一扇「面朝大海」的歷史之窗。

馬王堆出土的三幅帛書地圖，其原圖都沒有名字；為便於後人引據，專家們根據圖中所繪主要內容進行了命名。其中，與海相關的即是那幅最為有名的《地形圖》（圖1.1）。此圖的方位與現代地圖剛好相反，是上南下北。圖為長、寬各九十六公分的正方形。圖的主區描述的是，漢初長沙國桂陽郡的中部地區，相當今湖南深水（今瀟水）的中上游流域。鄰區描述的是，南越王趙佗割據的嶺南地區。

這幅古地圖包含了現代地形圖的四大基本要素，即水系、山脈、道路和居民點。同時，它所繪製的河流和用閉合的山形線表示山脈的起落、走向、山體輪廓範圍，這種類似於正形投影的繪圖法，為何後來會有十個世紀的空白，至今仍是個謎。不過，這些令人驚奇之處，並非我的著眼點。令我著迷的是主區之外，鄰區邊緣的那片月牙形的水域。

讓我們把目光從《地形圖》精雕細刻的主區移開，聚焦鄰區，即趙佗割據的嶺南地區。它包括今北江以西、桂江以東的珠江流域。鄰區部分比主區畫得粗略，既沒有標明本已納入圖中的秦南海郡，也不標注南越國都城蕃禺。鄰區中僅有今賀江流域標有兩個字——「封中」。據廣東西江的研究者考證：西

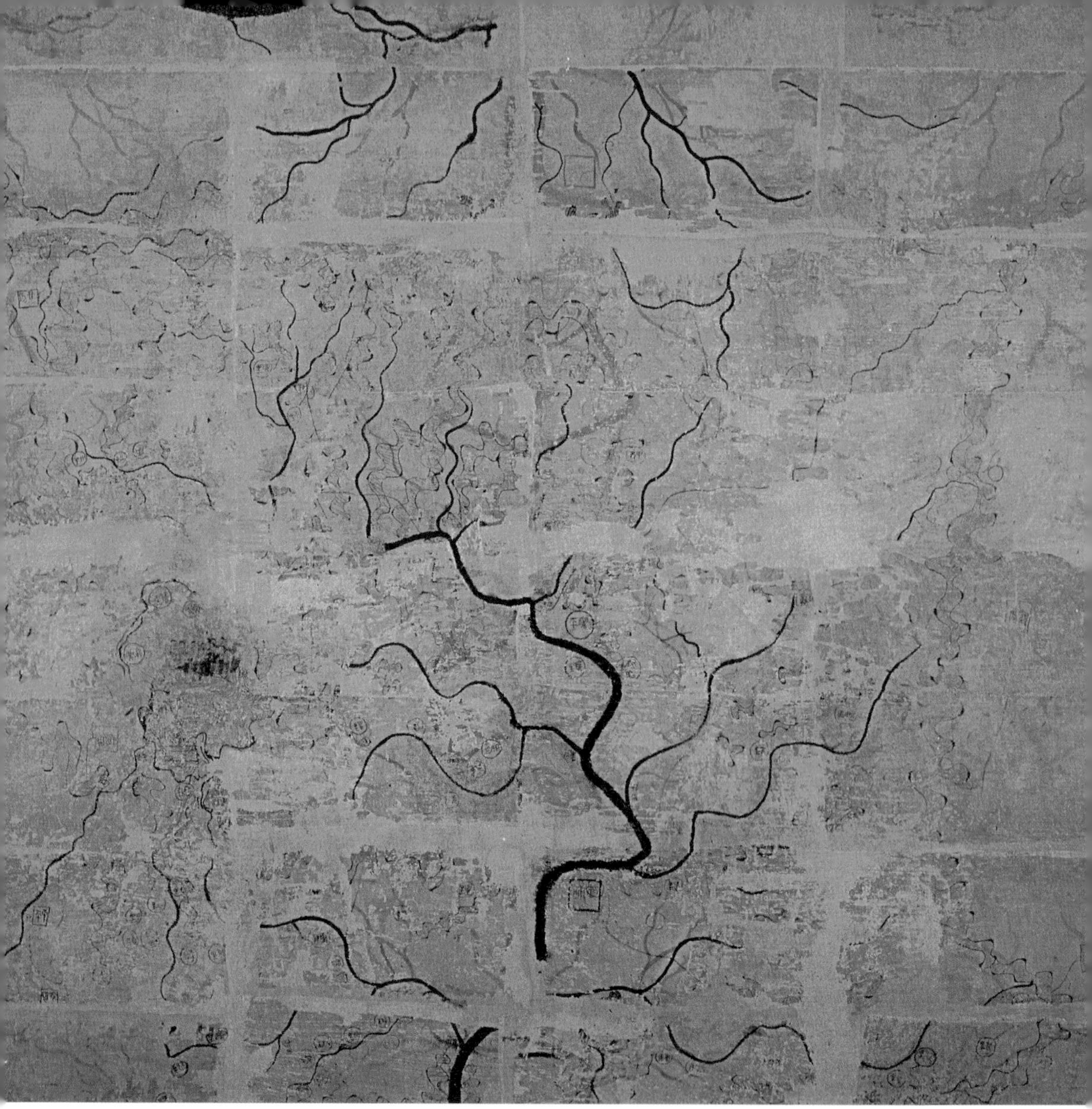

圖1.1：《地形圖》

馬王堆帛書《地形圖》，又稱「西漢初長沙國深平防區圖」。繪製時間約為漢文帝十二年（西元前一六八年）墓主入葬之前。圖的方位為上南下北，左東右西。在圖的上部繪出了珠江入海口的南海灣，是中國現存最早的繪有海岸線的地圖。圖縱九十六公分，橫九十六公分。

江支流賀江，古稱封水。「封中」指的應是封水中部。由於「封中」與長沙國有接壤關係，故受到漢朝繪圖者的「點名」重視。

鄰區除「封中」一名外，南越國的地盤上，僅剩下一些表現江河的筆墨。這些線條十分粗略，但還是繪出了珠江三角洲的基本面貌。珠江是中國境內第三長河流，其名原指廣州到入海口的一段河道。珠江下游廣東段稱為西江，其分支東江、北江匯入珠江入海口，後來逐漸成為西江、北江、東江和珠江三角洲諸河的總稱。珠江與長江、黃河不同，它沒有統一的入海口，人們用「三江匯合，八口分流」這八個字來概括珠江的入海口的特色。

主鄰有別，詳近略遠。《地形圖》對主區的多條江河和支流的入河口均表現準確，但鄰區幾條進入珠江三角洲的江河及其入海口都畫得都很粗略，水道全無注記；目前可辨認出約四、五條河流的匯入海灣，海岸線沒有如實畫成曲線而是繪成一個簡約的半月形；雖然，此處沒有地名標注，但從地理位置上人們仍能判斷出那個「月牙」無疑就是南海郡所依偎的南海。

《地形圖》的海域部分，許多專家都有所忽略，沒有人來確認這片海在地圖史中所應有的重要的「歷史地位」。不論站在海洋文化的立場上，還是站在地圖史的立場上，我都認為《地形圖》上的海灣部分，是長久以來被專家們忽視的《地形圖》中最可寶貴的另一個「身份」——它是中國現存地圖中最早的海域描述，堪稱中國海圖的「祖母」。

雖然，《地形圖》的海岸線很不準確，只是示意性的畫了個半圓；海水還沒有像後來宋代的海圖那樣畫上波紋，只能繪成「一潭死水」；甚至，我們把海所占比率很小的《地形圖》稱作一份海圖，有些勉強。但是這一小部分確實表現出了較清晰的江、海關係，並含有了海圖所需要的海與海岸線的重要元素，畢竟它是一幅二千一百多年前的地圖。

在湖南博物館參觀馬王堆出土的帛書地圖時，已經完全分辨不出帛地圖出土時的色彩了。所幸還能看到一九七三年底最早拿到的三十二張斷帛照片，和率先進入此項研究的譚其驤先生當年的記錄：「該圖用三種顏色繪製，位於圖幅左上方的珠江口以田青色繪畫，道路用淡赭色描繪，其餘內容均以黑色表示。」這段寶貴記錄告訴我們，它是中國最早的彩色地圖，同時也讓我們瞭解到，古人對海的色彩已有所表現——「田青色」，為我們研究中國的「藍色文化」提供了重要的底色。

在這張圖上事實上存在著五條看不見的界線，即郡界、縣界、鄉界、村界，還有華夷之界——海。最後這條界，也是不可逾越的。漢元鼎六年（西元前一一一年），漢武帝南征軍攻破蕃禺城。南越國謀反國相呂嘉，和國主趙建德與「其屬數百人亡入海，以船西去」，試圖「流亡海外」。漢廷即派兵海上追逃，生擒了南越國最後一帝趙建德。此時，漢武帝正在外巡遊，行至河東郡左邑縣桐鄉時（今山西境內），聽到南越國被滅的消息，非常高興，便把該地改名為「聞喜縣」（山西今仍用此名）。校尉司馬侯追逃有功，被漢武帝封為「海常侯」。

海就這樣已進入了大漢的視野與版圖之中。

一位研究中國南海的學者說，看不同的地圖，會對珠江口產生不同的感覺。如果看中國地圖，珠江口好像偏在南疆；如果看世界地圖那將是另一種景象：南海恰處在當年世界貿易的中心地帶，菲律賓、馬來西亞、印尼……這裡是千百年來的世界香料貿易的核心區；而麻六甲海峽又是直通印度、阿拉伯海的重要紐帶，是東西方海上貿易的咽喉……珠江口恰好坐在國際貿易的黃金通道上。

中國的海岸線從北到南很長，但真正把我們引向世界的正是這片神奇的海。

最早最精確的海疆地圖——《禹跡圖》

〈〈〈《禹跡圖》〈〈〈 南宋紹興六年（一一三六年）刻

〈〈〈《禹迹圖》〈〈〈 南宋紹興十二年（一一四二年）刻

不僅秦漢沒有留下完整的行政區地圖，連古代中國文化的最高峰唐代，也沒留下一幅行政區地圖，後人只能在歷史典籍中得到一點關於古代中國版圖的文字慰藉。

據文獻記載，漢代曾用縑八千匹畫成全國地圖——《天下大圖》；西晉初年，中國第一位地圖大師裴秀曾在《天下大圖》的基礎上，以一寸折地百里的比例尺（約1：180萬）縮繪成一丈見方的晉代全國地圖——《地形方丈圖》；據說此圖曾流傳到唐代，後來又失傳了。唐代傑出地圖學家賈耽沿襲裴秀的製圖方法，令繪工又繪了一幅唐代的全國地圖——《海內華夷圖》幾乎比裴秀《地形方丈圖》的面積大十倍，可惜《海內華夷圖》也沒能保留下來。

歷史把展示大型地圖的機會全留給了宋朝，宋朝特別重視地圖製作與管理，不僅多次編修全國或諸州府圖經，還在北宋大觀元年（一一〇七年）成立了「九域圖志局」這樣的中央地圖管理機構。北宋時期，人們似乎總結了漢唐用紙、錦、縑製作的地圖難以傳世的教訓，想到了以碑刻的方法製作地圖。中國的碑刻按形制、銘文、作用大體可分為：墓碑、墓誌、書畫碑、記事碑、宗教碑、天文碑和地圖碑等九類，可謂「無事不可入碑」。我們接下來要說的《禹跡圖》、《華夷圖》、《九域守令圖》等石刻地圖，都是在這樣的背景下產生的。

需要說明的是這些石刻地圖，成圖與上石的時間並不同步，有的是成圖早，但上石時間晚，如，《禹跡圖》（圖1.2），成圖於西元一〇九〇年左右，而上石則是西元一一三六年；有的是成圖與上石同一時間，如，《九域守令圖》，成圖與上石都是西元一一二一年。這裡是依成圖時間排序，所以，先來談《禹跡圖》。

說《禹跡圖》就要說到禹。「三皇五帝」都是傳說中的人文始祖，比較接近於人又近於史的是大禹。黃河流域總發大水，總要有人領頭治理吧，水治好了，要有人劃界安家吧……這些都是初民的基本活動，社會生活需要禹這樣的社會角色。依《尚書》而論，禹是最早實踐地理之學的人，所以，後世地理著作都托禹之名，前有「禹貢」定九州之文，後有「禹跡」化為輿圖之名。這裡要講到的《禹跡圖》，其命名也不離此意。

長安是漢唐都城，文化之水深不可測，多少年過去，千疏萬漏，仍有寶貝遺於後世。比如碑林。這個北宋元佑二年（一〇八七年）開啟的收藏漢唐石碑的傳統，其血脈一直延續到民國。一九八七年，我初入碑林參觀之時，碑林已是名揚中外，規模了得的西安旅遊重地。遊碑林的人，多以觀石經書法為重。但我要尋找的是「林」中絕無僅有的石刻地圖——此石刻為雙面，一面是《禹跡圖》，另一面是《華夷圖》。從兩面地圖一正一倒的刻圖，與方向不一的題刻來看，此雙面石刻不是一塊最終將豎立起來的石碑，而是專供拓印地圖的石刻印版。我想，此印版應與碑林所藏《十三經》石經一樣，含有永存正版的保護之意。

這塊拓印地圖的石刻印版到底是哪位高人所繪？碑上只有上石時間，沒繪圖時間與繪圖人的名字。根據《華夷圖》一面的右下方題刻：「唐賈魏公所載，凡數百餘國，今取著聞者載之」透露的線索，此圖應

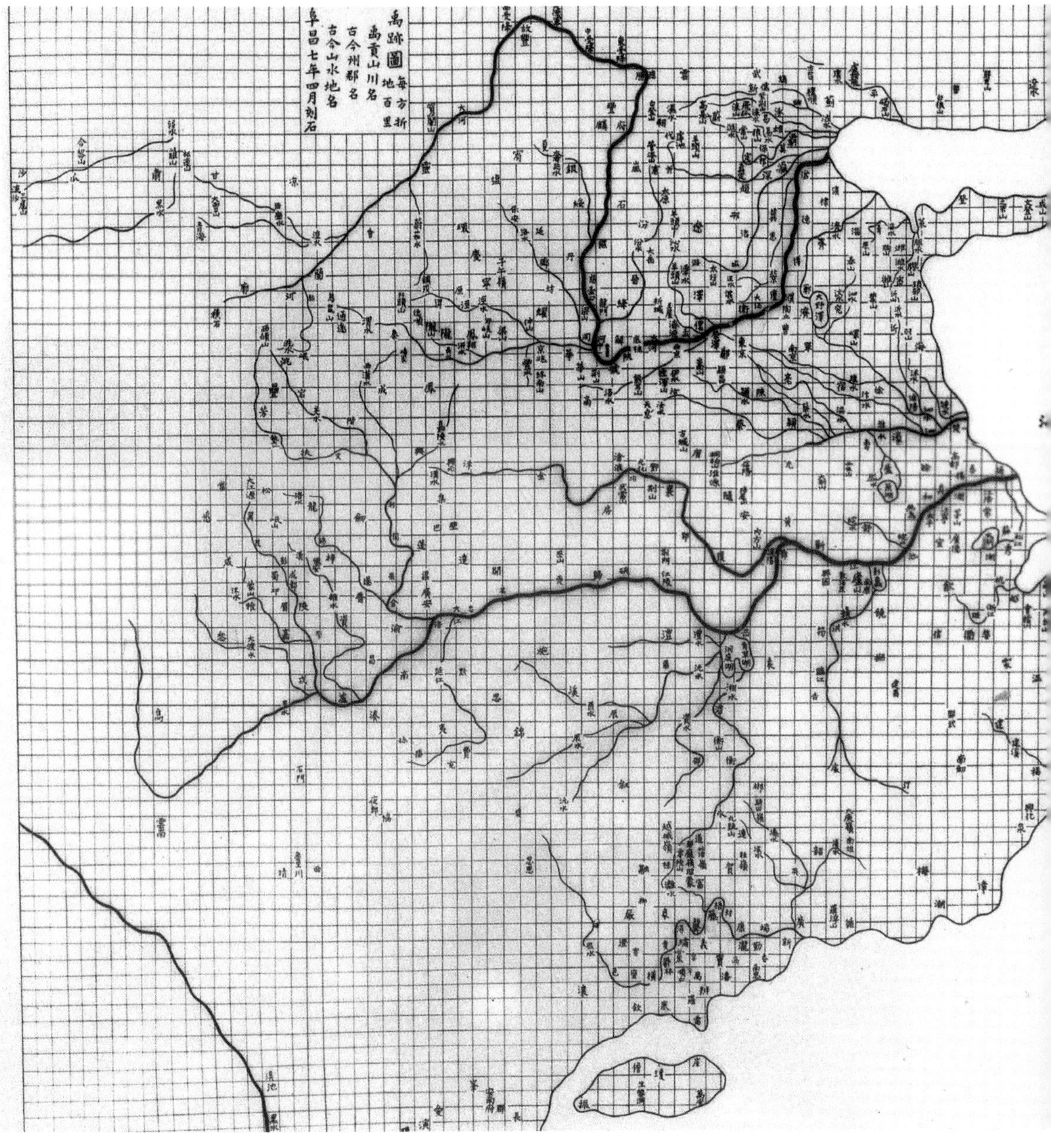

圖1.2：禹跡圖

禹跡圖原圖為石刻地圖，刻於南宋紹興六年（一一三六年），是中國現存的最早用網格法「計里畫方」繪製的地圖。成圖的時間下限應為西元一〇一〇年以前。上石時間比石版另一面所刻的《華夷圖》要早六個月。此雙面石刻地圖應為可供拓印的石刻圖印版。這裡展示的是墨線圖和拓片圖。縱一百一十四公分，橫一百一十四公分。

是在唐賈耽《海內華夷圖》的基礎上，重新編繪的。此外，在《禹跡圖》一面，則完全採用了《海內華夷圖》所用的「計里畫方」法繪製。毫無疑問，宋人的《禹跡圖》和《華夷圖》皆承繼了唐人的《海內華夷圖》的成果。但具體到它的成圖年代，就要更細緻地考據，古代地圖專家曹婉如，依據黃河在今天的河北入海，以及圖中沒有晚於北宋元豐三年（一〇八〇年）建置的行政區名，推定此為繪圖之上限。

說到此圖的繪製時間的下限，就要提到這幅《禹跡圖》在北方上石後的第六個年頭，一一四二年，南方又有一塊同名石刻地圖《禹迹圖》（圖1.3）誕生。巧的是，北方的《禹跡圖》藏於西安碑林，南方的《禹迹圖》則藏於鎮江碑林。一一三六年到一一四二年間，一北一南上石的這對「姐妹圖」，瞑瞑之中似在昭示著什麼。

鎮江碑林也建於北宋慶曆八年（一〇四八年），比西安碑林還早四十年。鎮江太守錢子高從江中獲得了一塊《瘞鶴銘》殘石，便將其與另外三塊晉唐時期的石碑一起置於焦山之上，取名寶墨軒，焦山碑林由此而來。建在焦山的碑林，由摩崖石刻與碑林陳列組成。摩崖石刻環集焦山西側峭壁，其中有「大字之祖」——晉刻《瘞鶴銘》，唐刻《金剛經偈句》、宋刻《米芾摩崖題名》、《陸游踏雪觀瘞鶴銘》等。此外，這裡還有一塊彌足珍貴的地圖碑，即《禹迹圖》。此圖縱八十四公分，橫七十九公分，其本成正方形，較西安的《禹跡圖》稍小，刻繪也粗糙一些。

西安《禹跡圖》與鎮江《禹迹圖》，有「迹」與「跡」字之別，「跡」是「迹」字的異體字，兩幅圖實為同名。除了同名之外，兩幅圖還有許多相同之處：皆採用了「計里畫方」的畫法，均標示出「每方折地百里」的比例尺。兩張圖的方位，均為上北下南。兩圖上皆標繪了五百多個地理名稱。兩圖所表示範圍，基本一致。鎮江《禹迹圖》的上方刻有「元符三年正月依長安本刊」，曹婉如據此推測西

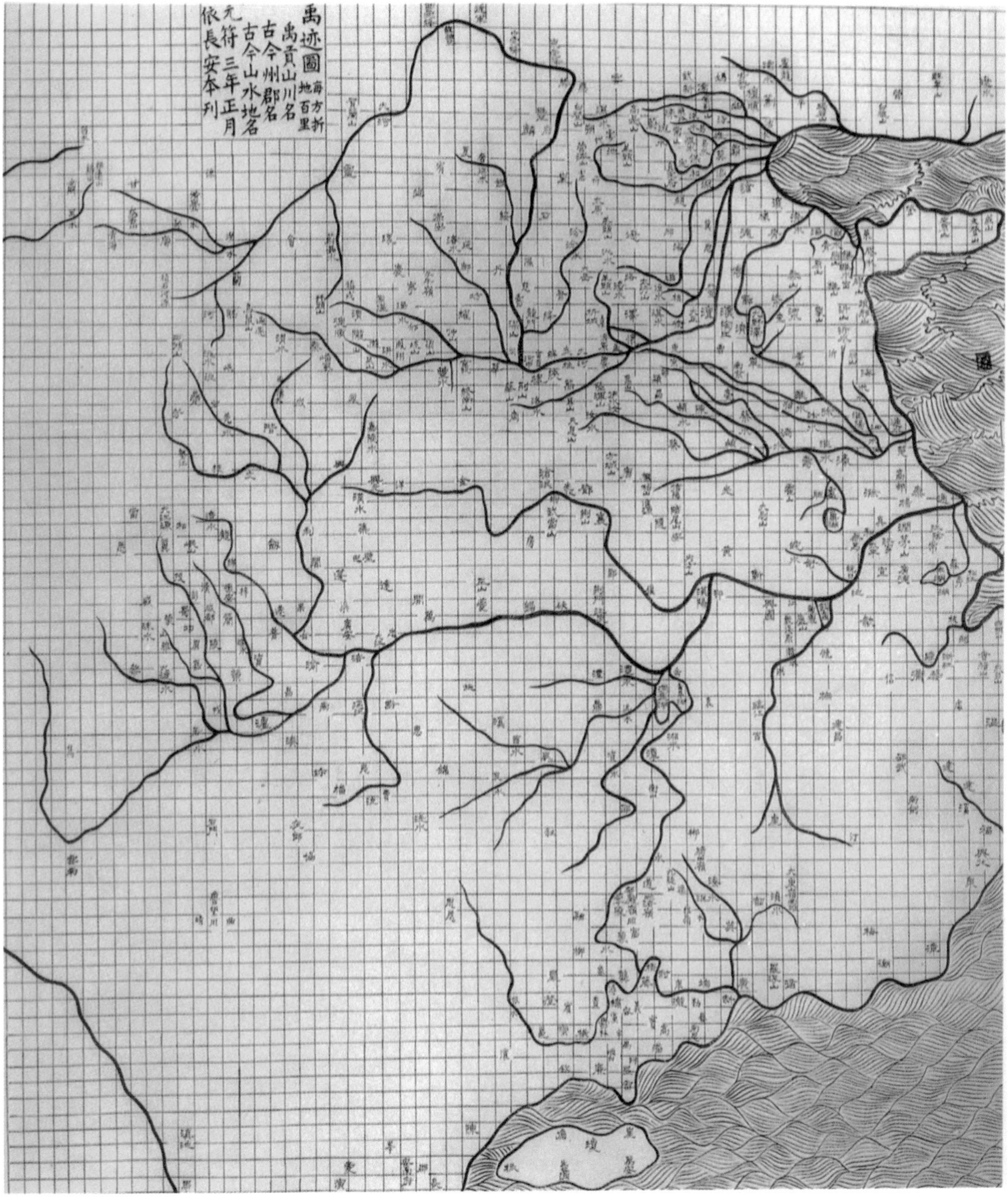

圖1.3：《禹迹圖》

《禹迹圖》是南宋紹興十二年（一一四二年），由左迪功郎充鎮江府府學教授俞篪刻石立於講堂西壁。據圖左上注「元符三年正月依長安刊本」，此圖為北宋元符三年（一一〇〇年）的長安本地圖的翻刻件，但海面上加繪了水波紋。圖縱八十四公分，橫七十九公分。現藏於鎮江碑林。

安《禹跡圖》應是其藍本，所以，《禹跡圖》成圖的時間下限應為西元一一〇〇年以前。所以，西安的《禹跡圖》應是成圖年代最早全國地圖。

西安《禹跡圖》為正方形，長寬各一百一十四公分，圖名處刻有：「禹跡圖，每方折百里，禹貢山川名，古今州郡名，古今山水地名，阜昌七年四月刻石（阜昌為偽齊的年號，相當南宋紹興六年，即西元一一三六年）」。正如題記所說，此圖以「計里畫方」之法繪製，每方折地百里，橫方七十一，豎方七十三，總共五千一百一十方。所繪行政區名三百八十個，標注名稱的河流近八十條，標名的山脈有七十多座，標名的湖泊有五個。

現在我們將西安《禹跡圖》和鎮江《禹迹圖》對比來看，兩圖對海疆的描述，皆為東至黃海、西至北部灣、南至海南島、北至渤海北岸，海岸線的描繪基本完整，但都沒有繪出中國第二大半島——遼東半島。東部海疆止於遼水。遼水即今天的遼河，古稱大遼水，隋稱遼水，遼以後稱遼河。遼河有東西兩條源水，二水在今昌圖縣匯合後稱遼河。其幹流經昌圖、開原、鐵嶺、遼中等地，至營口入海。但兩幅地圖都標示了遼水。西安《禹跡圖》未畫出遼水水脈，但在其入海處標注「遼水」二字。鎮江《禹迹圖》畫出了水脈及入海口，並注明了「遼水」二字。

此外，兩圖對海的表現略有不同。西安《禹跡圖》海洋部分，留白，並在黃海留白處刻有一個「海」字，但沒注明是什麼海。鎮江《禹迹圖》海洋部分，刻有精細地水波紋，並在黃海波文處刻有一個「海」字，但也沒注明是什麼海。

值得一提的是，南北兩圖皆用了「計里畫方」畫法，對複雜的海岸線有了精確地描述。可以說，這對「姐妹圖」是目前所能見到的最早最精確描述中國海疆或海岸線的地圖，也是當時世界上最傑出的海疆圖。

最早的海疆陸界國防圖——《華夷圖》

〰《華夷圖》〰南宋紹興六年（一一三六年）刻

僅從圖名上看，《禹跡圖》與《華夷圖》（圖1.4）就是兩幅內容不同的地圖，前者是華夏的國圖，後者更近於世界的圖景。兩幅圖雖然同刻於一塊石碑之上，但出發點大有不同的。《華夷圖》顯然是以華對夷來繪圖的，突顯了國家和國防意識。

《華夷圖》中央豎刻「華夷圖」三字，方位為上北下南，四周標注東、西、南、北四個方向。圖面較詳細地表示了山脈、河流、湖泊，及全國各州、府名稱。雖說是「華夷」圖，但由於中國主體上是大陸國家，所以，地圖主體以中國為主，國防重點也偏於陸疆。

《華夷圖》上人們首次看到了長城的符號。有人會感到奇怪，為何石板另一面的《禹跡圖》上沒有長城，這也恰恰印證了《華夷圖》特殊的「華夷」功用。此圖，不僅有華北長城，而且還繪出了西部居延的漢長城。城垛口狀的長城符號婉延於中國北部邊疆，這是中國古代地圖上最早的長城形象，也是一種明確的邊防表達（唐朝的《海內華夷圖》有沒有繪出長城，因其圖早佚，無法確知）。《華夷圖》沒有詳繪長城以北的地形，僅以注記標出，北部有北狄、肅慎、契丹……等北方部族。《華夷圖》的西邊，繪有玉門關長城，再西沒有詳繪，只注記了鄯善、碎葉、于闐等幾十個西域國名地名。

不知道為什麼《華夷圖》沒有採用《禹跡圖》所用的「計里畫方」法，所以，其海岸線、島嶼和半島等海疆元素表達得都很不夠精確，特別是山東半島與雷州半島幾乎畫「丟」了……但此圖周邊的大量

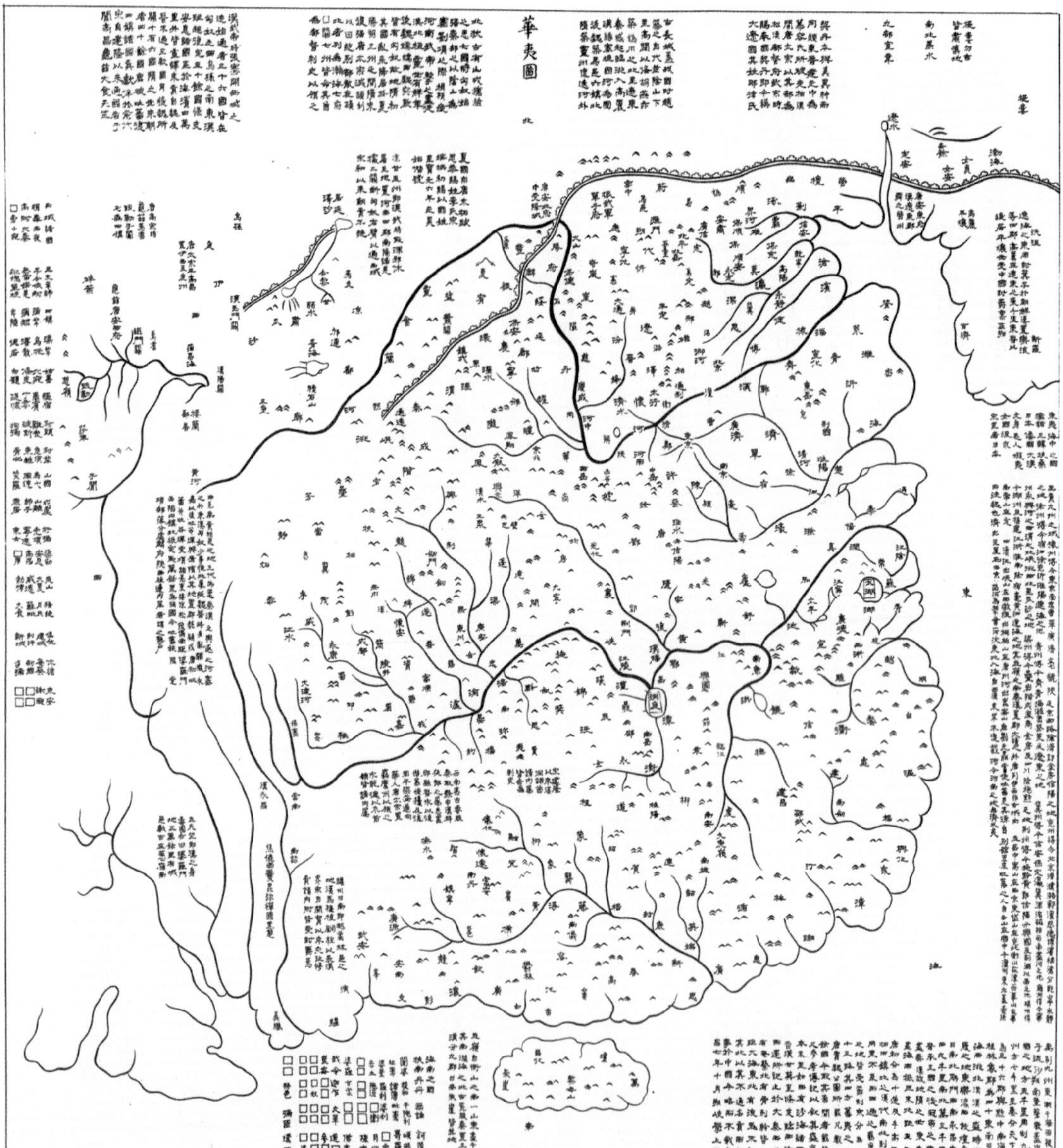

圖1.4：《華夷圖》

《華夷圖》原圖為石刻地圖，刻於南宋紹興六年（一一三六年），縱一百一十四公分，橫一百一十四公分。上石時間比石版的另一面的《禹跡圖》要晚六個月。此圖有著寬闊的國際視野，所描繪與標注的地域與海域遠遠超出了唐代的疆域，具有明顯的國防用途。這裡展示的是它墨線圖和拓片圖。

文字注記，多少補充了「番夷」方面的不足，並透露出濃重的海防味道。

關於此圖的出處，圖上刻有：「其四方番夷之地，唐賈魏公圖所載，凡數百餘國，今取其著文者載之，又參考傳記以敘其盛衰本末。」這段重要的文字，告訴我們《華夷圖》是以唐代賈耽的《海內華夷圖》為基礎經過選擇後重新編繪刻石的。所以，它是唐宋兩代地圖的混合體。此圖落款也很特別，刻為「岐學上石」。專家分析圖可能是岐州（今陝西鳳翔縣）學校刻的。但學校為什麼要把地圖刻到石頭上？我猜，教地理知識是一方面，另一方面，也是大宋愛國主義教育的一種表現形式吧。

關於「番夷」，注記中有大量文字標注了中國周邊「番夷」國家和地區名稱及其變遷：東邊——《華夷圖》比《禹跡圖》有進步，清楚地繪出了遼水及入海口，並在遼水東岸標注「唐安東府」。再向東又比《禹跡圖》多畫出了朝鮮半島。半島上標有百濟、新羅、高麗、平壤等名，並注記「在遼東之東千里，東晉以後，居平壤世受中國討爵稟正朔」。或許，受地圖尺幅所限，朝鮮半島之東，沒有接著畫出日本。但在「東夷海中之國」的注記中，注記了日本、蝦夷（今日本北海道一帶）、女國、流球……和「宋至者日本」等文字。

南邊——南海之疆與海南島畫得基本準確。海南島上面標有朱崖、昌化、瓊、萬、黎母山等字。在海南島的旁邊注記「五嶺自衡山之南一山，東盡於海，其南漲海之北，古荒服秦置五郡，漢分九郡，曰南朱崖皆其地。」再向南，「海南之國」，已出圖外，沒有畫出。但注記有扶南（今柬埔寨、寮國、越南）等幾十個國名。

西南邊——《華夷圖》比《禹跡圖》所畫範圍，大了許多。雖然筆調約略，但還是勾畫出了孟加拉灣和印度半島的基本輪廓，並標注了「五天竺（印度）」和「真臘（柬埔寨）」，是宋代地圖西南方向標注最遠的。

《華夷圖》的海岸線占了圖的三分之一，但所涉海域都沒標明是什麼海，甚至中國部分的東海、南海也沒標注，僅在圖的東南角以一個「海」字概括了圖上的所有海面，且沒有畫波紋附號。

應當說《華夷圖》，還是有著很好的國際視野的，其地域海域都遠遠超出了唐代的疆域，但這種視野出自何人，尚無定論。人們只是猜測《海內華夷圖》的作者賈耽，在任宰相前曾任負責外交事務的鴻臚，有條件向來華的外交使節和商人瞭解域外情況。此外，賈耽還曾是負責一方軍事的節度使，並繪製過區域軍事地圖。所以，《海內華夷圖》原圖即具有明顯的國防用途和國際視野。

《華夷圖》對宋人的國際視野的影響是「有案可查」的，據「以為興替成敗之鑒，大易設險守國」為出發點，編著了《通鑑地理通釋》、《玉海》的南宋王應麟載，南宋孝宗曾在其「選德殿」的御座後，立有「金漆大屏」，屏上繪有大幅的「華夷圖」。遺憾的是南宋空有那麼多登峰造極的地圖，天子坐擁天下，最終又坐失天下。

最早上石全國行政地圖——《九域守令圖》

〰〰《九域守令圖》〰〰北宋宣和三年（一一二一年）刻

成於東漢的《漢書・地理志》是中國歷史上，最早最完善的一部以疆域、政區為綱領的地理志書。它記錄的內容十分豐富，有世界上最早的系統的全國各行政區的戶口數字，是以「郡、國」和「縣、道、邑、侯國」兩級行政區為框架，敘述全國各行政區狀況的著作。但漢唐以來，沒有全國政行地圖傳世。這裡要說的北宋《九域守令圖》碑，若以刻石年代論，應是現存最早也是最完整的全國行政區劃地圖。或許，可以算作填補了一個歷史空白。

在說《九域守令圖》碑之前，先說一下比它還早的另一個《守令圖》。據沈括的《夢溪筆談》記述，北宋熙寧九年（一〇七六年），他奉旨編繪的一套州縣地圖，比例為九十萬分之一。歷時十二年方才完成，全套地圖共有二十幅，包括全國總圖和各地區分圖。可惜的是這幅重要的地圖集失傳了，這件石刻的《九域守令圖》（圖1.5）就成了現存最早的全國行政區劃地圖了。

一九六四年文物考古工作者在四川省榮縣文廟的正殿後面，發現一塊北宋末年刊石的《九域守令圖》碑，碑額上有「皇朝九域守令圖」字樣，正面刻有《九域守令圖》。地圖刻在碑的正面，縱一百三十公分、橫一百公分。四邊的中間部分刻有「東、西、南、北」四個方位。下方是四十二行共四百零九個字的題記。題記表明此碑由榮州刺史宋昌宗所製，刻石時間為北宋宣和三年（一一二一年）。碑文絕大部分已剝蝕，僅殘存七十六個字。幸而圖上的山脈、河流和州縣名稱除個別地方有剝落外，大部分都完好。這對於考定此圖的繪製時間，非常重要。此碑現存四川省博物館。

沈括的《守令圖》和這個《九域守令圖》，皆以「守令」來為地圖命名。依蘇洵集中「吾宋制治，有縣令，有郡守，有轉運使，以大繫小，繫牽繩聯，總合於上」來推論。地圖應是以「守令」代郡縣，此圖即為行政圖。所以《九域守令圖》還有一個名字就叫《天下州縣圖》。

《九域守令圖》確實較好地反映了北宋後期，大宋的「天下州縣」。地圖上標注了一千四百多個宋代地名，幾乎包括了北宋末年中央政權所管轄的全部州縣（《禹跡圖》僅繪出三百八十個行政區名）。

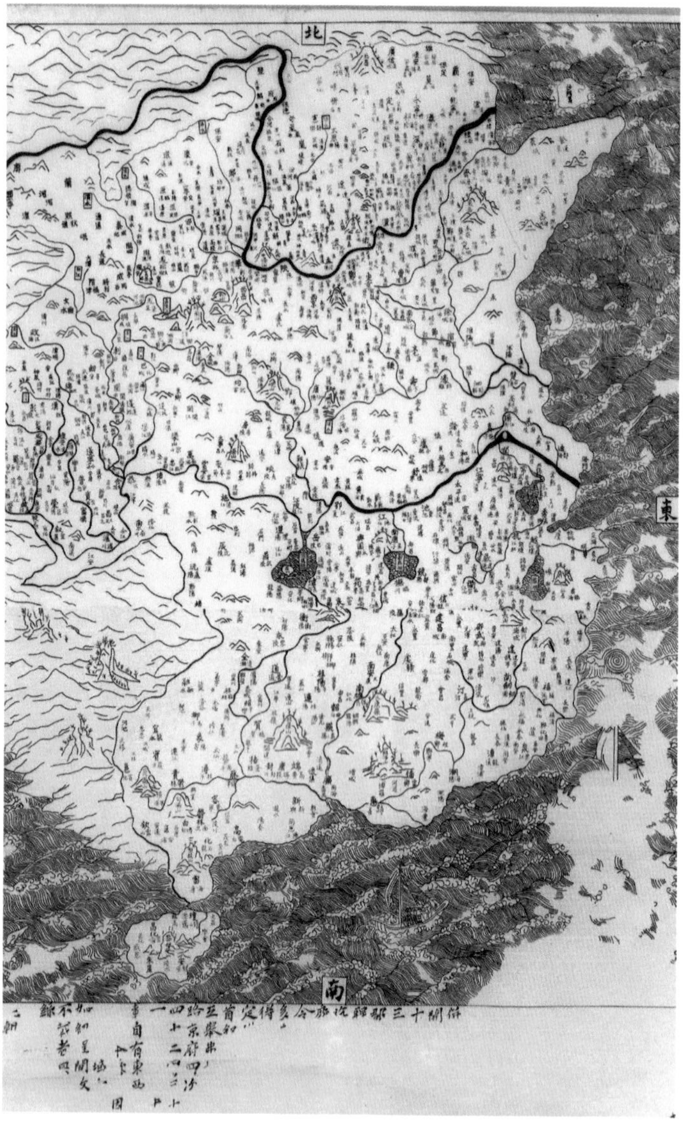

圖1.5：《九域守令圖》

《九域守令圖》原圖為石刻地圖，刻於北宋宣和三年（一一二一年），是上石最早的古代中國行政區劃地圖，也是刻製時間最早的繪有較完整的中國海疆的地圖，並首次使用波紋符號表示海洋。原碑現存四川省博物館。縱一百二十八公分，橫一百零一公分。這裡展示的是墨線圖和拓片圖。

而且，從元豐元年（一〇七八年）至宣和初年（一一二一年）四十多年間，宋朝廷升降廢置的州縣有幾十個，這些變化在此圖中大都有所反映。如，建置最晚的是徽州、嚴州，循州的雷鄉縣，衢州的盈川縣，吉州的泉江縣，袁州的建城縣，越州的嵊縣，處州的劍川縣，京兆府的樊州等。地圖內容大部分完好可辨，繪出了山脈，湖泊，江河，州縣等內容。黃河、長江的走向大體正確，河流主支流分明。

不過，在欣賞《九域守令圖》的行政區表現的同時，我們還應看到它還是最早中國海疆地圖之一。《漢書．地理志》是對中國疆域、政區的最完好的記述，其中海疆所記，東至今日本海，南至今越南中部。《九域守令圖》的海疆描繪，北部繪到北嶽恆山，東邊繪出大海，南至海南島……較完整繪出了宋朝的海疆。尤其可貴的是這幅海疆圖，較詳盡地描繪了中國的海岸線，其山東半島、雷州半島和海南島的輪廓已接近今圖（和《禹跡圖》一樣，仍沒繪出中國第二大半島——遼東半島）。專家稱「除清代在實測的基礎上繪製的『皇輿全覽圖』和『乾隆十三排圖』等外，『九域守令圖』的海岸線是傳世古地圖中畫得較準確的一幅」。此外，在符號運用上，它還首次使用了「波紋」符號來表示海洋。這些出色的表現使它當之無愧地成為中國第一幅海疆地圖。

值得注意的是，這塊碑的背面，還刻有一些重要的文字。一行是兩個大字「蓮宇」，另一行是小字「紹興己未眉山史煒建並書，郡守□□□）」等字。這些題刻表明：刻石與立碑，不是一個時間，也不是同一個人。刻石是榮州刺史宋昌宗，時間為北宋宣和三年。立碑是榮州知州史煒，時間為南宋紹興己未年（一一三九年）。

碑立在蓮宇山麓的文廟之內，此時的大宋，僅剩半壁江山了，版圖上的許多標示轉瞬成為「歷史」。誰能想到宋人刻的《九域守令圖》，到最後是守也沒的守，令也無處令，大海竟成為宋王朝的歸宿。

追復故疆盡歸版籍之圖——《墬理圖》

〈《墬理圖》〉南宋紹熙元年至二年（一一九〇～一一九一年）刻

南宋不僅是個偏安的國朝，連皇上也都病病歪歪的，前四位皇帝只有第二位皇帝孝宗是個健康的皇帝。第一位皇帝高宗，無法生育；第三個皇上光宗，登即位第二年，就犯了精神病，幾年後，只好讓獨子趙擴繼位。第四位皇帝寧宗，不僅弱不禁風，史載，寧宗趙擴「不慧」，大約是個弱智。

光宗雖然精神不好，但傳位給的趙擴時，怕這個智商有問題兒子誤國，遂將自己收藏的圖書全部賜予他，並親自挑選了黃裳、陳傅良、彭龜年等一批名儒，當他的老師。能為皇帝當老師的黃裳，自然也是大師級的人物。尤其是在地圖史學中，他更是名垂青史的人物。他就是著名的石刻地圖《墬理圖》（圖1.6）的原圖製作者。《墬理圖》石刻圖上的「墬」字，古文也通「地」字，所以，今人多把它稱為「地理圖」。

這幅反映北宋疆域的《墬理圖》，是由南宋大臣黃裳於南宋紹熙元年（一一九〇年）繪製的，是黃裳在光宗登基時所獻的八圖之一，也是為嘉王（後來的寧宗）講課所用。史載，黃裳曾「作八圖以獻：曰太極，曰三才本性，曰皇帝王伯學術，曰九流學術，曰天文，曰地理，曰帝王紹運，以百官終焉，各述大旨陳之」。

從現在我們所能見到的這幅《墬理圖》來看，它是反映北宋疆域的全國地圖。黃裳獻此圖的意義，如圖跋所記：「南北形勢觀之，可以感，可以憤然」，「追復故疆，盡歸之版籍」，大體不出「光復」

之意。因為，上一位皇帝孝宗，曾試圖收復大宋失地未果。他希望光宗和嘉王能夠按圖思祖宗之疆土，尚在異人手裡未歸。

宋代的戰事多發生在北部與西北部，因而這些地區的地理勘察與繪圖格外受到大宋皇帝的重視。據《玉海》卷十四記載，宋太祖曾與宰相趙普在曹翰繪製的《幽燕地圖》上研究過燕雲十六州的形勢。又

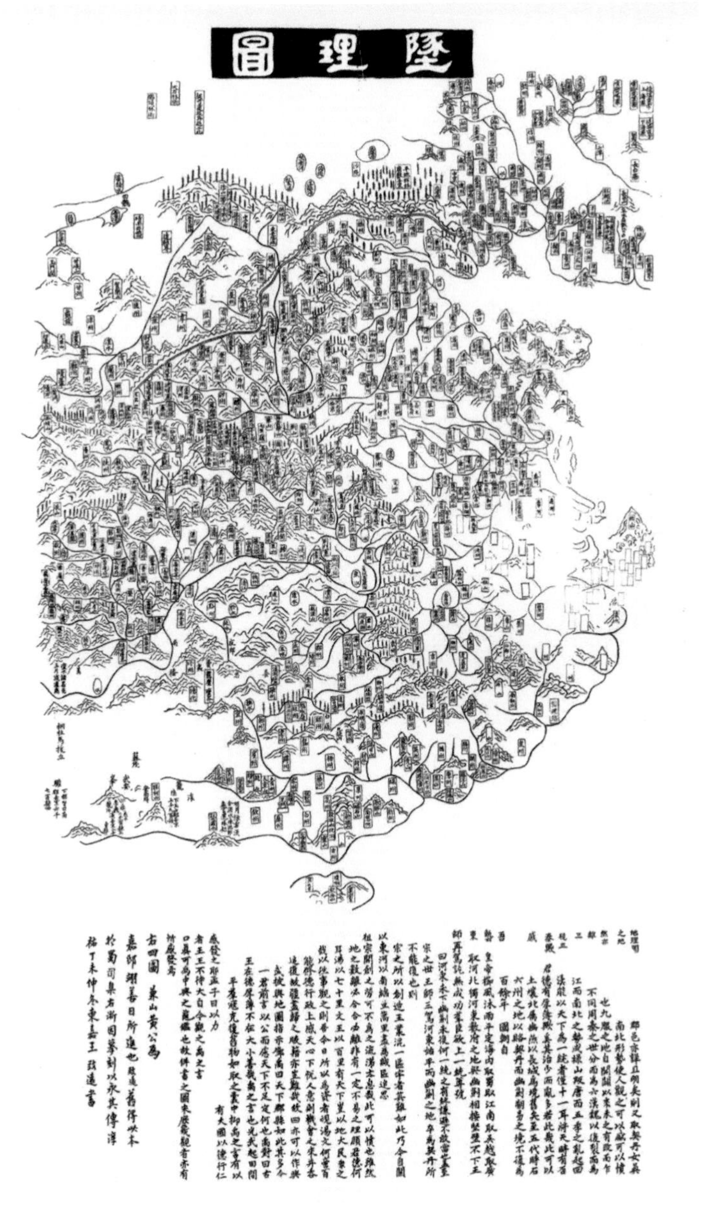

圖1.6：《墜理圖》

《墜理圖》它是反映北宋疆域的石刻地圖，由南宋大臣黃裳繪製於紹熙元年至二年（一一九〇～一一九一年）。半個世紀後，由王致遠刻石於蘇州。比之《禹跡圖》、《九域守令圖》，它大體繪出了遼東半島，渤海灣的大輪廓也較《華夷圖》，更加準確。現存在蘇州碑刻博物館。圖縱一百九十七公分，橫一百零一公分。此為拓片圖和墨線圖。

載，「至道元年（九九五年）府州（今陝西府谷縣）折御卿大破契丹，圖山川形勢以按視焉。三月內楊守斌以地圖來上，帝閱視久之」。沈括出使遼國「括乃還，在道圖其山川險易、迂直，風俗之純龐，人情之向背，為《使契丹圖抄》上之」。沈括在巡察北方邊防時，還創造了木刻邊境圖。北宋末期的鄭樵在《通志‧圖譜略》中記載，當時朝廷保存著《大遼對境圖》和《大金接境圖》。上述記載說明，宋代搜集或測繪了宋遼、宋金接壤地區及遼、金境內的地圖，並且品種多樣。這些資料為黃裳繪出北宋故土提供了很好的繪圖基礎。

黃裳製作地圖在當時是出了名的，南宋慶元二年（一一九六年）朱熹在《答李季章》中說：「聞黃文叔頃年嘗作地理木圖以獻，其家必有元樣，欲煩為尋訪，刻得一枚見寄。」朱熹托人到黃裳家去仿製木刻地圖，可見朱熹與黃裳的關係非同一般，黃裳的地圖也是當年的時尚之物。

《墜理圖》繪成五十多年以後，王致遠在四川得到原圖，帶回蘇州，於南宋淳祐七年（一二四七）年刻於石上。原來立在蘇州孔廟，石碑高二百零二公分，寬一百零八公分，其圖幅面高一百九十七公分，寬一百零一公分。圖上沒有畫方，山脈用寫景法表示，七十八條江河的流向和位置基本正確。長城和森林用形象符號表示，河流的源頭有注記並外套橢圓圈。圖上四百三十一個行政區名和一百八十座山名外套方框，十分醒目。整個圖面的刻線流暢清晰，要素的選取比較適當，實為南宋石刻地圖之精品。

《墜理圖》的核心思想是收復北方故土，所以北方尤其是今天的東北地區描繪得十分詳細，比之《禹跡圖》、《九域守令圖》，它不僅補繪出了遼東半島，還詳細記錄了那裡的地形與建制，其渤海灣的大輪廓較之《華夷圖》，也更加準確。從海疆的角度看，《墜理圖》顯得更加完整。現在《墜理圖》和《天文圖》、《帝王紹運圖》、《平江圖》等四大宋碑，一併保存在蘇州碑刻博物館內。

最早雕版墨印行政地圖——《九州山川實證總圖》

〰《九州山川實證總圖》〰南宋淳熙八年（一一八一年）刊刻

宋朝是出版印刷的最為輝煌的一朝，不僅石刻拓本空前興旺，雕版印刷的精緻與普及也達到了前無古人的境界。

宋人南逃，印刷業也跟著南下。這裡說到的《禹貢山川地理圖》即是在泉州刻行於世。《禹貢》是《尚書》中的一篇，文章假託大禹治水以後的行政區劃制度，對黃河流域的山嶺、河流、藪澤、土壤、物產、貢賦、交通等作了詳細的記述。後人把《禹貢》作為古代地理的經典加以闡示。宋代程大昌編撰的《禹貢山川地理圖》即是研究《禹貢》的傑出作品，原書五卷，即禹貢論二卷、山川地理圖二卷（包括地圖三十幅）、後論一卷。此書於南宋淳熙四年（一一七七年）完成，後上表進呈。孝宗帝稱其精博，詔付秘書庋藏，以垂後世。由於深藏秘閣，民間迄無傳本。南宋淳熙七年（一一八〇年），程大昌以敷文閣學士出守泉州，彭椿年從程大昌處得此書與《山川地理圖》副本，囑州學教授陳應行刻於郡庠（即州學宮），始有刻本行世。

泉州學宮是著名的地方學府，南宋紹興三十年（一一六〇年），這裡培養出了泉州第一個狀元梁克家。學宮不僅是培養人才的地方，也是官署印書主要機構。

泉州印刷業起步極早，其雕版業可上溯到唐末。至五代，泉州佛教大興，印刷各種佛經典籍帶動了整個印刷業與造紙業。到了宋代，泉州上升為東方第一大港和世界最大的海港城市之一，文化教育水準也大有提升，「極至十室之間，必有書舍，讀書之聲相聞。」所以，朱熹說「此地古稱佛國，滿街都是聖人」。

印書的彭椿年雖然稱不上是聖人，但這位福建路主管航運的船使卻很有眼光，從程大昌處得到《禹貢山川地理圖》後，即交泉州學宮刻印。於是，有了南宋淳熙八年（一一八一年）泉州本的含有三十幅地圖的《禹貢山川地理圖》。由於宋時雕版印圖的書籍，坊間少有，所以非常難得。

《九州山川實證總圖》（圖1.7）是這部地圖冊所刊登的三十幅地圖之首圖。據《禹貢山川地理圖》跋載：「凡所畫之圖，以青為水者，今以黑色水波別之；以黃為河者，今以黑雙線別之；古今州道郡縣疆界，皆畫以紅者，今以黑單線別之。舊說未妥，今皆識之雌黃者，今以雙路斷線別之。」但宋代的印刷技術尚無法實現套色彩印，所以，泉州學宮刊刻此書時，只能採用單色印刷，用不同的線條以示區別。

圖中主要表示了《禹貢》中山、河、湖、海及冀、兗、青、徐、豫、荊、雍、梁九州界域及內容，並採用古代地圖傳統形象繪畫法，以文字注記區別古今內容，「九州」用陰文，宋代建置用陽文，地名套以黑圈，山河名加方框，河道變遷處輔以文字說明。

此圖，左南右北，書版對開排列，所以要立起來連讀，才看得清圖的全貌。「九州」北靠大陸，東南臨海，間有黃河長江。「九州」基本對位，但「四周」差之千里。海岸線嚴重失準，島嶼也沒有標示，魯北的碣石山反被畫到渤海之中成為碣石島。與《禹貢》所記「島夷皮服，夾右碣石入於河」，差之千里。整個地圖從海圖的角度看，華夏完全成了一個半島國家。

地圖寫意色彩濃重，但刻工精細印製清晰，是中國現存最早的雕版墨印地圖實物，亦是現存世界上最早的有確切刻印年代的一部印刷地圖冊。

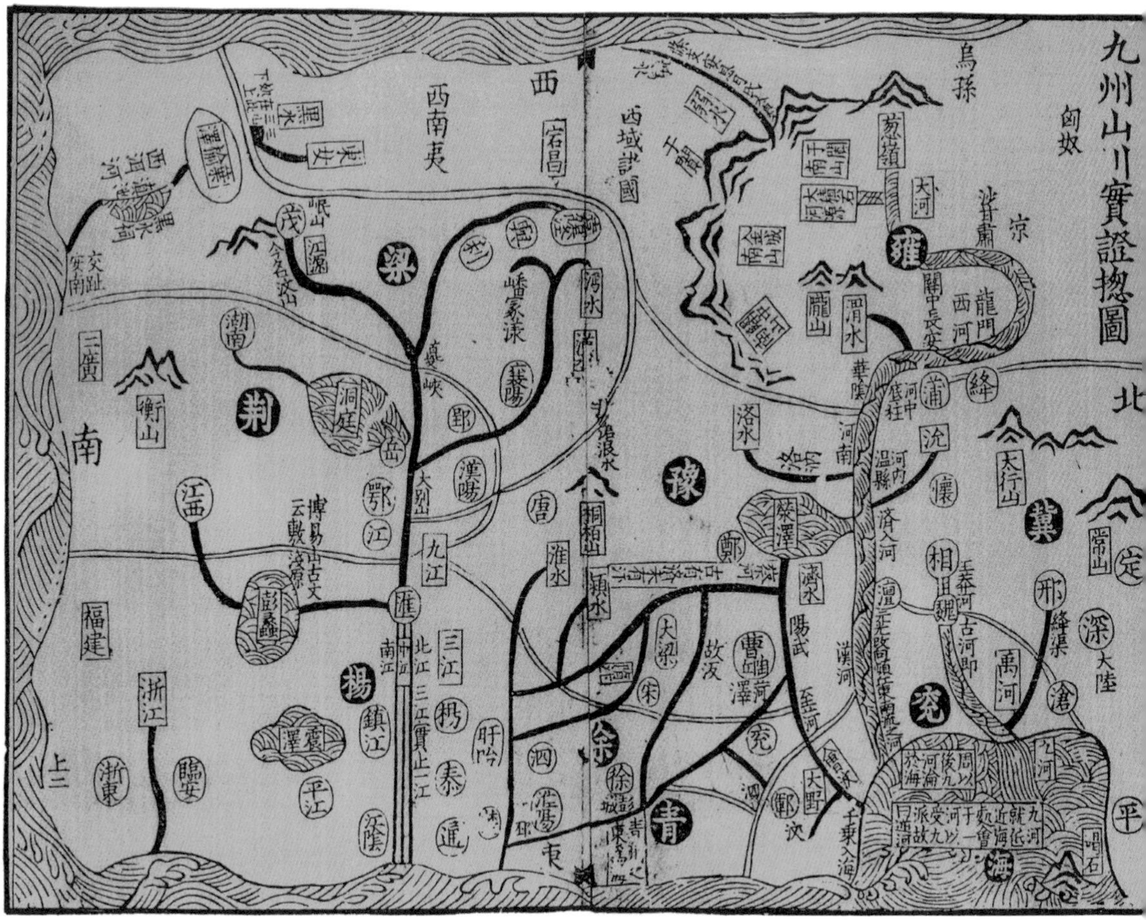

圖1.7：《九州山川實證總圖》

《九州山川實證總圖》選自程大昌南宋淳熙四年（一一七七年）編撰的歷史地圖集《禹貢山川地理圖》，作者依《禹貢》舊説，融古今於一圖，九州用陰文，宋建置用陽文。書在南宋淳熙八年（一一八一年）刊刻於泉州學宮，是中國現存最早的雕版墨印地圖。書的開本為縱二十三公分，橫十六公分。

最早描繪出流求的地圖——《古今華夷區域總要圖》

〰《古今華夷區域總要圖》〰 明嘉靖刻本

比之「一封朝奏九重天，夕貶潮州路八千」的韓愈，「日啖荔枝三百顆，不辭長作嶺南人」的蘇軾，命運更慘。謫居惠州吃了三年荔枝的「嶺南人」，又被貶為「瓊州人」，去海南吃椰子了。北宋紹聖四年（一〇九七年），已是六十二歲的蘇軾來到海南，在這又謫居三年……為何在這裡要交待蘇軾人生的最後三年呢？因為，歷史恰在此時為我們留下了一部有蘇軾大名的重要文獻——《歷代地理指掌圖》。

《歷代地理指掌圖》大約成書於北宋元符年間（一〇九八～一一〇〇年），是中國現存最早的一部歷史地圖集（史載，西晉裴秀的《禹貢地域圖》是中國最早的地圖集，但其書早已失傳）。《歷代地理指掌圖》為刻印圖集，計有四十四幅圖，包括：古今華夷區域總要圖、歷代華夷山水名圖、帝嚳九州之圖、虞舜十有二州圖、禹跡圖……宋朝化外州郡圖和宋朝升改廢置州郡圖等，內容相當豐富。另有《天象分野圖》、《二十八舍辰次分野圖》、《唐一行山河兩戒圖》各一幅。所有圖後都附有說明，有的還附有考辨。圖集前有蘇軾序，後有總論，堪稱古地圖集中的極品。

《歷代地理指掌圖》的存世版本，最早的是南宋刻本，現藏日本東洋文庫。僅存四部明刻《歷代地理指掌圖》，分別藏在中國國家圖書館、中國科學院圖書館和中國國家測繪檔案資料館（北京大學圖書館還存有一部清代手繪本）。此外，美國國會圖書館還存有一部明刻本。

這麼一個極具開創性的歷史地圖集，怎麼會和大詩人蘇軾扯上關係呢？僅從我所知道的蘇軾的「眾所周知」的生平看，尋不到蘇軾編地圖集的任何線索。

此地圖集成書之時，正是蘇軾最後一次被貶海南之際，儋州三年，蘇軾完成了詩詞一四十餘首，散文等一百餘篇。此外，他還研究《尚書》的撰寫了《書傳》一部，並對《易傳》和《論語》進行修訂。每天都要出創作成果的蘇軾，怎麼有可能再去篇大部頭的《歷代地理指掌圖》呢？蘇轍在《東坡先生墓誌銘》中，也概括了這一時期蘇軾的主要追求：「居海南，作《書傳》，推明上古之絕學，多光儒所未達」，沒記錄編地圖集這一工程。

那麼，蘇軾是怎麼扯到地圖出版中的呢？

雕版印刷，始於唐，興於宋。宋時的書籍刻印，已由官府刻印，擴展到書坊刻書和私人刻書。刻印內容也從書籍，發展到印報紙和紙幣，難度較高的地圖刻印也遍地開花。《歷代地理指掌圖》這麼好的地圖集，自然會引起眾「出版家」刊刻，一時流出多種版本。

最先認為作者是蘇軾的，是南宋人趙亮夫。他在《歷代地理指掌圖》成書近百年之後的淳熙十二年（一一八五年），為此重刻的圖集寫了一個序，稱「東坡先生嘗取地理，代別為圖，目之曰指掌。上下數千載，離合分並，增省廢置，靡不該被……觀書籍中舊有此圖，字畫漫不可考，乃加校勘……續有升改，亦並足之」。此刻本首頁序末署「眉山蘇軾謹序」。

但更多的學者，支持作者為稅安禮。

稅這個姓，少見。但據《姓氏大詞典》講，稅性源流純正，最初是古蜀國名，周代成為姓。所以，四川巴縣的稅安禮，也是個有「背景」的人。關於稅安禮，有生足年可查，但業績記載少，只稱是地理學家，曾遍遊名山大川，編製地圖。僅以出身論，也比詩人編地圖可信。

認為作者是稅安禮的，首見南宋陳振孫編著《直齋書目解題》卷八地理類，「地理指掌圖一卷，蜀人稅安禮撰。元符中，欲上之朝，未及而卒。書肆所刊，皆不著名氏，亦頗闕不備。」可見，南宋時就有了不同看法，「今世所傳地理指掌圖，不知何人所作……上下數千百年，一覽而盡，非博學恰聞者不能為……然必托之東坡，其序亦云東坡所為，觀其文淺陋，乃舉子輟輯對策手段，東坡安有此語？」《歷代地理指掌圖》存世的最早版本是南宋刻本，其書注有「西川成都府市西俞家印」這個重要的注，也表明書成於四川刻於四川比較可信。著作權屬應傾向於稅安禮一邊。稅與蘇，雖然都是四川人，但蘇軾的晚年，一直是在被貶的路上，惠州三年，而後又是海南三年，書成於嶺南而刻於四川的可能性不大。近人王重民先生所撰《中國善本書提要》談及此事時也認為，圖集「初刻於蜀，後遂輾轉托之蘇軾」。

歷史總有巧合，北宋元符三年（一一〇〇年）稅安禮去世，次年蘇軾也病逝於返京途中。兩位四川老鄉，或許是趕著去天堂「理論」人間弄不清的《歷代地理指掌圖》的著作權吧。

《古今華夷區域總要圖》（圖1.8）選自《歷代地理指掌圖》，此圖主要表現宋朝的行政區劃的二十七路及古今州郡分佈大勢，因其全面與重要而被選為此地圖集的首幅地圖。此圖為跨頁地圖，圖面較大，內容豐容，但無須細看即知這並非一幅實測地圖。反映到海洋描述上，遼東半島、山東半島、中南半島、印度半島——描繪得極不準確，有的根本就沒畫出半島。同樣，此圖的海岸線也極不準確，基本上是表意性的。

作為一張有很大海圖成分的地圖，《古今華夷區域總要圖》繪出了許多島嶼，其中最為地理學家矚

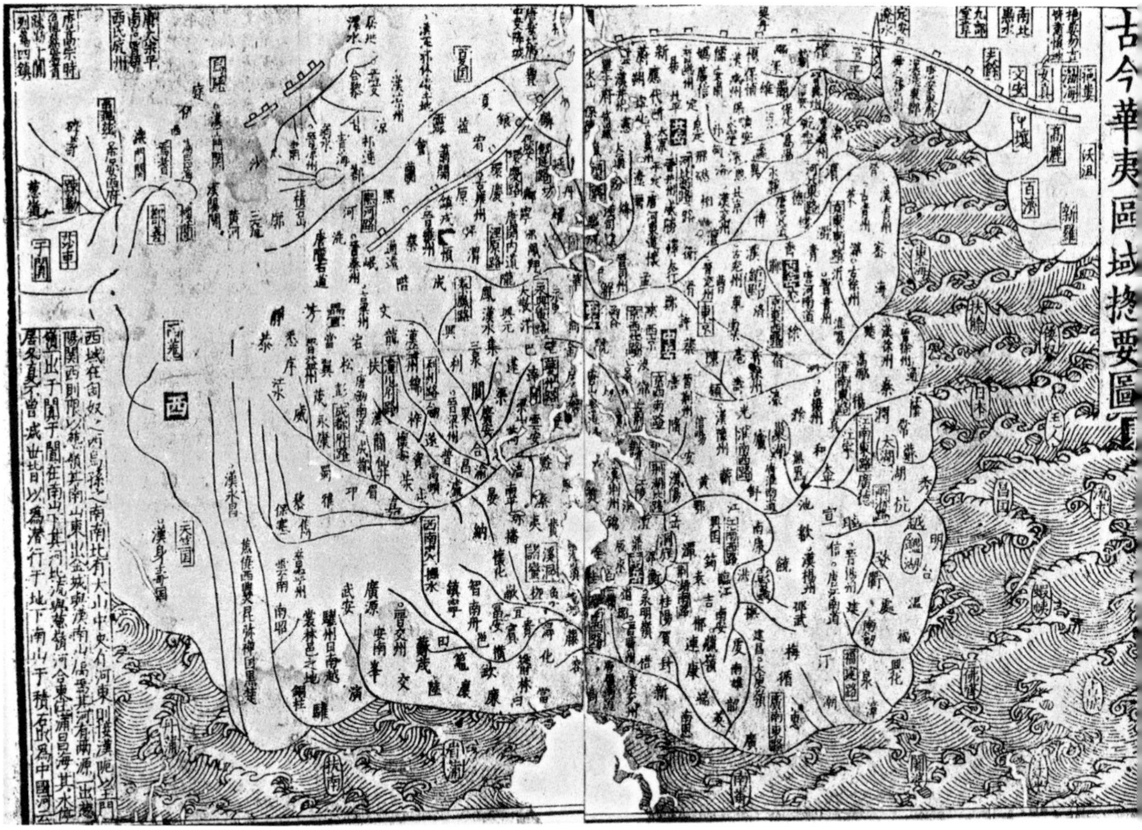

圖1.8：《古今華夷區域總要圖》

選自《歷代地理指掌圖》（一〇九八～一一〇〇年），該圖集由北宋稅安禮編撰，南宋趙亮夫於淳熙十二年（一一八五年）增補而成，共繪有四十四幅地圖，反映了歷代區域沿革，是中國歷史地圖集之母。國內已無宋刻本，此圖為取自明嘉靖刻本。此圖主要表現宋代二十七路，及古今州郡分佈大勢。雕版墨印，開本為縱三十公分，橫二十三公分。

目的是它在現存古代地圖中首次繪出了「流求」。關於「流求」中國最早的記載見於《隋書・流求傳》，「隋煬帝三年三月，令羽騎尉朱寬入海求訪異俗，因到流求國言不通，掠一人而返。六年武賁郎將陳稜等汎海擊流求國，虜其男女萬餘人以歸。」《元史・南蠻傳》也有關於「瑠求」的記載，「元世祖二十九年，楊祥等使瑠求，不達而還。元成宗三年，福建省平章政事高興，遣鎮撫張浩等攻瑠求，擒獲百餘人而歸。」從以上史料來看，中國在元朝以前，與流求往較少，活動僅限於求訪異俗和武力征討。

還有一個問題是，宋元以前的古代文獻中所說的「流求」（也稱硫虬、流球、琉求），到底是指大流求還是小流求，也不很明確。如，《宋史》所載「流求國在泉州之東，有海島曰澎湖，煙火想望，其國塹柵三重，環以流水，植棘為藩；以刀、弓、劍、鈹為兵器，際月盈虧以紀時。無他奇貨，商賈不通；厥土沃壤，無財稅，有事則均稅……」從《宋史》的記載來看，這個流求好似台灣。但若從《古今華夷區域總要圖》中，圖的右側緊鄰「昌國」的「流求」位置上看，又與台灣的實際位置相差甚遠。此「流求」是否表示的是台灣，也難成定論。

琉球國與中國的正式「朝貢」關係始於明朝，史載，明朝洪武五年，大明派使入琉球，「朕為臣民推戴，即位皇帝，定有天下之號曰大明，建元洪武。是用遣使外夷，播告朕意，使者所至，蠻夷酋長稱臣入貢。惟爾琉球，在明朝東南，遠據海外，未及報知。茲特遣使往諭，爾其知之。」中山國王察度遣弟泰期等隨載入朝，貢方物。朱元璋回賜當時明朝實行的曆法《大統曆》及文綺、紗羅。此後琉球幾乎每年都來朝貢。

由於此圖的島嶼採用的是標注性繪製，所以，海面上的大島、小島，以及群島的面積都是一樣大的，皆以一橢圓加名字標注。這樣，我們看到的「琉球」面積就與日本、三佛齊小大相同了。此圖除諸島的面積不準確以外，大陸與島嶼也分不清，如扶南（今柬埔寨境內）就被繪成島國、地理位置也相差很遠。

《古今華夷區域總要圖》如此描繪海上世界，看得出大宋對南太平洋鄰近的諸國，重視得不夠，也描述不清。原圖為雕版墨印，開本為縱三十公分，橫二十三公分。其圖集的宋刻版，現藏於日本東洋文庫。

以天星分地界的地圖——《唐一行山河分野圖》

〰《唐一行山河分野圖》〰南宋嘉泰元年（一二〇一年）刻本

「分野圖」是古代中國地圖中的一種，所謂「分野」即以天上星空區域與地上的國州互相對應，來劃定行政區域，並以在天區發生的天象預兆著所對應大地區域的吉凶。這種以天經定地義的做法，至少從殷商時期就有了。

早期的分野是以「十二星次」來劃定的，即星紀、玄枵、陬訾、降婁、大梁、實沈、鶉首、鶉火、鶉尾、壽星、大火、析木，類似於西方的黃道十二宮。如，析木對應燕，星紀對應吳越等。最早的文字記載見於《左傳》、《國語》等書。《國語・周語下》云：「歲之所在，則我有周之分野也」。關於「分野」的文字記載有很多，但「分野圖」我們最早也只能看到宋代的。

唐僧一行，俗名張遂，魏州昌樂（今河南省南樂縣）人。他不僅是一位高僧，也是傑出的天文學家。唐開元十二年（七二四年），一行主持了規模宏大的天文大地測量，經一行歸算，得到了子午線一度的長，這是世界上首次子午線實測。

《唐一行山河分野圖》（圖1.9）出自南宋唐仲友所撰《帝王經世圖譜》一書，是書以圖譜形式條列帝王所宜關心之經國大事，約在南宋慶元年間（一一九五年至一二〇〇年）出版。此圖主要表示有京城、州郡、山河以及與之相對應的星次和星宿等，其表現方法以注記和文學說明為主。雖然，此圖名叫《唐一行山河分野圖》，但比之《歷代地理指掌圖》中的《唐一行山河兩戒圖》，它多出了海洋部分的

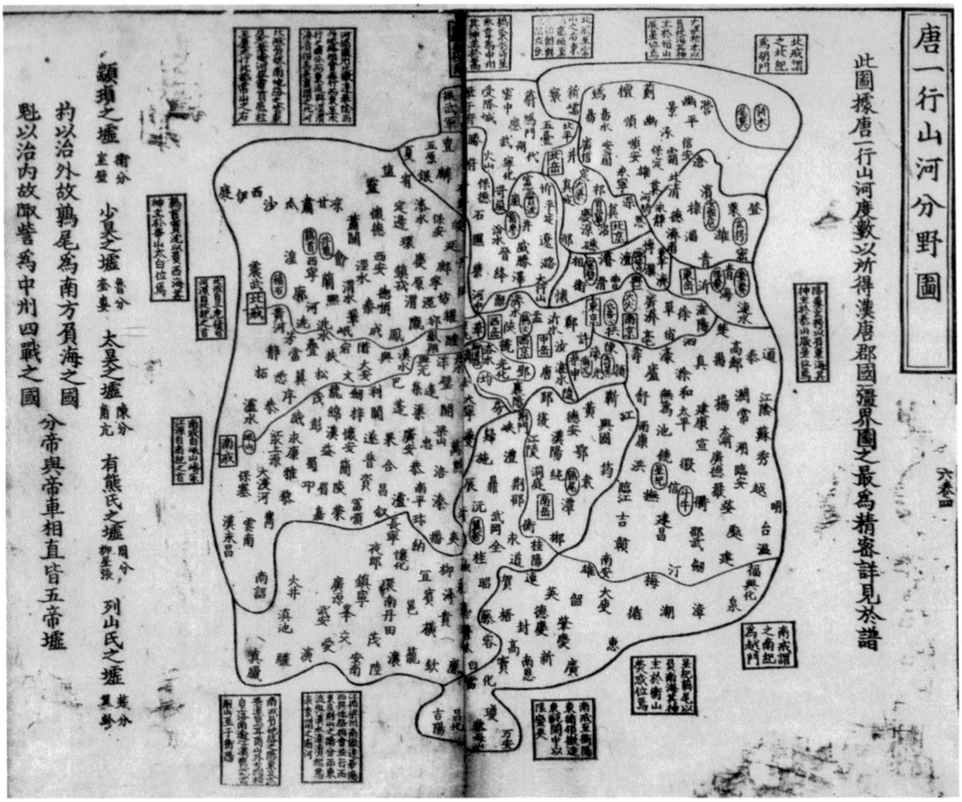

圖1.9：《唐一行山河分野圖》

此圖出自南宋唐仲友所撰《帝王經世圖譜》一書。此圖除描繪州郡、山河以及與之相對應的星次和星宿外，還在海面上特別加框注記了東海與南海相對應的星次，以及它們與「東海神」、「南海神」的對應關係。也就是説，它連海疆也一併對應「分野」了。或可算作地理思想上的一個進步。中國國家圖書館藏有南宋嘉泰元年（一二〇一年）刻本，圖縱三十公分，橫三十九公分。

描述。《唐一行山河兩戒圖》主要關注的是唐一行關於天下山河之象存乎兩南北兩條山脈，即北戒與南戒：北戒是北夷的天然屏障；南戒是南蠻的天然屏障。《唐一行山河分野圖》除了清楚地描繪了，陸地各州的分界外，還在海面上特別加框注記了東海對應的星次與南海對應的星次，以及它們與「東海神」、「南海神」的對應關係。也就是說，這幅地圖的分野，不僅分了陸界，連海疆也一併對應「分野」了，這不能不說是地理思想上的一個進步。

現存最早版本為南宋嘉泰元年（一二〇一年）刻本，圖縱三十公分，橫三十九公分，現藏中國國家圖書館。

以印度為世界中心的地圖——《佛祖統紀》三地圖

《東震旦地理圖》　南宋咸淳七年（一二七一年）刻本

《漢西域諸國圖》　南宋咸淳七年（一二七一年）刻本

《西土五印之圖》　南宋咸淳七年（一二七一年）刻本

僧人是古代中國學人的重要組成部分，他們也為古代學術研究提供了重要的材料。比如這裡要講的《佛祖統紀》中的三幅地圖，就是宋代多元化的地理思想的重要例證。

《佛祖統紀》是一部由僧人志磐編撰的記錄佛教史實和天臺宗傳法世系的書，全書五十四卷。志磐號大石，精通天臺教觀，曾住四明（今浙江寧波）福泉寺及東湖月波山。南宋寶祐六年（一二五八年）為反映天臺宗的全貌，志磐在北宋政和年間（一一一一～一一一七年）《天臺宗元錄》和南宋慶元年間（一一九五～一二〇〇年）的《釋門正統》等書的基礎上，依仿《史記》和《資治通鑒》宏大敘事的體例，開始編撰《佛祖統紀》。歷經十年，至南宋咸淳五年（一二六九年）撰成此書。書於咸淳七年刊成行世。此時志磐已是大病臥床的暮年了，而南宋再有八年就被蒙元所滅。

在《佛祖統紀・天臺統記》中，附有十三幅反映佛教世界觀的插圖，其中《東震旦地理圖》、《漢西域諸國圖》、《西土五印之圖》三幅是地圖，另外九幅是沒有地理元素的宗教圖畫和示意圖，如《萬億須彌圖》、《忉利天宮圖》等。從選刊的三幅地圖看，志磐是想用佛教地理知識打破宋儒用「中國中心論」來排佛的作法。通過地圖形象地表現出中國並非世界的中心，真正的中心在印度，中國不過是位於印度東方的一個國家而已。它為宋代僧人回應儒家的反佛，開闢了新的領域。但這種地理思想與地圖格局並不為強大的中國主流意識所接受，所以這些地圖更多地被後人認作是東西交通圖與中外交往圖。

據《佛祖統紀》引言講，此書刻印「逾二十萬」，但經歷幾百年的戰亂，宋刻本所剩無幾，唯中國國家圖書館藏有南宋咸淳本《佛祖統紀》。另，遼金後的《大藏經》中收有此書。

下面我們依時間順序，先來談談《東震旦地理圖》（圖1.10）。此圖大約成圖於北宋宣和三年（一一二一年），早於此書一個多世紀，應當是作者從前朝典藉中輯錄的。那麼，志磐為什麼要將這幅地圖收到《佛祖統記》中呢？我以為此圖的圖名「東震旦」，或許表達了他的地理思想。「震旦」是佛經中梵語指稱中國的詞，也是古印度對中國的稱呼。這裡所謂的「東」，指的是蔥嶺（今帕米爾）以東、印度之東，也就是以印度為中心來定位中國，就像後來西方人稱中國為「遠東」一樣。這樣的名稱本身就排斥了中國中心說。

《東震旦地理圖》表現的是北宋時的全國行政區劃，範圍同代的《九域守令圖》和《禹跡圖》略大一些。除了表現大宋的陸疆外，此圖還繪出了海洋，並與《華夷圖》一樣在海上部分畫出了波紋。在黃河入海處、淮河入海處和長江入海處，分別以圓圈注明「河入海」、「淮入海」和「江入海」。雖然，此圖的海岸線與半島畫得不夠準確，沒能繪出遼東半島、山東半島，但海上標注的內容還是很多的：在東部海上標示出了「扶桑」、「日本」、「蝦夷」（日本北海道古稱）和「流求」（琉球國或台灣）；在南方海上標示出了「三佛齊」（蘇門答臘）、「真臘」（柬埔寨）、「占城」（越南中部）、「交趾」（越南北部）；在西南部海上標示出了「駐輦」（印度柯洛曼海岸）、「大食」（阿拉伯）、白達、盧眉等。這些海上島嶼、島國和臨海國家的標注在宋代地圖中，也是不多見的，從中可以看出宋代

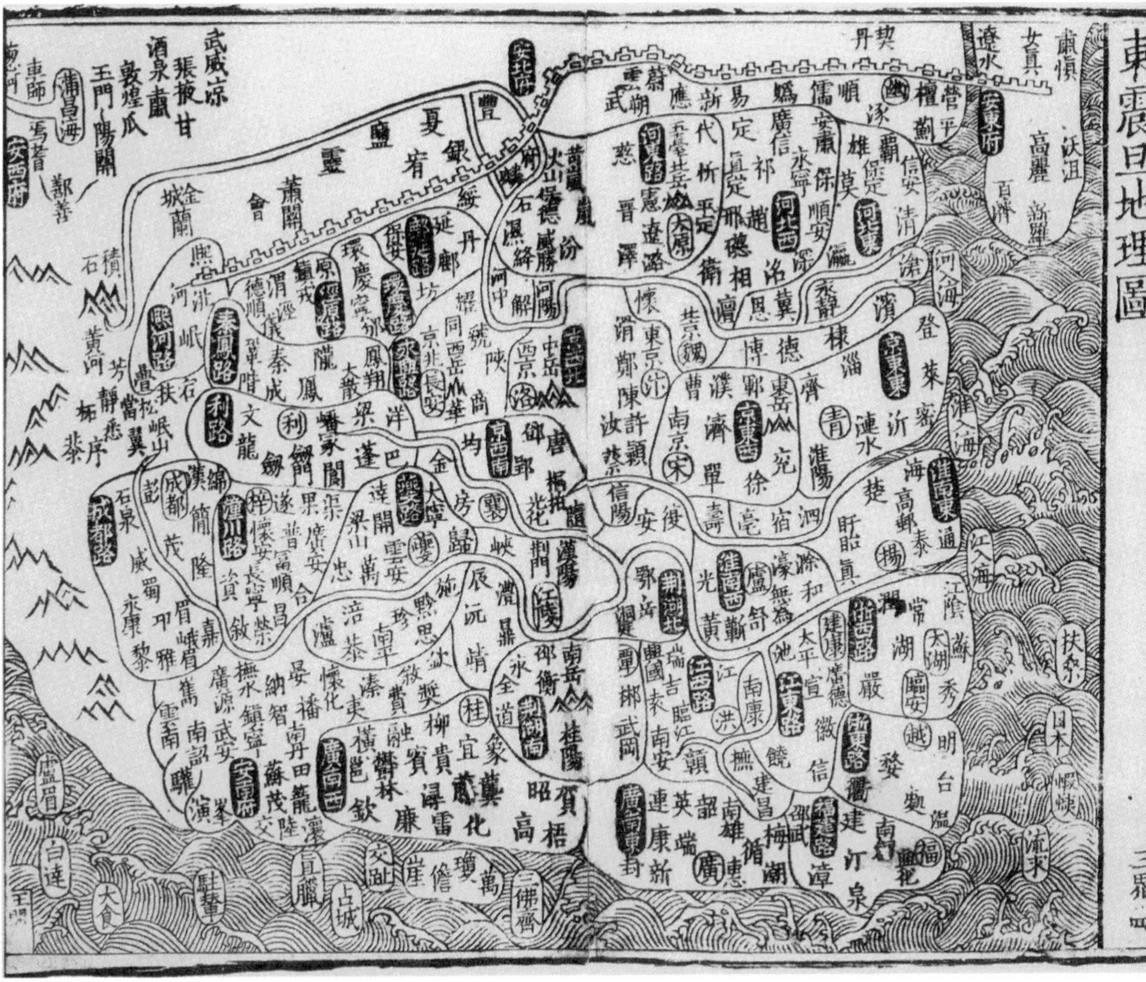

圖1.10：《東震旦地理圖》

《東震旦地理圖》出自僧人志磐編撰的《佛祖統紀》，書於咸淳七年（一二七一年）。原圖大約成圖於北宋宣和三年（一一二一年），早於此書一個多世紀。此圖表現的是北宋時的全國行政區劃，除了表現大宋的陸疆外，此圖還繪出了海洋。東部標出了「扶桑」、「日本」、「蝦夷」；南方標示出了「三佛齊」、「真臘」、「占城」、「交趾」；在西南部海上標示出了「大食」等。從中可以看出宋代對海上世界的視野還是相當寬廣的。

對海上世界的視野還是相當寬廣的。

《漢西域諸國圖》（圖1.11）是一幅完全可以和《東震旦地理圖》對接在一起的繼續西向的地圖，它上接《東震旦地理圖》左上的「蒲昌海（今羅布泊）」，表現了「蒲昌海」以西的「西域」。這是一幅西域地圖，也是一幅向西走的「東西交往地圖」。

這個地理名詞是從《漢書・西域傳》開始載入史冊的。張騫赴西域之前，漢朝投向西方的視野，基本上停留在玉門關一帶，沒能跳出《禹貢》所說的九州。張騫出使歸來，為漢朝廷打開了一扇「西域」之窗：這之中包括大宛（今烏茲別克一帶）、奄蔡（在鹹海與裡海間）、大月氏（今伊犁一帶）、大夏（今和田一帶）、烏孫（今伊犁及哈薩克一帶）、康居（今哈薩克一帶），還有身毒（印度）、安息（波斯）、條支（波斯以西地區）……大漢與西域的交流所帶來的地理大發現，不僅是前無古人的，直到兩宋也沒有哪個王朝能打破這個「紀錄」。

自《漢書》以來，「西域」一直是古代中的一個特殊地理名詞，在歷朝歷代的《地理志》中，西域都是單列一章，都是濃墨重彩，都有故事可說……這個「西」到底有多遠，「域」到底有多大，隨著祖先的探索腳步，它不是不變的，而是一步步移動著的，從歷史的時空講，「西域」是漂移的地理概念。

大唐的「西域」範圍很大，在《舊唐書》列傳中，尚無外國概念，用的是夷、狄，還有西域。當時的西域為：敦煌以西、天山南北、中亞、西亞地區均為「西域」。唐代的大西域概念，來自初唐的廣闊疆域，當時設有安東、安西等六大邊疆都督護府和許多邊州督護府，其西邊勢力，一度遠達大食（波斯）。

《漢西域諸國圖》有可能為志磐所繪，刊刻於南宋咸淳年間，反映了漢代時的西域諸國的分佈與交通路線，特別繪出了從敦煌經蒲昌海，分南北兩條通往中亞、西亞，直到「西海」（即地中海）的交通

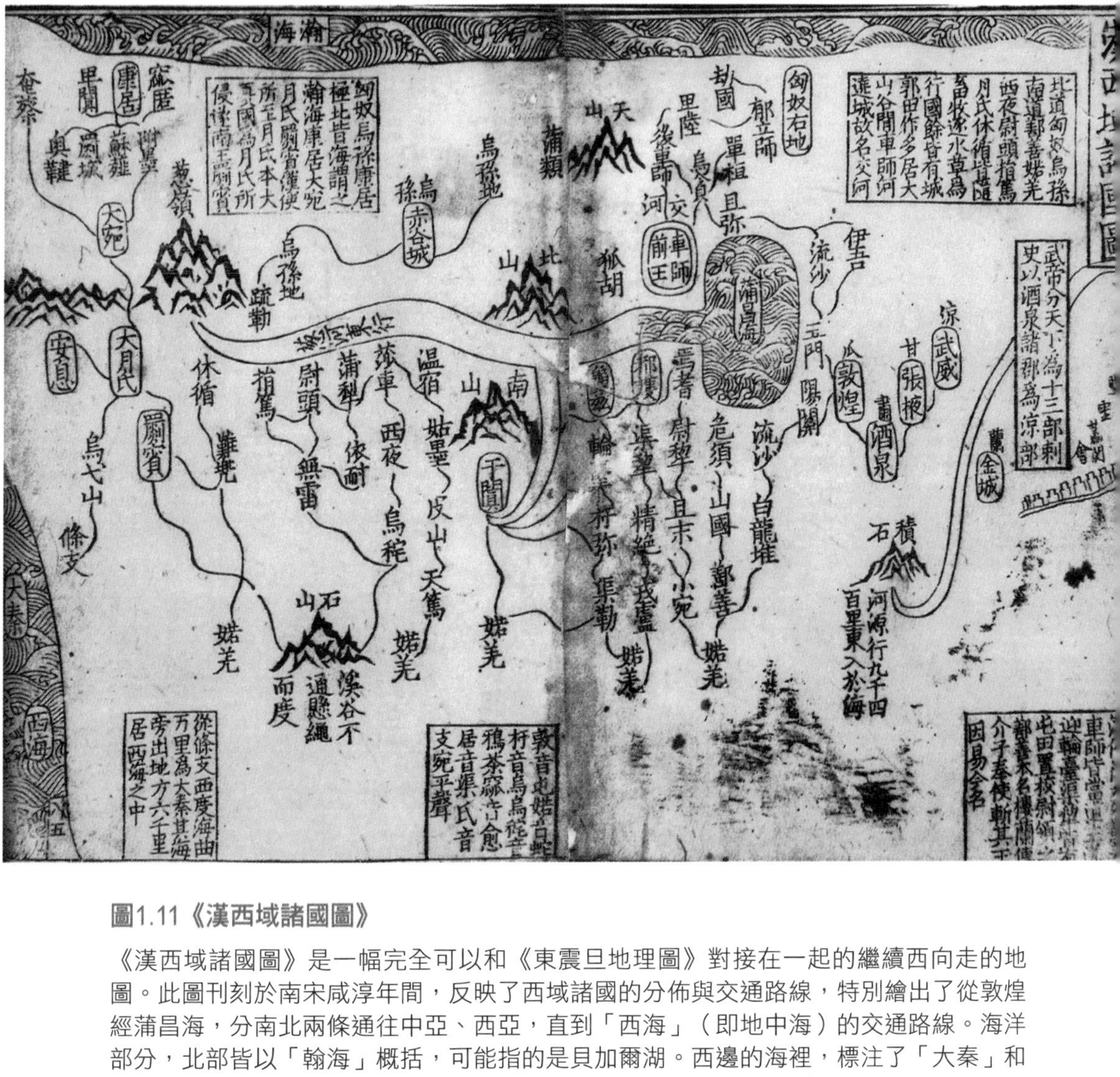

圖1.11《漢西域諸國圖》

《漢西域諸國圖》是一幅完全可以和《東震旦地理圖》對接在一起的繼續西向走的地圖。此圖刊刻於南宋咸淳年間，反映了西域諸國的分佈與交通路線，特別繪出了從敦煌經蒲昌海，分南北兩條通往中亞、西亞，直到「西海」（即地中海）的交通路線。海洋部分，北部皆以「翰海」概括，可能指的是貝加爾湖。西邊的海裡，標注了「大秦」和「西海」，所謂「大秦」指的是東羅馬，其「西海」在這裡泛指地中海。

路線。同時，也細膩地用曲線描繪了西域各國之間的交通路線。海洋部分，北部皆以「翰海」概括，可能指的是貝加爾湖，也可能是無邊的陸地。西邊的海裡，標注了「大秦」和「西海」，所謂「大秦」指的是東羅馬，其「西海」在這裡泛指地中海。

《西土五印之圖》（圖1.12）也是一幅完全可以和《漢西域諸國圖》對接在一起的、繼續西南行走的地圖，它上接《漢西域諸國圖》的「于闐」向南走，一直走到西土五印。所謂五印，即五印度。古代印度分為東印度、北印度、西印度、南印度和中印度。唐《大唐西域記》也有記載：「五印度之境，周九萬餘里，三垂大海，北背雪山，北廣南狹，形如半月」。

在這幅地圖的中央，可以看到「雪山」的注記。此「雪山」即今阿富汗境內的興都庫什山，它是印度河與阿姆河的分水嶺，也是古絲綢之路上繁忙的驛站。西元三、四世紀，這裡是佛教的重要傳教地。地圖上標注了多個北、中、南等方向，表示該國在印度半島的位置。圖中的很多國名都來自於《大唐西域記》，圖的左下方注記有「此依《西域記》所錄」，圖的右側題款云：「東土往五竺有三道焉」。在圖的海上部分，標注有「師子洲（今斯里蘭卡）」、「室利佛逝（蘇門答臘）」等海上通往印度的重要地名。種種注記都表明，此圖是一幅通往五印度的海陸交通圖，同時，它也是宋代極為少見的一幅外國專圖。

如果我們把三幅圖接起來，就是一幅從東土大唐赴西土五印朝聖的交通圖。或許，這正是志磐選刊這幾幅地圖的用意吧。從地圖學史看，在中國人的繪圖史上，宋代是唯一不以中國為世界之中的時代，而這種思想的主要傳播者都是僧人。

這種佛家的世界觀，為何沒能在中國站住腳。我曾專門請教過研究中國思想史的葛光教授。他說至

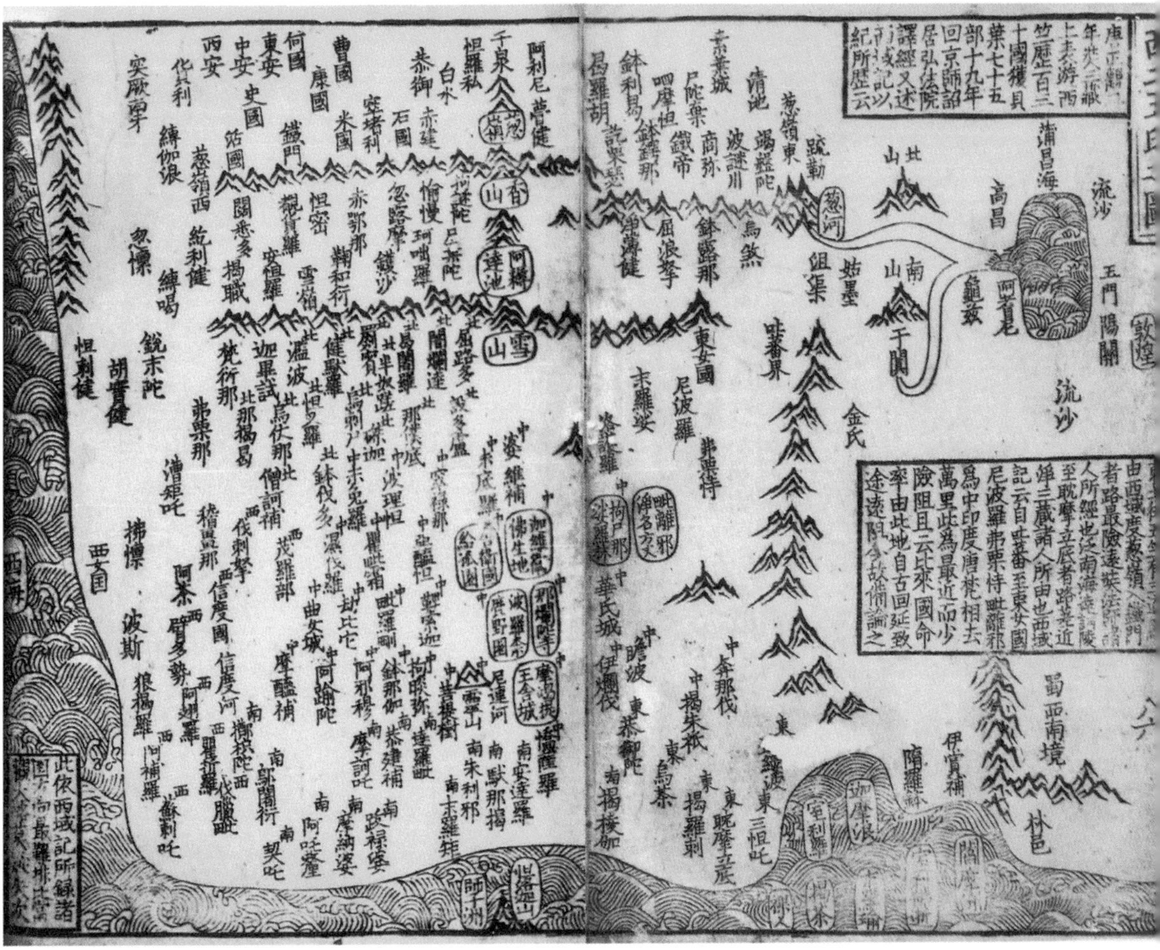

圖1.12：《西土五印之圖》

《西土五印之圖》和《漢西域諸國圖》、《東震旦地理圖》三圖對接在一起，就是一幅由東土大唐赴西土印度朝聖的地圖。所謂五印，即五印度。古代印度分為東印度、北印度、西印度、南印度和中印度。此圖是一幅五印度的交通圖。這是宋代少見的一幅外國專圖。

少有三個條件使得佛家的世界觀無法在中國生根。一是朝廷不會容納一個與中央政權齊平或高於皇權的宗教，也不能接受百姓不敬皇帝而去敬佛；二是朝廷不會容納中國不是中央之國的思想；三是朝廷不能接受有另一種文明高於中國，或與中國文明並列於世。所以，宋代僧人的努力很快就被巨大的傳統文化所覆蓋。

最早繪出海上航線的地圖——《輿地圖》

〰《輿地圖》〰南宋咸淳年間（一二六五年—一二七四年）拓本

《輿地圖》原為南宋石刻地圖，石碑亡佚，僅存拓本，現藏於日本京都栗棘庵。大宋地圖為何藏於東瀛，話要從中日佛教交流說起。

唐代中國僧人東渡日本傳播佛教後，各種佛教學派在日本落地生根。一二五五年，源自中國的臨濟宗在京都建成了當地最大的寺院——東福寺。圓爾辨圓被敬為開山之師，圓爾在一二三五年至一二四三年跨海求學，在江浙一帶學佛八年。圓爾回國後，聲名大噪，曾為當時的天皇授菩薩戒，禪法由此進入日本皇室。

圓爾在大宋學佛後，其弟子也紛紛渡海求學，其中即有寫入佛學史的日僧白雲慧曉（即佛照禪師）。其著作，凡二卷，全稱《佛照禪師住慧日山東福禪寺語錄》。又作《白雲慧曉禪師語錄》，收於大正藏第八十冊。卷上包括慧日山東福禪寺之進山、上堂、小參、舉古、拈香，卷下包括小佛事、法語、雜篇、佛祖贊等，卷末附錄摘自虎關師煉所撰元亨釋書之佛照禪師傳。

史載，白雲慧曉於南宋咸淳二年（一二六六年）渡海入宋，在明州（今浙江寧波）的端岩寺學法。南宋祥興二年（一二七九年），白雲慧曉返回京都時，除了帶上一些佛學書外，還從大宋帶回一張拓印地圖。日本僧人為何要帶回一張中國地圖？歷史沒留下任何記載，我想，這張地圖或許能透露一點線索。

白雲慧曉拓印的《輿地圖》（圖1.13），原是一塊石刻地圖。其圖巨大，縱二百零七公分，橫一百九十六公分。由左右兩幅拼合為一。此圖正上方刻「輿地圖」三字、左上方刻「諸路州府解額」（即科舉人數），圖中府、州、軍的名稱及數量大體與左上方刻記一致。原圖未記作者年代，後人根據圖上的政區改制內容，推定為它大約繪於南宋度宗咸淳元年至二年（一二六五～一二六六年）的明州，繪圖人不詳。此圖誕生之時，剛好白雲惠曉來明州端岩寺學習，所以，他有機會見到此圖原刻，並將《輿地圖》拓片帶回日本。

《輿地圖》是一幅包括宋代疆域及其周邊國家和地區的大型地圖。其地理範圍東及日本，西到蔥嶺（今帕米爾），南涉印度及印尼一些島嶼，北達蒙古高原。包括宋朝疆域內的政區名稱，東北部的女真、契丹、蒙兀、室韋，西北部的高昌、龜茲、烏孫、于闐、疏勒、焉耆、碎葉。東部及南部涉及到海外諸國，西南有印度、闍婆、三佛齊，以及南海上的一些島嶼，東邊繪出了日本等國。

圖中山脈用寫景法表示，並繪有森林。河流用單曲線表示。湖泊用水波紋表示。地名均括以方框。在許多州、縣間繪有道路。西南地區繪有少數民族分佈情況。北和東北兩處，有數百字的注記，主要說明其歷史與地理情況。

從海圖的角度講，此圖最突出的特點是首次繪出了多條海上航線。在長江口方向，繪有一條沿海岸北上的陰刻水路，並以方框標注「過沙路」；另一條向東延伸到日本的陰刻水路，以方框標注「大洋路」；同時，在「東海」水域，還用方框標注出「海道舟舡路」。除了標注的海路外，在崇明島和台灣一線，還以陰刻的白線描繪出幾條海路。在現存古代地圖中，它應為最早繪出海上交通路線的地圖。

這幅地圖的海上交通部分，集中體現在東海一線。我們可以清楚地看到，從「崇明砂」起，有一條

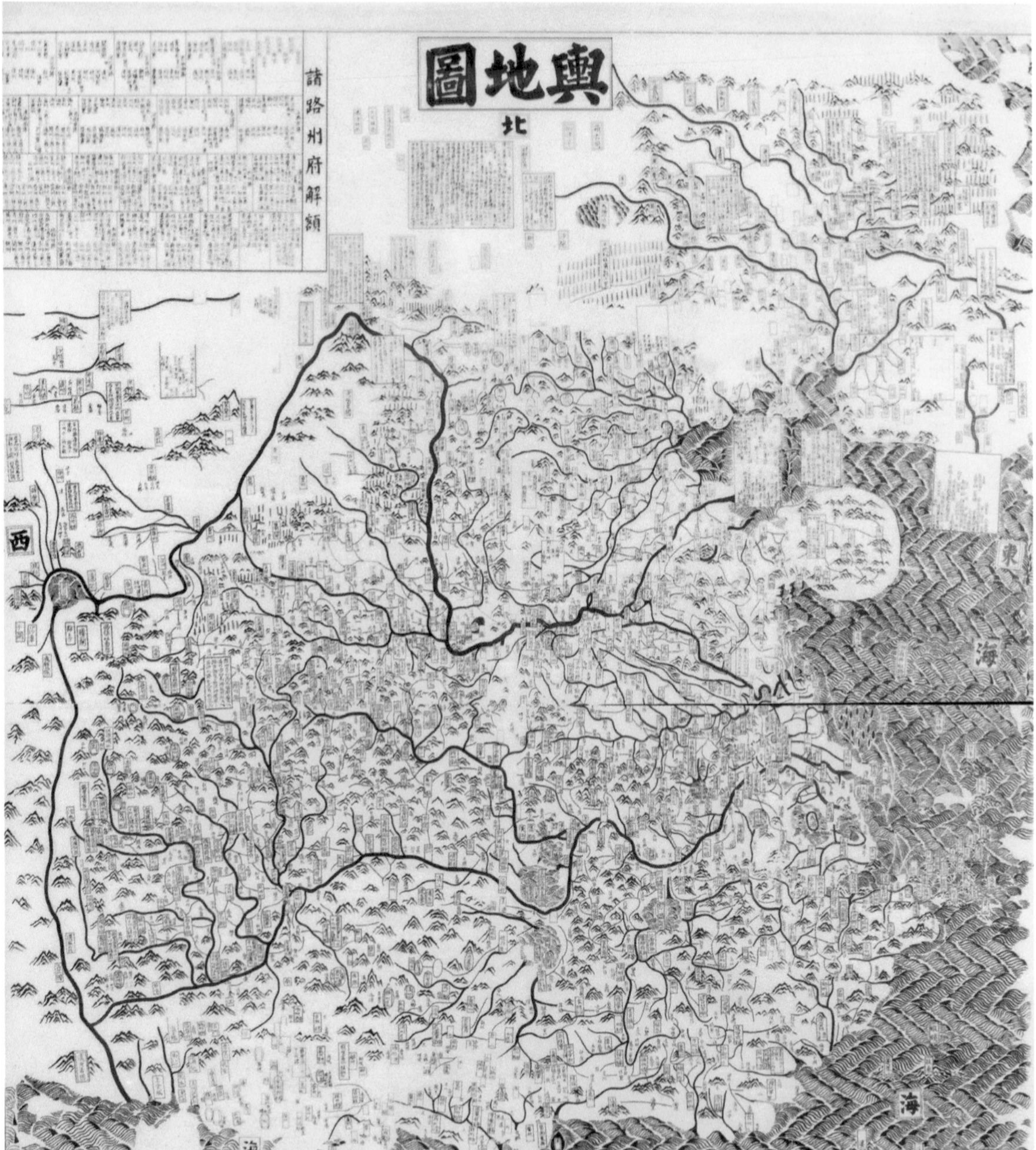

圖1.13：《輿地圖》

《輿地圖》原石刻亡佚，拓本圖由左右兩幅拼合為一，未記作者年代。根據政區改制內容，推定為南宋度宗（一二六五年～一二六六年）初年所製。傳為日本僧人白雲惠曉南宋祥興二年（一二七九年）從大宋帶回日本。圖縱二百零七公分橫一百九十六公分。現存於日本東京都栗棘庵。

海路通往「蛇山」島（今崇明島以東），而後海路又通向「毛人」島，另有一條海路，向北直通「日本」島。從方位上看，位於「日本」島以南，流求以北的「毛人」島，應是北九洲島。而從白雲慧曉的師傅圓爾當年回日本，即在北九洲的福岡登陸的。這是一條日本僧人渡海來中國的一條重要海路。按照這樣的分析，白雲慧曉帶《輿地圖》回日本，一是讓日本人瞭解大宋的天下，二是帶回一張可供渡海的航海圖。另外，要特別指出的是，日本的地圖發展很晚，基本上要靠從中國帶回的地圖來認識世界與自身。日本自主地圖測繪的歷史要到十六世紀才開始。

漢代中國海上交通就已很發達了，東去日本、朝鮮；南下印尼；西往印度、斯里蘭卡的航線都已開通；到唐宋兩代，海上交通貿易更為發達；通往朝鮮半島與日本的航路《新唐書》曾有記載：「新羅梗海道，更由明、越州朝貢」。這是記載「朝貢」之路。實際上，明、越州也有大量的船在夏、秋，利用東南季風渡海，斜向東北橫渡東海至日本，或沿黃海北上，赴朝鮮半島。但唐沒有留下一張海圖，早期宋代涉及海洋的地圖中，也沒有海上交通的描繪，更沒有航線的標示；所以，此圖在這一點上顯得尤其珍貴，只是研究《輿地圖》的諸多論文中，關於海上交通與航線的文章還不多見。

宋代海防的縮影──《定海縣境圖》

〰《定海縣境圖》〰南宋寶慶三年（一二二七年）

《夢溪筆談・權智》中有一個小故事為地圖史家所樂道：北宋熙寧（一〇六八年～一〇七七年）年間，高麗入貢，在經過各州縣的時候，朝貢者一路索要地圖；當這些人到揚州時，剛好丞相陳秀公在揚州，他哄騙高麗貢使說，我們正要繪製兩浙地圖，請把你們搜集來的地圖，借我參考一下。陳秀公拿到地圖後，即將它們焚毀。

地圖史家引用這個故事，多是證明，地圖涉及「天下山川險要，皆王室之秘奧，國家之急務」，不可外傳。我引述這個故事想說的則是：丞相陳秀公並非哄騙了高麗商人，朝廷要繪製兩浙地圖，也確有其事。沈括本人就曾編繪大型的全國地圖。

宋代是一個海上開放的時代，同時，也是海防觀初立的時代。大宋建立之初，朝廷即對南部與西南部的沿海戰區進行了勘測，並繪製了海路地圖。北宋景德三年（一〇〇六年），沿海安撫使邵曄所上的《邕州至交州水陸路及控制宜州山川四圖》，即測繪了今天的廣西到越南中部一帶的水路和陸路交通圖、地形圖等多幅地圖。

南宋偏安之時，純粹的南方軍事地圖不多，但還是有零星的海疆、海港和海防的地圖存留於精製的縣治圖中，比如這裡講到的《寶慶四明志》。此志成於南宋寶慶三年（一二二七年），故以「寶慶」年號冠名；「四明」即明州，唐朝在此地設立州治時，取其境內四明山的「明」字，稱其為明州，後世常以「四明」代指明州。《寶慶四明志》是現存最好的古代「縣圖志」。全志共二十一卷，共有十六幅地圖。這裡看到的《定海縣境圖》，即是其一。

《定海縣境圖》（圖1.14）描繪的是鄞縣北部的定海縣，即今天的寧波鎮海區。比之鄞縣，這裡與大海更親近。因而《定海縣境圖》更像一幅濱海縣境地圖。此圖粗略地描繪了縣城部分，城門、道路與行政機構，更多地表現了縣境的濱海特色。從「水軍船場」等衙署這一名稱的標注，可以看出定海不僅是東方大港，同時，也是當海防重鎮。地圖的海洋部分，描述了定海城東、南、北三面環海，注明了江水的入海口、碼頭、臨海城防與城門。

唐宋兩朝，不僅在明州設立了專門管理海外商貿的機構，還規定去往日本、朝鮮半島的官方出使船或商船都要從明州啟航。招寶山因恰處甬江入海口，「商舶所經、百軫交集」，故又有招寶山之名。同時，這裡又因是「六邑之咽喉，全浙之關鍵」，歷來是兵家的必爭之地，所以，我到招寶山考察時，仍能看到大量海防遺跡。只是宋代的海防已看不到了，所見皆為明清朝抗擊外來侵略的遺蹟。現在這個距寧波市區二十公里的招寶山已列為寧波十大景點之一，從山上俯瞰甬江入海口，已是塔吊林立的大碼頭了。

在鎮海訪古港時，聽說這裡正在籌建一個「中國港口博物館」，它將是國內第一個以港口為主題的大型博物館，與港口博物館合而共建的是國家水下遺產保護中心的首個區域性保護基地。基地建成後，會有水下文化遺產保護、水下考古發掘、出水文物修復、水下文物展示、科學研究人員培訓和專案研究等功能；遊客還可以身臨水下考古船，體驗水下考古的感覺，玩一次，夢回唐朝，夢回宋朝。

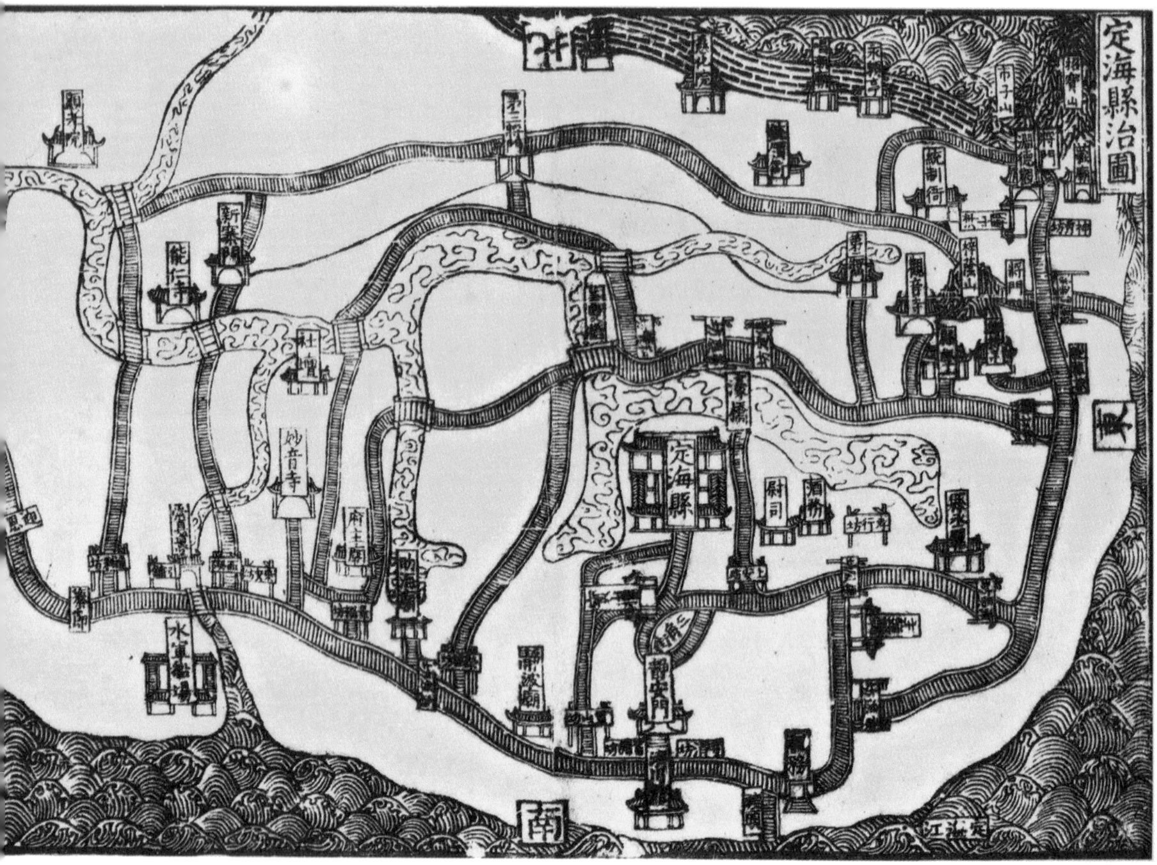

圖1.14：《定海縣境圖》

《定海縣境圖》選自南宋《寶慶四明志》，定海是當時的海防重鎮，其城東、南、北三面環海。圖上海防標誌突出，注明了江水的入海口、碼頭、臨海城防與城門，還有水軍船場等。這是該圖的一大特色。圖為書版開本，雕版墨印。

宋代昌壯國勢的圖畫——《昌國縣境圖》

〰《昌國縣境圖》〰南宋寶慶三年（一二二七年）

《昌國縣境圖》（圖1.15）原刊於南宋寶慶三年（一二二七年）出版的《寶慶四明志》。此志是現存最好的古代「縣圖志」。全志共二十一卷，共有十六幅地圖，《昌國縣境圖》是其中的一幅。

古代中國曾經出現過許多「昌國」，最古老的是戰國古邑「昌國」，即今天的山東淄博。這幅海圖上的「昌國」，在今天的寧波舟山。唐開元二十六年（七三八年）曾在此設翁山縣，其名因境內有翁山而得，它是舟山群島建立的第一個縣。在這幅《昌國縣境圖》上，雖然未見「翁山」標注，但有「翁山坊」和「翁浦坊」一類加框標注的地名。宋初這裡已不是縣級行政區了，是歸鄞縣所轄的富都、安期、蓬萊三鄉。北宋熙寧六年（一〇七三年），時任鄞縣縣令的王安石，奏請神宗帝准在此重建軍縣治，取名「昌國」。

王安石為何要並三鄉建立昌國縣呢？據《寶慶四明志》載，「明州府鄞縣之蓬萊、安期、富都三鄉居大海之中，東控日本，北接登萊，南亙甌閩，西通吳會，實海中之巨障，足以昌壯國勢焉」。我們可以理解為，建立昌國縣是為更好地發揮這裡的海防與貿易之優勢。舟山群島自古就是漁商繁華之地，也是海上交往的重要驛站。王安石建議在此設縣有其「港航昌國」的深意。

據舟山市的李國華研究：昌國建縣前一年，曾有日本僧人成尋訪問中國，此前日本遣唐使已有一百七十八年沒來中國了，與開放的大唐相比，北宋過於閉關自守了。隨著昌國建縣，這個局面得到了

圖1.15：《昌國縣境圖》

《昌國縣境圖》是建昌國縣一百多年後的一幅縣境圖，也是宋代少有的島嶼專圖。

很大改觀。從北宋元豐年間到宣和年間（一〇七八～一一二三年），明州府先後下水安濟、順濟、康濟、通濟四艘萬斛神舟，其載重量都在二百噸以上。除萬斛神舟外，其它類形的海船也造了幾百艘。在昌國縣建立到北宋滅亡的五十年裡，有記錄的明州商船去高麗的就有一百二十次，去日本的有七十餘次。如此發達的海上貿易，真稱得上是「昌壯國勢」。後來南宋朝廷，也只有跑到了東海的洋面上，才又得了一百五十年的「半壁江山」的繁榮。

蒙元代宋，昌國因處「海道險要」而「戶口倍增」，此時的舟山群島，已有二萬餘戶居民。

但到了明初，出於海防的考慮，明洪武十七年（一三八四年）置昌國衛。「衛、所」是明朝軍隊的基層組織。大致五千六百人為一衛，一衛轄五個千戶所，每千戶所一千一百二十人。當時的昌國衛與天津衛、山東的威海衛、上海的金山衛等軍事要地齊名。

「昌國」這個名字在今天的舟山市還隨處可見，如昌國路、昌國街道等。但它作為縣名在明清兩代，發生了巨大變更。先是明洪武十九年（一三八六年）為防海患，朱元璋下令廢昌國縣，將昌國四十六島居民，除舟山島五百四十七戶留下，設昌國鄉之外，其餘三萬多人全部遷出。後來，清康熙二十六年（一六八七年），康熙沿著朱元璋改明州為「海定則波寧」之「寧波」的思路，將原來的定海縣（今寧波市鎮海、北侖兩區）改名為鎮海，把「定海」這個名字給了舟山群島的縣治，以祈「海波永定」。

《昌國縣境圖》是建立昌國縣一百多年以後繪製的地圖，縣境的格局較之建置之初，應當是更成熟了它一幅很好的縣境圖，也是宋代少有的島嶼專圖。從繪製方法上看，此圖與《定海縣境圖》應是一組，其山峰皆取勢坐北，其海面的波浪也是相似。看來是由當地統一繪製，而後被編入《寶慶四明志》。

《昌國縣境圖》詳細描繪了縣境，也就是舟山本島，同時，也描繪了周邊的島嶼與陸地，如南邊的「象山」、西邊的「招寶山」、西北邊的「灘山」、北邊的「岱山」……並且在地圖四邊及四角都注明了「四至」，比如，「東至馬山與高麗大洋分界」、「西至蛟門與定海縣交界」，明確了昌國縣與周邊的地理關係。

蒙元粗造的疆域描繪──《大元混一圖》

〈〈〈《大元混一圖》〈〈〈元至順年間（一三三〇年～一三三二年）刻本

蒙元奪下大宋江山的同時，也接管了大宋的文化遺產，圖書與地圖是其重要的一項。元世祖攻下臨安（杭州）後，曾命大宋降將朱清等人走海道把大宋藏書統統運往元大都。但由於連年戰亂，或宋人有意藏匿，到了蒙元丞相脫脫主編宋史時，所能見到的館藏地圖只有十多種，如王曾《九域圖》三卷，描述熙寧間天下州府軍監縣鎮圖《十八路圖》一卷及附圖二十卷，李德芻《元豐郡縣志》的附圖三卷，崔峽的《列國入貢圖》二十卷，《指掌圖》二卷，《地理圖》一卷等。蒙元地圖事業起步就不順，加之戰亂不止，及諸多說不清的原因，蒙元一朝沒能留下多少本朝原創的地圖。

現在見到的《大元混一圖》該算元代存世地圖中最早的作品了。但這幅地圖，一不是以單幅地圖的面目出現，二也不是收於地圖集中的正式地圖，而是《新編纂圖增類群書類要事林廣記》中的一幅「插圖」。

我從舊書網上購到的是中華書局一九九九年出版的一九六三年的影印本《事林廣記》，據說是學術界經常引用的版本。這是一部百科全書式的古代民間類書，作者是福建崇安五夫子里（今武夷山市五夫鎮）的陳元靚。這位博學的編書人，當年除了編撰了《事林廣記》外，還編撰了一本《歲時廣記》（南宋以前歲時節日的民間記憶彙編）。這兩部「廣記」都有一個特點，即插圖很多，開後世類書圖文並重之先河。明代的《三才圖會》、清代的《古今圖書集成》都受其影響。

根據《事林廣記》「大元聖朝」一節，「今上皇帝，中統五年（一二六四）年……」一條可知：該書於元世祖忽必烈中統年間到至元初年寫成。所以，此書的內容既有宋百科，也有元百科。在宋、元百科的地理類中，共收入了十二幅地圖。但「大元混一圖」，並不是編書時就有的，而是大元至順年間（一三三〇～一三三三年），民間翻刻此書時增入的。

南宋開禧二年（一二〇六年），鐵木真統一了蒙古各部落，建立了雄霸中國北方的「大蒙古國」，始有成吉思汗之稱。但這還不是真正意義上的元朝，「元」作為正式的國號，是第五代大汗忽必烈附會漢法，在一二七一年確立的。其國號取《易經》「大哉乾元」之義，所謂元朝，即「大元」之朝。那麼，大元朝到底有多大呢？至元十六年（一二七九年）元蒙政權結束了南北分割的局面，中國實現前所未有的大統一，版圖也是「史上最大」。

《大元混一圖》（圖1.16）以描述陸地部分為主，繪出元初的行政格局。在長城符號外，繪有「上都道」（今天的錫林郭勒盟）；在長城符號內，繪出「中都道」。（一二六三年忽必烈滅金後，仍以金都城中都為都，將開平府立為上都，開始了元朝兩都巡幸制。一二七二年，忽必烈將國號定為元之後，把建設中的新都城由「中都」改稱為「大都」。

《大元混一圖》繪全國為「三十七道」（元設省制，離省遠的地方設宣慰司，一司轄一道，至順初有十一道，後有二十二道），與同收在《事林廣記》中的《歷代國都圖》一樣，這幅圖的形式與風格與南宋的《五代分據地理之圖》（五代十國的分割局面）相類，均是以示意圖的方式地畫出各「路」之格局。圖中有海洋的部分，且繪有「瓊」島，但海洋沒有任何符號表示，島嶼與海岸線完全不具其形。

《大元混一圖》的海外部分，由於圖面格局有限，東邊的高麗等國，南邊的南亞各國，未畫其形，

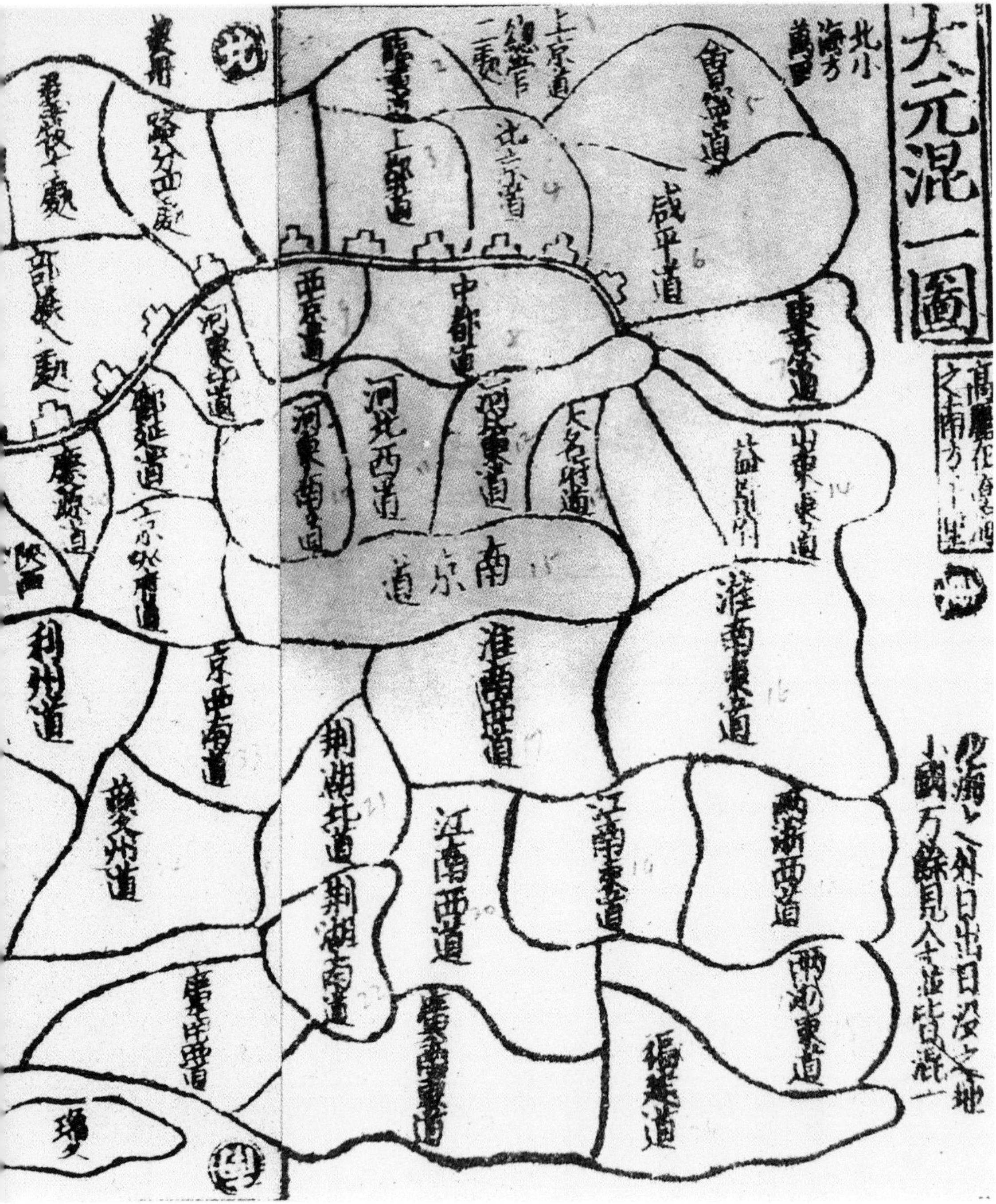

圖1.16：《大元混一圖》

《大元混一圖》為元至順年間（一三三〇年～一一三二年）翻刻南宋《新編纂圖增類群書類要事林廣記》時，增加的元代地圖。圖中全國分為三十七道。西南交趾、天竺繪入圖中。繪有海洋，但海岸線輪廓失真，反映出元代重陸疆輕海疆的地理思想。

僅以加框文字注明，「海之外，日出日沒之地，小國萬餘……皆混一」一筆帶過。與大元相連的繪出了交趾與天竺（今越南與印度），但比率嚴重失準，越南畫得比印度還大。與唐宋地圖相比，元代的地圖繪製得實在粗糙。

有人說，《大元混一圖》不代表元代輿地圖的真正水準。真正代表元代地圖製作水準的是朱思本、李澤民和清濬等製圖大家的作品。其中，朱思本曾利用奉詔代祀名山大川之機，考察地理，參校前人著述，編寫出《九域志》八十卷，並於元延佑七年（一三二〇年）用計里畫方法繪《輿地圖》二卷。李澤民在元至順元年（一三三〇年）前後，曾繪《聲教廣被圖》地圖。僧人清濬在明洪武三年（一三七〇年）左右繪出《混一疆理圖》……這些重要的地圖，或為最詳盡的中國行政區圖；或為中國已知年代最早的中國版世界性地圖；或為中國已知年代最早的歷史沿革地圖……但幾位大師的作品，均已失傳，沒有一件存世。

所以，元代的地圖，特別值得我們珍惜。

海陸擴張的版圖展示——《元經世大典地理圖》

〰《元經世大典地理圖》〰清咸豐二年（一八五二年）《海國圖志》

元代是個不足百年的短命朝代，許多見證大元歷史的東西，像馬蹄下的煙塵轉瞬飄散，無影無蹤。所以，元代地圖「原裝」的極為少見，存世的多為明代翻刻。這裡要講的《元經世大典地理圖》，即「藏身」於《永樂大典》之中，才傳之今日。當然，我們能對它有所認識，還要感謝清代的思想家、地理學家張穆（一八〇五～一八四九年）和魏源的再度刊印。

張穆原本是一位經學研究者，晚清國家多難，他亦多思，轉而從文字訓詁轉向地理考據。有外敵從海上來犯，特從《永樂大典》中選出《元經世大典西北地圖》，摹繪後送好友魏源。此時，魏源正為「開眼看世界」編撰《海國圖志》，遂把這幅重要的元代地圖收入書中。

這幅圖初看上去與宋刻石版地圖《華夷圖》一樣，皆有方格，似以中國的傳統的「計里畫方」繪圖法相類。但仔細讀圖就發現完全是兩種繪圖方法。《元經世大典西北地圖》採用的是經緯線方格畫法，此圖只標注地名與所在方位，沒有地形描繪。看上去更像一幅座標圖而不是地形圖，與中國傳統地圖相去甚遠。所以，對這幅地圖的原作者也看法不一，有人認為是受了阿拉伯繪圖方法的影響，也有人認為它就是阿拉伯的「中國通」繪製的。

從《元史》的記載看，這一時期的地圖，尤其是西亞和中亞地圖，元朝受到西域的影響是很大的，像札馬魯丁這樣的波斯天文學家乾脆就在大元的朝廷裡做起了天官。由於中亞與西亞由於地緣的關係，這裡的學者很早就接受了古希臘地理學家托勒密的理論，在地圖製作中對經緯線畫法做了改造，以「小方井」替代了經緯線，組成網格畫出不同的區域。以這樣的方法製作的中國地圖保存下來的極少，《元經世大典地理圖》即是其一。

雖然，我們無法確知到底是誰畫的這幅地圖，但它的內容與功用，證明它完全是為中國所用的地圖。圖中的地名其本上是《元史．地理志．西北地附錄》中的官方地名，地圖相當「官方」。它最初收在《元經世大典》中，所以有《元經世大典地理圖》（圖1.17）之名。

《元經世大典》為元代官修大型政書，又名《皇朝經世大典》。元至順元年（一三三〇年）由奎章閣學士院負責編纂，全書近九百卷。明初修《元史》時，大量引用了此書。但到萬曆年間此書就失傳了，僅剩一點點殘本。所幸它的許多內容被明人收錄《永樂大典》之中，這幅重要的元代地圖才借明代之手傳諸後世。

這是中國古代地圖中十分難得的一幅「海外」地理專圖，圖原名《元經世大典西北地圖》，即「大元西北地圖」的意思。明明是一張小型的中亞和西亞「世界地圖」，但在元蒙鐵蹄之下，這裡僅是大元版圖中的「西北」而已。《元史地理志》言「元有天下，薄海內外，人跡所及，皆置驛傳，使驛往來，如行國中。」元人的口氣是中國歷朝最大的，軍力也是最強的，視野也是歷朝中最寬的。僅從元代也留下了許多海外見聞典籍，《西遊錄》、《長春真人西遊記》、《西使記》、《真臘風土記》、《南海志》、《島夷志》……可以看出蒙元的「世界觀」與歷代不同，已有很強的世界意識和海洋意識。這張圖不是蒙元的妄想之圖，而是勢力與影響的實際體現。

這張大元的「西北地圖」所繪內容主要是大元的幾大汗國：即察合台國、伊利汗國、欽察汗國的大

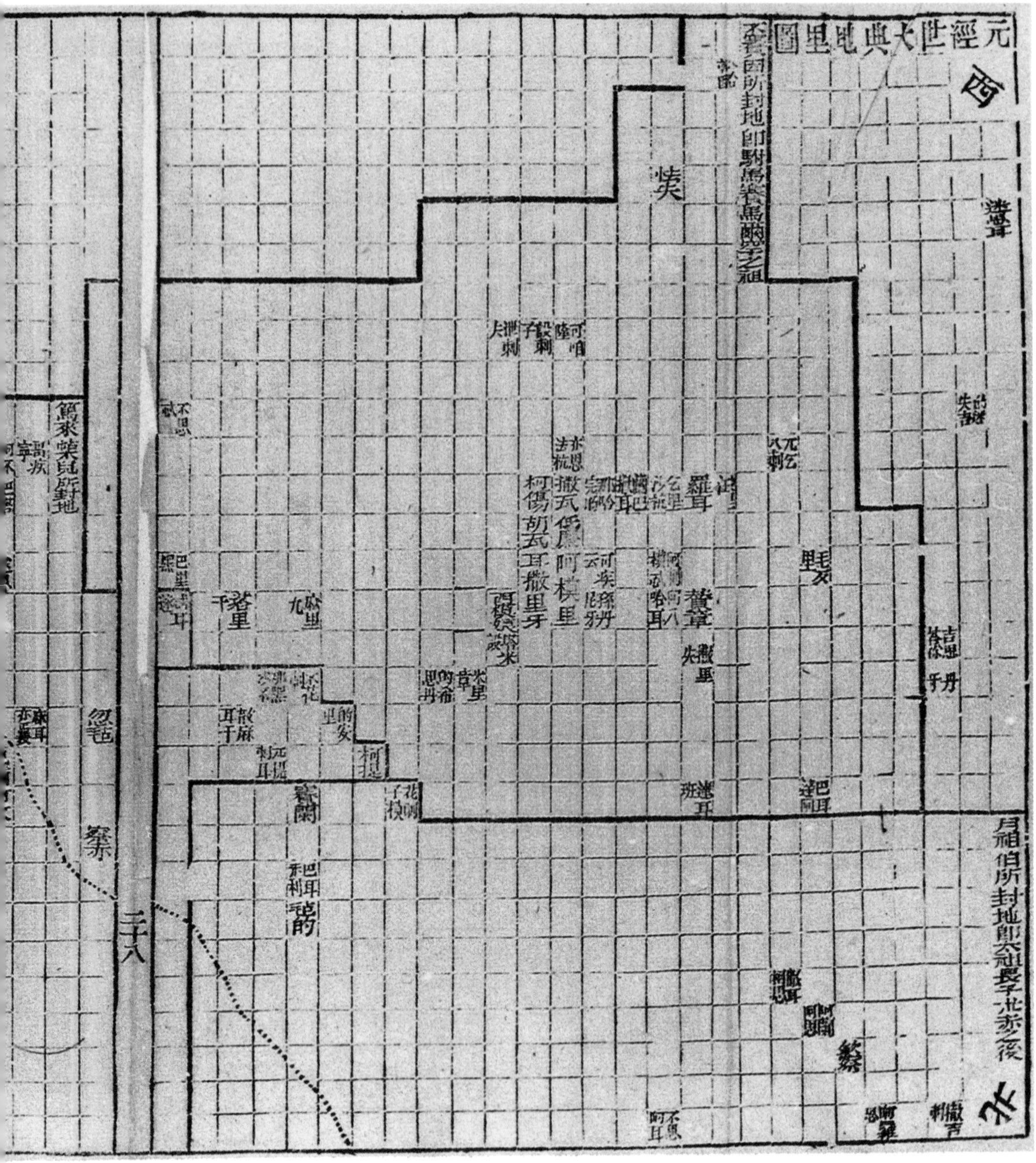

圖1.17：《元經世大典地理圖》

《元經世大典地理圖》原圖附於元至順二年（一三三一年）的虞集等所撰《經世大典》，該書明代中期散失，部分內容保存於《永樂大典》中，但《永樂大典》後來散失，現存的《永樂大典》殘本中，找不到這幅地圖。此圖僅見於魏源編著的《海國圖志》中，是從《永樂大典》中錄出，並稍有添加。圖為書版開本，雕版墨印。

致疆界和東歐地區。此圖的方位標示很古怪，東西南北四方位皆定在四個角上，據說是受阿拉伯地理學的影響，完全是西域地圖的畫法。所以，這張圖我們不僅要倒著看，還要歪著脖子看：

此圖東起「沙州界」、「別失八里」即今甘肅敦煌和烏魯木以東的吉木薩爾一帶；西至「迷思耳」，即今之埃及。南至天竺，即今之印度；北方特別標注：「月祖伯所封地即太祖長子朮赤之後」，所謂「月祖伯」即今之烏茲別克。

先秦之時，王朝從西向東擴；漢唐兩代，轉而向西，大元承大唐遺風，向西、再向西（忽必烈也曾遠征日本、安南、爪哇，都遭到失敗）。——這張「大元西北地圖」即是一張重要的西擴之圖。其圖的

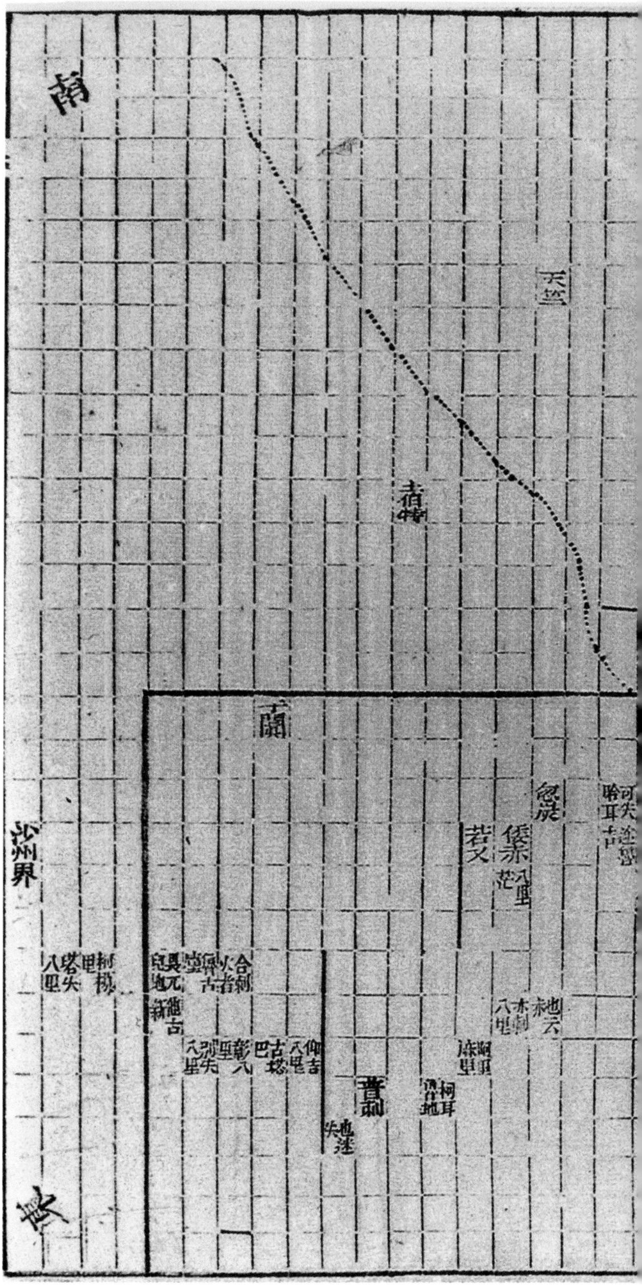

主要表現集中於西半部，其西北部描繪的是蒙元擴張與分封之地（如「達耳班」）——欽察汗國，又稱金帳汗國，是大蒙古帝國的四大汗國之一。其西南部，描繪了「孫丹尼牙」（今伊朗北）、「泄剌失」（今伊朗西南部的設拉子）、「兀乞八剌」（今即巴格達）、「怯失」（今波斯灣之卡伊斯島）。

這是一張古代中國標示得最為精確的西亞圖，就是沒有寫出海。此圖是以經緯格繪製的，雖然，受格子的影響，國名與國界的位置不一定很準，但大體方位是準確的。比如，最西邊由北向南標出了「丹牙」、「吉思答爾」今土耳其南部的阿達納和伊斯肯德倫。接著是「的迷失吉」今敘利亞的大馬士革，最後是「迷思耳」即今之埃及。方位都很準確。不過，這個經緯格子地圖，沒有地形的表現，所以，在伊朗北部也沒有畫出裡海，南部也沒畫出波斯灣。在土耳其沒有畫出地中海，在埃及沒有畫出紅海。

《元經世大典》收入這張「西北地圖」，恰當地反映了當年國情。蒙元的汗國與中亞與西亞的關係緊密，大元的汗國甚至與埃及都有著密切的政治聯盟與貿易往來。但由於蒙古貴族不斷擴張與內部爭鬥，最終影響了它的正常發展。汗國慢慢走向衰落和瓦解，欽察汗國先後分裂出了西伯利亞汗國、喀山汗國、克里木汗國、阿斯特拉罕汗國等獨立國家……等到明朝消滅元朝後，蒙古人在這一帶失去了影響力，俄羅斯由此崛起，中亞與西亞的版圖由不得元人再來繪製了。

陸海兼治的——《南臺按治三省十道圖》

〰《南臺按治三省十道圖》〰元至正四年(一三四四年)刊刻

元代傳之後世的地圖，有些是宋版元刻。此「南臺按治三省十道圖」(圖1.18)收於元張鉉所編的《至正金陵新志》，成書於元至正四年(一三四四年)，同年刻印。現存的元刻本中有二十一幅地圖。此地圖集中，有六幅地圖為南宋《景定建康志》所有，為宋人所繪。其餘為元人所繪，這之中就有「南臺按治三省十道圖」。

看這幅地圖首先要弄清圖名。秦統一中國，建立起專制的中央集權制度，並創建了監察制度。設立御史府，掌握天下文書和監察。西漢末年，御史大夫更名大司空，御史府改作御史台。魏晉南北朝時，分裂的小王朝之南梁、後魏、北齊的御史台，曾被稱為「南臺」。蒙元一代，也延用漢制度，在中央設御史台，此外，還在中央之外設行御史台，即行台，作為中央御史台的派出機關。當時曾設有陝西的西台，大都的中台和建康的南臺。圖名中的「南臺」說的就是設在建康(今南京)的南臺。「南臺按治三省十道」的「按」即「按劾」與「監臨」的意思。「三省」即浙江、江西、湖廣三個省，「十道」為江東建康道、江西湖東道、江南浙西道、浙東海右道、江南湖北道、嶺北湖南道、嶺南廣西道、海北廣東道、海北海南道、福建閩海道。

蒙元當時所設的行御史台，一方面是有監察地方政府的功用，另一方面也有阻遏南方亂局的作用，兼有吏治與國防的雙重任務。

圖1.18：《南臺按治三省十道圖》

《南臺按治三省十道圖》，元至正四年（一三四四年）地圖描繪了揚子江（圖的上方，古代將揚州以下至入海口的長江下游河段稱為揚子江）入海口以南的廣大區域，最南端一直到繪出交趾（今越南）為止。雖然，它的海岸描繪十分粗糙，但還是繪了出中國大半的海岸線和江南諸省及道。

地圖描繪了揚子江（圖的上方，古代將揚州以下至入海口的長江下游河段稱為揚子江）入海口以南的廣大區域，最南端一直到繪出交趾（今越南）為止。雖然，它的海岸描繪十分粗糙，但還是繪了出中國大半的海岸線和江南諸省及道，但海島描繪過於簡單，僅有「石塘」等島嶼的標注。

關於石塘，宋元地圖中都有「石塘」為名記述南海諸島的表述。但具體是哪個島，或群島表述不清。元代汪大淵所著《島夷志略》中有「萬里石塘，由潮洲而生，迤邐如長蛇，橫亙海中……原其地脈，歷歷可考：一脈至爪哇，一脈至渤泥及古里地悶，一脈至西洋遐昆侖之地」，元代人把「石塘」說得大而無邊了，遂有「萬里石塘」的概稱。

蒙元遠航的海圖線索——清浚《廣輿疆里圖》

《廣輿疆里圖》明弘治年間（一四八八～一五〇五年）刻本

元代有兩位繪製地圖的大師不斷被後世所提及，一位是李澤民，一位是清浚。他們最偉大的地圖作品即是朝鮮人權近在《混一疆理歷代國都之圖》跋中所提到的該圖母本：李澤民的《聲教廣被圖》和清浚的《混一疆理圖》。可惜，這兩幅地圖沒能傳至今天，人們只能從其它線索中推想其樣貌。

關於李澤民，人們只知道他是「吳門李澤民」，沒有更多的生平線索。但清浚則不同，作為一代高僧，他的事蹟在明代史料中多有記載：如，《明太祖實錄》、宋濂《送天淵禪師浚公還四明序》、袁應祺《黃岩縣志》、明河《補續高僧傳》、文琇《增集續傳燈錄》、葉盛《水東日記》等。

清浚，號天淵，元天曆元年（一三二八年）出生於浙江台州黃岩。十三歲出家，為徑山古鼎銘公入室弟子。後在四明育王佛照祖庵五載，再後掛錫於東湖青山。元至正庚子年（一三六〇年）繪製《廣輿疆里圖》（圖1.19）。明洪武年間，在朝廷主管佛教的機構任職，曾受朱元璋賜詩十二章。明洪武廿五

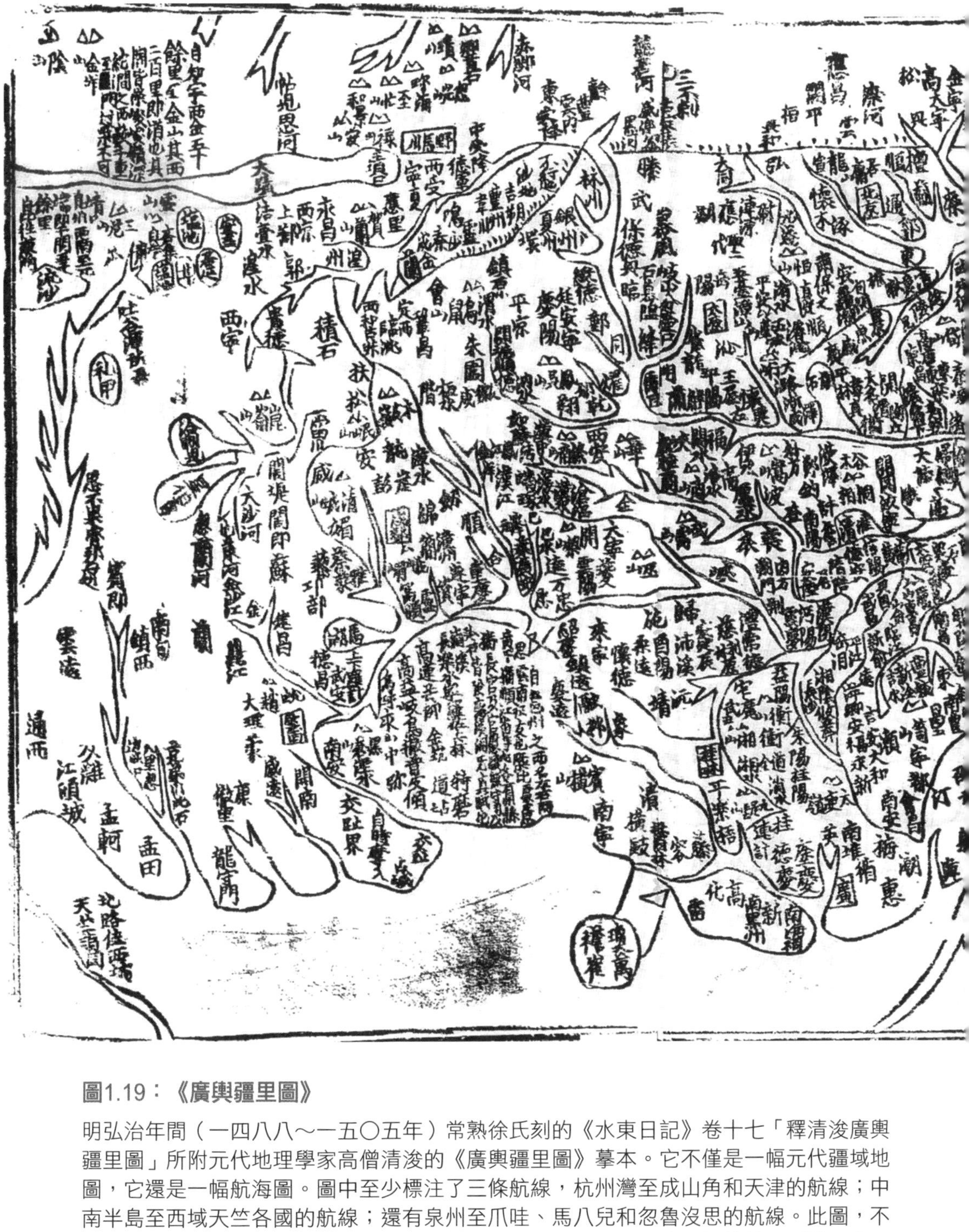

圖1.19：《廣輿疆里圖》

明弘治年間（一四八八～一五〇五年）常熟徐氏刻的《水東日記》卷十七「釋清浚廣輿疆里圖」所附元代地理學家高僧清浚的《廣輿疆里圖》摹本。它不僅是一幅元代疆域地圖，它還是一幅航海圖。圖中至少標注了三條航線，杭州灣至成山角和天津的航線；中南半島至西域天竺各國的航線；還有泉州至爪哇、馬八兒和忽魯沒思的航線。此圖，不僅佐證了元代海上貿易的繁盛，或可看作是鄭和下西洋航線圖的一個伏筆。圖縱四十四公分，橫四十四公分）

年（一三九二年），圓寂於靈穀寺。

清浚的諸多史料中，對於地理學來說尤以《水東日記》為要。這部由明吏部侍郎兼文史學家葉盛所著的《水東日記》，共有三十幾卷。其中第十七卷「釋清浚廣輿疆里圖」，可見清浚留下的地圖摹本《廣輿疆里圖》。葉盛在書中說，「予近見《廣輿疆里》一圖，其方周尺僅二尺許。東自黑龍江西海祠，南自雷、廉、特磨道站至歹灘、通西，皆界為方格，大約南北九十餘格，東西差少。其陰則清浚等二詩，嚴節一跋……此圖乃元至正庚子台僧清浚所畫，中界方格，限地百里，大率廣袤萬餘。其間省路府州，別以朱墨，仍書名山大川水陸限界。予喜其詳備，但與今制頗異，暇日因摹一本，悉更正之，黃圈為京，朱圈為藩，朱竪為府，朱點為州，縣繁而不盡列。若海島沙漠，道里遼絕，莫可稽考者，略敘其槩焉。時景泰壬申正月，嘉禾嚴節貴中謹識。」

這段文字交待了地圖名稱為《廣輿疆里》、原圖繪於「元至正庚子」、作者為「僧清浚」、原圖尺寸為「其方周尺僅二尺許（約今四十四公分）」、原圖特色為「方格」、摹繪時間為明景泰壬申（一四五二年）正月、摹繪者為嚴節。

這裡所引《廣輿疆里圖》（圖1.14）為南溟子先生貼在網上的幾個重要刻本中時間最早的，即明弘治年間（一四八八～一五〇五年）常熟徐氏刻的《水東日記》所附原圖摹本；其它幾種刻本的附圖名字略有差異，如《廣輪疆里圖》，但所摹都是《廣輿疆里圖》。

《廣輿疆里圖》與《廣輪疆里圖》的意思差不多，都是疆域廣闊之意。原圖南北九十餘格，東西近九十格。「廣輪」謂之寬長，猶言廣袤。以地圖製作而言，東西稱廣，南北稱輪。「疆里」即劃分整理，所以，此圖為疆域區劃圖。圖中標注了六百多個中國與東亞諸國的地名。

這裡將它列入海洋地圖系列，不僅因為它是一幅完整的元代中國大陸與海疆地圖，同時，它還是一幅航海圖，許多航海訊息在圖中有所顯現：其一，在圖右，東部杭州灣的位置上，繪出了兩條通向山東半島東邊的成山角和天津的航線與航向，似可看作元朝廷海道漕運的印記，明代的《新河海運圖》在此位置上即有「元運故道」的標注。但此圖沒有像宋代海圖那樣標注通往日本的航線，它從側面印證了元兩次遠征日本失敗之後，終斷了這條海上貿易航線。其二，在圖左下，孟加拉灣東部「江頭城（今緬北部八莫）」的位置上，標注有「此路使西域天竺各國」，顯示出十三世紀蒙古西侵割斷了中國和阿拉伯經印度的陸路貿易之後，對西域的貿易從陸路移到海上的實情。其三，在圖右下，泉州位置上，標注了更詳細的「下西洋」航線「自泉州風帆，六十日至爪哇，百二十八日至馬八兒，二百餘日至忽魯沒思」。這裡的「爪哇」即今之印尼，「馬八兒」即今之今印度半島西南馬拉巴爾海岸。南印度一帶宋代就與中國交往，元代再次成為溝通東西方海上貿易的要道。此航線的終點是「忽魯沒思」，即今之荷姆茲海峽一帶。這一航線的標示不僅佐證了泉州是元代對外貿易大港的地位，或可看作是鄭和下西洋航線圖的一個伏筆。

但此圖並非清浚地圖的原樣複製，此圖沒有原圖的「畫方」，圖上的「北京」、「南京」和「寧波」等地名，更是明代的產物。嚴節在跋中亦說明了「若海島沙漠，道里遼絕，莫可稽考者，略敘其槩焉」，所以，不知道摹繪者刪略了原圖多少海外描繪。此為無法補救的遺憾，但仍不失其重要的歷史價值。

2 漢至元的海上貿易與「口岸」圖景

引言：古代的海上貿易之路

中國一萬八千公里長的大陸海岸線，我有幸涉足了它的東西兩端：鴨綠江的黃海入海口和北侖河東興入海口，雖然是蜻蜓點水，但為我考察古代中國的海上探索，還積累了一點資料和些許思索——古代中國的海上探索，南北兩個海區的起步時間大體相同，但目標卻各有不同：北方入海，以求仙為先導；南方入海，則是貿易先行。在蓬萊，見到的多是古代求仙的遺蹟；在北部灣，感受到的則古老的開洋之風。

據《漢書．地理志》載「自日南障塞、徐聞、合浦船行可五月，有都元國；又船行可四月，有邑盧沒國；又船行可二十餘日，有湛離國。步行可十餘日，有夫甘都盧國。自夫甘都盧國船行可二月餘，有黃支國，民俗略與珠　相類。其州廣大，戶口多，多異物，自武帝以來皆獻見。有譯長，屬黃門，與應募者俱入海市明珠、璧流離、奇石異物，齎黃金雜繒而往。所至國稟食為耦，蠻夷賈船，轉送致之。亦利交易，剽殺人。又苦逢風波溺死，不者數年來還……黃支船行可八月，到皮宗；船行可三月，到日南象林界云。黃支之南，有已程不國，漢之譯使自此還矣。」

這段歷史記載被認為是古代中國海上交往的最早的官方記載，它後來又被廣東學者研究「海上絲綢之路」始發地的重要要依據。但隨著航海技術的提高與嶺南通道的暢順，這個「海上絲綢之路」始發地逐步被廣州所取代。進入到唐代，廣州更是建立了古代中國的第一個「海關」，海上貿易開始走上「制度化」。

據《唐會要》載，唐開元二年（七一五年），廣州已設有市舶使「嶺南市舶使右威衛中郎將周慶立，波斯僧及烈等廣造奇器異巧以進……」《新唐書．柳澤傳》中也有：「柳澤，……開元中，轉殿中侍御史，監嶺南選。時市舶使、右威衛中郎將周慶立造奇器以進」。這是史料中，關於朝廷管理港口貿易機構市舶使的最早記載。此中的「嶺南」是唐代十道之一的地名，開元時，嶺南道治就在廣州。廣州是中國第一個設立市舶使的開放口岸。

廣州立市舶使之時，大唐與西域的關係惡化，玄宗兩度下詔禁止西域與大唐的經濟往來。陸上貿易之路受到限制，使得海上貿易變得更加頻繁起來，所以，廣州港迎來了無數阿拉伯及波斯灣的商船。這一時期也是阿拉伯帝國的強盛期，波斯甚至整個西亞盡在阿拉伯人的掌控之中。中國和西亞是當時世界上最大的兩個貿易強國，雙方的貿易直接影響東西方市場。直到黃巢於乾符六年（八七九年）攻打廣州，屠城掠財，才使大唐與阿拉伯世界的紅紅火火的海上貿易一時停了下來。

「五代十國」的亂局被大宋取代，宋太祖趙匡胤在建宋第十一年（九七一年）消滅盤踞嶺南的南漢政權後，即恢復了廣州的口岸功能，建立了大宋第一個海外貿易管理機構——廣州市舶司。此後，趙匡義接下帝位，繼續收復江南的霸業，迫使吳越王錢俶和割據漳、泉二州的陳洪進於太平興國三年（九七八年）納土歸附，隨後下令在東海設立了兩浙市舶司。宋真宗趙恒繼位，又將兩浙市舶司分為杭州和明州市舶司。由此形成了宋初「三大市舶司」——廣州、杭州、明州的格局。

隨著大宋海上商貿活動的迅速發展，海上來的蕃商越來越多，用「三大市舶司」管理所有的港口貿易顯然不切實際，而設立市舶司又是各地的升財之道，於是北宋中後期，宋哲宗元佑二年（一〇八七年）及元佑三年（一〇八八年）分別在泉州和密州（今山東膠州）增置新的市舶司，形成「五大市舶司」——廣州、泉州、明州、杭州、密州的格局，尤其是密州市舶司的建立，使北方沿海終於有了一個國家級的「口岸」，從而完成了由北到南的較為完善的口岸佈局。

蒙元代宋，人們多以為這個起家於馬背之上的王朝，不會經營海上生意，其實不然。一二七一年建元後，蒙元大軍揮師南下，又用了八年時間，徹底消滅南宋。在收復的浙、閩等地之後，漫長的南中國海岸，已盡在蒙元朝廷的掌控之中。於是，新王朝開始大舉恢復和興辦海運事業：在國內，蒙元開闢了有史以來最輝煌的海運漕糧事業；在海外，蒙元創建了全新的「官本船」海上商貿模式。

據《元史．食貨二》記載：「官自具船給本，選人入番貿易諸貨，其所獲之息，以十分為率，官取其七，所易人得其三」、「凡舟楫糗糧，物器之須，一出於君，不以煩有司」，這樣「上可裕國，下不損民」。如是一來，出海船為「國有」，貿易本錢是「國資」；而其貿易所得，百分之七十歸「國庫」所有，百分之三十則為己所得，商船盡可放心拓展海上貿易了。這種「能救鈔法，增課額，上可裕國，下不損民」的國有民營辦法，唐宋兩代均未實行，實是元朝廷首創，在當時的國際海洋貿易上，也處於「領先地位」。

宋元以來的海上貿易開創了從南中國到南洋、印度、波斯、阿拉伯、東非洲的海上貿易之路，也成就了中國名揚海外的港口城市，如廣州、杭州、明州、泉州等幾大世界級名港。如此，港口也自然成為研究中國海圖的一個不可忽略的亮點。

大漢開洋第一灣北部灣古港——《九域守令圖》、《墜理圖》（局部）

〰《九域守令圖》〰北宋宣和三年（一一二一年）繪製

〰《墜理圖》〰南宋紹熙元年至二年（一一九〇～一一九一年）刻局部

西元前二一四年，秦始皇在三十六郡的基礎上，又為中國西南部設立了桂林、象郡、南海三郡，北部灣由此進入大秦的行政版圖。漢承秦制，漢元鼎六年（西元前一一一年），漢武帝滅掉造反的南越國之後，在嶺南重新設立了九個郡，即南海、蒼梧、鬱林、合浦、珠崖、儋耳、交趾、九真、日南（後三郡今為越南）。漢時的北部灣，基本上歸合浦郡所轄，至東漢時，合浦郡尚統有合浦、徐聞、高涼、臨允、珠崖五縣。

史載，合浦、徐聞等縣同在漢時建立，這一點很清楚，但不清楚的是合浦郡治到底設在哪裡？也就是今天這兩個地方的人常說的古代合浦與徐聞，誰管誰的問題。徐聞學者常引《大清一統治》說，合浦郡治在徐聞。合浦學者則說，清代以前諸多文獻都說，合浦郡治在合浦。龐雜的歷史文獻，前後說法不一，郡治成了兩縣的「公案」。

不過，從地理上看，兩地皆有作為郡府的條件。

合浦，意為江河匯集於海之地，先秦屬百越中的雒越。溯南流江而上，可抵玉林轉陸道越桂門關一天可抵北流江，再溯北流江而上過靈渠進灕江入湘江進洞庭湖進長江入沔水可達古都長安或中原。從水路交通便利條件看是無內河的徐聞所不能比的。

徐聞，地處雷州半島的最南端，扼交趾（越南）至廣信（封開）海道之咽喉，南可控儋耳、珠崖二郡，是內海交通貿易的中轉地，也是郡府優選之地。

但是，從出土文物看，合浦漢墓的規模與器物，遠勝於徐聞。徐聞多有漢之瓦當，而合浦則有大量的漢青銅器。尤其令徐聞人「鬱悶」的是徐聞縣令陳褒葬於合浦，墓中還發現了「徐聞令印」。不僅如此，在合浦漢墓我還看到了那裡出土的刻有「九真府」字樣的提陶壺，九真府在今天的越南境內，是不是交趾人歸葬故里，不得而知。但至少說明，在漢代，合浦的政治地位要優於徐聞，而在北宋宣和三年（一一二一年）繪製的《九域守令圖》上，仍可看得到「合浦」的明確的標示（圖2.1），可見其重要性。

很早以前，南越先民就已經使用平底小舟，在海上從事漁業生產。手工精巧的嶺南先民在漢墓隨葬品中，留下了他們的泥塑船模。但我沒見到塑有風帆的陶船。史料記載，帆船興起於漢，但廣泛使用是在東漢。據《漢書．地理志》載，漢武帝時，曾派出擔任海外貿易的譯使和應募者，攜帶黃金、雜繒（絲織品），由日南（今越南中部）、徐聞（今廣東徐聞）、合浦（今廣西合浦）三個地方出航，途經都元國、邑盧沒國、夫甘都盧國、湛離國、黃支國（印度半島東南部的建志補羅），抵達已程不國（今斯里蘭卡）後返航。回航途中經皮宗（今馬來半島西南沿海的香蕉島），在日南象林縣邊境登陸。帶回來的物品有明珠、壁流離、奇石等異物。這是中國官方商船從南方港口至東南亞各國進行海上商貿活動的最早記載。這個記載，說明至少從漢武帝時中國的船隊已開始了跨洋遠航。廣東的研究者據此認為：漢代的徐聞是中國海上絲綢之路的始發港。

漢武帝征南越後，海南島也實行郡縣制，分為珠崖、儋耳兩郡，由於這兩郡是珠璣、犀角、玳瑁和

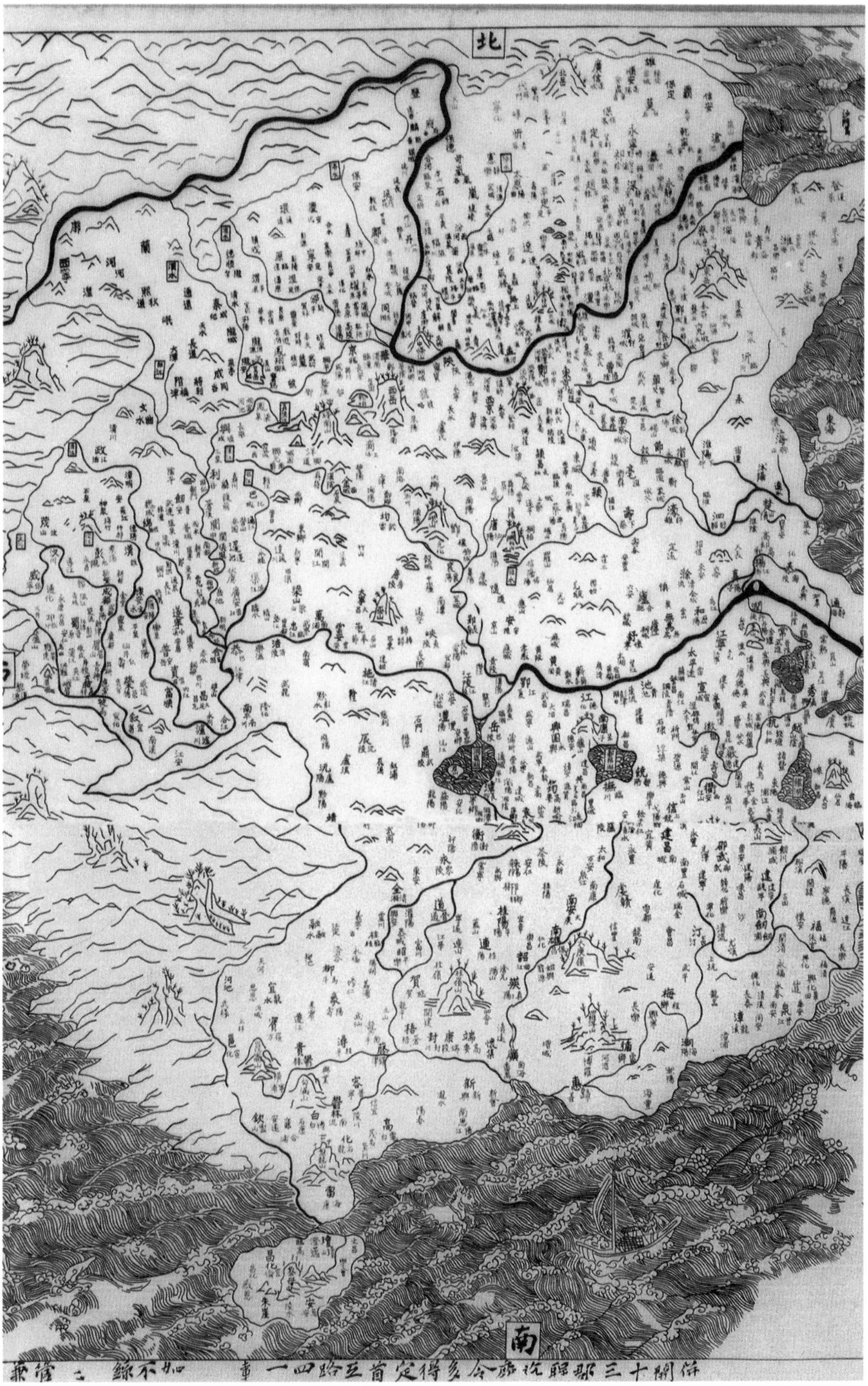

圖2.1：《九域守令圖》

在北宋宣和三年（一一二一年）繪製的《九域守令圖》上，仍可看巨大的「廉」字旁邊「合浦」的明確標示，可見其重要性。

布的產地，因此，統治階級加緊了對這些地方的掠奪。徐聞正好是大陸通往海南島的門戶，徐聞也就成了嶺南的一個重要港口。徐聞在宋代的版圖上，也有一點影子，在南宋的《墜理圖》中，可以看到「雷州」的標注（圖2.2），唐以後徐聞一直是雷州所轄。

徐聞的漢唐古城的樣子，現在已找不到蹤跡了。一九九三年底，廣東考古專家在南山鎮（原五里鄉）仕尾嶺一個這裡面朝大海的海灣邊，發現大範圍的漢代生活遺址，出土大量有文字的「萬歲」瓦當，繩紋、乳釘紋理板瓦，筒瓦和陶器，以及「臣固私印」。還出土了有文字的「宜官」、「帝君百石」、「曲目」等印紋磚。專家由此推斷，此處應是漢徐聞縣治所在地和徐聞港遺址。二〇〇九年，這裡建成「大漢三墩」古港旅遊區。仕尾嶺高崖上，那座以天然巨石雕琢成的八角形的漢唐導航燈座，已被石欄保護起來。

自廣東啟動「海上絲綢之路始發港」的項目後，廣西合浦也啟動了相同的項目。二〇〇四年合浦召開了《合浦——海上絲綢之路始發港》理論研討會。二〇〇八年，廣西考古工作隊在合浦發掘出漢代窯址。二〇一〇年五月，合浦在處理污水管網的工程中，發現了一片漢代建築物柱礎地基的五個直徑一公尺五十公分左右的磉墩，足以推想該建築的宏大。故推斷這個地方就是漢代的合浦城。通過這個建築遺址，專家基本上鎖定了古代合浦港口的位置。廣西的「海上絲綢之路始發港」呼之欲出。

徐聞與合浦的港口及「海上絲綢之路」，自漢初興起後，一直到魏晉時都相當發達。南北朝的幾百年的戰亂，使西域國家與中國的陸路絲綢貿易受到嚴重影響，波斯人轉而改走海路，從中國南方進口絲綢原料。此時，波斯人已掌握了絲綢的加工技術，他們從中國大量進口生絲和素錦，進行織染加工，然後轉手高價賣給羅馬。西元三三〇年（東晉咸和五年）羅馬帝國一分為二，君士坦丁堡的東羅馬帝國，

圖2.2：《墜理圖》

《墜理圖》徐聞在宋代的版圖上，也有一點影子，在南宋的《墜理圖》中，今天的雷州半島的位置上，可以看到「雷州」的標注，唐以後徐聞一直是雷州所轄的三縣之一。祖先的開洋，要從北部灣説起。北部灣是一個現代地理名詞，是指中國南海西北部一個半封閉的海灣，它東臨雷州半島和海南島，北臨廣西，西臨越南，南與南海相連，面積接近十三萬平方公里。它連內地通外洋，自古以來就是開洋重地。

不滿波斯從絲綢貿易中盤剝，於是，也通過「海上絲綢之路」自己進口絲綢原料，並在現今的敘利亞地區建立起了自己的絲綢加工業，以此對抗波斯的商業封鎖。隨著中國的絲綢生產技術和印度細棉平紋布進入歐州，海上絲綢貿易漸漸退出中國貨物出口的主流。

漢代之後，隨著梅嶺孔道的暢通，使廣東與中原的聯繫日益頻繁，三江並流八口通海的番禺（廣州），躍成為嶺南重要的港口；加之中國航海技術的進步，帆船多從番禺到瓊州，而後直下南洋，使得徐聞、合浦不再是航行東南亞各國的必經之路，兩個漢代大港逐步衰落，一個海上貿易的新時代在珠江口開啟……

開放時間最長的口岸──《廣東通志初稿・廣州府地理圖》、《嶺海輿圖・廣州府輿地圖》

〰《廣東通志初稿・廣州府地理圖》〰 明嘉靖十四年

〰《嶺海輿圖・廣州府輿地圖》〰 明嘉靖十四年至二十一年

廣東歷史上第一個郡，即西元前二一四年秦在嶺南設南海郡。據《史記》載，南海郡首任地方長官任囂，將郡治設在了蕃禺（後作番禺），就是今天的廣州。因而，這一年也被認作是廣州的建城日。

廣州從建城的那天起，這裡就是個遠離天朝的富庶之地，所以，也是個反貪之地。今天我們還能在越秀山上見到那塊「貪泉碑」（原在廣州西郊石門）。相傳東晉時，「南下幹部」在廣州石門飲了泉水，便起貪念。東晉元興初年（四〇二～四〇四年），吳隱之赴廣州任刺史，途經石門，特意掬飲貪泉，自信不能改變廉潔操守，賦詩曰：「古人云此水，一歃懷千金。縱使夷齊飲，終當不易心」。後來他在廣州任上果然廉潔，後人為紀念他，特在貪泉建碑。提及這段反貪佳話，是想從側面說明當時的廣州，已是個很有「油水」的商業城市了。在「貪泉碑」旁邊，我們還能看到記錄了宋朝與三佛齊貿易往來的石碑，更印證了這裡很早就是一個海上貿繁盛城市。

唐代，因來廣州貿易的蕃商越來越多，朝廷特在此設立了全國第一個管理外貿事務的機構──市舶使。大宋立國後，很快也恢復了廣州市舶。據《宋史・潘美傳》載：「既克廣州，即日命美同尹崇河同知廣州，兼市舶使」。潘美是大宋朝廷任命的廣州的第一位最高長官和市舶使。

從唐到宋，從宋到元，廣州都是口岸開放的先鋒城市。元代時，與廣州有貿易來往的國家和地區已達一百四十多個。元人周致中在《異域志》中特別記錄了其中的三條航線的到達時間。一是廣州至占城（今越南南部），「順風八日可到」；。來廣州至三佛齊（蘇門答臘）航線，「自廣州發船，取正南八日可到」；三是廣州至莆家龍（今爪哇北岸），「順風一月可到」。

我曾考察過現存最早中國古代市舶遺址——宋泉州市舶遺址水仙宮，也一直想找到古代廣州的市舶遺址。但就目前搜集到的文獻看，從唐至元的廣州市舶遺址怕是找不到了。現在，所能見到的即明嘉靖十四年（一五三五年）戴璟主修的《廣東通志初稿・廣州府地理圖》中，所標注的不很清晰的「市舶司」位置（圖2.3）。還有比此圖稍晚幾年的明廣東巡按姚虞編撰的《嶺海輿圖・廣州府輿地圖》（圖2.4）中，標注的「市舶提巡司」。這兩幅嘉靖年間出版的地圖，或許是現存最早明確標注市舶機構位置的地圖，或可稱其為「中國口岸第一圖」。

《廣州府地理圖》成書時間為明嘉靖十四年，《嶺海輿圖》沒注明成書時間，人們根據明代名臣湛甘泉為其作序時間推定為明嘉靖二十一年（一五四二年）。此書共有十二圖，首為全省圖，次十府十圖，最後是一南夷圖。嘉靖時，廣州府設有一州十四縣，廣州城內有南海、蕃禺兩縣，城外有順德、三水、從化、東莞、增城、龍門、香山、新會、新寧、清遠、陽山、連山十二縣（萬曆元年增設新安縣，所以此圖中沒繪新安）。通過比較可以看出《嶺海輿圖・廣州府輿地圖》應是以明嘉靖十四年戴璟主修的《廣東通志初稿・廣州府地理圖》為藍本。

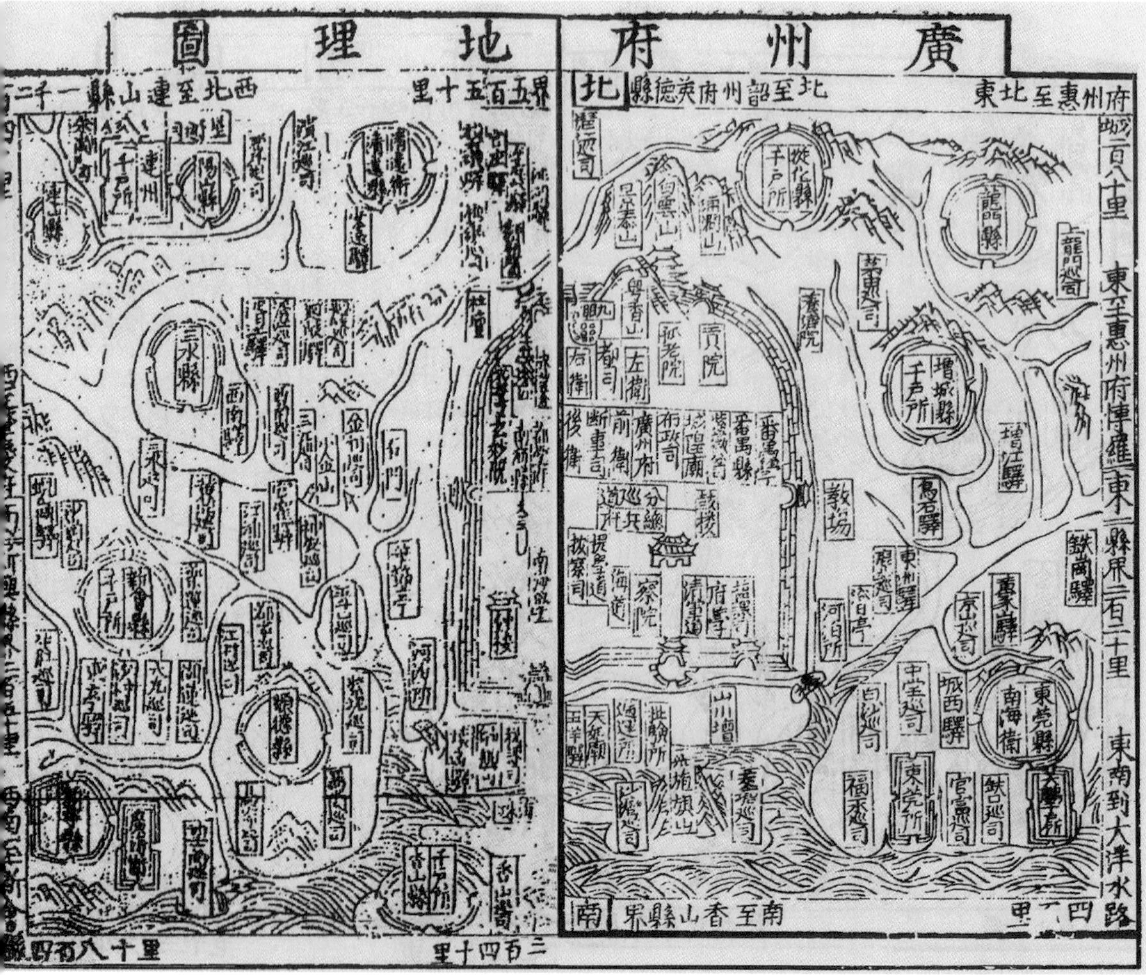

圖2.3：《廣東通志初稿・廣州府地理圖》

明嘉靖十四年戴璟主修的《廣東通志初稿・廣州府地理圖》中，在府城外標注的不很清晰的「市舶司」位置，或許是現存最早明確標注市舶機構位置的地圖，或可稱其為「中國口岸第一圖」。

兩圖上的「市舶」標注均在廣州府城外，珠江的北岸。但嘉靖時的市舶提巡司是什麼建築，具體地點在哪，史料中沒有詳載。值得一說的是兩幅的「市舶」標注旁邊，都有一個重要的標注「海珠」，它是珠江上的重要景觀，也是明代海上貿易的重要見證。

我們現在指的珠江，通常有兩層含意，一是廣義的珠江，一是狹意的珠江。狹意的珠江指的是西江與北江在「三水」匯合後，由北向南，又從西到東流經廣州市區的那一小段河道。古代的珠江流經廣州老城區的河段約有二公里寬，在這一江段中，有三個礁石島，分別叫做：海珠石、海印石和浮丘石。人們取形如珍珠的海珠石之意，將流經廣州的江稱之為「珠江」。滄海桑田，由於泥沙沖積和城市的擴張，如今海珠石、海印石和浮丘石都已看不到了。

原來離航道中央最遠的浮丘石，已深藏在今天的中山七路陳家祠地下；海印石在清末時被完全埋入今天的海印橋一帶地下；海珠石在明代時仍是一個島嶼，清時因泥沙沖積漸與珠江北岸陸地相連，一九三一年擴築新堤建沿江西路時，海珠石沉埋在珠江北岸長堤附近，在今天的海珠花園裡。據說，廣州市政府準備將該石周圍的泥土掏空，建成一個「海珠石公園」，遊人可通過電梯進入地下觀賞海珠石。

從地圖上看「海珠」，它顯然是古珠江上的地標。自宋人開啟「羊城八景」之選後，它一直是廣州的重要景觀。南宋人呂定曾有《遊海珠寺》一詩，首句唱的就是海珠石：「何年神物抱珠遊，遺向滄浪第一洲」。據史料記載，海珠島不僅是古代的風景名勝，而且因處廣州古城之外，也是重要的商埠門戶。明代就曾經在「海珠」島舉辦中國最早的「出口商品交易會」——定期市。萬曆的「定期市」之所以在的海珠島一帶舉行，繪製於嘉靖的這兩幅廣州府地圖上都已有「鋪墊」。在「海珠」石旁不僅標有

「市舶」，不遠處還標有一個「稅課司」。由此我們可以推想，嘉靖時這裡已經形成了貿易納稅的一條龍服務。

雖然，嘉靖的「市舶提巡司」的具體地點與建築物，現已無法考證了。所幸的是在「市舶提巡司」的標注框框的北面不遠處，我們可以看到「鐘樓」的標注。這個標注，為我們提供了太監們掌管的市舶官署的重要線索。

明初，鑒於漢唐宦官亂政的教訓，朱元璋曾制定嚴格制度，防止宦官干政。但朱棣篡奪政權，宦官起了重要作用。所以，自永樂起，宦官受到重用。永樂元年以後，命內臣提督廣東、浙江、福建三省市舶，於是形成了「內官總貨，提舉官吏惟領簿而已」的「兩層皮」亂局。其中，由於兩廣總鎮太監與兩廣總督駐梧州，所以，廣東則委派專官市舶太監駐廣州。

據記載，明初的廣東市舶公館，初設於城南江邊，後改於仙湖街奉真觀舊址，即後來的五仙觀，由內臣監鎮市舶。據史料記載，明嘉靖以前，緊鄰珠江的一直作為太監的市舶公館。雖然，兩圖上都沒有「五仙觀」的標注，但都有「鐘樓」標注，我們很容易確認它的位置。明代洪武時，主持修建五仙觀的廣東行省布政使趙嗣堅，將奉真觀遷至兩晉時的「坡山古渡」重建的同時，還在坡山頂建一小城樓，即「嶺南第一樓」（現存建築為是明萬曆年間重建），小城樓建成後的第四年，又鑄成一口大鐘懸掛樓上。鐘體鑄有銘文，是明洪武十一年（一三七八年）所鑄。所以，繪於嘉靖年間的地圖上，才有「鐘樓」的突出標注。由此我們可以說，找到了「鐘樓」就找到了五仙觀，找到了五仙觀就找到了大明太監的廣州市舶公館。

兩個明代的市舶機構在一幅地圖中皆有明顯標注，這實在是件難得的事。只是在今天的五仙觀裡，已看不到任何市舶太監府的痕跡。我問這裡的工作人員，她們根本不知道五仙觀與明代太監市舶的這段歷史。五仙觀的後院，現立有一銅標牌：這裡曾是晉朝緊鄰珠江的「坡山古渡頭」。但現在的珠江離此「渡口」已有兩公里之遙了。

《嶺海輿圖・廣州府輿地圖》畫了兩個塔。其中，光塔在「鐘樓」西北五百公尺處的懷聖寺院內。此寺為是中國四大古代清真寺之一，也是中國現存最古老的清真寺建築。這個不分層的塔，俗稱「光塔」，它一是宣禮塔，二也是一個顯著的地標，當時三十六公尺高的塔，立在珠江邊的山坡上，足可起到引航的作用。繪在「光孝寺」旁邊的寶塔，按位置推斷應該是六榕塔，此塔在光孝寺旁的六榕寺內。此寺始建於南朝梁大同三年（五三七年），初名寶嚴寺；北宋元符二年（一〇九九年），蘇東坡前來遊覽，見寺內有古榕六株，題「六榕」兩字，後改稱六榕寺，塔亦稱六榕塔。塔為平面八角九層閣樓式磚塔，高五十七公尺。宋代以來，它一直是廣州的地標之一。古代也有風水先生說，廣州是一條大船，越秀山是船樓，六榕塔和光塔是兩個桅杆。所以，兩塔標注在此圖上，也順理成章。

找到了大明的市舶遺址，我還想弄清廣州的老碼頭在哪裡？

千百年來，珠江河道，變來變去，專家也難確認哪裡是廣州古港。二十世紀八〇年代，借尋找「海上絲綢之路」之東風，有專家提出：黃埔村是廣州的一個古港口，應當加以保護，並作為文化景觀開發。但十幾年過去，提議無人理會，反倒是二〇〇六年瑞典的仿古船「哥德堡號」（原船一七三七年建造，曾經三次抵達廣州）重訪廣州。此地才因是清代「哥德堡號」的錨地，而得以開發，並迅速在江邊建起了「粵海第一關」的牌樓。

據中山大學歷史系的章文欽教授指出，其實黃埔村還算不上「粵海第一關」。清代的珠江口海關：

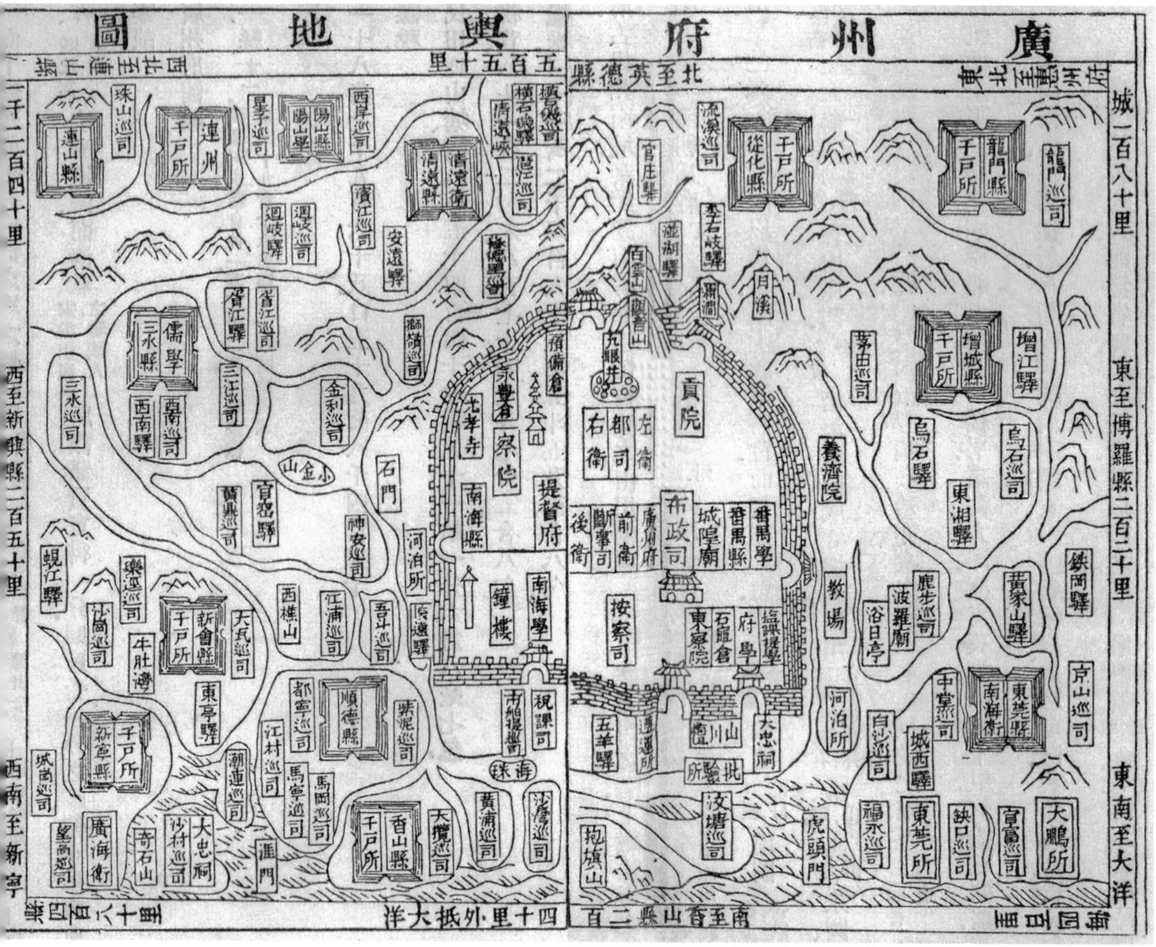

圖2.4：《嶺海輿圖・廣州府輿地圖》

明嘉靖姚虞編撰的《嶺海輿圖・廣州府輿地圖》。此圖可見明代廣州城的面貌，北靠白雲山，南臨珠江，面積不過十平方公里，而且整個珠江水系沒有一座橋。值得注意的是，圖中標注了大明廣州府城外的「口岸辦」——市舶提巡司。

「大關」只有一個，即五仙門的「粵海關」；「總口」有七個，多建在幾個支流通往珠江的江口上；「掛號口」有七十多個，撒落於廣東沿海各地。

黃埔村，雖然在宋代就是外來船舶的停泊地，但到了明清以後，才發展成為廣州對外貿易的專用外貿港。清康熙二十四年（一六八五年），全國設江、浙、閩、粵四海關，粵海關在黃埔村設黃埔「掛號口」和稅館。乾隆二十二年（一七五七年），「閉關鎖國」的清廷，將江、浙、閩三海關的對外貿易的職責都交給了粵海關，指定廣州為唯一對外貿易口岸。

黃埔古港獨佔中國對外貿易而得到迅速發展。據《黃埔港史》記載，從乾隆二十三年（一七五八年）至道光十七年（一八三七年）的八十年間，停泊在黃埔古港的外國商船共計五千一百零七艘。除了瑞典的「哥德堡號」，黃埔古港還停泊著美國的「中國皇后號」、俄羅斯的「希望號」和「涅瓦號」、澳大利亞的「哈斯丁號」等等外國商船。據《中國國際貿易史》統計，以一八一七年為例，廣東當年對外貿易的進口總值為二千三百四十八萬元，而通過黃埔港的進口總值為一千九百七十一萬元，占全省進口總值百分八十以上。廣州商貿大港的地位在後為的鴉片戰爭「議和」時，成為了重要的價碼。

《南京條約》不僅規定開放廣州、廈門、上海、寧波、福州五處為通商口岸，還規定廣州行商不得壟斷貿易，這個條約最終為「十三行」的特權畫上了句號。一八五六年，第二次鴉片戰爭爆發，戰火將十三行商館化為灰燼，而今的廣州西關空餘「十三行路」一個苦澀的名字，它是廣州一二〇〇年口岸開放留下的血色句號。

唐代開啟的東方大港明州港——《鄞縣縣境圖》、《寧郡地輿圖》

《鄞縣縣境圖》南宋寶慶三年（一二二七年）

《寧郡地輿圖》約道光二十六年至三十年（一八四六年～一八五〇年）繪

手捧八百年前的《鄞縣縣境圖》，在寧波市鄞州區行走，一種「夢回宋朝」的感覺從歷史深處蹣跚而來……《鄞縣縣境圖》出自《寶慶四明志》，因成書於南宋寶慶三年（一二二七年），故以「寶慶」年號冠名，其「四明」即明州。

早在大唐王朝，朝廷決定在此地設立州治時，取其境內「四明山」的「明」字，稱其為明州，後世就以「四明」代指明州。史載七五二年，日本孝謙朝三艘遣唐使船駛抵明州港，開啟了明州港對外開放的歷史。

中國現存最早的地理總志，為大唐宰相李吉甫編撰的《元和郡縣圖志》，此書的圖與目錄在宋以後亡佚，所以，後人見不到唐代最完美的「圖志」了。這樣一來，南宋《寶慶四明志》就是現存最早最完整的古代「圖志」了。《寶慶四明志》共二十一卷，有十六幅地圖，《鄞縣縣境圖》（圖2.5）即是其中的一幅。

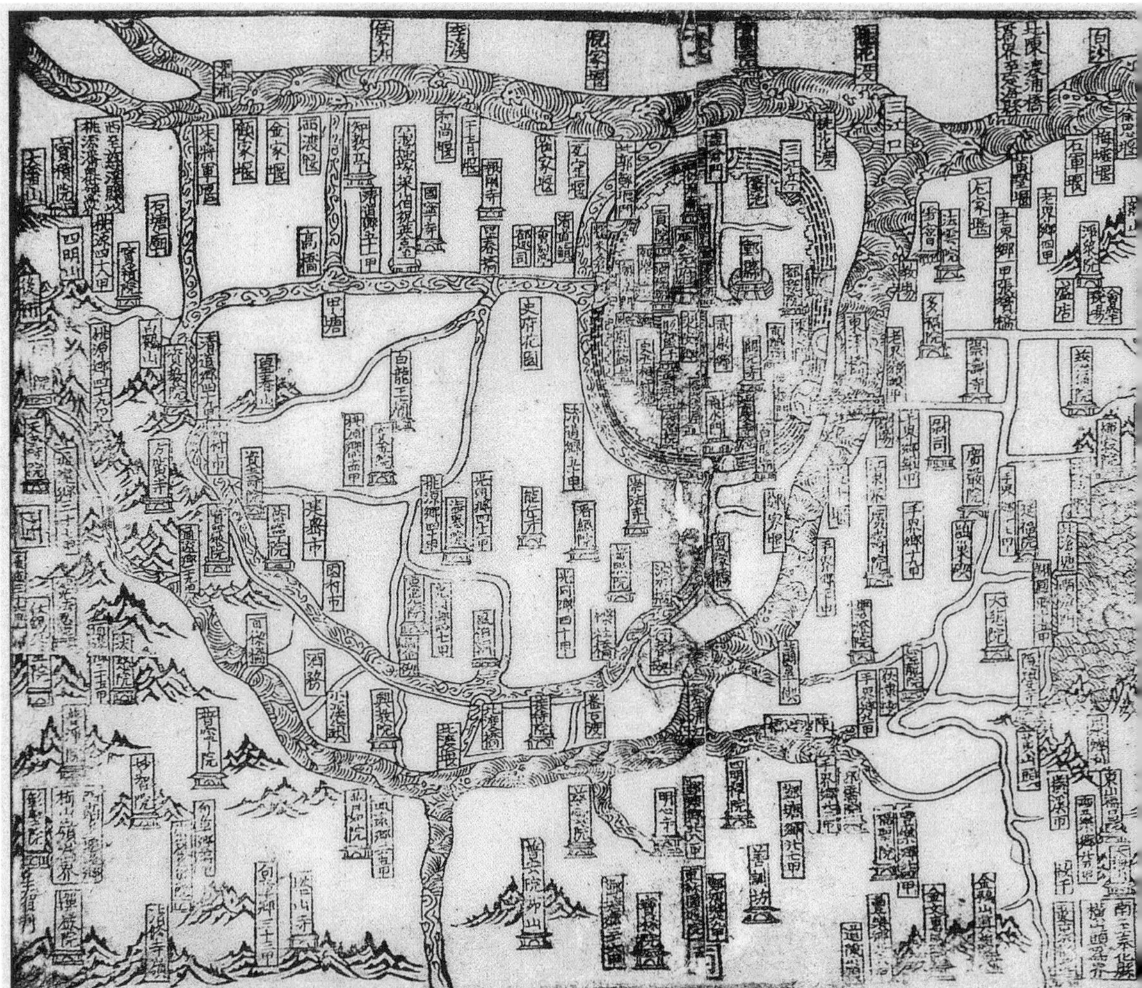

圖2.5：《鄞縣縣境圖》

描繪了宋代的明州城，城內北有餘姚江、中有奉化江、東有甬江；在「三江口」以東注明了「海口」；江水、河水、海口構成天然的碼頭商埠。明州人借通海連江之優勢，發展了與朝鮮、日本等國的海上貿易與文化交流。圖為書版開本，雕版墨印。

宋代的刻印技術很高，令此圖保持了線條勻稱、注記清晰、套框精確的特色。使後人得可以清楚地看到宋代的東方大港——明州的三條江：餘姚江、奉化江、甬江和城市的面貌。

從考古發掘的情況看：餘姚江的人居歷史最為久遠，餘姚江的船舶歷史也最為久遠。在餘姚「河姆渡」新石器遺址，人們不僅發掘出了六千多年前，人類種植水稻的歷史線索，而且還發現了七只木槳和一個陶製的獨木小船。站在「河姆渡」古渡口，我不禁遙想六千多年前的這些栽培水稻的先驅，是否會劃著獨木小船順江而下，不出二十公里，就可到達餘姚江就與奉化江相匯，進入兩江合流而成的甬江。它完全可以載著先民的獨木小船，向東再漂幾公里，那裡就是東海了。河姆渡的人很可是我們最早親近大海的先民。

明州的通海三江，為這方水土提供了向海洋發展的一切可能。寧波的鄞州區，早在古代就是備受關注天朝關注的地區。秦一統天下後，以三江口為天然界線，劃分出鄞、鄮、句章三縣（為會稽郡所轄）。唐武德四年（六二一年），把鄞縣、鄮縣、句章三縣設為鄞州。不久後，又廢鄞州。開元二十六年（七三八年），設明州。長慶元年（八二一年），明州州治遷到了三江口，與今天寧波城的中心區鄞州區完全重合。

南宋慶元元年（一一九五年），升明州為慶元府，府治仍設在鄞縣（即三江口）。這幅《鄞縣縣境圖》表現的就是這一時期作為府治的鄞縣。如果我們用這幅圖來「套」現在寧波的市中心鄞州區，它仍然會完全重合。圖上的明州城，北有餘姚江、中有奉化江、東有甬江，三江匯合外標注了「三江口」，東邊注明了「海口」，三江水道、一口通海幾乎就是天築的碼頭與通商大埠。

據史料記載，唐貞元廿一年（八〇五年）九月，來浙江天臺山學佛的日僧最澄（七六七－八二二年），經明州回國時，除帶走大量經文外，還帶了浙東的茶樹和茶籽。這是中國茶輸出海外的最早記載，最澄也因此成為海上茶路與禪茶東傳的開創者。

二〇〇六年起，寧波連續幾年召開「海上茶路國際論壇」，二〇〇九年筆者赴寧波考察，古明州三江口碼頭遺址，已經闢為「海上茶路啟航地」，當地政府在這裡已建起了一個「海上茶路啟航地」紀念公園。

至少從隋代開始，京杭大運河開鑿後，三江口即形成了北可直通長安，東與大海相通的江海連運的優勢，明州在海洋貿易上先行一步也順理成章。

史載，宋神宗熙寧七年（一〇七四年）前，高麗使者皆由山東登州（蓬萊）登陸，再由陸路到都城開封「朝貢」，即「朝貢東路」；後來，元豐三年（一〇八〇年）宋帝下詔，把去日本、高麗的始發港定為明州，從制度上確保了明州成為對日本和高麗的最重要貿易港口。當時來的朝貢使，皆在此登陸，再轉杭州經運河到開封，即「朝貢南路」。當時，高麗商人在密州和明州都建有高麗使行館，供每年來宋貿易使者之用。高麗密州行館，早已不在了。幸運的是一九九九年寧波市在對市中心的月湖進行改造時，發現了建於徽宗政和七年（一一一七年）的高麗明州行館遺址（一一三〇年金兵入侵，火燒明州城，高麗使館亦蕩為灰塵，僅留一點房屋基址）。

月湖開鑿於唐貞觀年間，宋時已是明州著名的風景區。宋廷南移後，在這裡廣築亭臺樓閣，遍植四時花樹，形成月湖上十洲勝景。前來朝貢的朝鮮客商，能在明州最繁華最優美的地方建一個行館，其貿易地位顯然不一般。現在，這個遺址（月湖東岸寶奎巷）已建成一個小型的紀念館對公眾開放。紀念館裡展示了當年開闢韓國與明州鎮海新航道的商貿代表人物張保皋的青銅塑像。這個徐州的軍中小將，由於在對高麗海上貿易上的傑出貢獻，在韓國一直被尊為海神，韓國還以他的生平事蹟拍攝了電視連續劇《海神》。

寧波不僅發掘出了高麗使行館，還在「三江口」奉化江內側發掘出有條石砌造的古碼頭，從出土的「熙寧元寶」、「元豐通寶」、「大觀通寶」、「紹興通寶」等錢幣，專家據此推斷，此碼頭當興建於南宋。在古碼頭附近，還出土一艘宋代尖頭、尖底、方尾，殘長九．三公尺的三桅外海船，為研究宋代海上交通提供了重要實證。

據史料記載，當時大宋向高麗輸出的商品主要有：綾絹、錦羅、白絹、金銀器、禮服、瓷器、玉器、馬匹、鞍具、玳瑁、藥材、茶、酒、書籍、樂器、蠟燭、錢幣、孔雀、鸚鵡等；還有香藥、沉香、犀角、象牙等南亞西亞的特產。高麗對大宋輸出的商品大約有：金、銀、銅、人參、茯苓、松子、毛皮類、黃漆、硫磺、綾羅、苧布、痲布、馬匹、鞍具、袍、褥、香油、文席、扇子等。由於文人的喜愛高麗摺扇，所以，在宋代的詩詞中留下了許多詠扇詩詞。連蘇軾也留下了「高麗白松扇，展之廣尺餘，合之止兩指」的讚美之詞。

明州改稱寧波，是明朝的事。明洪武十四年（一三八一年），大明奪得南部江山後，改明州府為寧波府。寧波取的是「海定則波寧」之意，沒想到自從叫了「寧波」之後，這個熱鬧的東方大港真的「寧靜」下來——大明開始「海禁」。

清道光二十一年（一八四一年），寧波被英軍所占，次年依《南京條約》這裡被闢為「五口通商」口岸之一。這幅大約繪於道光二十六年至三十年（一八四六年～一八五〇年）的《寧郡地輿圖》（圖2.6），是迄今發現最為精細的古代寧波城廂地圖了。

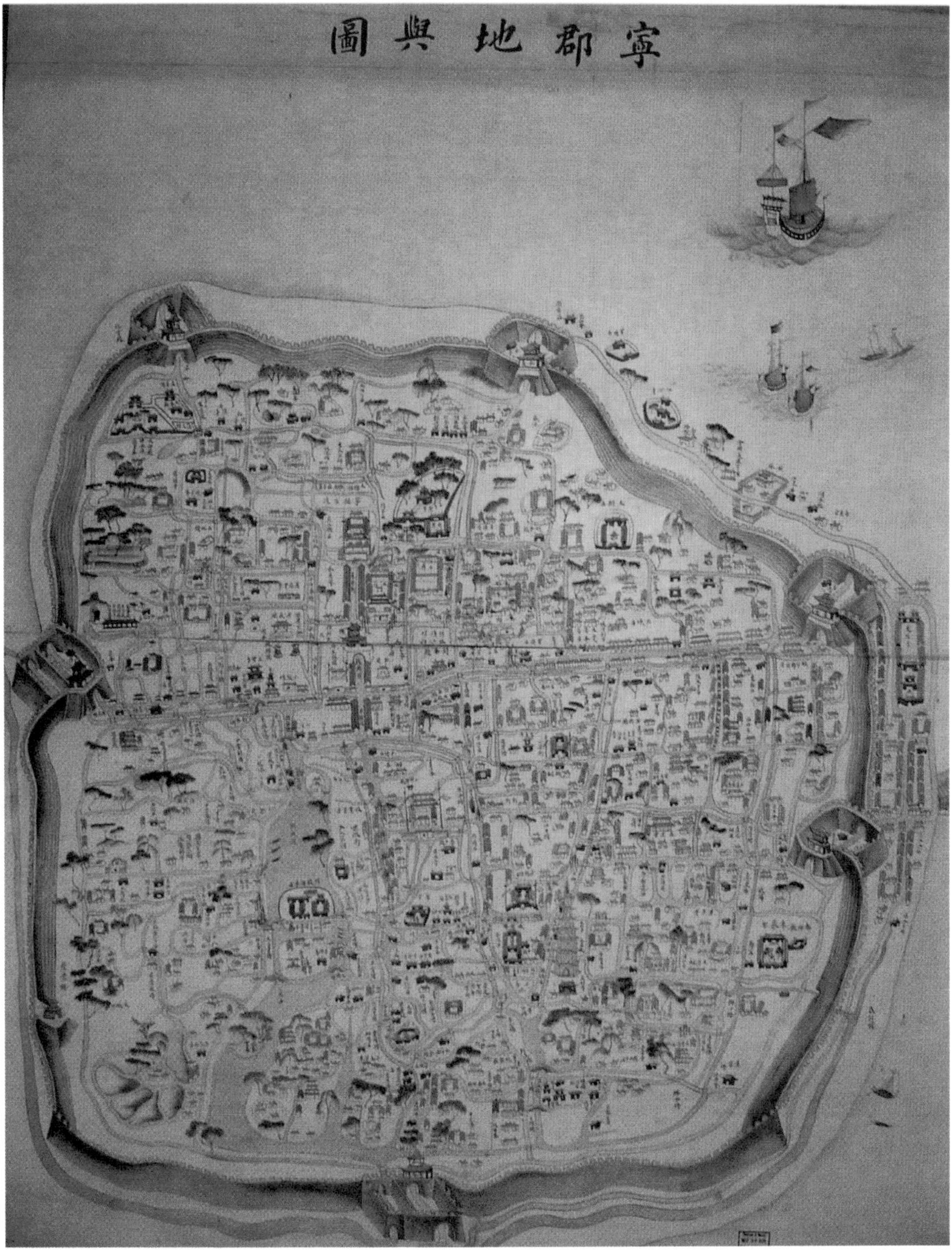

圖2.6：《寧郡地與圖》

《寧郡地與圖》大約繪於道光二十六年至三十年（一八四六年～一八五〇年），是迄今發現最為精細的古代寧波城廂地圖了。

宋代最興旺的口岸城杭州港——《京城圖》

《京城圖》南宋咸淳四年（一二六八年）

在中國三千多年的信史中，有過統一，有過割據，有大一統的王朝，也有偏安一隅的小王朝，但不論大小王朝，一統還是偏安，都要有個國都。這樣算下來，古代中國增經有過大大小小的國都二百多個。不過，真正統轄過華夏大地，有顯著遺蹟可尋的古都，少之又少；所以，清以後人們盤點中國歷代國都，提出一個「五大古都」之說：即西安、北京、洛陽、南京和開封。一九五〇年代以後，又有了「六大古都」之說。這後加上的一「都」就是南宋國都臨安（今杭州）。

宋朝是海上貿易極為繁榮，朝廷非常有錢，所以，才能幹出以用「歲幣」的方式與北方部族「金錢換和平」這等丟人的事；才有了徽、欽二帝被金人抓走的「靖康之恥」；才有了「知恥而後勇」落跑江南的偏安之舉。算起來僅是半個王朝的短命國都，臨安收入「六大古都」也很勉強，但作為古代中國重要的港口城市，它還是可圈可點的。

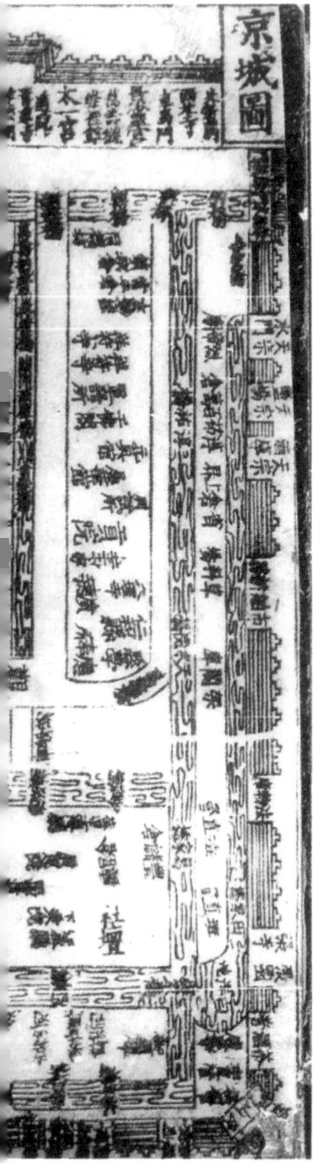

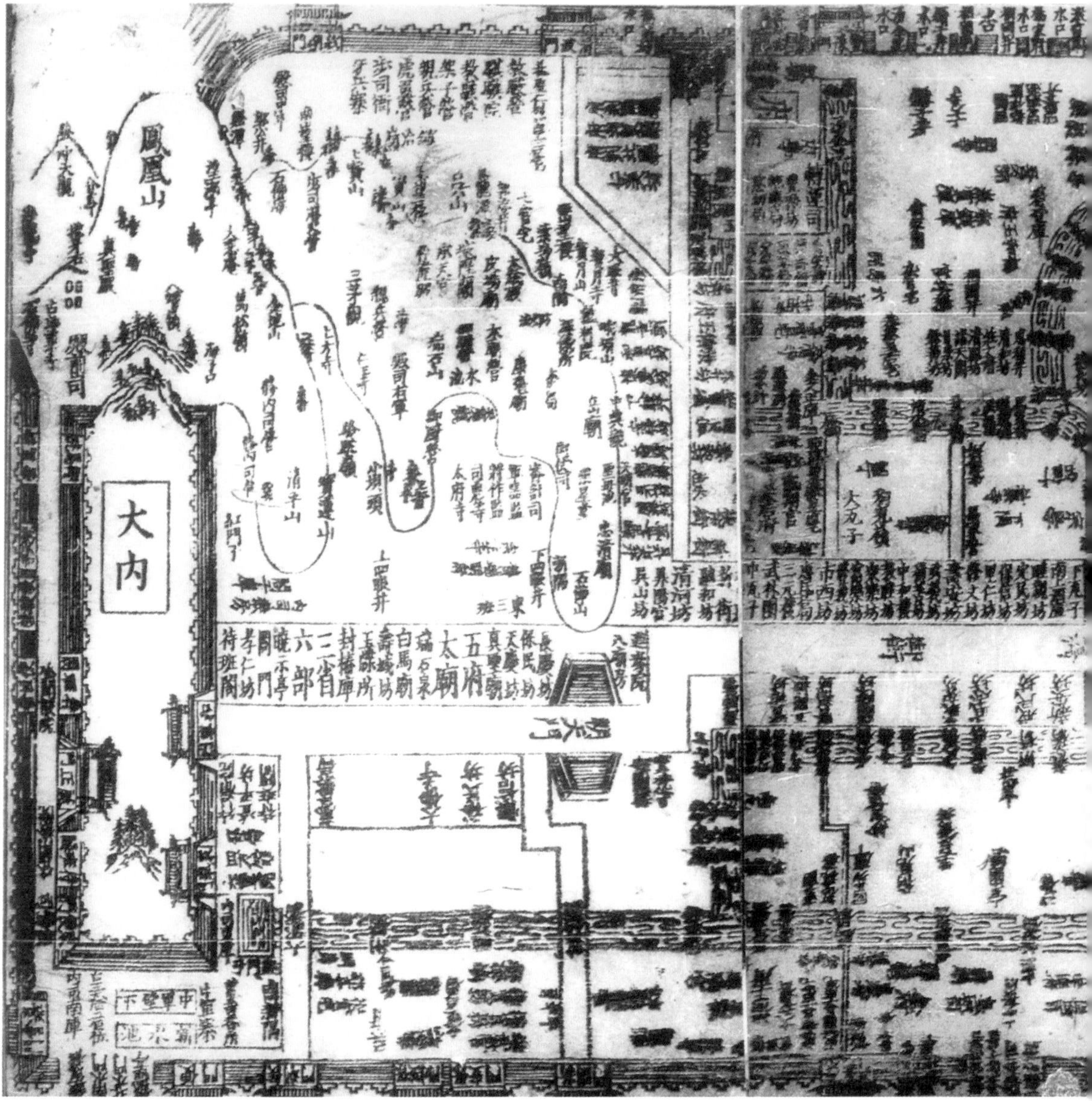

圖2.7：《京城圖》

這幅《京城圖》是南宋京城臨安地圖，始載於咸淳四年（一二六八年）由潛説友編纂的《咸淳臨安志》，我們可以借此看一下七百多年前的杭州。

說起臨安，總要提都城之西的西湖。當年詩人林升在讉責宋人丟下開封，偏安江南時，曾寫下了著名的諷喻詩：「山外青山樓外樓，西湖歌舞幾時休。暖風熏得遊人醉，直把杭州作汴州。」其實，西湖只是臨安生活的表像，真正使南宋得以苟安百年的是錢塘江的江海物流之利。

錢塘江發源於黃山，古名「折江」，杭州附近稱為「之江」，最後在舟山一帶流入東海。有著通海之便的錢塘江，自古就是江海運輸的重要碼頭。唐初杭州港即是漕糧大港，同時，也是製造大型江船、海舶的重鎮。北宋不僅在此設立設兩浙市舶司，並且規定：「自今商旅出海外藩國販易者，須於兩浙市舶司陳牒，請官給券以行。違者沒入其寶貨。」各地出海的商船都必須向設在杭州的兩浙市舶司辦理手續。所以，臨安不僅是偏安之都，還是大宋著名的通商口岸。

這幅《京城圖》（圖2.7）是南宋京城臨安地圖，始載於咸淳四年（一二六八年）由潛說友編纂的《咸淳臨安志》，我們可以借此看一下七百多年前的杭州。從圖上看，杭州南起鳳凰山，北到現武林門，西接西湖，東至中河，萬松嶺腳下則是皇宮大內。「贏於南北而縮於東西」，南北長度是東西的一倍。《京城圖》繪畫精細，標識鮮明，山水城闕、宮殿衙門、街道坊肆、橋樑倉庫，近千個地名佈滿圖上，展示出南宋都城的莊嚴與繁華。

由於志書地圖的繪製受其本身的性質、用途、圖面佈局規整以及便於閱讀等因素的制約，《京城圖》的方位取向是上西下東、左南右北，但文字敘述卻「東西南北」相混，圖以大內中主殿的方位（座西朝東）為圖的方位，而志文將宮城廂的東西南北方位，敘述成北南東西形成一個假的上北下南方位，這種方位取向和敘述的「混亂」，具有明顯的皇權觀念。由於志書地圖受到矩形雕版尺寸的約束，使地圖的比例總是失真。

《京城圖》的圖符以城牆、城門、河流和山峰最為明顯，帶有很深的傳統山水畫烙印。圖中的城牆和城門均用寫景法繪製，既淳樸又厚重，猶如宋人的界畫，實受當時南宋畫苑畫家的影響，同時反映了宋代城樓建築的華麗景象。《京城圖》的圖注除了有方位表示外，字體還分大小等級，如「大內」、太廟」、「五府」、「朝天門」和「御街」等圖注明顯大於其它圖注。

我試圖從此地圖中找到宋在臨安的市舶，但沒能找到。據作於元初的《夢粱錄》載。「市舶務，在保安門外瓶場河下。凡海商自外至杭，受其券而考驗之。又有新務，在梅家橋北。」

南宋紹興元年（一一三一年），這裡成了京都，改稱為臨安府，原市舶司改稱為「臨安市舶務」。《乾道臨安志》載：「市舶務在保安門外諸家橋之南」；《夢粱錄》載：「市舶務在保安門外瓶場河下。」後在城北梅家橋（今水星閣南）設立市舶新務。淳祐八年（一二四八年），改稱為「行在市舶務」，並在錢塘江岸清水閘（今南星橋一帶）建署。

宋重視海外貿易，對遠道而來的外商視為嘉賓，杭州羊壩頭、新四三橋均有外國舶商居住地，城東崇新門內薦橋附近多住猶太人、基督教徒之富族；薦橋以西為回回人所居，俗稱「八間樓」。外國商人居住地稱「蕃坊」，由市舶司會同當地政府共管。杭州市舶司還經常為外商舉行盛大「犒宴」，進港接風，離港餞行。

宋代杭州舶商館驛很多，著名的有：浙江亭是一所政府開設在杭州港候船的賓館；都亭驛是館專接待外國使人賓館；懷遠驛是南宋最早的國賓館，南宋紹興七年（一一三七年），接待過三佛齊的貢使；其他，還有北郭驛亭、仁和館、郵亭驛等……如此熱鬧的海上商貿往來，西湖的歌台舞榭，能不「繁榮」一時嗎？

宋元時期世界級大港泉州港——《泉州府圖說》

〰《泉州府圖說》〰約明萬曆三十年（一六〇二年）

泉州港，一千五百年前就是東西海上交通港。

許多人都以為在馬可波羅的時代，泉州才是一個國際化的港口，其實，泉州國際港的歷史，至少可以上溯到南朝。歷史學者通常會用這樣的文獻來表述那個悠久的故事：

據《續高僧傳・拘那羅陀傳》載：印度僧拘那羅陀應梁武帝之請，從扶南泛海出發，「以梁大同十二年（五四六年）八月十五日，達於南海。沿途所經，乃停兩載。以太清二年（五四八年）閏八月，始屆京邑……陳永定二年（五五八年）七月，還返豫章，又上臨安、晉安（晉朝在今福建東部與南部置晉安郡）諸郡。至（天嘉）三年（五六二年）九月，發自梁安，泛舶西引。業風賦命，飄還廣州……」以後在廣州譯經講法，歷時八載，陳太建元年（五六九年）入寂。

拘那羅陀是中國佛教三大翻譯家之一，在華期間翻譯佛經四十九部，共一百四十二卷。史載，僧拘那羅陀在刺桐港（泉州的古稱）九日山的延福寺，一邊翻譯著《金剛經》，一邊等候季風，南航馬來半島。這件事情，被史學家當作泉州海外交通見諸文獻的最早記載。

那時，海船的出行和航程要憑藉季風、洋流。秋冬之際吹北風，滿載著中國陶瓷、絲綢和茶葉的船隻，從刺桐港駛出；第二年的春夏之際吹南風，外面的商船又載著香料和藥物進了港。每年兩次的迎來送往，人們都要去九日山的延福寺舉行祈風典禮，祈求神靈保佑一路順風、平安。至今在九日山的摩崖石刻群中，有十三方記載了南宋官員祈求保佑商船順風的儀典。

到了中世紀，西方有兩位大旅行家因到東方旅行而名聞天下：一位是義大利的馬可波羅，一位是摩洛哥的伊本•白圖泰。他們影響世界的大作《馬可波羅遊紀》和《伊本•白圖泰遊記》中都提到過一個與埃及亞歷山大港齊名的東方大港——泉州。所以，研究中外古代海上交通史的人都少不了要拜泉州這個碼頭。

這個時期泉州已是國際知名的大港了。

今人尋訪泉州古港，遇到的難題就是在現代化的泉州城裡，根本看不到大海。如果嗅覺靈敏，或許可以從東南方向吹來的熱風裡，聞到一點點海腥味。不錯，海就在泉州城的東南邊，那裡有一個灣連著灣的泉州灣。

古人建港的方式都是一樣的，即在大江的入海口不遠處建港，中外港口無一例外。這樣做的好處是，一可以借助海潮溝通江海運輸，出入海口方便；二是江尾海頭之處可以避開海上風浪確保停泊安全；三是便於依江建立市舶、牙城、炮臺，借助海防上的縱深保衛內陸。

泉州古港也是如此，兩條重要的江河從城市穿過後，不久就到了它們的入海口：一個是城東邊的洛陽江入海口，一個是老城南邊的晉江入海口。前者是因出土南宋古船而聞名的後渚古港，這裡曾被認定為泉州古港遺址。不過，後者也在入海口的法石古港發現了古代沉船的殘骸，也被專家們認定為泉州古港遺址。兩個古港，其實也沒一爭高下的必要，漸漸地人們認可了這樣的說法：古刺桐港是泛指泉州灣裡的兩條江的入海口所建的古碼頭。它們是這個港口城市的重要門戶，洛陽江連接著泉州的東門，晉江連接著泉州的南門。騎在兩江之上的泉州是天賜的建港寶地。

泉州就這樣，因江而生，靠海發展。

西晉末年，中原士族大批入閩，因思念晉朝故土，遂將此地之江稱之為晉江。這裡一直到唐朝前期都是人煙稀少之地，行政建制多次被裁撤。唐景雲二年（七一一年）武榮州改名為泉州，州治也從靠近內陸的南安移至晉江下游出海口附近。

大唐的解體後，加上唐末黃巢在廣州屠城，殺死十萬蕃商，使得海上貿易的風頭轉向了泉州。五代十國時，泉州海上貿易興起，南唐政權在泉州設置了主管海外貿易機構「榷利院」。

北宋元祐二年（一〇八七年），隨著海外貿易的不斷擴展，朝廷繼在廣州、揚州、明州設立市舶司之後，又在泉州曾設了市舶司。此市舶司自元祐二年設立，斷斷續續一直到明成化八年（一四七二年）才撤銷，令泉州的海外貿易保持了宋元兩朝的大繁榮。泉州也因此成為西方所熟知的東方大港。此間來泉州經商的阿拉伯人和西方人的遊記與地圖上都寫有它的名字「zaitun（刺桐）」。如，一三七五年（明洪武八年）西班牙出版的《加泰羅尼亞航海圖》就標注了「刺桐」與「行在」（杭州）兩個中國港口。

泉州被稱為「刺桐」，源自五代時期。南唐保大五年（九四七年），清源軍節度使留從效，於閩國滅亡之際，割據漳、泉，將唐代的泉州城擴大了七倍，在唐代四城門（東為行春（現東街），西為肅清（現西菜市），南為崇陽（現承天巷與花巷交匯處），北為泉山（現威遠樓）的基礎上，又擴建了東門和塗門。拓建城垣和開闢新門的同時，又在城中遍植刺桐樹，從此這裡有了「刺桐」的雅號。

宋代的海上貿易，有兩條重要的沉船提供了實物證明，並勾勒出那個時代中外海上貿易的重要鏈條。在「南海一號」發現之前，中國古船代年紀錄的保持者是「泉州古船」。這艘一九七四年在泉州後渚港出土的沉船，年代大約在元至元十三年（一二七六年）左右，屬南宋末期。目前，「南海一號」已打撈出的幾千件文物中，最能證明它沉沒時間的是船上的古錢。這艘古船也很古怪，好似一個古錢博物館，最早的漢代五銖錢，最晚的是南宋高宗時的「紹興元寶」，它告訴我們「南海一號」很有可能是一艘南宋初的商船。兩艘沉船的長度，都在三十二公尺左右。

從所載貨物看，「泉州古船」是載著國外的香料等貨物從南洋歸來；「南海一號」則是載著中國南方的陶瓷等貨物遠赴南洋。這一前一後與一來一去，為人們勾劃出一個南宋海上交往的實證鏈條：顯然，宋代的海上貿易主體已不是被今人符號化的「海上絲路」，而是香料與瓷器。值得注意的是中國不是一個需要引進香料的國度，泉州古船很有可能是販運南洋香料到中國，而後再倒賣給來泉州做貿易的阿拉伯人，再由他們轉手販給不產香料的歐洲。作為瓷器大國的大宋，即可出口原創產品，也可來料加工。有進有出，有轉手倒賣的大宋海上貿易，其開放與多元可謂前無古人。

在今天的泉州城裡，已尋不見唐代與五代時的這個世界大港的港口遺蹟了，宋代留下的與之相關的遺蹟，僅剩下天妃宮、洛陽橋、水仙宮、水門等。當然，最值得一看的是現存最古老的宋代市舶遺址——水仙宮。

在泉州海上交往史博物館的小陳博士的帶領下，我得以進入許多泉州人都找不到的鯉城的馬坂巷、舶司庫巷、水門小路和水仙宮。據我所知，如今廣州、明州的元代以前的市舶司遺址，俱已湮沒（廣州的明代太監市舶官署五仙觀還在），所以，泉州老城的市舶司遺址水仙宮就成了中國唯一保存下來的宋代古海關遺址。

據看護水仙宮的老人介紹：「古代的市舶司範圍很大，並非水仙宮這一小塊地方，這裡只是市舶司內的一個宮廟而已」。老人還帶我看水仙宮南邊一條渾濁不堪水溝。他說「這裡是當年報關船要經過的內河道」。在一座小橋下，我們還可見古代閘門的軌道痕跡。老人指著水仙宮的北街說「這一帶都是古市舶司的倉庫」。水仙宮是宋元以後，這裡不在作為市舶司之後，道家活動的一個場所。但基本建築還在，幾年前這裡還搞過一個「泉州古代市舶遺蹟圖片展」。

人們說泉州是僑鄉，多是說這裡是歸僑之鄉。其實，宋元以來，這裡更是海外洋商人的僑居之鄉。在泉州阿拉伯文化博物館裡，仍能看到阿拉伯人的墓碑。宋元時，阿拉伯商人、旅行家、傳教士來泉州僑居的多達數萬人。不過，一位研究古代海上交通史的博士告訴我，過去人們為了強調泉州的海上影響，說這些人都是從海上來的。但近來的研究發現，許多葬在泉州的阿拉伯人，並不都是從海上來的，有很多是從今天的新疆過來的，也就是說，陸上「絲路」與海上「絲路」在泉州構成了一個循環往復的交通環。那些後來沒走的外國人長居泉州，成為天朝委任的官員，如阿拉伯人蒲壽庚，曾擔任泉州市舶司官員長達三十年之久。有的與當地人通婚，成為中國的一員。如今泉州的姓丁的，姓蒲的，還都承認自有個阿拉伯的祖先。

當年，中國的商人和外國的商人，從這裡把中國的絲綢、陶瓷、茶葉、銅鐵器、藥材、酒、紙等貨物，源源不斷地送往世界各地；同時，又從海外運回大宗番布、木棉、乳香、沉香、犀角、象牙、紅木等物品。南宋時，泉州的舶稅收入，約占朝廷全部財政收入的十分之一以上。

關於南宋泉州的城市記憶，就是這幾個碩果僅存的建築了。南宋泉州倒底是什麼模樣，誰也無法說清了，因為宋元以來的泉州城輿圖，全都消失了。現在能看到的最早的泉州城輿圖，唯有李孝聰編著的《美國國會圖書館藏中文古地圖敘錄》中收錄的《泉州府圖說》（圖2.8）此圖出自美國國會圖書館藏的一個絹本彩繪輿圖冊，共二十九幅輿圖，每頁27×37公分，並附有圖說。所收輿圖描繪了泉州府統轄的陸境和海疆，按各縣、衛、所、巡檢司分幅，表現所屬地域內的山嶺、河川、海岸、島嶼等地理環境，以及城鎮和軍事處所的分佈。屬於地方向上級官員呈報的官繪本圖集。由於圖中最遲提到的年代為明萬曆三十年，所以，將成書年代定為一六〇二年或稍後時期。

這裡選取的是《泉州府圖說》中描繪泉州府城的一幅。借助此圖或許還能看到宋元時，這個東方大港的一點印記。從這幅以泉州府城為核心的地圖看，明代的泉州府城與明末清初所說的「鯉城」大體一致。但與歷史上記載的唐代泉州城已有所不同，幾個城門大都有了新的命名。東有迎春門、西有義成門、南有通津門、北有朝天門。泉州府城被幾條江圍繞著，值得注意的是通津門位置畫的小橋和晉江支流，恰恰是我們今天還能印證的水門巷的位置，這裡基本上就是宋代市舶的位置。從這幅地圖上看，從通津門向東南順流而下，就是通向大海的海口，是船舶連接府城的重要通道。

府城中除標注「晉江縣」與「泉州府」外，沒有標注街道和其它政府機構。但城外標注較為詳細。東城外繪有小橋和一個大湖，分別注記為洛陽橋和東湖。東有崇武所，西有廈門所。東南邊臨海有「烏潯巡司」、「深滬巡司」等行政建制的標注，表明當時泉州府管轄的範圍。還詳細標明了泉州府城四周的城門，

在泉州考察時，聽說福建省正在積極推動「海上絲綢之路：泉州史蹟」專案，準備申報「世遺」。我想如果能夠整理好這些文獻保護好這些古港、古寺、古墓、古市舶司遺址，泉州一定會再現一個宋時就名揚世界的「東方第一大港」的雄姿。

清源洞
雙陽山
南安縣
南廳村
陳德村
洛陽橋
盤龍鋪
惠安縣
居仁鋪
驛坂鋪
朝天門
泉州府
晉江縣
崇武所
義成門
通津門
德濟門
臨漳門
下輦鋪
寶月鋪
柳亭鋪
雙路鋪
福全所
烏潯巡司
深滬巡司
永寧衛
祥芝巡司

圖2.8：《泉州府圖說》

《泉州府圖說》是美國國會圖書館收藏的一個絹本彩繪輿圖冊，共二十九幅輿圖，每頁27×37公分，並附有圖說。所收輿圖描繪了泉州府統轄的陸境和海疆，按各縣、衛、所、巡檢司分幅，表現所屬地域內的山嶺、河川、海岸、島嶼等地理環境，以及城鎮和軍事處所的分佈。屬於地方向上級官員呈報的官繪本圖集。由於圖中最遲提到的年代為明萬曆三十年，所以，將成書年代定為一六〇二年或稍後時期。它是目前我們能見到的最早的泉州城市地圖。

3 大明的海上漕運圖

引言：大明的海運夢

從春秋末年起，中國人就有了浩大的水運工程，西元前四八六年吳王夫差築邗城（今揚州市），開通邗溝，修建最初的運河。此運河自長江引水北流，向北繞經一連串湖泊，以較短的人工管道相連接，航道彎曲，到末口入淮河。此後，中國依賴運河航運一千餘年。直到了元代，中國人才有了強烈地海運意識。但元代的海運實踐的海圖描繪，歷經戰亂使那些寶貴的文獻沒能留存下來。最終，我們所能見到了存世最早的，還是大明留下的少數幾幅海運圖，如大明《海道經》中的《海運指南圖》、《廣輿圖》中的《海運圖》等。

雖然，明代是中國歷史上海圖繪製的興盛時期，但這一時期卻是蒙元之後中國海運的衰敗期。萬曆二十六年（一五九八年）義大利神甫利瑪竇乘坐明朝政府的馬快船，從南京啟程，由長江進入大運河，第一次抵達北京。在這次漫長的運河航行中，他對這條主要南北運道的人工河道的存在和維繫，頗有不解：人們完全可以採取一條既近而花費又少的從海上到北京的航運路線，為什麼大明不興海道航運呢？後人把他的這個疑問稱為「利瑪竇難題」。

歷史學家黃仁宇在談到這個問題是曾說：「害怕海洋和侵擾海岸的海盜，在中國人的心裡是如此之根深蒂固，以致他們認為從海路向朝廷運送供應品會更危險得多。」他還提出，中國在以農為本的治國思路下，將維護穩定視為超越發展和擴張之上的重要問題，將發展商業和對外貿易置於末位，所以，元代的傳下來的海運，到了明初永樂十三年，即終止了海運。

有學者更進一步分析，中國人堅守運河，還有利瑪竇這個洋人弄不懂的問題，就是運河上的利益集團問題。直接海運能帶給地方的利益太少，而放棄漕河意味著放棄了一條產業鏈，而且黃河肆虐會更甚，對黃河中下游生活的百姓和地方官員不利，他們當然會反對。從政治格局和收益分配的角度講，大明朝廷放棄海運，也算是個「務實」的選擇。

雖然，海上漕運在明永樂時已經廢除，但終明一代，海上漕運的建議與多方面努力不曾停過：明成化二十年（一四八四年）丘濬請恢復海運，朝廷未行。明弘治五年（一四九二年），河決金龍口，有人請復海運，朝議不同意。明嘉靖二十年（一五四一年），總河王以旗以河道梗澀請開海運，朱厚熜不同意。此後，嘉靖三十八年、四十五年，隆慶五年，萬曆二十五年、四十六年都有人倡議海運。海運呼聲雖然沒停，但唯有隆慶五年到萬曆五年，大明短暫地恢復過海上漕運。

正是伴隨著河漕、海運之爭，嘉靖以來海運的理論文本得到了促進，海運知識得到了大範圍傳播。比如，《海道經》的編纂就很可能與建議海運的背景有關。在國家體制內討論不出結果之時，海運問題的研究在學者間並未停頓。比如，江西人羅洪先就在元人朱思本的《廣輿圖》基礎上編輯了新版的《廣輿圖》。在明代地圖中，第一次為開展海運提供了較為全面的知識儲備。羅洪先的《廣輿圖》的海運知識，還直接影響了，後來王圻的《三才圖會》和章潢的《圖書編》這兩部萬曆末年刊刻的注重圖像的著名類書。

大明的海運夢，就這樣星星點點地留下了如此地圖記憶。

中國最早的海運專圖——《海道指南圖》

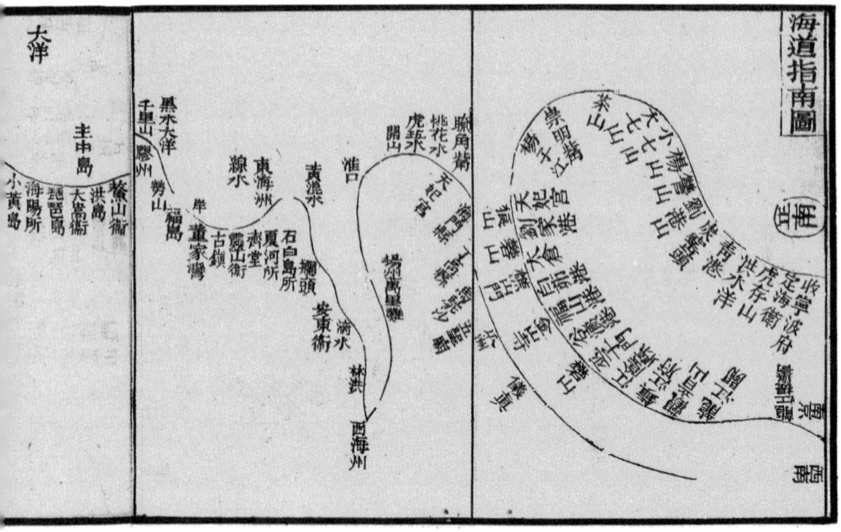

〰〰《海道指南圖》〰〰明永樂年間

《海道指南圖》出自《海道經》一書。《海道經》原書沒有注明作者與出版時間，後世的專家考證其成書時間大約在明永樂年間。書中所載的《海道指南圖》，原圖也沒有注明作者與出版時間，專家推斷可能也是繪於明永樂年間，是明人根據元人底稿繪製的。

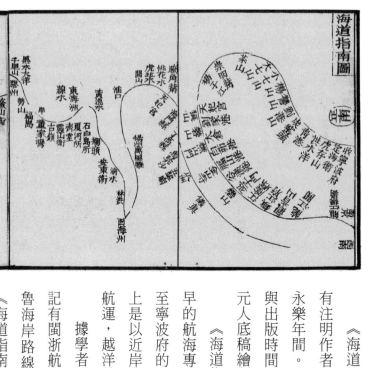

《海道指南圖》（圖3.1）被認為是迄今所能見到的中國最早的航海專圖。《海道指南圖》描繪了北起遼河支流柳河，南至寧波府的海上運輸航線。雖然，這是一幅航海圖，但它基本上是以近岸航海為主，雖然有黑水洋等標注，但還屬國內海上航運，越洋航海的意味不足。

據學者周運中考，《海道經》為沿海船民世傳之書，書中記有閩浙航路、長江航路，但只有近洋航線，而沒有記載沿蘇魯海岸路線，而且有兩段較詳細，可見其書海運的特色。其《海道指南圖》同樣也經歷了船民傳承之手，所以圖上保留了

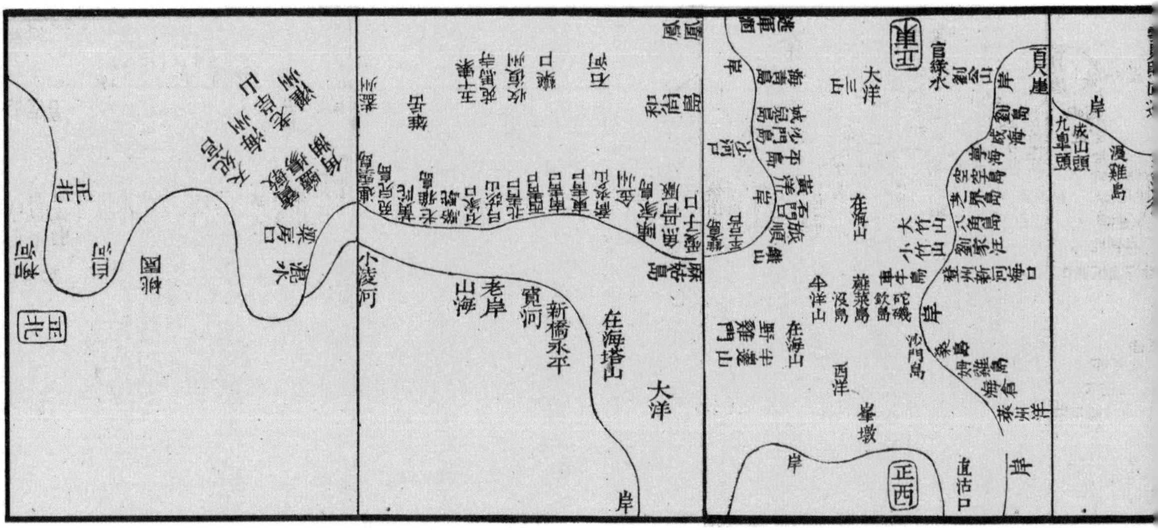

圖3.1：《海道指南圖》

中國最早的航海專圖，原刊於《海道經》書中，此書為沿海船民世傳之書，其圖也同樣經歷了船民傳承之手。此圖描繪了北起遼河支流柳河，南至寧波府的海上運輸航線。這是一幅以近岸的國內海上運輸為主的海運圖，缺少越洋航海的意味。

南江船民的原始印跡。

圖上地名有很多錯別字，定海衛北的虎存山，應是寧波甬江口的虎蹲山，北面的洪水洋應為舟山、寧波間的橫水洋，鏾山應為衢山島，楊山即今大小洋山島（宋代作楊山），金山寺東面的礁山門的礁山即今鎮江焦山，丁高縣應為如皋縣，西海州北面的林洪應為海州（今連雲港市）北面的臨洪鎮（今新浦區新海街道），滴水為荻水鎮（今日照市南端荻水村），雄岳應是舊熊岳縣（今蓋縣南），濯州應為舊耀州（今營口市北）。從這些錯別字來看，最初的作者應該是普通船民。從讀音通假來看（存為蹲、橫為洪、滴為荻），作者應是南方人。

圖上的攔頭（今日照市南端嵐山頭）、安東衛（今日照市安東衛）、滴水、林洪、西海州被刻在淮河北岸，這顯然不對。究其原因，攔頭北面的山東半島東南沿海地名太多，把日照、連雲港的五個地名「擠」到南面去了。船民用的手繪圖因為可以捲放，所以不會出現版面不夠的難題，也有可能分頁拼裝，總之不會把海邊的地名標到淮河邊上。但是刻本的字體不能小而版面又不夠大，所以才會錯刻。

圖上的西海州即今連雲港市，東海洲即古代鬱州島（今雲臺山，清代中期連陸）上的東海州。查古代的連雲港只在宋末元初一段時間內稱過西海州，其它時間多是稱海州。但是這個叫法卻被海運的船民沿用，明代還有這種說法。

此圖最北的一個地名是柳河，柳河以北的遼河又畫了一段。柳河即遼河的支流柳河，源出內蒙古奈曼旗，流經遼寧彰武、新民縣。柳河地區在明洪武二十年（一三八七年）後為明朝放棄，圖上顯示柳河及及其以北說明這是明初的圖。圖上還有「收復州」三字，對應最南端的「收寧波府」，其「收」某地指示海運的終點，終於復州（治今遼寧復縣西）反映的是洪武二十年之前明朝只佔有遼寧南部時期的情況。

在我看，這幅被稱為中國最早的航海專圖的地圖，還真的不夠專業，更沒資格說我們領先於世界。永樂一朝是基本上是十五世紀的前二十年。將這一千四百年後繪製的《海道指南圖》與一二七五年（元至元十二年）繪製的歐洲現存最古老的航海圖《比薩航海圖》（Carta Pisana）相比，它不僅時間上晚了一百多年，技術落後也不止一百多年。《比薩航海圖》標有明確的羅盤線與完整的地中海海岸線，而《海道指南圖》作為一幅航海專圖，它既沒有畫清楚海，圖面上只用「大洋」注記來表示；也沒有畫出準確的海岸線，海岸用變了形的實線與一個「岸」字來標注；海上航線甚至沒有用宋代海圖中的虛線來表示，只是用漢字注記的方式來表示。此圖是「一」字形圖，圖右南左北式展開，東西方向的描繪因受高度限制也有很大變形。所以，從應用的意義上講，這幅用於海運的地圖，只能算是個示意圖，在實際航行中，它無法準確地為海上航行指出方位與航線。

明代覆議海運的藍圖——《新河海運圖》

〰《新河海運圖》〰選自清《四庫全書》

《新河海運圖》原刊於明嘉靖年間崔旦所撰的《海運編》中，此書是論述膠萊海運的重要著作。明朝嘉靖初年，「河數奪漕」，漕運問題日漸嚴重。明嘉靖三十一年（一五五二年），黃河潰決，漕運再阻，給事中李用敬和御史何廷鈺等請開「膠萊海運」，朝廷命何廷鈺為專使籌畫議行。何受命後，聞知崔旦「幼生海邊」，素來關心和熟悉「膠萊新河」事，便延聘崔旦為幕賓，請他提出建議。

崔旦先後為何廷鈺撰寫了《上勘理河道侍御何公書》、《泉源考》、《閘壩考》、《船舶考》、《再上何公估計新河書》等多篇文章，論述了膠萊海運之可行、保障膠萊運河水源之方案、建造閘壩之辦法、未來管河官署的設立和建造之建議……但重開膠萊海運之議，因「沽費浩繁」，明朝廷財政拮据和「阻於浮議」，議了幾年之後，最終擱淺。崔旦從明嘉靖三十一年（一五五四年）開始寫的所有籌畫河海運輸的文章，最後只能輯為一部《海運編》。一本實用的計畫書，就這樣成了留給歷史的文獻。

據元《海運志》載，元時運糧船越洋來天津，於「萊州大洋入界河（今海河大沽口）……舟將抵直沽，即分都漕運官出接運，中書省復遣才幹重臣，從至海濡交卸，石以數百萬計。」可見元朝廷非常重視海道漕運，運糧船還沒抵達界河口，即派專員到海邊做好糧貨交接或卸運工作，大沽「界河口」空前繁忙。

《新河海運圖》（圖3.2）圖的主體是陸地，陸地部分主要表現的是漕河及通海口。此圖在描繪河運

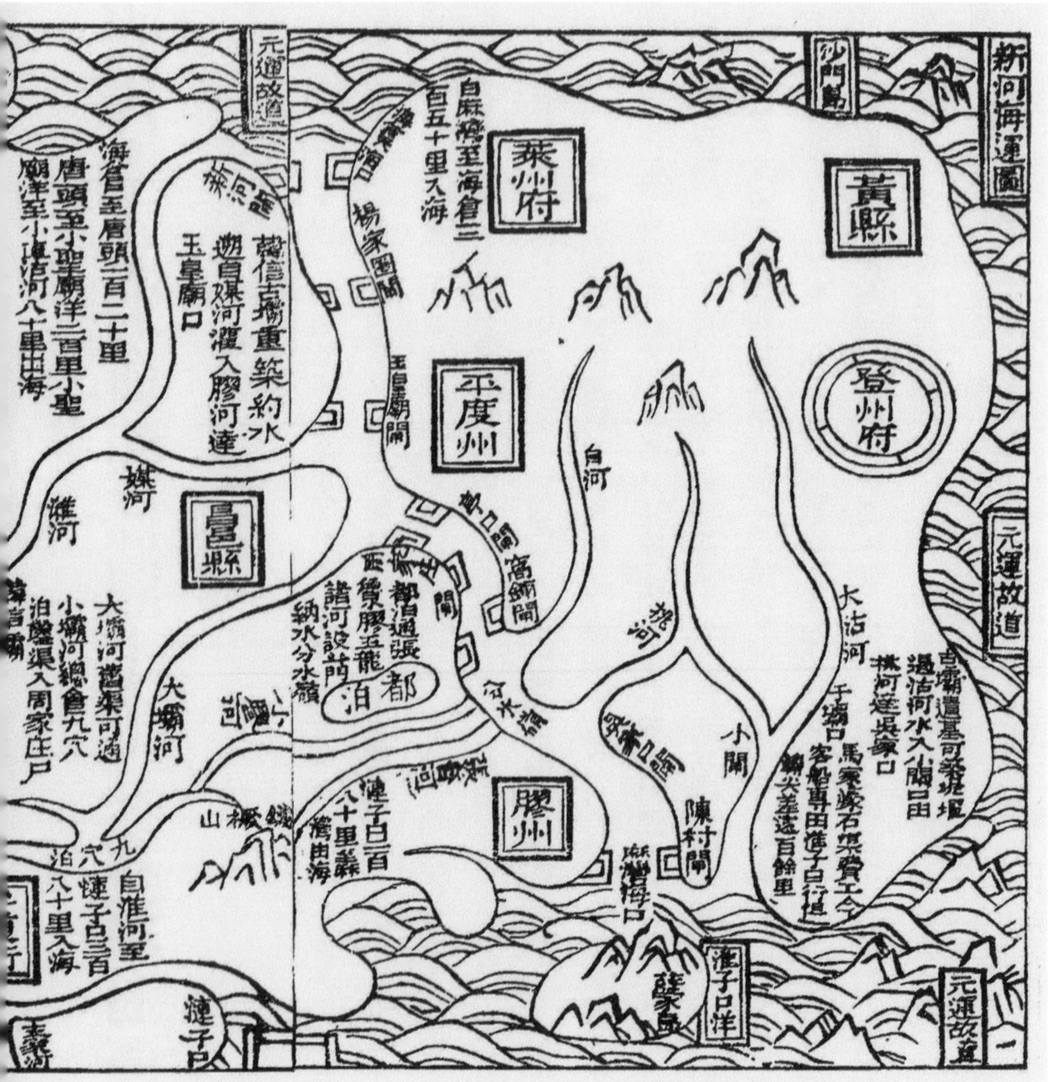

圖3.2：《新河海運圖》

原刊於明嘉靖年間崔旦所撰的《海運編》中，海圖的主體是陸地，陸地部分主要表現的是漕河及通海口；海在圖面上占的空間很小，也沒有繪出實際的海上航道，只是在山東半島及天津衛的西側加框標注了「元運故道」；但在陸地的空白處，作者還是用了許多文字注明海道漕運的重要訊息。

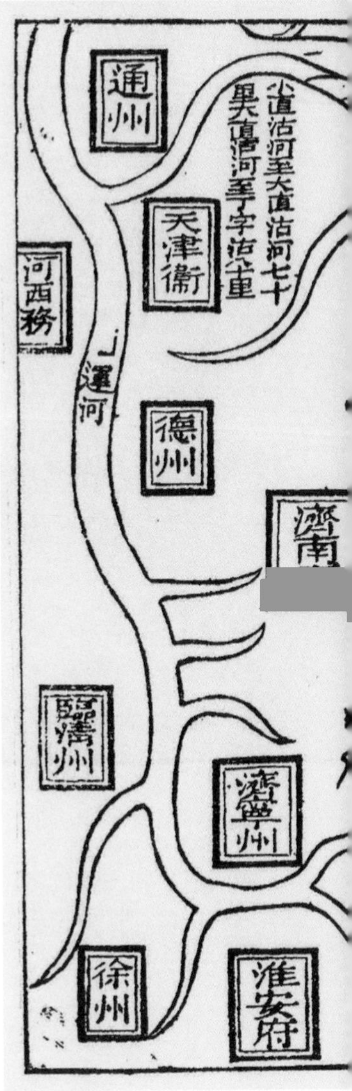

的同時，也描繪了海運，但海在圖面上占的空間很小，也沒有繪出實際的海上航道，只是在山東半島及天津衛的西側加框標注了「元運故道」。雖然如此，但在陸地的空白處，作者還是用了許多文字注明海道漕運的重要訊息。

天津衛是海道漕運的重要港口，此圖對這一地區的標注非常詳細，記有「大沽河」、「沽河」、「白河」、「新河」、「新河閘」、「小直沽河」、「大直沽河」等多個地名，並注明大小直河與運河相連的里程，在海口部分，還特別是注明了「小聖廟洋」的「頗險」信息。

此圖方位為上北下南左西右東，但地圖描繪可能是受書版版框所限，所以山東半島擠成一團，嚴重變形，但恢復河海漕運的意圖十分明晰。

明代最終放棄了海運計畫，清修《四庫全書》時，朝廷對包括「膠萊海運」在內的所有海上漕運皆取否定態度，所以只在「全書存目」中收錄了明朝人論述海運的四部著作，其中就有崔旦的《海運編》。《四庫全書總目》的評論認為，明漕運總督王宗沐、山東巡撫梁夢龍等主海運乃「書生紙上之經濟」。唯於崔旦《海運編》，「且居海濱，習知利害。所條上工役之法，閘壩之制甚具」，認為是有其可行性的。

明代海上漕運的實踐指南——《廣輿圖・海運圖》

〰《廣輿圖・海運圖》〰明嘉靖三十四年（一五五五年）刊刻

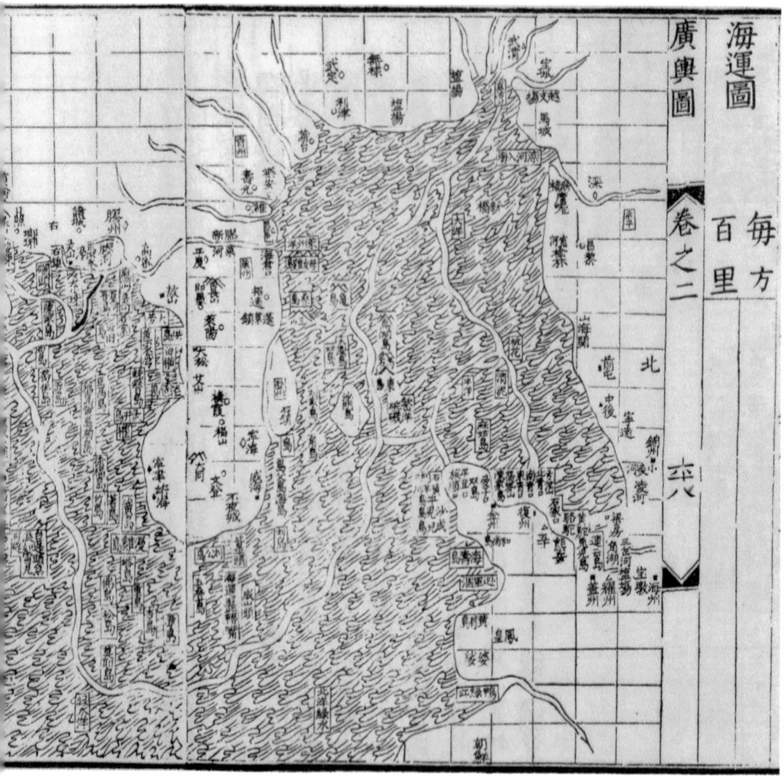

這幅《海運圖》出自羅洪先的《廣輿圖》。它是一部迄今為止能見到的最早的綜合性地圖集，它的初刻年代判大約為明嘉靖三十四年（一五五五年）。

在《廣輿圖》有六個刊本存世，在諸多刊刻人中，王宗沐是與海運有著密切關係的一位，史載王宗沐在嘉靖三十五年到三十七年提學江西，其間曾就學於著名的陽明學者江西地理學家羅洪先，並刊刻了羅洪先的《廣輿圖》，應是最早的幾位初刻者之一，而且，刊刻地是江西。

王宗沐，字新甫，號敬所，臨海城關人。明嘉靖二十三年（一五四四年）進士，

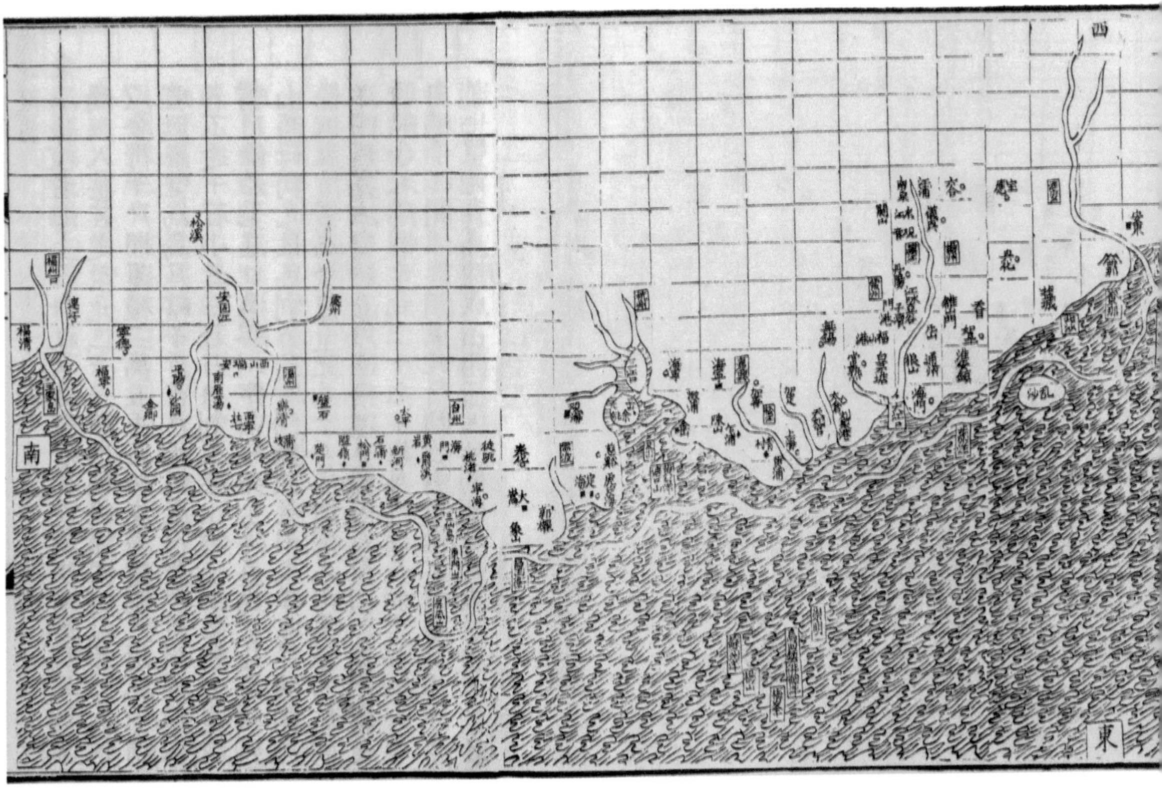

圖3.3：《廣輿圖・海運圖》

比早前的《海道指南圖》和同期的《新河海運圖》，不僅與前兩圖同樣有詳盡的海岸和港口描繪，而且，更進一步描繪出了重要的航行線路。此圖為「一」字圖，方位為左南右北。

授刑部主事。後遷廣西按察僉事，督學政。任內，修宣成書院，建崇迪堂。嘉靖三十三年（一五五四年），任廣東參議，分守惠州，潮州。三十五年，任江西提學副使。修王陽明祠，建正學、懷玉書院，於白鹿洞聚集諸生，親自答疑、講學。三十八年，任江西參政。次年，任按察使。輯成《江西大志》。四十年，升山西右布政使。不久，父卒，在家修成《宋元資治通鑑》、《十八史略》、《台州府志》等書。值得注意的是，隆慶元年（一五六七年），王宗沐為山東左布政使，後任總督漕運兼提督軍務巡撫。再後，升右副都御史，總督漕運兼撫鳳陽，任內提高淮河防洪能力。萬曆三年（一五七五年），任刑部左侍郎，奉詔巡視山西、宣大諸鎮邊防軍務。九年罷官歸里。閒居十年。著作尚有《海運詳考》、《海運志》、《敬所文集》等。可以說，王宗沐一生都在關注漕運和海運，所以，早年傾情於《廣輿圖》，其中的河海運輸一定是最吸引他的地方。

《廣輿圖》其中關於水路運輸的地圖有五幅，河運圖三幅，海運圖兩幅。這幅《廣輿圖·海運圖》（圖3.3），可以說，在中國海運地圖上起著承前啟後的作用。它比早前的《海道指南圖》和同期的《新河海運圖》，不僅與前兩圖同樣有詳盡的海岸和港口描繪，而且，更進一步描繪出了重要的航行線路。此圖為「一」字圖，方位為左南右北。圖中航線東北起旅順口；在渤海灣描繪出了大沽口至旅順和大沽口至登州的兩條航線；再向西南是山東半島南端的成山頭與中國東南沿海各港口相關聯的航線，其中有航線相連的有膠州、安東、象山、福州。

《廣輿圖·海運圖》在明代海運圖中，第一次為開展海運提供了較為詳盡而全面的知識和實踐指南，它是對嘉靖時代人們對海運知識的形象總結。

懷念前朝的海運盛景——《三才圖會・海運圖》

《三才圖會・海運圖》～明萬曆年間

《三才圖會》是以天、地、人之「三才」為中心內容的百科式圖錄類書。由由明朝人王圻及其兒子王思義兩代人撰寫，書成於明萬曆年間。在這一百零八卷的大書中，地理占了很重要的一部分。《三才圖會・海運圖》（圖3.4）即是講前朝海運的一幅重要海圖。

這幅地圖的說明中，作者重點介紹了蒙元初立時的海運事業，特別是提到了《大元海運記》曾記述的朱清、張王宣為海道漕運所作的貢獻。朱清、張王宣出身皆為海盜。南宋將亡之時，宋軍事將領朱清加入了海盜張王宣的隊伍，並被尊為軍師。當朱清得知朝廷籌建海運隊伍的消息後，就勸說張王宣改邪歸正，降元為官。當時，忽必烈定帝國京師於大都（今北京）後，需要大量的糧食來使這個新的中心城市運轉起來，所以，一方面仍用傳統的運河北上運糧，另一方面緊急招募海運水師著手解決海運漕糧問題。

《三才圖會》中，不僅記載了蒙元當年海運水腳價鈔、海漕水程、航道標誌、節令氣象等專案，特別突出了浙江到直沽的海運航線，和福建長樂北上經崇明島到直沽的航線。讚美這些航線是「自古未有之利」。但在這段圖說之後，作者又簡述了明初洪武的海運，及後來海運又被河運替代，表達了遺憾之情。所以，這幅海運圖可謂有贊、有歎、有勸……五味雜陳。

海上運糧並非蒙元一朝開創，春秋戰國時候就已經有了，那時的船隻，僅來往於沿海各地之間，一

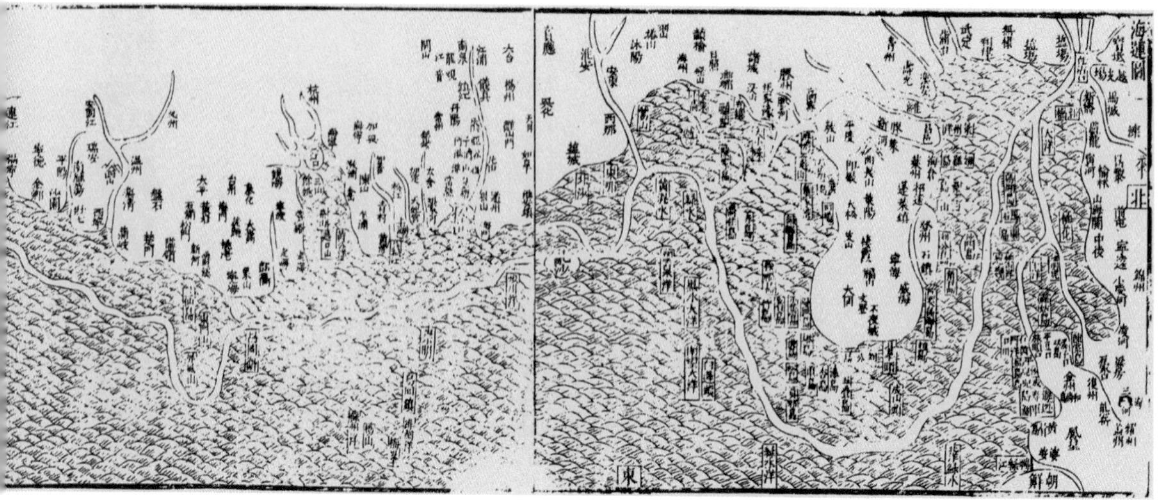

圖3.4：《三才圖會．海運圖》

《三才圖會》此圖為明萬曆《三才圖會》一書所選地圖。書中的説明文字介紹了，元代大興海上漕運的歷史，並通過詳細的地圖及説明海運航線。圖為書版墨印。

般途程較近。唐朝時候，朝廷也曾調運南方的糧食到河朔和遼東，但海運航線僅是近岸海道。

此圖描繪了北起鴨綠江口，南至福州的長長的海上運輸航線。北部值得注意的是直沽與旅順口，遼河口也得到了很細膩的表現。有著蒙元經高麗遠征日本的海上運糧的歷史印記。東部描繪了山東半島的航線和淮河口的航線。南部則描繪了昌國至福州的航線。此圖雖然不很精製，有一定的寫意色彩，但在元明海運圖中，也是一幅可以在實踐中應用的不錯的航海圖。圖上沒有標明作者與製圖年代，很有可能是根據蒙元時期的海運資料編繪的明代海運圖。其下限自然是萬曆年間，圖為書版墨印。

縱貫大明南北的海上漕運夢——《皇明職方地圖・海運圖》

〈《皇明職方地圖・海運圖》〉明崇禎九年（一六三六年）

從大明建立之初，到大明滅亡之日，海運之事雖然沒有大大興起，但海運之議和相關研究卻從來就沒停止過，這裡講到的《海運圖》，即出自陳組綬在崇禎九年（一六三六年）撰寫的《皇明職方地圖》一書，此時距離明朝滅亡僅不到二十餘年了。

據《明史》記載，崇禎十二年（一六三九年），為解決遼東糧餉運輸，內閣中書舍人沈廷揚上《請倡先小試海運疏》，建議恢復元代朱清所開創的海上漕運，並將《海運書》五卷和《海運圖》進呈崇禎帝。崇禎帝曾命造海舟試之。沈廷揚「乘二舟，載米數百石，十三年六月朔，由淮安出海，望日抵天津。守風者五日，行僅一旬。帝大喜，加廷揚戶部郎中，命往登州與巡撫徐人龍計度。山東副總兵黃蔭恩亦上海運九議，帝即令督海運。先是，寧遠軍餉率用天津船赴登州，候東南風轉粟至天津，又候西南風轉至寧遠。廷揚自登州直輸寧遠，省費多。尋命赴淮安經理海運，為督漕侍郎朱大典所沮，乃命易駐登州，領寧遠餉務。」

崇禎十五年（一六四二年），清軍入侵，錦州告急，沈廷揚被加以郎中官職，至山東登萊，籌畫海運糧餉，接濟錦州明軍。翌年，漕運總督史可法保薦沈為光祿寺少卿，又升太僕寺正卿兼戶部事。崇禎帝對沈十分器重，曾說：「居官盡如沈廷揚，天下何難治！」崇禎十六年（一六四三年），沈廷揚被任

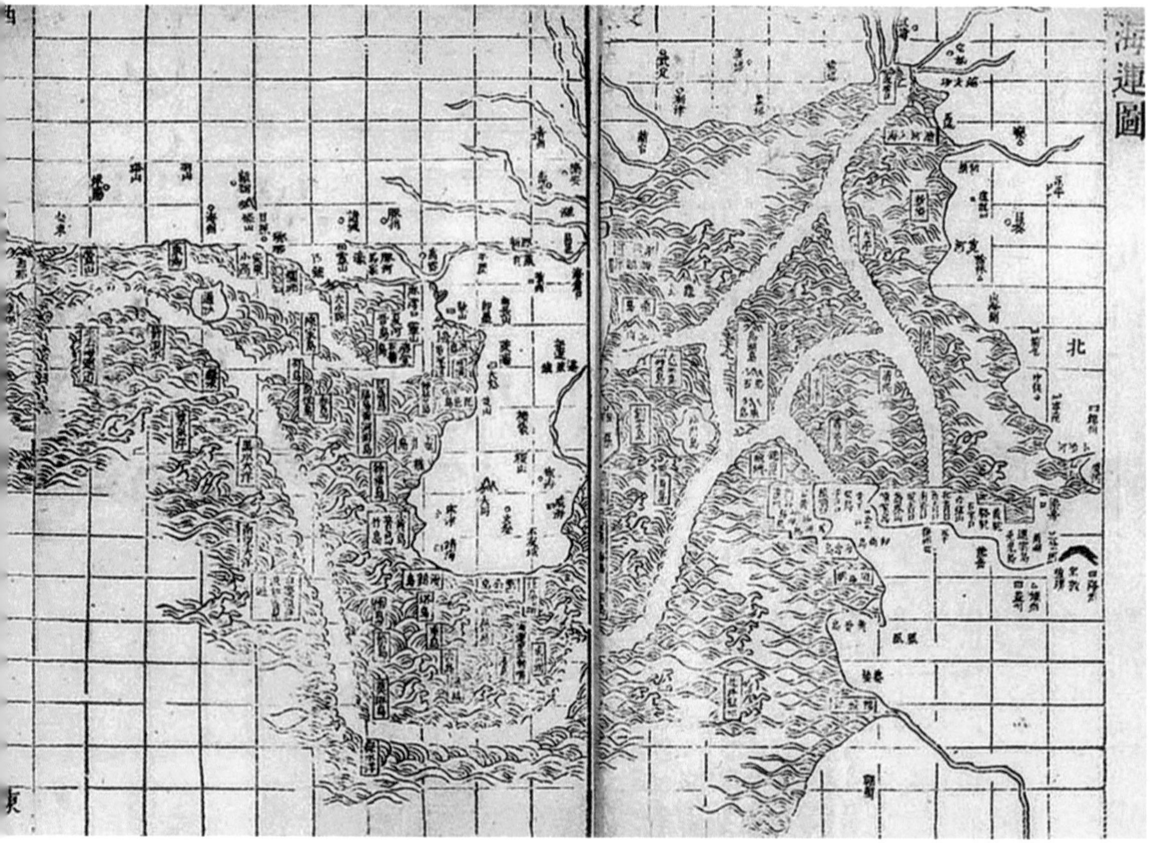

命為國子監司業。受命把漕船改為長江兵船，並負責軍事物資供應。但大明氣數已盡，一年後被滿人推翻，海運之事，終未能興。

不過，我們從這幅《皇明職方地圖・海運圖》（圖3.3）中，仍能看出明隆慶五年到萬曆五年間，大明短暫恢復海運的歷史印記和引糧濟津濟遼的美好海運規劃。這幅海圖為閱讀方便，採取的是左東右西的方位，圖呈「一」字形，由右至左展開。圖中以雙線的方式勾勒出了北起鴨綠江口，南至福州河口的海上運輸航線。這條海運航線分出許多條支線，分別通向寧波、天津、遼東地區。看得出南糧北運，主要集中於渤海灣。

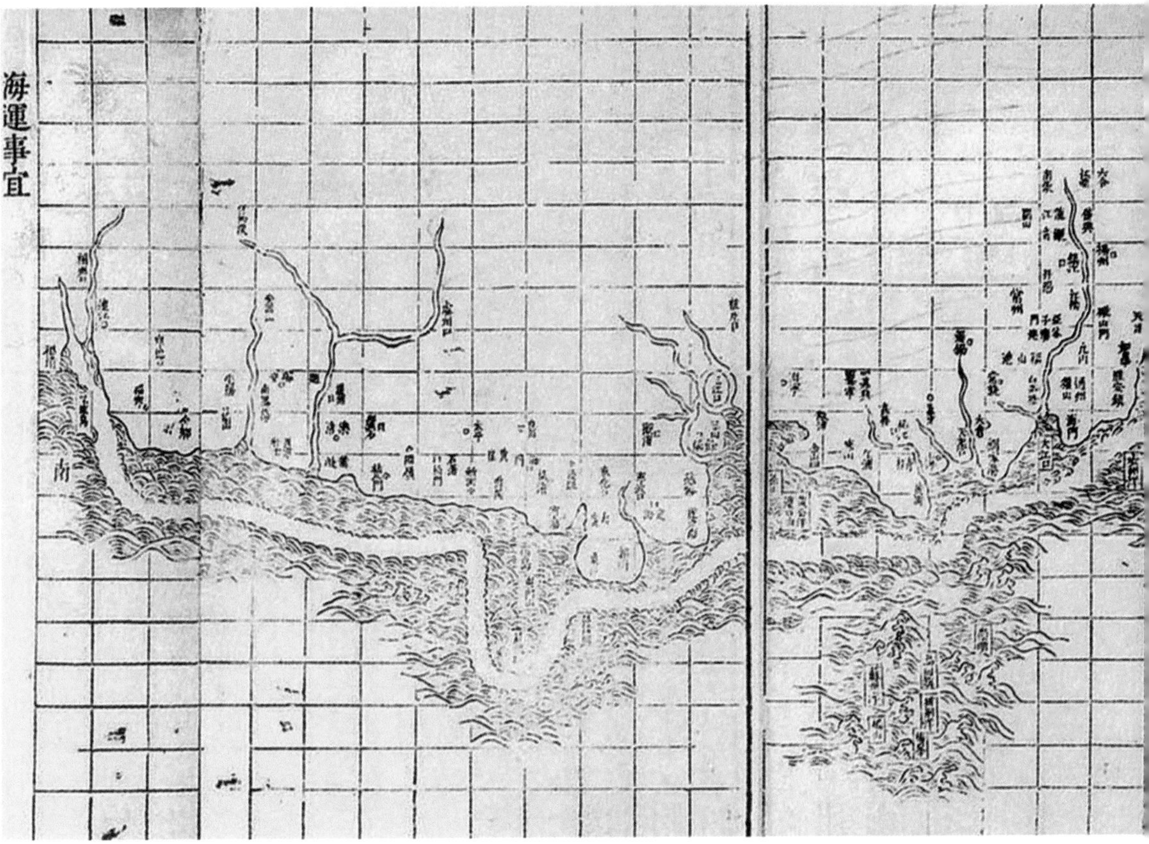

圖3.5：《海運圖》

出自陳組綬於崇禎九年（一六三六年）撰寫的《皇明職方地圖》一書，圖中繪出了北起鴨綠江口，南至福州的海上運輸航線。不過，此時距離明朝滅亡僅不到二十餘年了，海上漕運最終仍是紙上談兵。

4 大明的「海上絲綢之路」

引言：明代三大航海圖

明代的海運圖，其實都是海道漕運圖，它不是一種航海外貿圖，而是一種專業的國內近海運輸圖。從海上對外貿易角度講，真正算得上「海上絲綢之路」的航海圖，唯有明代的三大航海圖，其一是記錄國家海上威嚴的遠洋航海圖冊《鄭和航海圖》；其二是真正以現代實測方式繪製航海總圖式的《明代東西洋航海圖》；其三是明清兩代海商的航海秘笈《山形水勢圖》。這三大航海圖，前邊一個在明代就已面世，並為後代學人所熟知，但後面的兩個航海圖都是近年來才有清晰原圖傳入中國內地研究者手中，得到了中國內地學界的高度重視，並相繼有研究成果問世。

中國人的航海驕傲是鄭和下西洋，其實，中國人早在漢代就已有了從太平洋進入印度洋的航海實踐；航海圖的實踐，在宋代就已《輿地圖》這樣簡約的海運圖；並有了初級的測繪理論，如《萍洲可談》載，「舟師識地理，夜則觀星，晝則觀日，陰晦觀指南針或以十丈繩鉤取海底泥嗅之，便知所至」。

鄭和下西洋的事是寫入《明史》的大事，但鄭和下西洋的原始檔案，卻誰也沒見過。我們現在看到的《鄭和航海圖》，它「誕生」於鄭和死後兩百多年出版的一本名叫《武備志》的書裡。但它畢竟是明代反映鄭和下西洋航海實踐的唯一地圖實證，其意義非同尋常。僅從它所標注的亞非廣闊海域來說，《鄭和航海圖》也稱得上是世界現存最早的航海圖集之一，在世界地圖學史、地理學史、航海史上佔有重要的地位。

當然，我們也要清楚地認識看到《鄭和航海圖》有「空前絕後」的悲劇色彩。由於大明的海禁，割斷了中國人已經延續上千年的遠洋航海傳統，此後，也很難找到中國人的遠洋航海圖，甚至，我們連一幅下南洋的遠洋航海圖也找不出來，這個局面幾乎一直保持到二十一世紀。

幸運的是近年來，接連有兩幅極為重要的明代航海圖，先後與學者們見面，並引起了巨大迴響，筆者也因此將這後來發現的兩幅航海圖，與《鄭和航海圖》並稱為「明代三大航海圖」。這後來發現的兩個航海圖，原本都沒有正式的圖名，人們根據圖面的訊息，分別被稱為《明東西洋航海圖》和耶魯大學典藏的明清《山形水勢圖》。

《明東西洋航海圖》現藏牛津大學圖書館，大約是二〇〇七年左右被海外學者發現，二〇一〇年中國學者首次研究這幅航海圖。它大約是晚明時期的作品，它的意義在於它是目前我們所能見到的第一幅遠洋航海實測地圖。此圖顯示了中國、韓國、日本、菲律賓、印尼、東南亞和印度的一部分地區，同時，顯示了由漳、泉二港發往這些地區的航線。地圖左側接近印度卡利卡特，最西端的一段文字顯示了亞丁、安曼和荷姆茲海峽的航向。此圖的特別之處在於，它是中國地圖中最早的，不僅顯示航線，而且將中國描繪成東亞和東南亞的一部分，而不是世界中心的航海圖。

耶魯大學典藏的明清《山形水勢圖》，是一九七四年在美國的台灣學者李弘祺先生在耶魯大學斯特林紀念圖書館中發現了該館收藏的一套中國古代航海圖冊，關於它的深入研究，則是近年來才達到高潮。這套航海圖冊由一百二十二幅「山形水勢圖」組成，圖中共有地名約二百九十五個，大部分為中國沿海州縣、島嶼、礁石和山丘地名，少部分為日本、朝鮮、越南、柬埔寨和泰國的地名。這套航海圖除了中國沿海海域外，北面擴展到朝鮮半島，經朝鮮海峽（對馬海峽）中的對馬島到日本群島；南面延伸到西沙、南沙群島，繞過越南南部海域，最南到達今曼谷灣。

由於有了「明代三大航海圖」，圖與史互證，如此久遠而模糊的「海上絲綢之路」，看上去才顯得真實可信。

中國最早的世界航海圖——《鄭和航海圖》

〰〰《鄭和航海圖》〰〰明崇禎元年（一六二八年）

鄭和下西洋是大明皇帝的形象工程，但這麼重要的事卻沒能留下任何官方文獻。有一個說法是，後來的人不想朝廷再搞這種勞民傷財的形象工程，有意把歷史文獻給消毀了。有學者統計，從洪武到成化年間的一百多年間，大明共生產白銀三千萬兩。鄭和七下西洋的財政撥款加在一起是七百萬兩，花掉了六百萬兩。國家財政幾乎要被七下西洋拖垮了，反對者自然不少。

所以，在鄭和死去兩百多年之後，《鄭和航海圖》（圖4.1）才莫明其妙地出現《武備志》中。這部兵書的作者叫茅元儀，其祖父茅坤是一位軍事家，在兵部為官。這部寫於金陵的著作，運用了大量前朝的軍事檔案，其中在談海防建設時，選刊了《自寶船廠開船從龍江關出水直抵外國諸番圖》，後人簡稱為《鄭和航海圖》。圖前有一個一百四十二字的序言，但它對此圖出自何時、何人、是抄本還是改寫本……皆沒有交待。

《鄭和航海圖》比之一四〇二年朝鮮人繪製的《混一疆理歷代國都之圖》和成圖於明洪武二十二年（一三八九年）的《大明混一圖》，這幅成於崇禎元年（一六二八年）的地圖顯得過於粗糙。它像是一幅真正的遠洋海圖，更像一張向皇上彙報的示意圖。

雖然，《鄭和航海圖》的數學精度很低，出處不明，但它仍折射出了古代航海科技的光輝。手卷式的《鄭和航海圖》，原圖採用寫景法呈「一」字展繪，在編入《武備志》時，由於過於長，被改為書本式，割為二十四頁，自右而左，錄圖二十頁，共四十幅，其中國內十八幅，國外二十二幅，最後附「過洋牽星圖」兩幅。

《鄭和航海圖》繪製了南京以下長江段、中國東海和南海直至印度洋波斯灣的航路以及沿海地形。圖上標示了港灣、江河入海口、島嶼、礁石、淺灘、沙洲、沿岸城鎮、衛所等設防地點以及可供導航用的山峰、塔、寺院、橋樑、旗杆等顯著物標。陸上詳細注記地名、國名等共五百多個，能考證出的的三百五十個，一百五十個無法考證。

從《鄭和航海圖》所列地點來看，該圖應該繪製於第六次下西洋之後，全圖以南京為起點，最遠至非洲東岸的慢八撒，痲林地（今肯亞蒙巴薩、馬林迪）——這也是多數學者贊同鄭和遠航最遠到達東非肯亞的主要證據。

圖中標明航線所經亞洲各國的方位，航道遠近、深度，以及航行的方向、牽星高度；一一注明何處有礁石淺灘。圖中列舉自江蘇太倉至忽魯謨斯（伊朗荷姆茲）的針路（以指南針標明方向的航線）共五十六條航線，由忽魯謨斯回太倉的針路共五十三條航線。往返針路全不相同，表明船隊在遠航中已靈活地採用多種針路以適應和利用季風洋流，體現了高超的航海技術和較高的海洋氣象科學水準。

《鄭和航海圖》是以行船者的主觀視覺來繪製的，遇山畫山，遇島畫島，突出了海岸線、離岸島嶼、港口、江河口、淺灘、礁石以及陸地上的橋樑、寺廟、寶塔、旗杆等沿岸航行的標誌。航海者觀看圖，只要依「景」而行，就可以到達目的地。中國古代的江河航行地圖，大多是這種山水畫式的繪法。雖然不與世界上的海圖「接軌」，但亦實用可行。如上水時上北下南，下水時上南下北等。

《鄭和航海圖》的比例混亂，航程總圖和山陸島嶼放大圖繪在一起，但又採取了不同的辦法，加以區分和說明，比如用虛線表示航線，在離岸較遠的航線上注記了針位（航向、方位）和更數（航程、距離），有時還用文字注記出航道深度、航行注意事項，是中國最早不依附海道專書而能獨立指導航海的地圖。

特別值得一提的是，這幅海圖還注記了天體高度「指」，可利用過洋牽星術這種天文導航的方法來測定船位及導航。我們的古代星圖雖早，但專門用於航海的牽星圖，卻僅見於《鄭和航海圖》，據專家分析此圖亦受了阿拉伯地圖的影響。此外，從它所標注的亞非廣闊海域來說，《鄭和航海圖》也稱得上是世界現存最早的航海圖集。

航海

茅子曰禹貢之終也詳哉言聲教所及儒者曰先王不務遠夫勞近以務遠君子不取也不窮兵不疲民而禮樂文明赫昭異域使光天之下無不沾德化焉非先王之天地同量哉唐起于西故玉關之外將萬里明起于東故文皇帝航海之使不知其幾十萬里天實啓之不可強也當是時臣爲內豎鄭和亦不辱命焉其圖列道里國土詳而不誣載以昭來世志武功也

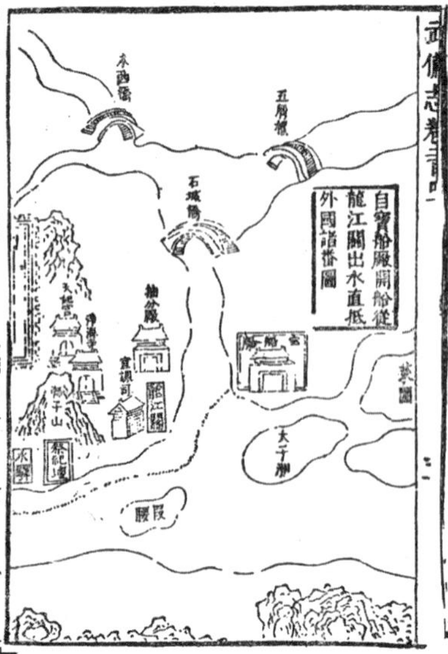

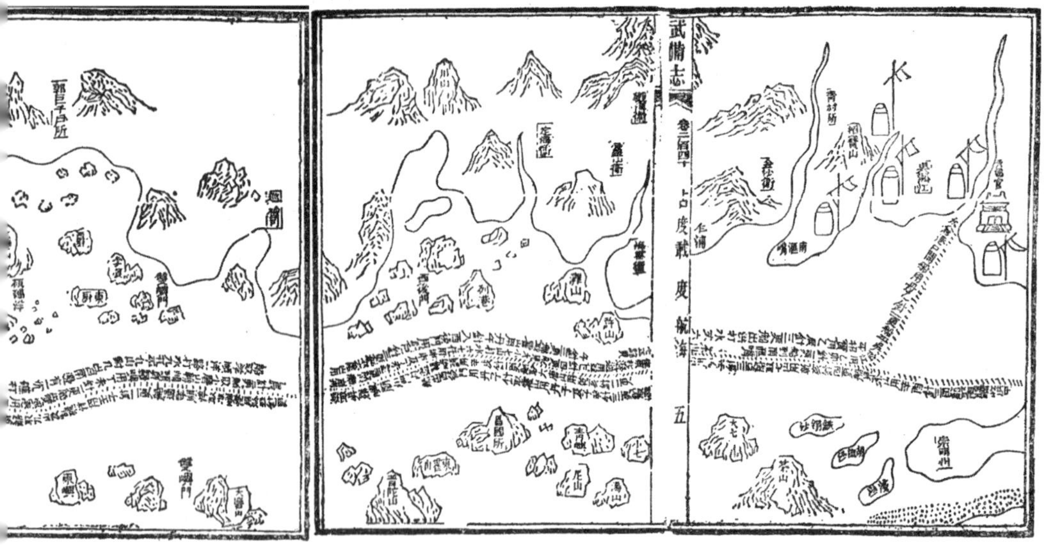

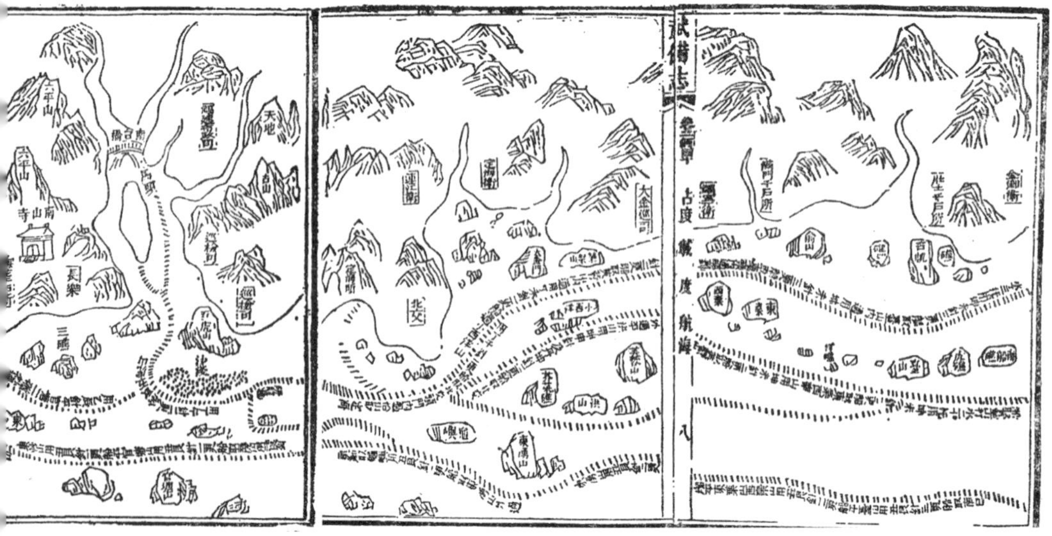

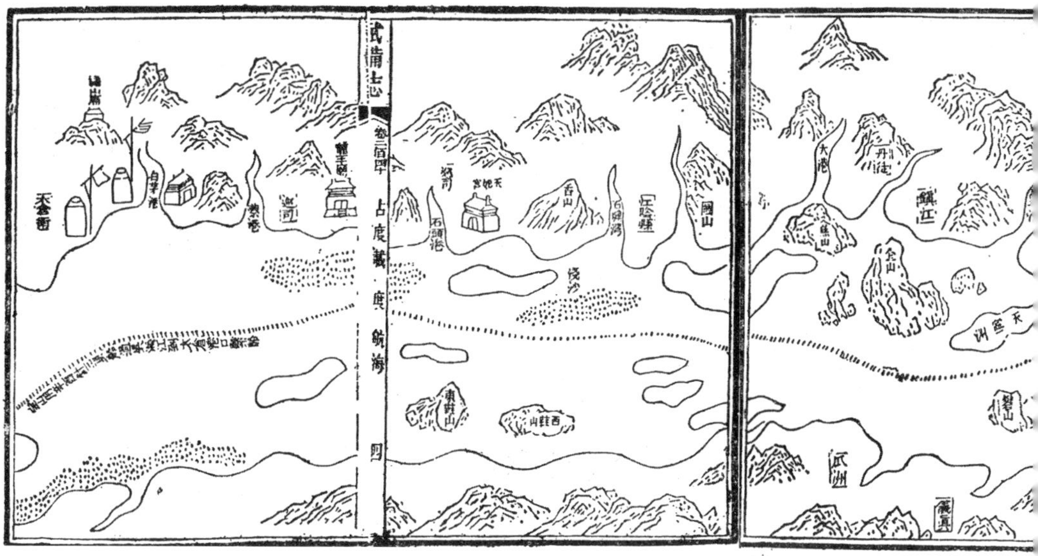
武備志
卷二百四十
占度載 度 航海
四
天妃宮
瓜洲
鎮江
金山
焦山
儀真

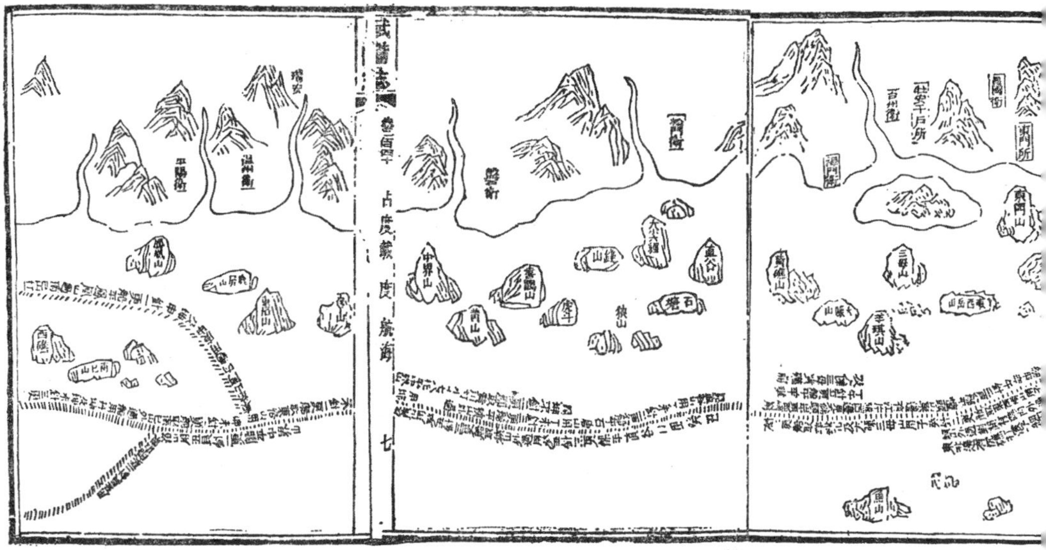
武備志
卷二百四十
占度載 度 航海
七
溫州衛
平陽衛

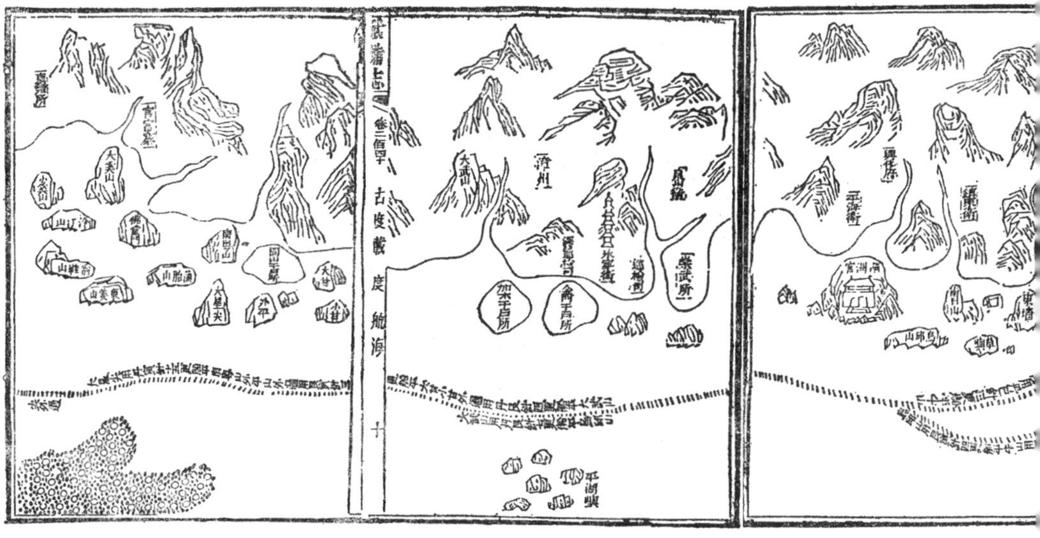
武備志
卷二百四十
占度載 度 航海
十
乍浦
平湖嶼

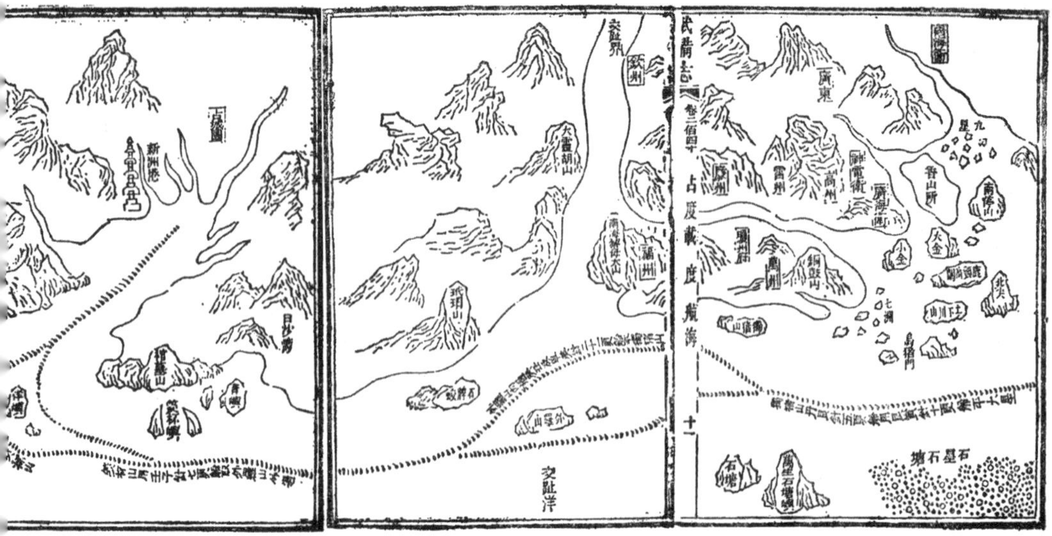
武備志
卷二百四十
占度載
度航海
十二
廣東
雷州
高州
廉州
欽州
交阯界
大金
小金
北尖
七洲
交阯洋
石星石塘
新洲港

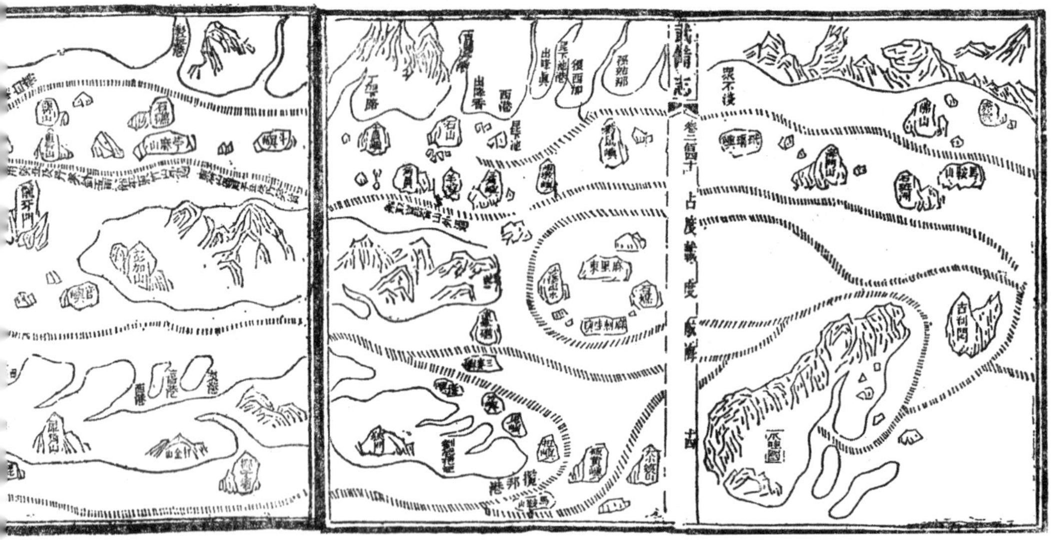
武備志
卷二百四十
占度載
度航海
十四
彭加山
吉利門
佛山
西港

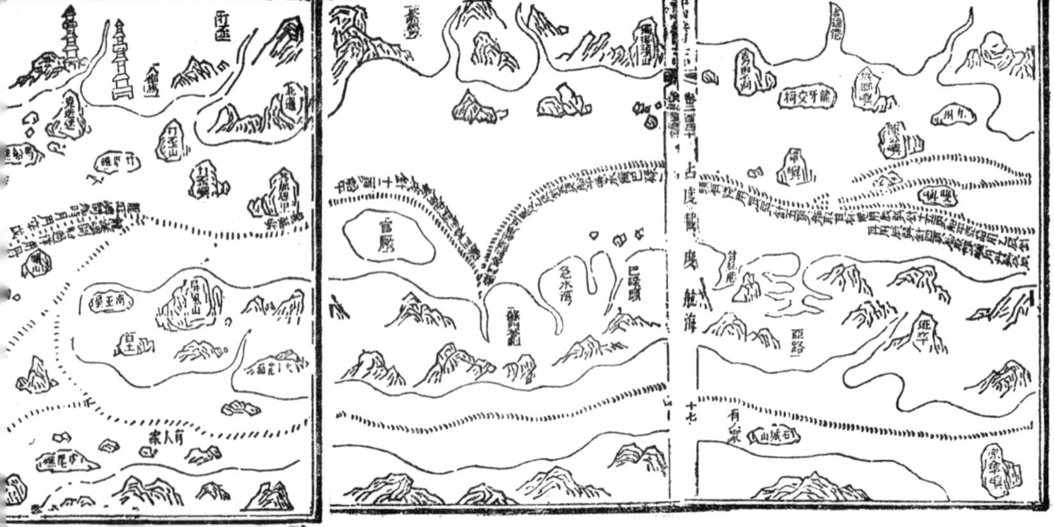
武備志
卷二百四十
占度載
度航海
十七
官嶼
急水灣
巴碌頭
龍牙交椅
有人家
有家
石城山
延平

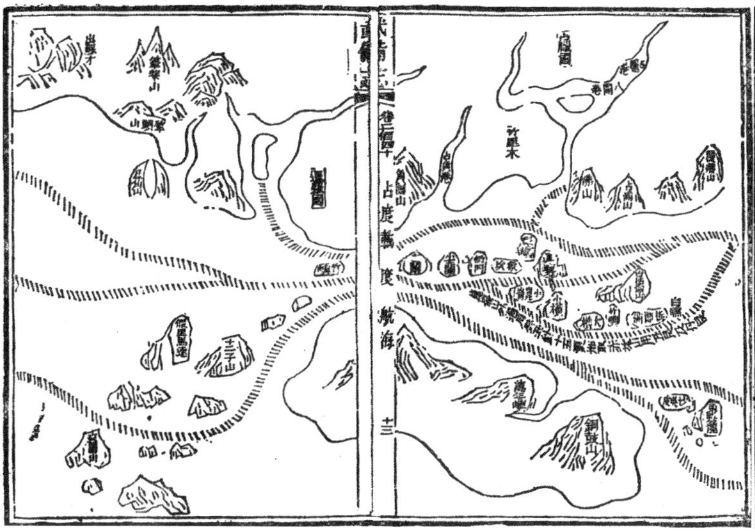
武備志
卷二百四十 占度載 度航海
十三
銅鼓山

上臘港

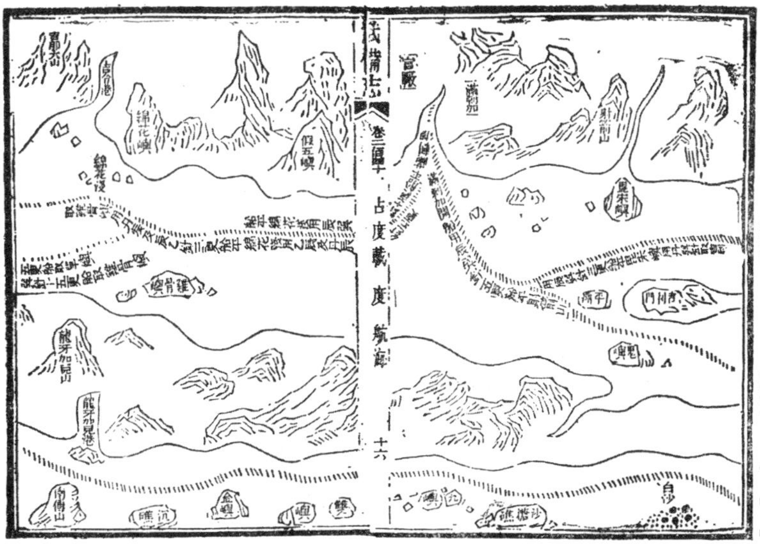
武備志
卷二百四十 占度載 度航海
十六
假五嶼
龍牙加兒山
官嶼

東竹山

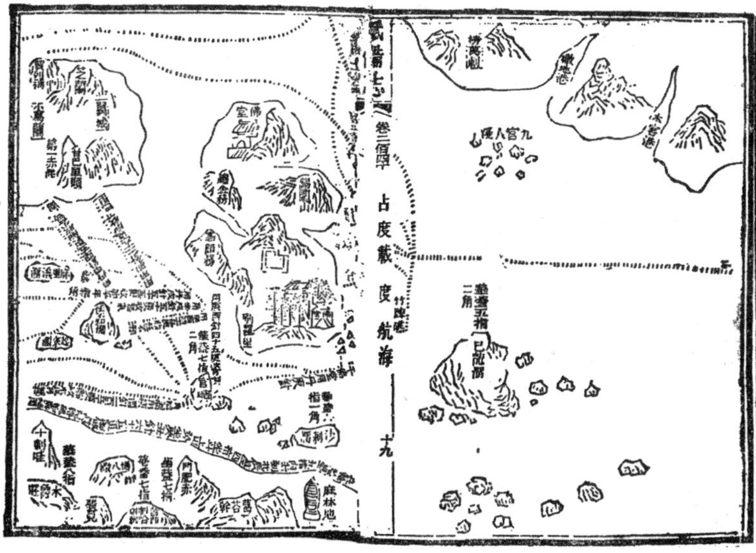
武備志
卷二百四十 占度載 度航海
十九
九官人嶼
麻林地

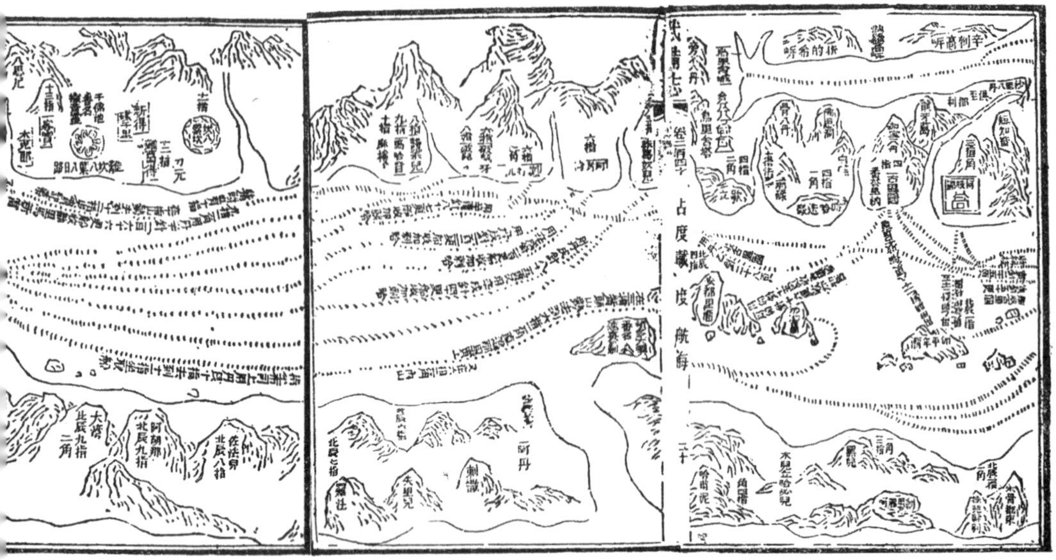

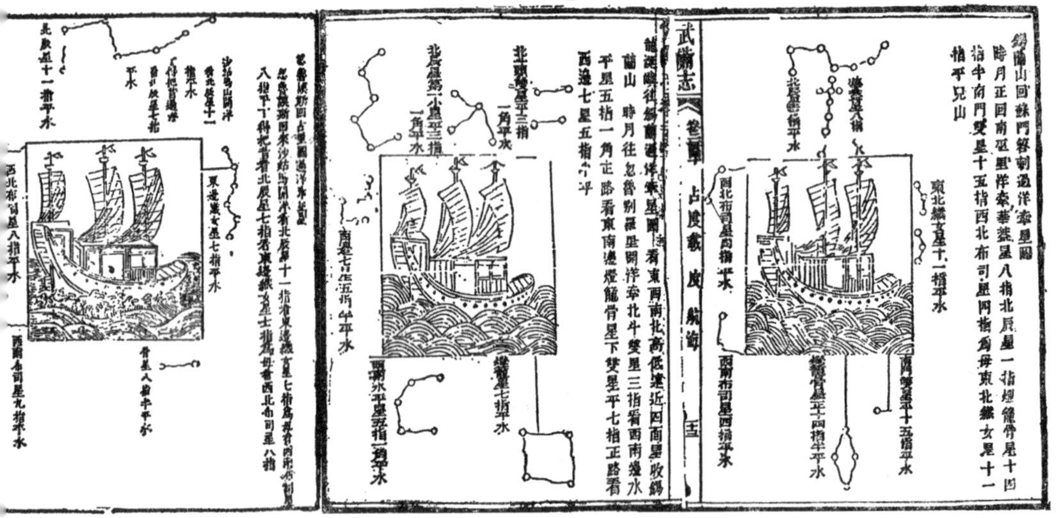
錫蘭山回蘇門答剌過洋牽星圖
時月正回南巫里洋牽華蓋星八指北辰星一指燈籠骨星十四
指半南門雙星十五指西北布司星四指為母東北織女星十一
指平兒山
東北織女星十一指平水
西北布司星四指平水
西南布司星四指平水
南門雙星十五指平水
武備志 卷二百四十 占度載 度 航海

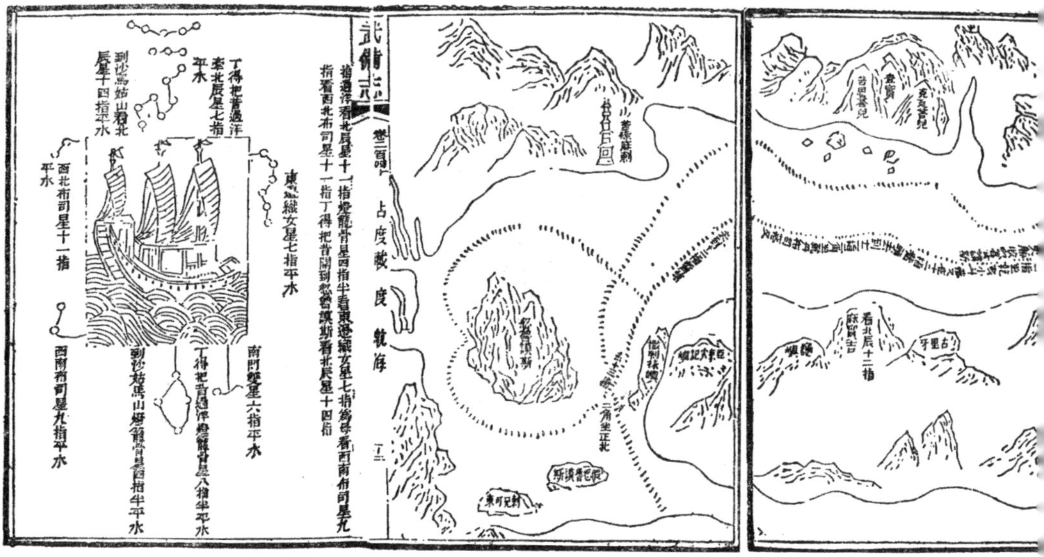

圖4.1：《鄭和航海圖》

採用寫景法呈「一」字展繪，在編入《武備志》時，改為書本式，自右而左，錄圖四十幅，其中國內十八幅，國外二十二幅。最後附「過洋牽星圖」兩幅。此圖繪製了南京以下長江段、中國東海和南海直至印度洋波斯灣的航路以及沿海地形。陸上詳細注記地名、國名等共五百多個。是世界上最早的遠洋海圖。

真正的海上貿易航線圖——《明代東西洋航海圖》

〰《明代東西洋航海圖》〰十七世紀初繪

《明代東西洋航海圖》是一幅真正的海上貿易航線圖。此圖現屬牛津大學博多立安圖書館。二〇〇八年左右牛津大學在整理館藏文獻時被重新發現。引起了香港學者錢江博士的注意。二〇一一年十月，此圖首次在牛津展出時，我曾去牛津專程考察過此圖。

這是一件保存較完好的彩色絹本地圖，其精確尺寸為縱一百五十八公分，橫九十六公分。地圖旁的英文說明的大意是：「雪爾登中國地圖（一六二〇年代）：這是一幅了不起的水彩地圖，一六五九年入藏博多立安圖書館。它原來擁有者是約翰•雪爾登（John Selden），是位律師、歷史和語言學者。最近我們對此圖進行了修復和研究。它大約是晚明時期的作品，地圖顯示了中國、韓國、日本、菲律賓、印尼、東南亞和印度的一部分地區，同時還顯示了由泉州港發往這些地區的航線。地圖左側接近印度卡利卡特，最西端的一段文字顯示了亞丁、安曼和荷姆茲海峽的航向。此圖的特別之處在於，它是中國地圖中最早的，不僅顯示航線，而且將中國描繪成東亞和東南亞的一部分，而不是世界中心的地圖。」

從英國回來後，我與錢江博士、劉義傑先生，通過郵件又進行了多次討論，大家都認為

圖4.2：《明代東西洋航海圖》

約繪於十七世紀初，絹本彩繪，圖縱一百五十八公分，橫幅九十六公分。現藏英國牛津博多利安圖書館中國文獻館。

此圖對中國古代海洋地圖研究，甚至或中國古代地圖學史，都有不可估量的價值。隨後，我們策劃此圖的專題研討會，並請葛劍雄教授擔任此次論壇的學術主持。京、滬、深、港等地多位古地圖專家、航海史專家的積極參與。

研討會認為，此圖雖然沒有作者名，但從圖面提供的的訊息看，這是一幅反映明朝時期福建海上貿易活動的航海圖，圖中所有的航線都是從漳、泉兩地出發，其繪製者很有可能是的閩南海商。此圖的描繪重點放在了南中國海，以及日本群島、琉球群島，菲律賓群島等貿易活動頻繁的海域；東南最遠到香料群島馬魯古，西邊最遠到印度西岸卡里卡特；其實用性及其遠洋航海的意義都不亞於《鄭和航海圖》。

按照圖中的地名標注，可以判斷該圖繪製時間應該在明萬曆年間（一五六六～一六〇二年）之間。與會的專家們，根據地圖所描述的區域、海域等等元素，初步認為圖的名字應該是《明代東西洋航海圖》。從圖中所有出發港都是漳、泉二港。繪製很可能是福建海商，或移民漳泉的阿拉伯海商的後人。

站在中國海圖史的視角審視這幅地圖，它改寫了中國海圖史，填補多項「空白」。其一，它是中國第一幅標有羅盤與比例尺的古代航海圖。其二，從航行距離看，它還是中國第一幅實測式的遠洋實用航海圖。此圖幾乎具備了現代航海圖的所有特徵——繪有羅盤比例尺、海岸線描述準確、航線標示清楚、沿海口岸城市注記詳實，甚至島嶼、礁沙都標示清楚。其三，它還是中國第一幅明確繪出台澎與南海四島準確位置的海圖。

錢江先生統計出此圖共畫出十八條國際航線，其中有六條東洋航路，即漳、泉往琉球、長崎、呂宋航路和潮州往呂宋、蘇祿、汶萊航路。十二條西洋航路，即漳、泉經占城、柬埔寨往咬留吧（巴達維亞，今雅加達），往滿剌加（麻六甲），往暹羅（泰國），往大泥、吉丹，往舊港及萬丹（印尼）等航路，還有由滿剌加往阿齊、池汶、馬神的航路；還有由滿剌加沿馬來半島西岸北上緬甸南部的航路，還有繞蘇門答臘南岸的航路，最西邊有阿齊入印度洋往印度古里的航路……等等。此圖的航路繪製相當精確，這是一幅完好的航海總圖，可以說與當時的大航海時代完全接軌。這也吻合了明隆慶年間（一五六六～一五七二年）穆宗同意解除福建海禁，准許漳泉海商赴東西洋貿易的大背景。同時，由於西方列強的進入南洋，這一時期的大明海商的海上貿易已進入了大的國際貿易圈。而這些所謂「海上絲綢之路」，除在呂宋進行一些絲綢貿易外、此時，進行的更多的是香料貿易。

此外，它還是中國第一幅準確表現中國與東亞地區地理關係的海圖。在中國古代的世界地圖上，中國永遠在中央，外國如彈丸小圈，散擺於周邊。但這幅地圖卻真實描述了東南洋與中國的地理關係，將中國與東南亞融為一體的東亞格局。僅此一點，它就有資格補充到今後的古代中國地圖思想史中。皇家的「天下觀」與民間的「海洋觀」，在歷史上並不是統一的，民間有更加獨立的務實的地理思想與世界觀。

民間海上貿易的「舟子秘本」——《山形水勢圖》

〰《山形水勢圖》〰明代

在明鈔本《順風相送》及清鈔本《指南正法》等針路簿中，都能讀到從「山形水勢圖」中轉錄下來的文字，但山形水勢圖或因刻印的原因都被刪節了。中國大陸的學者最初見到的「山形水勢圖」是一九八〇年章巽先生出版《古航海圖考釋》，但作者沒有斷定它就是古代文獻中提到的「山形水勢圖」，出版時只冠以「古航海圖」。但是一九七四年在美國的台灣學者李弘祺先生卻在耶魯大學斯特林紀念圖書館中發現了該館收藏的一套中國古代航海圖冊，經過和章巽先生的古航海圖進行比對，證明它們同出一個母本，即中國民間的「舟子秘本」。但關於它的深入研究，則是近年來才達到高潮。這之中，有最先研究此圖的台灣留美學者李弘祺、香港學者錢江，北京學者劉義傑，諸多專家對它作了專題研究，這裡我借助專家們的研究對此圖做一個簡單介紹。

這套航海圖冊的首頁是英文簡介和扉頁的「先驅」號插畫（圖4.3）。介紹了圖冊是在道光二十一年（一八四一年）鴉片戰爭期間，英國皇家海軍「先驅」號（H.M.S.Herald）軍官菲利浦・畢恩（Philip Bean）在中國沿海從一艘商船上劫掠走的。戰後，他將其作為戰利品帶回英國本土，將其裝訂成冊成為私人收藏品，後來由耶魯大學斯特林紀念圖書館收藏。

圖冊由一百二十二幅「山形水勢圖」組成，冊頁式海圖每幅長約三十八公分，寬約三十公分，圖中

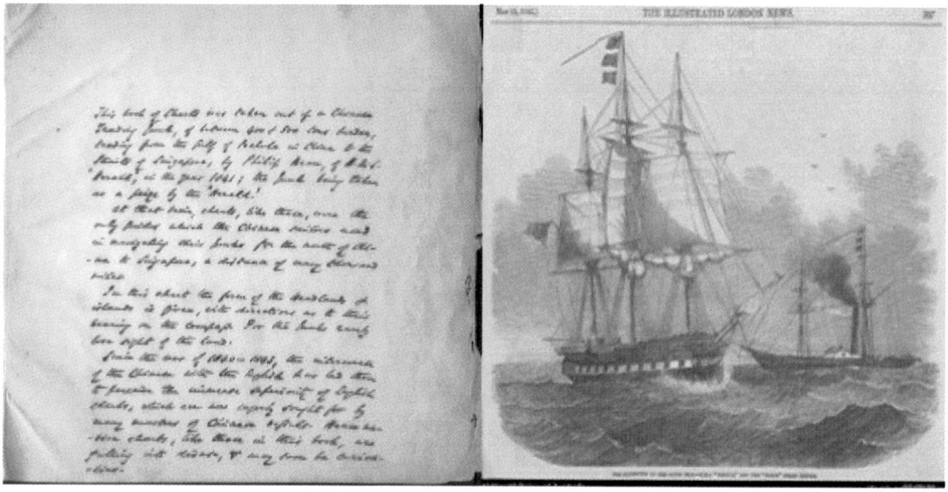

圖4.3：山形水勢圖

山形水勢圖之扉頁，左為簡介，右為「先驅」號插畫。

共有地名約二百九十五個，大部分為中國沿海州縣、島嶼、礁石和山丘地名，少部分為日本、朝鮮、越南、柬埔寨和泰國的地名。注記文字由航海術語構成，語句簡練且帶有濃郁的閩南方言特色。將它與章巽先生收藏的那套古航海圖進行比對，有一半的海圖是重疊的，可見它們具有同源性。章巽先生的古航海圖共六十九幅，覆蓋的範圍為中國沿海地區。耶魯這套航海圖除了中國沿海海域外，北面擴展到朝鮮半島，經朝鮮海峽中的對馬島到日本群島；南面延伸到西沙、南沙群島，繞過越南南部海域，最南到達今曼谷灣。

雖然，此圖冊裝訂得似乎雜亂無章，但實際上山形水勢圖中的各個分圖，是以海區為單元，將這些分圖合併起來就是一幅今太平洋西部海域的航海圖。專家們已將圖冊以小海區為單位進行劃分，大約分成十七個海區。這之中有三個區域與海外貿易，或海上絲綢之路有關。

這套圖的西洋航路部分表達得很充分、很詳細。如，第一到十九幅，即圖中的注記為「尖城」，至「岸

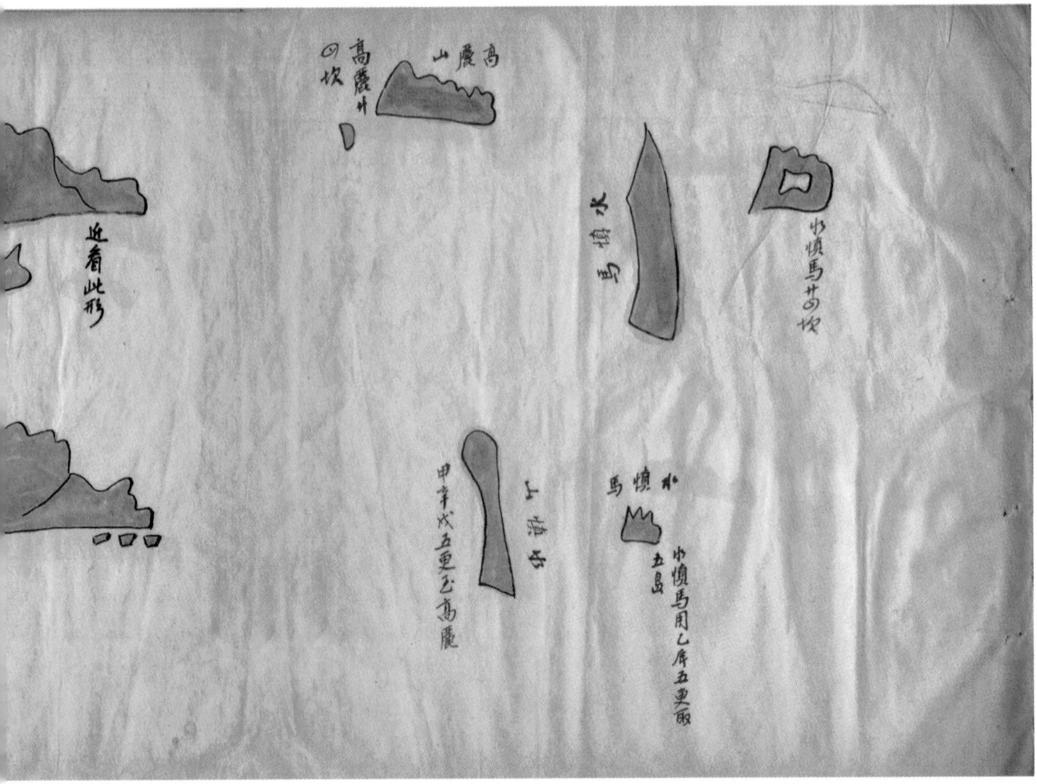

圖4.4：

圖左為原圖一，是今越南南部歸仁港附近的赤坎山，圖中的注記的「尖城」，即文獻上記載的占城。圖右為原圖十八，其「岸州大山」為今越南中海區的山形水勢分圖，圖中還繪的全圖冊中唯一的船舶圖。

州大山」止，為今越南中南部海區的山形水勢分圖。這裡選刊的兩幅圖（圖4.4），圖左為原圖一，是今越南中南部歸仁港附近的赤坎山，圖中注記的「尖城」，即古代占城，今越南中部廣南省。占城故地原是中國漢代所置日南郡的象林縣。占城憑藉其有利的地理位置在海上絲綢之路扮演著重要的角色，鄭和下西洋曾多次到達占城，其峴港至今仍是重要港口；圖右為原圖十八，其「岸州大山」為今越南中部海區的山形水勢分圖，圖中還繪的全圖冊中唯一的船舶圖。

中國古代航海家中流傳的一句民謠叫作「去怕七洲，回怕昆侖」，說的是西洋航路中兩個特別需要小心的航段：一段「七洲」，即今海南島東北部七洲群島海域區；一段「昆

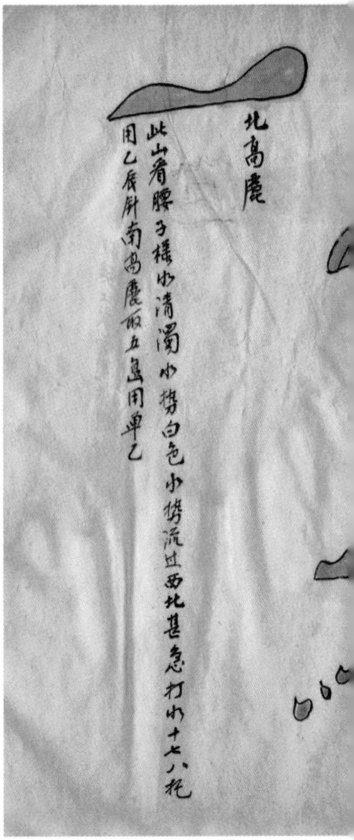

崙」則位於今越南南部昆崙島海區。這兩個海區，在這套圖中都有較詳細的描述和較多文字的注記。如，第六十三到七十八幅，從「望高山」起，至「覆鼎」止，為越南南部至柬埔寨海區的山形水勢分圖；這裡選刊的三幅圖（圖4.5），圖左為原圖七十五，其注記的「斗嶼」為今馬來半島東南海岸外的吞果島。過了越南南部海域，就進入到暹羅灣海域，其「斗嶼」是這套海圖中標注最遠的島嶼。中圖為七十六圖，其注記的「昆崙」為越南南部海域；圖右為原圖七十八，其注記的「覆鼎」為今越南格嘎角西南的胡玲山。圖中注記文字提到前往柬埔寨的航路，以及注意事項。

這套圖的東洋部分，應是成圖最早的一部分。如，第一〇一～一〇四幅，從「高麗」起，至「高麗山」止，為朝鮮半島至日本之間的對馬海峽海區的山形水勢分圖。，推測它或許是明代早期的中日間取道朝鮮的航路。這裡選刊的兩幅圖（圖4.6）：圖左為原圖一〇一，圖右為原圖一〇四，表現了從「高麗」至「高麗山」的海域，朝鮮半島至日本之間的對馬海峽海區的山形水勢。圖中注記的「水慎馬」是今日本對馬島的音譯，這種譯法見於針路簿和航海圖中。如牛津大學博多利安圖書館所藏《明代東西洋航海圖》中就將對馬島注記為「水剩馬」。這種注記反映的時段可能是明朝嘉靖朝時期中國、朝鮮、日本間的航路，是傳統東洋航路的一部分。圖的下方還標注了往長崎五島群島的航路「五島」，可見長崎在海上貿易中的重要地位。

關於這套圖的繪製年代，除了「水慎馬」有著明朝的印記，其它地名注記也帶著明朝的訊息。如

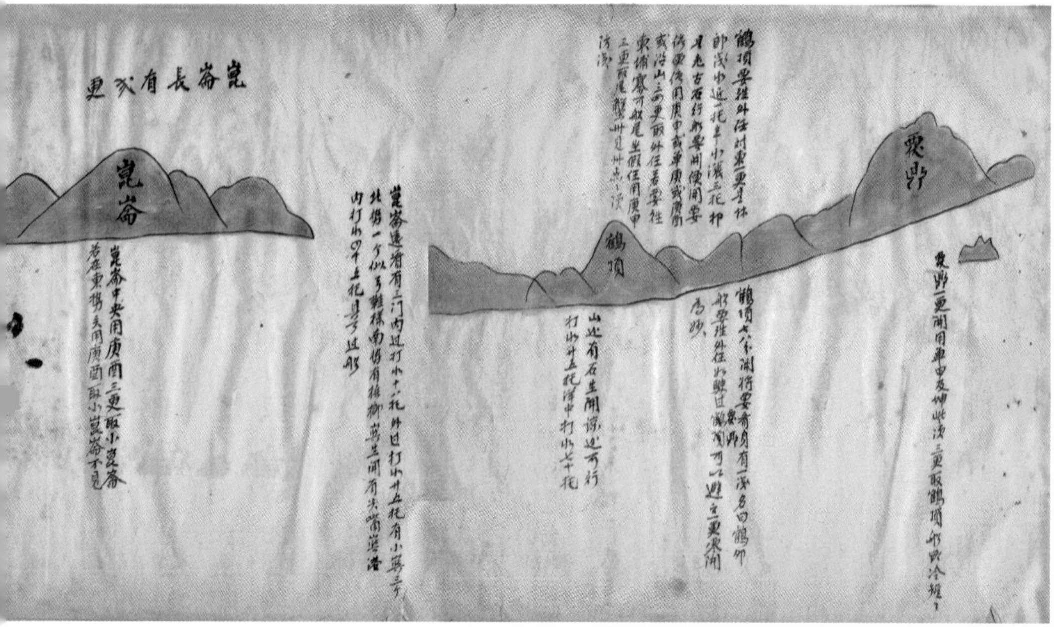

圖4.5：

圖左為原圖七十五，其注記的「斗嶼」為今馬來半島東南海岸外的吞果島，是這套海圖中標注最遠的島嶼。中圖為原圖七十六，其注記的「昆侖」為越南南部海域；圖右為原圖七十八，其注記的「覆鼎」為今越南格嘎角西南的胡玲山。

圖中的「南京」、「南京港口」和「南京港」的地名注記。南京是明朝的首都之一，到了清朝時則不稱南京，而叫江寧。圖中多出使用南京作地名，也說明這套航海圖有著明朝的血統。當然，這種將明清兩朝地名混雜在一起的現象與清代針路簿《指南正法》中明清兩朝地名通用的情況如出一轍，說明山形水勢圖和針路簿一樣，都是火長（領航者）經歷了漫長的時間不斷校正、補充和完善後形成的。由此可知，這套山形水勢圖編製的起始年代可以前伸到明朝，延續使用到清朝末期。

這種航海圖之所以被稱作「山形水勢圖」，是因為這種航海圖與其他航海圖不同，它沒有航路或極少有航路的標記，因此在圖上你看不見連續的航路。它也沒有注記航路上的針位，只是注記海船處於某方位時應該見到的島嶼、岸山情況。它僅描繪「山形」和「水深」。這種航海圖中的「山形」，是指航路上某處陸域岸山和島嶼

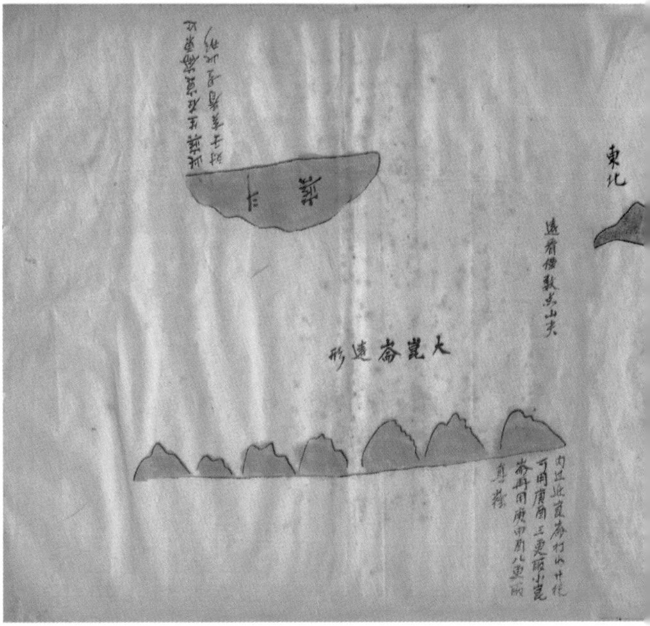

的外觀，並以山形剪影的方式表現在圖中，並配以簡要的說明文字。航海家在航行中可以依據山形的吻合度來判斷航向是否正確和船舶應處的方位。「水勢」則是指某處海域或港口的水域深淺、海底底質等水文情況。航海時可以用來規避航路中的暗礁、險灘，同時可以根據打探海底深淺和比對海底底質及其海域特殊的水文狀況來判斷船舶是否處於正確的航線上。所以，這種山形水勢圖才是真正的航海指南，是原生態的航海圖。

海上絲綢之路歷史悠久，宋、元時期曾達到鼎盛。但到了明朝鄭和下西洋之後，似乎海上絲綢之路就此終結了。如今，我們藉由耶魯大學收藏的這套山形水勢圖，可以發現，明清兩個朝代中，北起朝鮮海峽、日本群島，南達暹羅灣、東南亞海域這片廣大海域中，依然有中國航海家們開闢和通行的許多航路。

最後，我要說一句圖冊中的原圖十八中的船，它是此圖冊中唯一的船圖，雖然它繪製粗糙，但仍能看出它是明代福船造型的「雙桅海船」，船頭還有大眼睛。這種船正是明代嘉靖倭患時，大明政府反覆查禁的「雙桅海船」——福船。如此，這「山形水勢圖」是不是也該算作海商和海盜們的航海秘笈。這套「舟子秘本」帶給我們的也是那個時代海上絲綢之路的一段隱秘的歷史。

5 明代的海禁與防倭

引言：商貨不通，海寇不息

明洪武十四年（一三八一年），大明奪得南部江山後，朱元璋改明州府為寧波府，取的就是「海定則波寧」之意。此後，不僅明州港的波「寧」了，熱鬧了六百年的沿海口岸都「寧」了——「片帆不得下海」——大明開始「海禁」。朱元璋對於「禁海」的熱愛超過了中國歷史上的任何一位皇帝。據《明太祖實錄》記載，他每兩三年就要重申一遍禁海：

洪武四年（一三七一年）十二月，朱元璋宣佈「仍禁濱海民不得私出海」。

洪武十四年（一三八一年）十月又宣佈「禁濱海民私通海外諸國」。

洪武二十三年（一三九〇年）十月，因兩廣、浙江、福建人民以金銀、銅錢、緞匹、兵器等交通外番，私易貨物，再次詔戶部「申嚴交通外番之禁」。

洪武二十七年（一三九四年），由於沿海走私活動頻繁，朱元璋又下令：「敢有私下諸番互市者，必置之重法。凡番香番貨，皆不許販鬻。其見有者，限以三月銷盡」。

洪武三十年（一三九七年），他再次「禁申人民，無得擅出海與外國互市」。

關於禁海原因，朱元璋只是說：「朕以海道可通外邦，故嘗禁其往來。」此後二百多年，大明就在嚴格禁海和有限開禁之間，徘徊反覆。每到禁海嚴格的時候，便是海盜最為猖狂的日子。從王直到鄭芝龍，都發跡於日本，都曾控制過東南沿海大面積海域，後來又都被朝廷招安，遂後又都被殺掉。

大明海防的重中之重即是倭寇。「倭」不是一個古文字，甲骨金文都沒有，大篆小篆纂中也沒有。這個字的早期應用是在《詩經・四牡》中，其「周道倭遲」的「倭」，在此不單獨顯示意義，「倭遲」作為一個詞，有逶迤之態。用「倭」來指稱日本或朝鮮等中國東方的古代部族，大約始於戰國。《後漢書》中有「建武中元二年（五十七年）倭奴國奉貢朝賀，使人自稱大夫，光武賜以印綬」的記載。更巧的是一七八四年日本志賀島農民在農田裡，真就挖到「漢委奴國王」金印。印證了東漢光武帝賜日本倭奴國金印的歷史事件。

從漢賜金印看，印上的「委」或者「倭」，沒有貶意。史料也能證明，當時的日本也接受這樣的稱呼。南朝劉宋（四二〇年～四七九年）時，日本貢使來華，自稱為「百濟、新羅、任那、秦韓……六國諸軍事，安東大將軍，倭國王」。直到唐代，這一「國名」才發生變化。唐咸亨元年（六七〇年）日本派遣使者，祝賀平定高麗。使者說，學習中國文字後，不喜歡倭的名字，改名為日本，因為國家靠近日出的地方。但很長一段時間「倭」之舊稱仍在日本使用。連聖武天皇（七〇一年～七五六年）的宣命書裡，仍用「大倭國」自稱。

正史裡出現「倭寇」一詞是從《明史》開始的。最初「倭寇」中的「寇」字，是作動詞使用的，表示「侵犯」。如，「倭，寇福州」。如此往復「倭寇」終於作為名詞而被使用，成為「日本侵略者」的意思。「倭」也由此成為蔑稱。

大明代替蒙元之後，以華夏正統自居的朱姓王朝，拒絕承接蒙元發展起來海外貿易聯繫，實行嚴厲的海禁政策。雖然，永樂曾有過鄭和下西洋的壯舉，但那也只是大明王朝的「形象工程」，為的是「耀兵異域，示中國富強」，而非為了開放海上貿易。當然，朱元璋的海禁，有著海防的意思。大明初立，「倭寇」多為流亡海上的蒙元軍水師舊部，如張士誠、方國珍等殘餘軍隊。東南沿海的島嶼與大陸之間，海防任務艱巨。所以，明代在東南沿海建立了有史以來最為密集的海防。這一點，我們從《籌海圖編》中，可以看得很清楚。

其實，以對日海上貿易而論，中日的海上貿易，早在蒙元一朝就已結仇。元世祖忽必烈曾因惱怒日本國不肯臣服，兩度征討日本。日本與蒙元的仇恨越結越深，倭商鋌而走險的事也越來越多，日本海商慢慢淪為海盜倭寇。大明實施嚴厲海禁之後，窮途末路的中國海商，乾脆和倭寇合流成為海盜。此外，還有乘機渾水摸魚的日本浪人，以及真正的倭寇——流竄在外的日本國罪犯，這些複雜的成份和在一起，構成了大明中國的「倭患」。

《大明律》為海禁規定了嚴酷的禁懲處辦法。這一制度本想是鞏固海防，結果不僅沒成為海防的有效手段，反而在沿海地區激化了矛盾。商人不許海上貿易，漁民「禁民入海捕魚」。結果是「海濱民眾，生理無路，兼以饑饉薦臻，窮民往往入海從盜，嘯集亡命」，「東南諸島夷多我逃人佐寇」。在長崎，明時曾住有二、三萬華人。可以說，明代的海禁從一開始就不得人心。但明朝廷，不僅沒有調整這一制度，相反又不斷升級海禁政策，倭寇非旦沒受到多少控制，相反越禁越多，至嘉靖年間，倭患達到高峰。

明王世懋在《策樞》中說：「商貨之不通者，海寇之所以不息也」，「貨販無路，終歲海中為寇，曷能已也。」隨後，王世懋建議說：「莫若奏聞於朝，修復舊制。沿海凡可灣泊船處，及造船出海處，各立市舶司。凡船出海，紀籍姓名，官給批引。有貨稅貨，無貨稅船，不許為寇。若是國則利其用，民樂其宜，皆唯利而不復敢為寇矣」。

但這些批評與建議，並未被明朝廷所採納，海禁未止，倭患未絕。再後來，真正的海盜葡萄牙人、荷蘭人越洋而來，海禁更加有理。轉眼二百多年的太平日子過去了，大明的海防應當說沒有大問題，中國的海疆和中國海上版圖，似乎沒有什麼變化。如何面對大海的問題，都留給下一個朝代——大清去面對。

中國首部全面論述海防圖籍——《籌海圖編》

〰《輿地全圖》〰選自明嘉靖三十五年（一五五六年）《籌海圖編》

〰《籌海圖編・廣東沿海山沙圖》〰選自明嘉靖三十五年（一五五六年）《籌海圖編》

《籌海圖編》是中國第一部全面論述海防的圖籍。全書共十三卷，計有地圖、艦船圖、武器圖等一百七十二幅，文字約三十餘萬。主要論述中國沿海地理形勢、倭寇情況、海防策略、海防設置、治軍原則以及武器裝備等，是中國第一部全面論述海防的圖籍。

由於《籌海圖編》地位顯要，明清史書與類書皆有收錄。但在作者署名上卻時有不同，明刻本為胡宗憲之孫胡燈和曾孫胡維極重校《籌海圖編》時，將原題「昆山鄭若曾輯」改為「胡宗憲輯議」。清康熙三十二年（一六九三年）鄭若曾的五世孫鄭起泓等重刻《籌海圖編》時，又將署名改回「昆山鄭若曾輯」。實際上，鄭若曾是浙江巡撫胡宗憲賞識的幕僚，胡宗憲作為開明「領導」，非常支持這部書的寫作，或任總指軍，並沒參加編撰，只是付梓之時寫了序言。

鄭若曾為何要編這部《籌海圖編》，先要從他的出身說起。明弘治十六年（一五〇三年）鄭若曾出生在江蘇昆山一個書香之家。曾師從王守仁、湛若水等名師，喜天文、地理、軍事和政治之學。此為鄭若曾著述之本。此外，明中期東南沿海受到倭寇的嚴重侵擾，身在昆山的鄭若曾，感同身受，於是有此著述之情。

我們在讀宋代海疆方面的地圖時，會看到一些海防元素，但多以水軍和船場的名目出現，少有真正的海岸防線佈局。這種局面一直保持到明初，因為明初及永樂，中國沿海是開放的。海防大格局成形於明中期，即所謂有了「倭寇之患」以後。

鄭若曾在編撰《籌海圖編•敘寇原》中說：「今之海寇，動計數萬，皆托言倭奴，而其實出於日本者不下數千，其餘皆中國之赤之無賴，孑入而附之耳。大略福建漳郡居其大半，而寧紹往往亦有之，夫豈盡為倭也」。其籌海思想是「必宜防之於海」、「哨賊於遠洋」、「擊賊於近洋」的禦近海、固海岸、嚴城守的多層防禦。

史載明嘉靖三十一年（一五五二年）秋，倭寇在當地賊首陳東引領下，突襲劉家港。三十二年，海盜汪直引倭船十一艘，掠寶山、闖瀏河，登岸剽劫；此後，蕭顯又引倭寇二千多人大舉登陸，沿婁江襲太倉、昆山，轉而掠嘉定、青浦、松江，進犯上海；賊首徐海領倭寇數百人，直入青浦白鶴進犯太倉，還有一股倭寇七百餘人，在賊首何八帶領下，直奔大倉，兩股倭寇協同作戰，合圍太倉城……據《昆山縣倭變始末》載，倭寇佔領昆山「被殺男女五百餘人，被燒房屋兩萬餘間」。這個記載雖有誇大渲染的色彩，但也是不能否認的事實。此外，西方殖民者相繼侵犯東南沿海，海防形勢十分嚴峻，也是現實。

鄭若曾就是在這樣的情況下，收集有關資料編撰《籌海圖編》，於明嘉靖四十年（一五六一年）稿成，翌年付梓。《籌海圖編》是鄭若曾在他原先繪製的《海防一覽圖》和《萬里海防圖論》的基礎上精心編繪而成的。鄭若曾在《凡例》中寫道：「今略仿元儒朱思本及近日念羅公洪先《廣輿圖》計里畫方之法」，可知原圖均有畫方，但在《籌海圖編》刻本和《四庫全書》本《鄭開陽雜著》等傳世版本中，均將畫方略去。

《籌海圖編》圖論結合，圖幅為「一」字展開式，自右至左展開。圖中的海洋居上方，陸地居下。

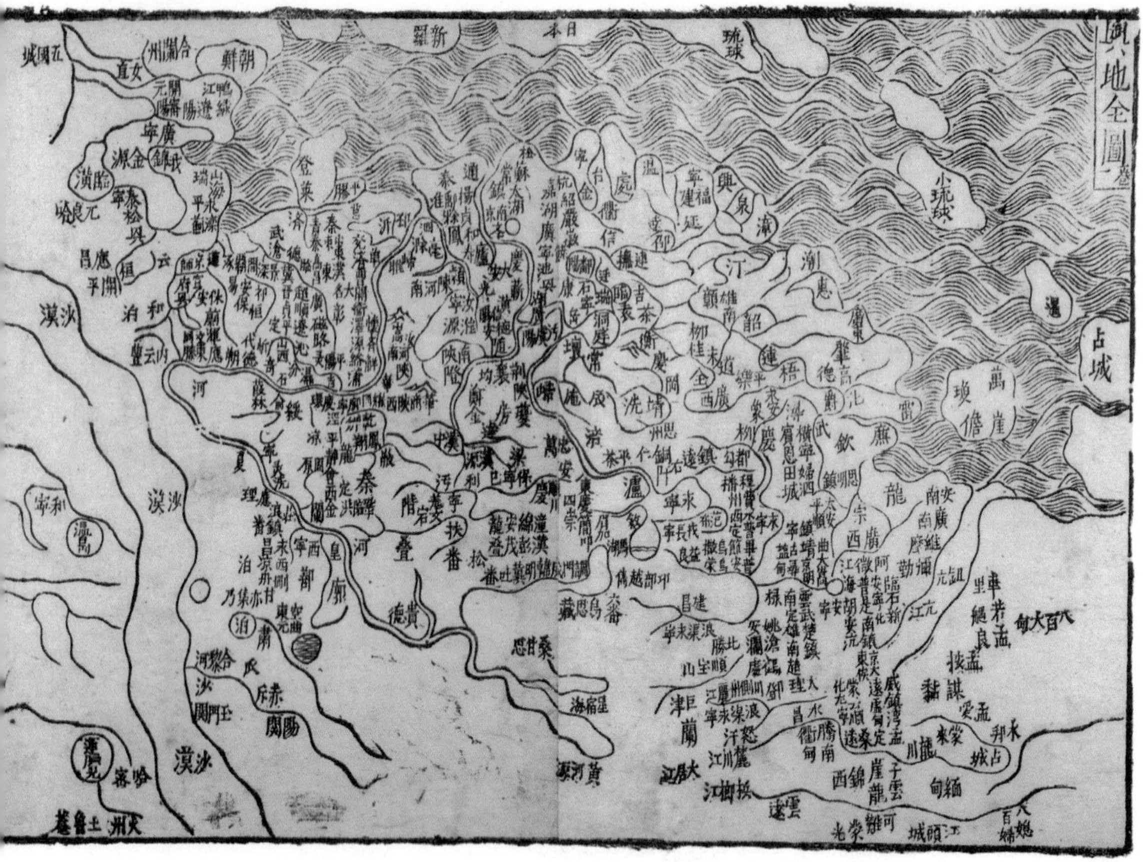

圖5.1：《輿地全圖》

選自明嘉靖三十五年（一五五六年）編撰的《籌海圖編》一書。全書編輯了明初以降，應抗倭需要而繪製的以地圖為主的海防圖一百七十二幅。《輿地全圖》刊於全書的卷首，作為圖集的統領。圖中描繪了明代海疆的概貌與周邊國家的地理格局。籌海圖目的明確，突出海疆，服務海防。開本縱三十公分橫二十公分。

作者採用中國繪畫以「遠景為上，近景為下」的佈局原則。書中的引言形容沿岸地形，稱「地形或凸入海中，或凹入內地」，亦可看出在這樣重要的地理著作中，明代的地理詞彙仍很貧乏，沿沒有「半島」和「海灣」這樣的專業詞彙。

《籌海圖編》共有八開紙大小的地圖一百一十四幅，首卷有一幅《輿地全圖》（圖5.1），作為全書的統攬。七十二幅《沿海山沙圖》是最多的種類，圖上詳細繪製了從廣東、福建、浙江、江蘇、山東到遼東沿海一線的海防設施，包括

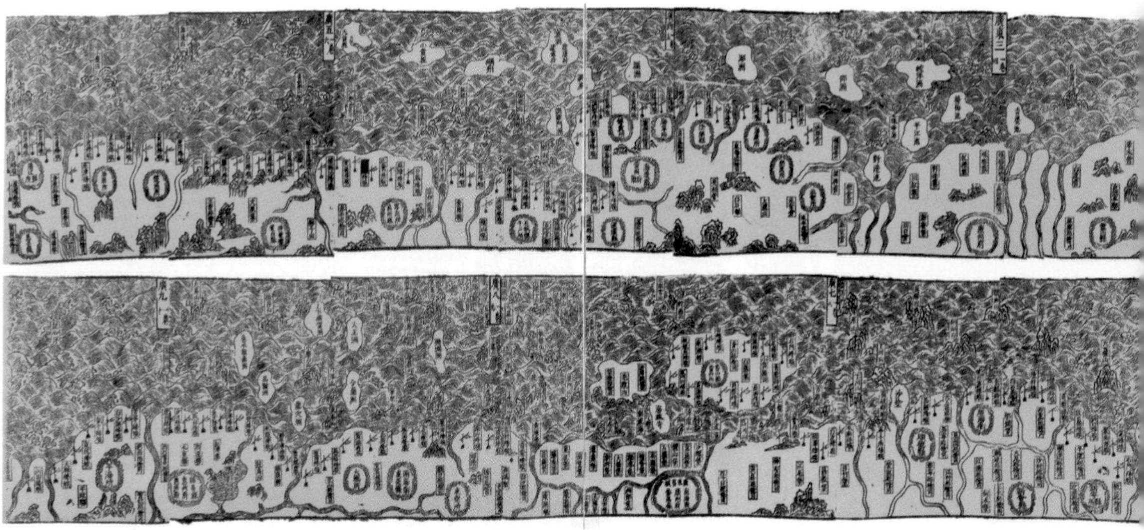

圖5.2：《籌海圖編•廣東沿海山沙圖》

圖中標示了衛所、堡寨、烽堠、巡檢司等，以及沿海島礁等概略地形。沿岸旌旗獵獵，嚴陣以待，其軍事意圖十分明確。開本縱三十公分橫二十公分。

衛所、堡寨、烽堠、巡檢司等，以及沿海島礁等概略地形，沿岸旌旗高掛，嚴陣以待，其軍事意圖十分明確。卷二繪有《日本國圖》《日本入寇圖》各一幅，詳細描繪了倭寇來犯的路線，在十七處重要地點還進行了標注。其中最為重要的是從卷三到卷七，分別繪製了廣東、福建、浙江、江蘇、山東和遼東六大「沿海山沙圖」，幾乎是全景式地描繪了整個中國海防，為明代戰備、謀劃邊防、海防提供了重要依據。

這裡選登的是卷首的《籌海圖編•輿地全圖》和《籌海圖編•廣東沿海圖》（圖5.2）。

集海防圖與海防理論於一圖——《乾坤一統海防全圖》

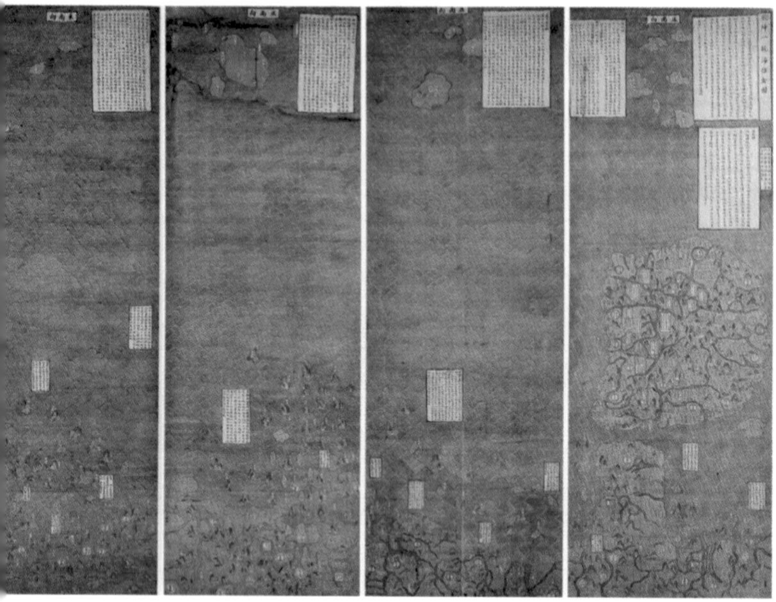

《乾坤一統海防全圖》明萬曆三十三年（一六〇五年）摹繪

這幅圖在繪製上，基本上是重繪《籌海圖編》中的「萬里海防圖」，所以，在製圖上沒有太大的新意，但作為明代傳下來少有的大幅彩圖之一，它極為珍貴。

這幅地圖是明董可威依據鄭若曾《萬里海防圖》進行摹繪的準備付梓之摹本。圖的右上方有再明萬曆三十三年（一六〇五年），吏部考功司郎中（幹部考核部門的官員）徐必達的題識。後世皆稱此圖為徐必達題識《乾坤一統海防全圖》。因編《二程全書》而在經史典籍中留名的徐必達，為何要將半個世紀前鄭若曾編的「萬里海防圖」重繪為《乾坤一統海防全圖》呢？回望那段歷史，即能領會他是為形勢所迫。

明萬曆時，正是日本戰國時代的末期。西元一五九

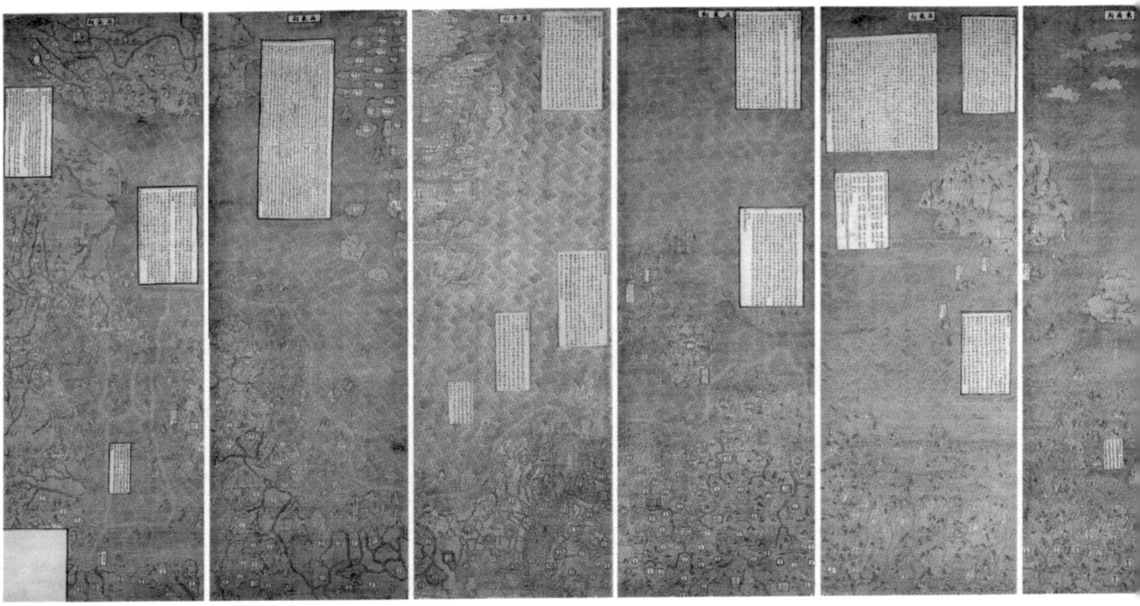

圖5.3：《乾坤一統海防全圖》

此圖約繪於明萬曆二十年（一五九二年），圖上有徐必達在明萬曆三十三年（一六〇五年）的題識。地圖描述的是自今廣西欽州灣至鴨綠江的全國沿海圖。圖上有圖説二十七處，文圖構成一套完整的海防思想。全圖分為十幅，每幅縱一百七十公分，橫六十．五公分。總長六百零五公分。

〇年，豐臣秀吉結束了日本的戰國時代。挾統一日本之勇，一五九二年豐臣秀吉派兵進攻朝鮮，大明作為朝鮮的宗主國，即向朝鮮派出援軍，中朝共戰日本。此後，日本與朝鮮和中國的跨海征戰，打打停停，中國沿海也由此失去太平。

明萬曆三十三年，吏部考功司徐必達為防範日本對朝、中的侵害，翻出歷史文獻，重繪海防之圖。於是，有了這幅六公尺長的巨幅彩繪海防地圖。這是一幅綜合性的沿海軍事設防圖，其海岸線西起廣西欽州灣，東至鴨綠江口。地圖詳細描繪了廣東、福建、浙江、南直隸（今江蘇、安徽）、山東、北直隸（今河北）、遼東等七省沿海地區的自然地理特徵，政區建置以及軍事設防狀況。

《乾坤一統海防全圖》與《籌海圖編》一樣，都將海洋畫在上方，將陸地畫在下方。其圖的陸地部分，仍以畫方之法描繪，畫出州府縣的相對位置。其海洋部分，為了方便閱讀，將中國的南海、東海和北方的渤海「扯成一線」，繪在了地圖的上方，但與《籌海圖編》不同的是，《乾坤一統海防全圖》（圖5.3）十幅圖，每幅都有準確的方向標注，如「正東向」、「東南向」、「正南向」。作為海防圖，其海洋繪製精細，海以精細的波紋線表示；島嶼礁石、港灣渡口，皆重點標注；水寨險灘，還附以文字說明；海岸線與島的相對位置，大體準確。是一幅非常實用的海防圖。

值得一提的是，這幅海防圖上，還附有許多重要的「海論」。如《廣東要害論》、《浙洋守禦論》、《江北設險方略論》、《山東預備論》《遼東軍響論》……這些百字「小論文」，如「江河入海之際，大船皆可乘潮而入」、「四郡無患，則中原留都可高枕而臥矣」，構成了一套完整的海防理論。

此圖特別描繪了與中國隔海相望的日本、朝鮮的部分沿海地區；同時，圖中還繪出了「小琉球國」，被認為是首幅繪製較為清楚的台灣地圖；釣魚台群島也明確地標明在大明海疆海防範圍之中；實為中國古代海疆與海防歷史面貌的又一有力證明。

此圖現存中國第一歷史檔案館。

邊政地圖之集大成者──《皇明職方地圖‧皇明大一統地圖》

〰《皇明職方地圖‧皇明大一統地圖》〰 明崇禎九年（一六三六年）

「職方」一詞最早見於《周官》，周設天、地、春、夏、秋、冬六大類，三百六十餘官職，其中就有「職方氏」：「掌天下之圖，以掌天下之地，辨其邦、國、都、鄙、四夷、八蠻、七閩、九貉、五戎、六狄之人民…」，這個官職後來擴大為一個機構，成為兵部所轄的職方司。

編《皇明職方地圖》陳組綬，即是兵部職方司主事。崇禎七年（一六三四年）考取進士陳組綬，頗受兵部尚書張鳳翼賞識，遂將編撰大明綜合地圖集的任務交給他。由於有皇家豐富的檔案做後盾，有強大的工作團隊來運作，陳組綬於崇禎八年（一六三五年）受命，次年即交出《皇明職方地圖》。編繪之迅速，差不多創了歷代編繪大型地圖集的速度之最。

《皇明職方地圖》編繪的速度雖然極快，但內容豐富，品質很高。此三卷本圖集以國防為主旨，上卷為政區圖，中卷為邊鎮地圖，下卷為川海圖及域外地圖。有天下大一統圖（明總圖）、兩直隸十三布政司等行政區圖和新舊九邊、七鎮等邊政地圖；還有山川、河漕、海運、江防、海防、島夷入寇、太僕牧馬專題地圖；以及朔漠、西域、朝鮮、安南、朝貢島夷等域外地圖；共五十二幅地圖。各圖均採用計里畫方繪製，各圖大都有附表及說明，談古論今，可謂詳實。

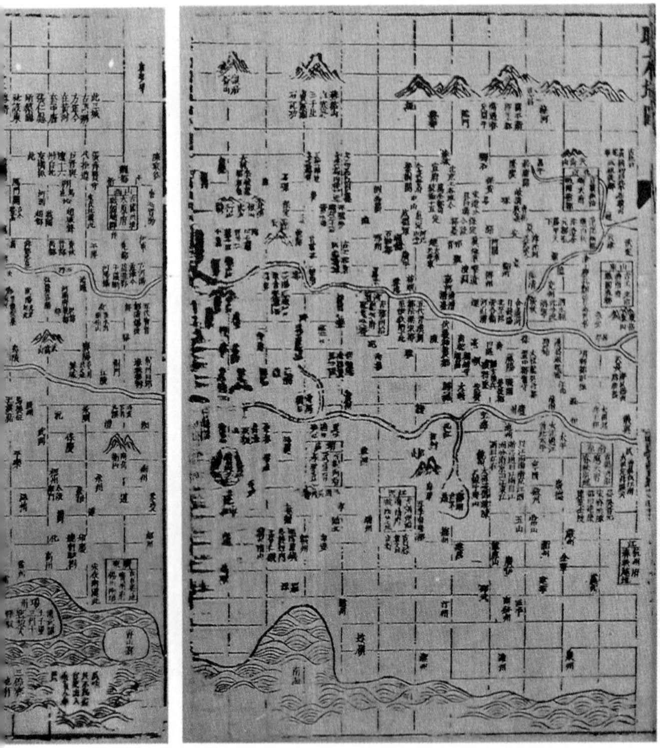

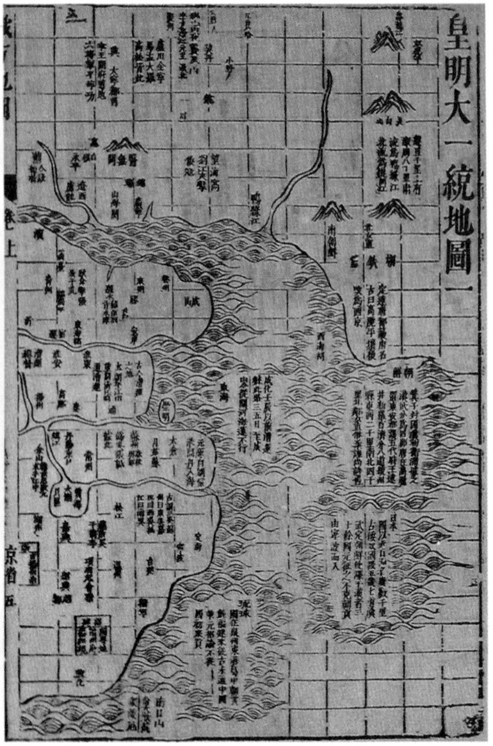

陳組綬的《皇明職方地圖》，原則上是以《廣輿圖》為藍本編繪的。但明中期的《廣輿圖》是根據元代朱思本的《輿地圖》改編而來，圖中有一些宋、元地名到明代已不存在。陳組綬結合歷史發展，對萬曆以來的地名沿革進行了更新與修改，從而完成全新的大明輿圖，因而成為明末中國傳統地圖冊之集大成者。

《皇明職方地圖・皇明大一統地圖》（圖5.4）是此地圖集上卷所載的重要地圖，其圖雖然是行政區圖，但軍事要素十分突出。陳組綬認為：「舊圖（指《廣輿圖》）於邊牆，圖其內不繪其外，所以圖以內易見，而圖以外難知。九邊之要，全在謹備於外，故外夷出沒，不可不詳。」因此，《皇明大一統地圖》增加了「邊外」地理要素及注記，不僅陸防注記突出，萬里海防也是本圖的重要而精彩的描述。

主要標注的海——東海，南海，西海。海

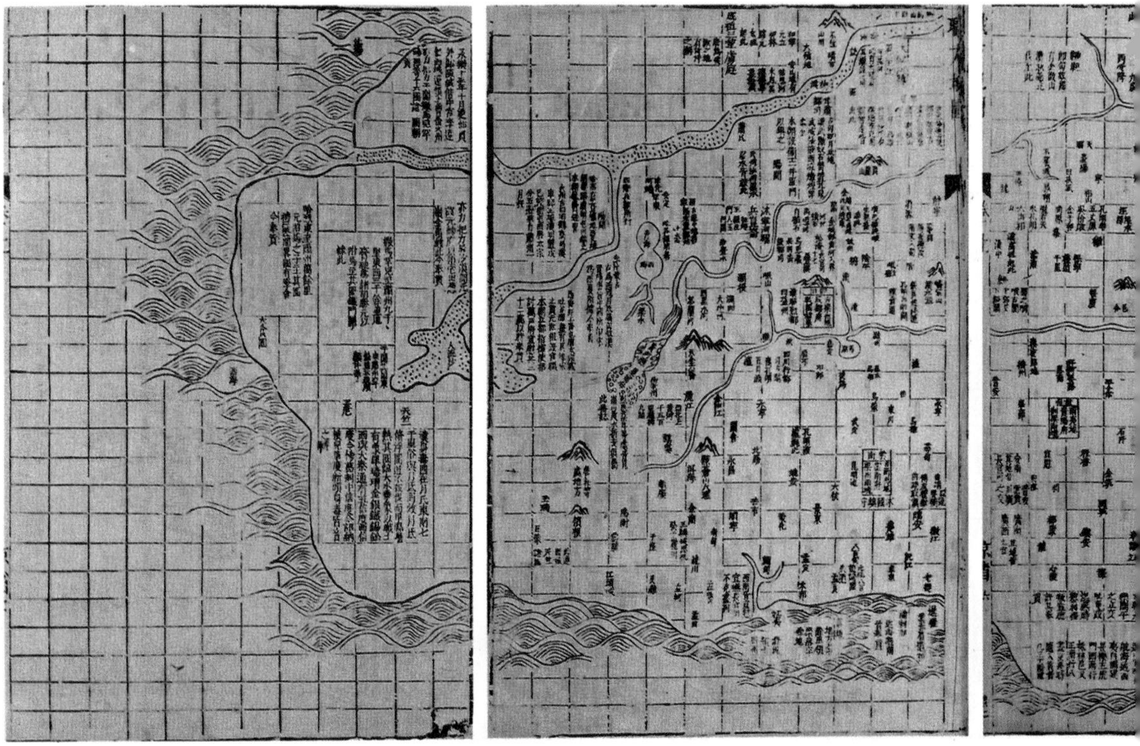

圖5.4：《皇明大一統地圖》

選自明崇禎九年（一六三六年）陳祖綬等編撰的綜合地圖集《皇明職方地圖》，此集是繼《廣輿圖》之後的又一本重要的地圖集。圖集重視軍事地圖的繪製。此圖成三面環海之勢，其範圍比《廣輿圖》增廣很多。雖採用計里畫方之法繪製，但東西長還是拉長了許多，或許是為了更好地表現海疆。圖集開本，縱三十一公分，橫二十六公分。

防線，由東海、南海至西海，基本上成三面環海之勢，其圖所描述的範圍比《廣輿圖》增廣很多。不知為什麼，這幅明末的有著明顯軍事用途的地圖，雖然用了畫方之法，但地圖的東西向還是明顯拉長了，或許，作者是想突出表現海岸線吧。此外，海中所繪的鄰國，其位置也不很精準。

明代的大一統，依地圖來看陸疆與海疆，總體上處於守式。

地圖符號的集大成者——《楊子器跋輿地圖》

《楊子器跋輿地圖》 明嘉靖五年（一五二六年），一九八三年摹繪

《楊子器跋輿地圖》原圖沒有作者名，只有一個落款：「慈溪楊子器跋」。後世只好借楊子器之名來命名這張重要的地圖。不過，楊子器可不止在這一張地圖上名垂青史。早在他跋《輿地圖》之前，正德元年（一五〇六年）他還為常熟翻刻的《石刻星圖碑》做了跋。明代禁止民間研究天文學，楊子器翻刻前人星圖，並揮寫跋文，直言天文學不可失傳，急迫之心，溢於言表。此外，這位常熟知縣（後官至河南左布政），還纂修了《常熟縣志》，重修了張旭的「草聖亭」……可以說，是一位保護「文化遺產」的先行者。

既然，進士出身的楊子器，文名不淺，不妨把著名的《輿地圖》跋，全文錄在這裡。

「三代，大江南雖入職貢，未為中土。漢唐拓地雖遠，漢損朱崖蔑甌越，唐至中葉失河北，遂不能復，乃至有宋之棄燕雲又不足言也。胡元入主中國，開闢以來之世略，敗壞以極。我聖明起而逐之，不假九合之力，卒成不世之功，薄海內外，俱入版圖。觀夫兩京畿之相望，十三省之口環，百五十二府、二百四十州、一千一百二十七縣之系屬，四百九十五衛，二千八百五十四所，交錯布列，為之保障。若宣慰司十二，宣撫司十一，招討安撫司十九，長官司百七十七，亦莫不革其野心，以聽省府約束。外若朝鮮、安南等五十六，速溫河等地五十八，奴兒干、烏思藏等都司所隸二百三十八，亦皆恭奉朝貢，一統之盛，萬古僅見。孔子曰：『管仲一匡天下，民到如今受其賜。微管仲，吾其被髮左衽

矣。』夫管仲僅挫受封之楚，孔子猶以為受賜，況淨掃彌天之虜，其功高過於帝王，吾民受賜可勝既哉。敷時繹思，維徂求定，此輿地圖所以有補於政體也。間常參考大一統志及官制，而布為是圖，比諸家詳略頗異。若京師，若省，若府、州、縣，若衛，若所，若衛所之並居府州縣者，若內外夷方之師化與賓界者，勢同異其形，遠近險易，一覽可視。願治者常目在焉，則用於人行政，諒能留意。慈溪楊子器跋。」

這是一篇精緻的地理文章，不僅有詳細的製圖原則，還融入了濃重的個人情感。上起三代之重任，下改元胡之敗壞，再讚大明一統之盛……難怪有人據此認為，此圖為楊子器所製，或是他督辦的。

楊子器死於正德八年（一五一三年），《輿地圖》製作的時間底線在這一年。考據家們又根據圖上地名所反映的建制變化判斷，此圖最晚的繪製時間為正德七年（一五一二年）。原圖已失，後世見到的已是明嘉靖五年（一五二六年）的重繪本，此圖現存於遼寧省大連市旅順博物館，五百年時光磨耗，地圖原色退去大半。一九八三年，對此圖進行了搶救性整理，重新摹繪了三幅新圖，分別藏於中國國家圖書館、中國國家基礎地理資訊中心和中科院自然科學史研究所。不過，我們一般的研究者是無法見到原圖，或者一九八三年摹繪本的。我本人所見只能是收在《中國古代地圖集》中的印刷版本。

《楊子器跋輿地圖》（圖5.5），縱一百六十四公分，橫一百八十公分，絹底彩繪。圖的方向為上北下南，所繪範圍：東到大海，西抵黃河源頭，北達長城以北的蘇溫、兀禿一帶，南至海南島。圖上詳細繪出了當時的兩京（北順天，南應天）十三省、府、州、縣分佈位置、名稱和數目。地貌用形象的寫景法，居民地採用了規格化的圖形符號。它不僅是一幅內容豐富的地圖，也是一幅反映天朝江山的色彩分呈的藝術精品。

《楊子器跋輿地圖》還有一個獨特之處，就是密佈於地圖下方的說明文字。除去前邊說過的楊子器近五百字的跋文。在圖的右下角，還列有省都、司、衛、所圖表；圖的左下角，撰有凡例（為成圖十幾年後（明嘉靖五年）增入），用書寫的方式來說明每個符號所表示的地理內容。從其「凡例」的源流講，最早始自元代朱思本的《輿地圖》，但朱思本的地圖失傳，現存的《楊子器跋輿地圖》，當是圖例與符號系統運用的典範了。

《楊子器跋輿地圖》沒有用「計里畫方」法繪製，從海圖的角度審視此圖，其大明的主體海岸線，畫得還算準確。但諸多半島，如山東半島、遼東半島和雷州島半島都嚴重失準，甚至把雷州島半島繪成與大陸脫離的島嶼。島嶼繪製更是簡單，琉球（台灣）、日本群島均以圓圈表示，如此示意，幾近隨意。

值得注意的是扞禦（防禦）符號。有棱形的有圓形的，均為雙線，夾層中加有城牆符號。這是此圖國防系統的一個獨特畫法。陸防不在本文研究之內，說一下密佈於海岸線上的扞禦符號，這些符號從渤海灣的「金州」起，沿著東海、南海、海

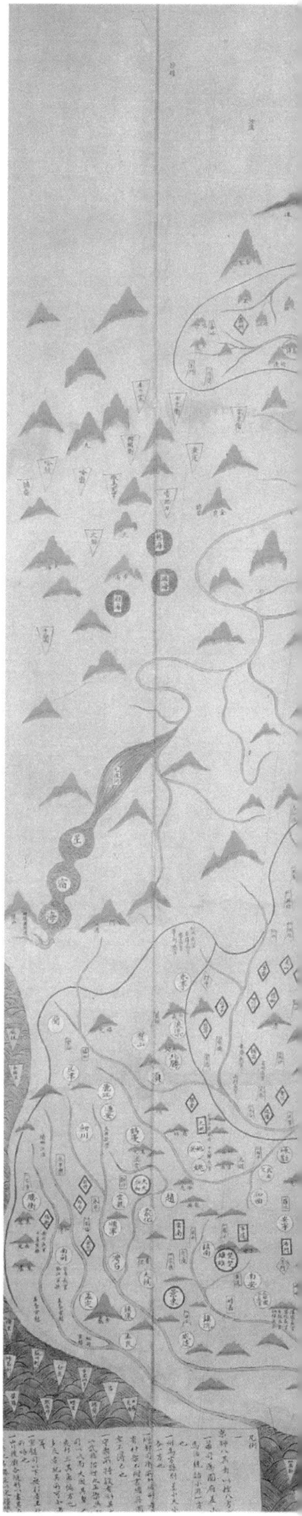

圖5.5：《楊子器跋輿地圖》

此圖因有揚子器跋而名「楊子器跋輿地圖」，約繪於明正德八年（一五一三年）。地圖內容豐富，行政區各較翔實，圖中水系完整，海與島嶼都有不同符號標出。雖無方格計里，但也是按一定比例尺完成的，是中國傳統製圖鼎盛時期的代表作。原圖為彩色。縱一百六十五公分，橫一百八十公分。這裡展示的是彩繪摹本。

南島，一直鋪排至北部灣的「永安」。雖然，注記中沒有明確標明「水軍」，但明代嚴密的海防佈局，亦可以看出個大概了。

海外夷邦的描繪，也是此圖的一個重要內容。不過與國內部分相比，海外部分畫得就不夠準確，甚至差之千里。相對準確一點的是朝鮮的位置，但緊鄰朝鮮的日本群島則錯置於錢塘江口近海水域。南洋夷邦，位置也嚴重失準。浡泥國（今汶萊）、爪哇（今印尼）、三佛齊（今馬來西亞）等南洋島國，皆錯置於海南島西部海域中。或許，是因為東部圖面被近五百字的跋文所占，這些島國只好錯填於海南島西部海域，且沒有畫出正確的島嶼形狀，均以倒三角框加文字注記標出。

原本應按自然形態繼續向南延伸的中南半島，如正常繪製將排到圖面之外。或許，出於不出圖外的考慮，作者將它們統統壓縮，彎向東邊。中南半島根部的安南、占城的位置（今越南）描繪得還算正確，暹邏（今泰國）就差了許多，而滿剌加（麻六甲）則畫到中南半島上，就差得太遠了。照此壓縮繪圖的路子，印度半島和阿拉伯半島，全部擠到了雲南南部的海裡。拂林（小亞細亞）和古里（印度西部的卡里卡特）等印度洋裡的國家，還有最西邊的麻林（肯亞馬林迪）皆被錯置。於是，麗江便與非洲之角肯亞為「鄰」了。如此壓縮，夷邦位置，也只能意會，不可「圖」傳了。

鄭和下西洋一百多年後，明代的地圖，或者說海圖，其海岸線、島嶼、印度洋的繪製，反爾不如南宋的《華夷圖》畫得準確。時代在前進，繪圖卻退步了。這是為什麼?細讀楊子器的跋文，也會能看出一點大明的心態。「外若朝鮮、安南等五十六，速溫河等地五十八，奴兒干、烏思藏等都司所隸二百三十八，亦皆恭奉朝貢，一統之盛，萬古僅見。」在大明天朝的眼裡，「皆恭奉朝貢」的海外夷邦，略則略了，無傷大雅。

明代描繪釣魚台的航海圖——《琉球過海圖》《琉球圖說》

〰〰《琉球圖說》〰〰清康熙年間

〰〰《琉球過海圖》〰〰明萬曆七年（一五七九年）

〰〰《三才圖會・琉球國圖》〰〰明萬曆年間

今天我們常說的「釣魚台」，指的是基隆港東北約二百公里的島嶼，與附近的黃尾嶼、赤尾嶼、南小島、北小島等組成釣魚台群島。關於釣魚台最早的文獻記載是《隋書・流求國傳》中所提到的「高華嶼」，即後來的「釣魚嶼」的原始名稱。此後，南宋祝穆撰《方輿勝覽》中仍延續「高華嶼」這一名稱。大約自明朝起，如《順風相送》等文獻開始使用「釣魚嶼」這一名稱，並延用了幾百年。這種延續而詳盡的文獻記載，日本國是沒有任何文字可與其相比擬。同樣，最早描繪「釣魚嶼」的古代中國海洋地圖，也是日本國所沒有的。

有明以來，諸多冊封使奉命駛往琉球的「海行日記」中就出現了大量的關於中華海山和琉球諸海山的描繪，其中就有台灣附屬的釣魚台群島。

比如，明嘉靖鄭若曾所著《鄭開陽雜著・琉球圖說》中所附的地圖（圖5.6），即繪有小琉球（台灣）、雞籠嶼、花瓶嶼、彭家山、釣魚嶼。在琉球島上標注有「圓覺寺」。圓覺寺是琉球臨濟宗的總寺院，建於一四九二年，是當時琉球尚氏王朝仿照鎌倉圓覺寺修建的菩提寺，二戰時已經燒毀，現僅存大

圖5.6：《琉球圖說》

《琉球圖說》原載鄭若曾所著《鄭開陽雜著》，清康熙中期由其後裔刪汰重編合為一帙。圖中繪有小琉球（臺灣）、雞籠嶼、花瓶嶼、彭家山、釣魚嶼和琉球島。

門部分及重修的放生橋。圓覺寺的石雕群，據考證是閩南惠安匠人所刻。

再如，在萬曆七年（一五七九年）蕭崇業、謝傑撰《琉球奉使錄》所附《琉球過海圖》（圖5.7），和《三才圖會・琉球國圖》（圖5.8），不僅繪出了台灣東北方名附屬島嶼，釣魚嶼、赤嶼、枯米山，更是詳盡地標注了通往琉球的「針路」。此航線以文字排成一線，「船取釣魚嶼又用乙卯針四更，船取黃尾嶼又用……船取赤嶼用……船取枯米山」。

宋元代以來，中國航海採用二十四方位水羅盤，故將航路稱為「針路」。此羅盤用八個天干、十二個地支、及八卦的四個方位，將航海羅盤圓周分為二十四等分，由此標示方向。如，子為正北零度、午為正南一百八十度……「針路」中所說的「更」，原本是個時間單位，但在是此用來計算里程的單位，一晝夜為十更，一更的里程約五十里至六十里。

這些航海圖表明，至少從明初開始，中國已對福建、台灣沿海的島嶼直至琉球沿路所經過的海山島嶼名稱、島上景觀、海域環境、往來航線的風向、針位、里程……這些重要的航海元素都是由先人反覆驗證並記錄下來的，它是中國古代王朝管轄海洋的歷史痕跡，印證了台灣附屬島嶼東北諸島，如：雞籠山、花瓶嶼、梅花嶼、彭佳嶼、釣魚嶼、橄欖山、黃尾嶼、赤尾嶼，早就為中國人所認識，並納入了經營海洋的版圖。同時，也證明至少在明代，中國文獻已不把釣魚台列為琉球所屬。

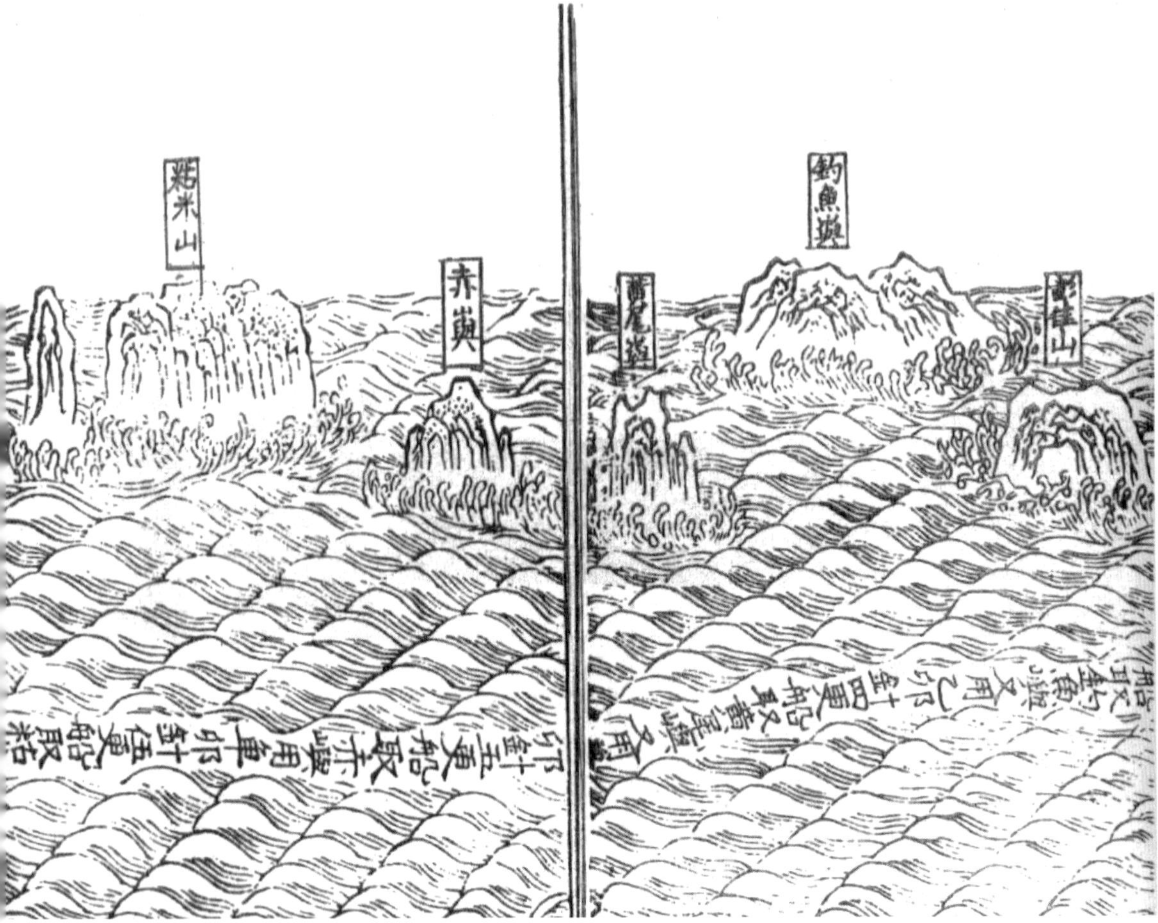

圖5.7：《琉球過海圖》

原載蕭崇業、謝傑所撰《琉球奉使錄》，此圖不僅繪出了釣魚嶼、赤嶼、枯米山，更是詳盡地標注了通往琉球的「針路」。

圖5.8：《三才圖會・琉球國圖》

6 大明眼中的中國與世界

引言：中國人怎樣繪製世界地圖

古代中國的先人們走出國門去認識世界的歷史相當悠久。他們靠著古老的傳說，靠著堅定的信念，在沒有什麼明確的標示，甚至連東西南北都無法準確定位時，仍然踏出了堅實的探索之路。這種最偉大的行跡，最初是由傳經人一步步開拓的。

漢哀帝元壽元年（西元前二年），大月氏派使者伊存到長安，將佛教傳入中國；漢明帝永平十年（六十七年），天竺高僧用白馬馱著佛像、經書來到洛陽傳經。這些從西方來的使者留下了佛像、經書，但卻沒給我們留下東行的地圖。

永平七年（五十六年），漢明帝派蔡愔、秦景等十二人出使天竺取經；咸康五年（三九九年），東晉的法顯和尚又帶九個人西行天竺取經。中國取經人回國後，寫出了著名的《佛國記》，卻沒留下西行的地圖。

唐代以來，西遊的中國人更多了，走的也更遠了。大唐的杜環，大元的汪大淵，都遠及非洲，但他們都沒給歷史留下可以一窺世界的地圖。中國古代的地理大發現就這樣定格在只留下文字未留下地圖的遺憾之中。

《元經世大典地圖》是一幅相當「官方」的世界地圖。此圖東起「沙州界」、「別失八里」即今甘肅敦煌和烏魯木以東的吉木薩爾一帶；西至「迷思耳」，即今之埃及；看上去是跨了大洲，但也僅是搭上非洲一個邊。總體而言它仍一幅小型的中亞和西亞地圖。

雖然，《大元一統圖》算不上世界地圖，但中國最早的世界地圖，一定是出自元代，因為在《大明混一圖》中，我們看到了元代世界地圖的偉大身影。

《大明混一圖》所繪地理範圍東至日本、朝鮮；南至爪哇；西達非洲西海岸、西歐；北至貝加爾湖以南。當然，南非人最感興趣的是這幅圖對南非的完整描繪。因為，對於非洲它是「第一次」，目前還沒有發現比它更早的描繪南非的地圖。《大明混一圖》上沒有留下繪圖的時間與繪製者的名字。專家們只能根據地名標注等對照分析來判定：此圖約繪製於明洪武二十二年（一三八九年）。其中國內部分是依據元朱思本的中國全圖《輿地圖》繪成；非洲、歐洲和東南亞部分是依據元末李澤民《聲教廣被圖》繪成。

日本地圖學專家海野一隆認為：《聲教廣被圖》應成於元代中期（一三三〇年）前後，其對非洲東岸和南部海岸的描繪之底圖，應取自伊斯世界的地圖。因為古代印度洋畢竟是伊斯蘭的世界，而那裡的航海技術與地圖知識也一直是世界先進水準。此外，中亞來大元的阿拉伯人札魯馬丁曾為元朝製作過一個地球儀（早已消失），或許對中國人描繪世界另有幫助。

關於西域的影響，我們還可關注一下馬合木德・喀什噶里編輯的《突厥語辭典》（大約成書於十一世紀七〇年代）所收錄的「圓形地圖」。這是一幅阿位伯風格的地圖，所有地名也皆以阿拉伯文標示。圓圖的中央是中亞地區，圓圖的周邊描繪了大宋、印度、埃及、衣索匹亞、西班牙……完全可以說這是一張世界地圖了。此書的編輯者馬合木德・喀什噶里是喀什葛爾人（即今天的新疆喀什）。但我們仍不能冒然稱它為中國最早的世界地圖，因為，我們沒有證據證明是馬合木德・喀什噶里繪製了這幅地圖，這種圓形地圖更接近於十世紀以來阿拉伯古典地理學家伊斯塔赫里所繪製的地圖，或者就是它的的摹本。所以，我以為中國最早的世界地圖還應另有說法。

但不論如何，首次描繪出南部非洲的《大明混一圖》，在世界地圖史上都有著極為重要的地位。不過，明朝的皇上從這張圖中，也只能看到半個世界。當然，這時歐洲的君王也在蒙昧之中，他們看到了也是不完整的世界。

東方人在東方，畫東方人的世界地圖。

西方人在西方，畫西方人的世界地圖。

尚未「混一」的世界——《大明混一圖》

〰《大明混一圖》〰明洪武二十二年到二十四年（一三八九年～一三九一年）

二〇〇八年春天，我來到中國第一歷史檔案館，出示了證件得以進入故宮西邊的西華門，又遞交了介紹信，得以進入檔案利用部，十分幸運地見到了館長助理，但是，他告訴我建國後國寶級的地圖《大明混一圖》一共就拿出來過兩次，是不會給我這個普通的研究者看的（不僅如此，許多職業研究者，也沒見過它的真容）。但據我所知，檔案館裡還有一幅原大複製的《大明混一圖》，不知為何不給公眾展示，或給研究者利用。無奈之下，我的「混一圖」功課，又要退回到書本之中。

《大明混一圖》（圖6.1）原圖長三・八六公尺，寬四・七五公尺，彩繪絹本，是中國目前已知尺寸最大、年代最久遠、保存最完好、中國人自己繪製的古代世界地圖。屬國寶級珍貴歷史文物。清政府取代明王朝後，將這幅明代地圖上一千餘個漢字地名，全部按等級貼蓋上了大小不同的滿文標籤，表明滿族人正統治著這片土地。明人未注此圖的繪製情況，清人只是貼帖譯釋，也未深究其來歷。

《大明混一圖》繪製過程未見檔案文獻記載，圖上沒有標注繪製時間和作者。所以，後世只能根據地名標注等對照分析來判定它的製作年代。專家們依圖上仍稱「北平府」，而未依永樂元年升為北京，改為順天府來推斷，繪製時間應在明永樂三年（一四〇五）年之前。又依圖中多個地名與洪武年間的政區變更推斷此圖繪製時間，應在明洪武二十二年到二十四年（一三八九年至一三九一年）。沒有標注作者，可能是因該圖為皇家製造，宮內繪製人員無人敢將自己的名字留在圖上。

圖6.1：《大明混一圖》

是中國目前已知尺寸最大、年代最久遠、保存最完好的古代世界地圖。後世根據圖上地名標注等對照分析它的製作年代，應在明洪武二十二年到二十四年（一三八九年～一三九一年）。大清代明後，將地圖上一千餘個漢字地名，全部貼蓋上滿文標籤。原圖為彩繪絹本，縱三百八十六公分，橫四百五十六公分。

「大明混一圖」未畫方格，但中國部分相對精確，而外國部分的比率明顯失準。其圖所本，中國內部分是依據元朱思本的中國全圖《輿地圖》繪成；非洲、歐洲和東南亞部分是依據元末李澤民《聲教廣被圖》繪成；而印度等地可能是依據元上都天文臺長札魯馬丁的《地球儀》和彩色地圖繪製；北部還可能參照了其他地圖資料。

《大明混一圖》的學術焦點和《混一疆理歷代國都之圖》一樣，底圖都集中在李澤民的《聲教廣被圖》上，而《聲教廣被圖》早已亡佚，李澤民也沒留下任何故事。此外，中亞阿拉伯人札魯馬丁為元朝製作的地球儀，也早已消失。我們無法知道，這個中國人得到的第一個地球儀對世界的確切描繪。因而，誰是歐洲與南部非洲的最早描繪者，成了千古之謎。

日本地圖學專家海野一隆認為：《聲教廣被圖》應成於元代中期一三三〇年前後，其對非洲東岸和南部海岸的描繪之底圖，應取自伊斯蘭世界的地圖。因為，古代印度洋畢竟伊斯蘭世界，而那裡的航海技術與地圖知識也一直是世界的先進水準。

明朝是一個中國看世界，與世界看中國的重要時間結點。

首次描繪出南部非洲的《大明混一圖》，在世界地圖史上有著極為重要的地位。但明朝的皇上從這張圖中，也只能看到半個世界。當然，這時歐洲的君王也在蒙昧之中，他們看到了也是不完整的世界。只有大航海之後，世界地圖才在激烈地歷史大碰撞中「混一」，生成一個完整的世界地圖。

源自中國的世界地圖——《混一疆理歷代國都之圖》

〰《混一疆理歷代國都之圖》〰西元一五〇〇年代摹繪

由於成圖於一三九〇年前後的大明朝的《大明混一圖》很少示人，所以，一些人常常把成圖於一四〇二年的朝鮮版的《混一疆理歷代國都之圖》認作是最早的源自中國的世界地圖。其實，細看看地圖上朝鮮李朝初期官員權近的《混一疆理歷代國都之圖》跋文，對它的成圖時間與其出自中國的「身世」就會瞭解得清清楚楚：

建文元年（一三九九年），也就是朱元璋的長孫明惠帝登基時，朝鮮賀使金士衡在中國看到了元代李澤民的《聲教廣被圖》和僧人清浚的《混一疆理圖》，並將這兩幅地圖的複本帶回朝鮮。明建文四年（一四〇二年）經朝鮮左政丞金士衡、朝鮮右政丞李茂的初步考訂，和李薈的詳細校對，又由權近補充朝鮮和日本部分。最後，在絹上繪製完成這幅縱一百五十八公分、橫一百六十八公分的彩繪《混一疆理歷代國都之圖》（圖6.2）。

關於李澤民，歷史沒留下任何訊息。人們只知道他的《聲教廣被圖》對中國之外的地理情況記載得頗詳備。而繪製《混一疆理圖》的僧人清浚，在歷史文獻中留有一些線索。他生於元泰定五年（一三二八年），死於明洪武二十五年（一三九二年），是台州黃岩人，俗姓李，別號隨庵。清浚三十歲前後，曾經在寧波的阿育王寺佛照祖庵待過五年，繪製了《廣輿疆理圖》，當時還是元朝末年，一個

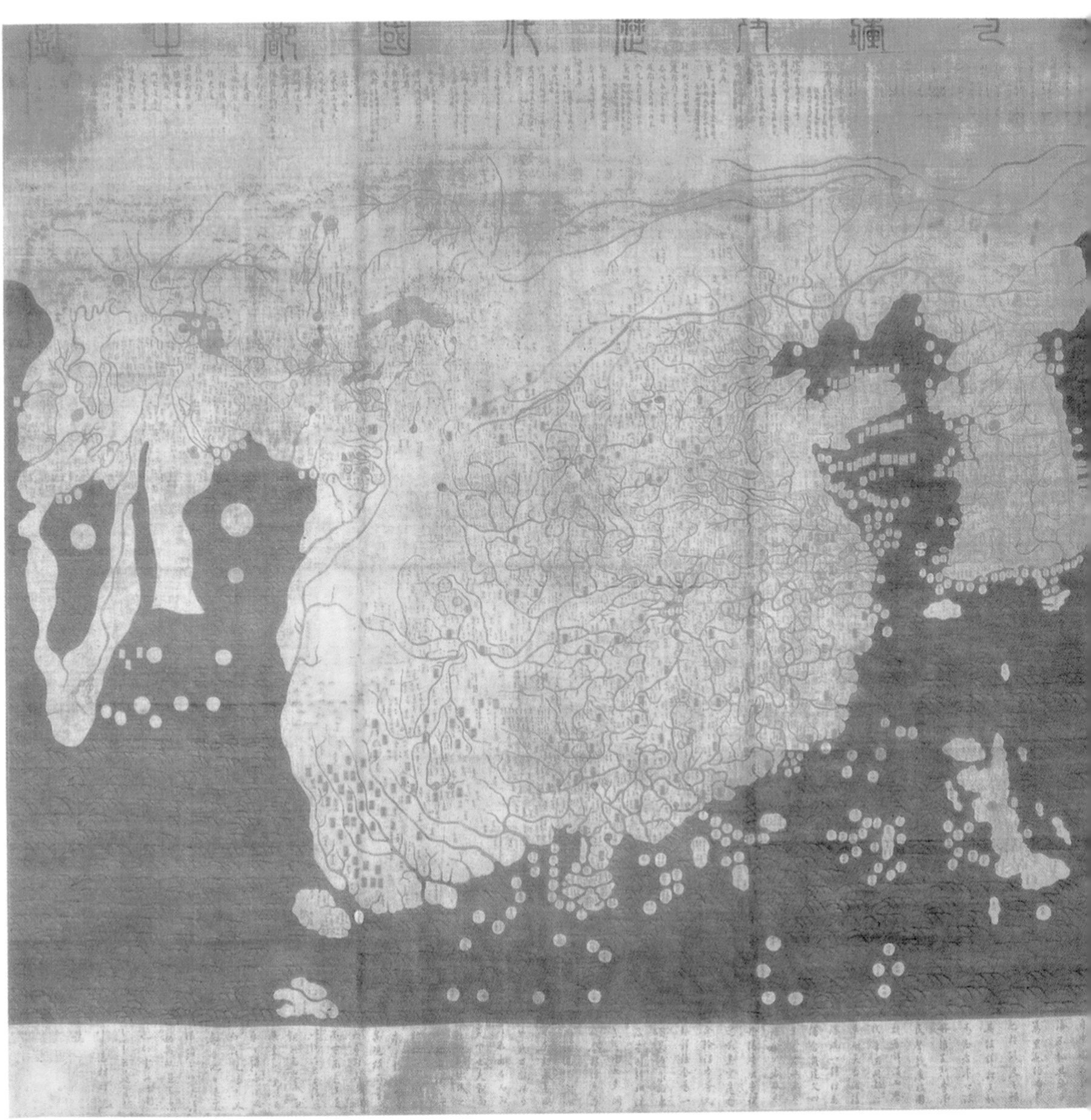

圖6.2：《混一疆理歷代國都之圖》

建文元年（一三九九年），朝鮮賀使金士衡在中國看到了元代李澤民的《聲教廣被圖》和清浚的《混一疆理圖》，並將這兩幅圖的複本帶回國。四年後（一四〇二年）由權近補充朝鮮和日本部分，最後在絹上繪製完成這幅縱一百五十八公分、橫一百六十八公分的彩繪《混一疆理歷代國都之圖》。

叫做葉盛（一四二〇～一四七四年）的人，在他的《水東日記》裡面記載了清浚《廣輿疆理圖》的一幅摹本，摹本作者嚴節的跋文裡說，此圖是清浚在元至正庚子年（一三六〇年）繪製的。

據日本學者宮紀子研究，元末明初的僧人清浚所繪地圖有幾個特點，一是用的是蒙元時代的地名，二是有「中界方格」就是經緯線，大概一格是百里，南北九十格，東西略少一些，「廣袤萬餘」，三是對家鄉就是他生活的慶元（寧波）、台州一帶，標誌得格外詳細。正是這個緣故，後來照著李澤民和清浚兩幅地圖再繪製的《混一疆理歷代國都之圖》，也沿用了蒙元時代的地名舊稱。如南京附近的「集慶路」，洞庭湖附近的「中興路」、「天臨路」，北京附近的「奉聖州」、「宣德府」等等。

《混一疆理歷代國都之圖》依據元代的《聲教廣被圖》和《混一疆理圖》兩圖，所以，呈現了蒙元時代的制度和知識。同時，因採用了僧人清浚的古代歷史地理知識，圖中也會出現「堯都」、「舜都」、「商都」、「秦都」等已經消失的歷史地名，也會標示出「大金都」、「女真南京」等地名。或許，重新繪製此圖的時候已經進入了明代洪武年間，大明的新地名自然也會寫進圖中，於是有了明朝建文時代的「皇都」（南京）和「燕都」（北京）。

如果我們把這幅地圖與《大明混一圖》相比，就會發現這幅朝鮮人重新繪製的地圖，打上了鮮明的朝鮮印記。因為朝鮮人所本的是中國人繪製的地圖，這兩種地圖都對朝鮮缺略太多，日本又畫得不詳細。於是，朝廷命令官員李薈「更加詳校，合為一圖。其遼水以東，及本國（朝鮮）之圖、澤民之圖亦多缺略，金特增廣本國地圖，而附以日本，勒成新圖」，這個「新圖」就是我們現在看到的《混一疆理歷代國都之圖》。從圖的比例看，此圖將朝鮮半島畫得比日本群島大四、五倍，日本在此圖中真的成了「小日本」。在朝鮮中央的圓形城郭符號上，大書了「朝鮮」二字。

必須指出的是，一四〇二年朝鮮人繪製的那個原圖早已亡佚，現存的《混一疆理歷代國都之圖》是西元一五〇〇年日本人摹繪本，此圖原先藏於日本的一古寺中，後被日本京都龍谷大學圖書館收藏。多年來這一版本一直被當作孤本來研究，但一九八八年，人們在長崎的本光寺，又發現了一幅同樣有權近跋文的《混一疆理歷代國都之圖》，此圖長二百二十公分，寬二百八十公分，比龍谷本還要大，是用很厚的紙繪製。它和龍谷本出自一源，卻略有不同，可能比龍谷本要晚一些，因為它已經根據十六世紀的資料，補充了一些朝鮮和日本的地名。

雖然，韓國二〇〇四年宣佈發行《韓國古地圖》郵票四枚，其中之一就是這幅《混一疆理歷代國都之圖》。但我仍願意把這幅地圖列入到大明繪製世界地圖的序列中來考察。因為《混一疆理歷代國都之圖》與《大明混一圖》相比，不僅晚了十年，而且還完全是抄自中國的地圖，並非朝鮮原創。

第一幅傳入西方的中國全圖——《古今形勝之圖》

〰《古今形勝之圖》〰明嘉靖三十四年（一五五五年）重刻

明代以降，西方人以各種理由進入中國，並從中國帶走了大量古地圖。目前，僅大英圖書館就藏有二百多幅中文古地圖。巴黎國家圖書館也藏有中國明清時期繪本和刻本地圖四十多幅。此外，西班牙、德國、義大利、瑞典、丹麥、荷蘭、奧地利等歐洲國家也都收藏著大量的中國古地圖。

中國自改革開放後，國門打開。中國國家圖書館在有關國家的友好人士幫助下，先後從西班牙、英國、法國、日本等國徵集到《古今形勝之圖》、《乾坤萬國全圖古今人物事蹟》、王泮題《輿地圖》、《北京城宮殿之圖》等國內已失傳的明代地圖複印本。很長時間裡，人們看到的《古今形勝之圖》的複製版本，雖然是精心複製，仍是漫漶不清。

二〇一三年底，經過新竹清華大學人文社會研究中心的努力，中國國家圖書館終於得到了一件由西班牙著名的港口城市塞爾維亞的西印度群島檔館複製的高解析《古今形勝之圖》，這幅原產於中國的最大的木刻版地圖終於「回家」了。拜海洋出版社劉義傑先生所賜，筆者也得到了一份高解析的《古今形勝之圖》電子版本（圖6.3）。

中國學者也因此見到了傳說中的《古今形勝之圖》。此圖為明代喻時繪製，原圖縱一百一十五公分，橫一百公分，木刻墨印著色。根據中國古代地圖著色的傳統習慣，作者將黃河和淮河塗成橙黃色，

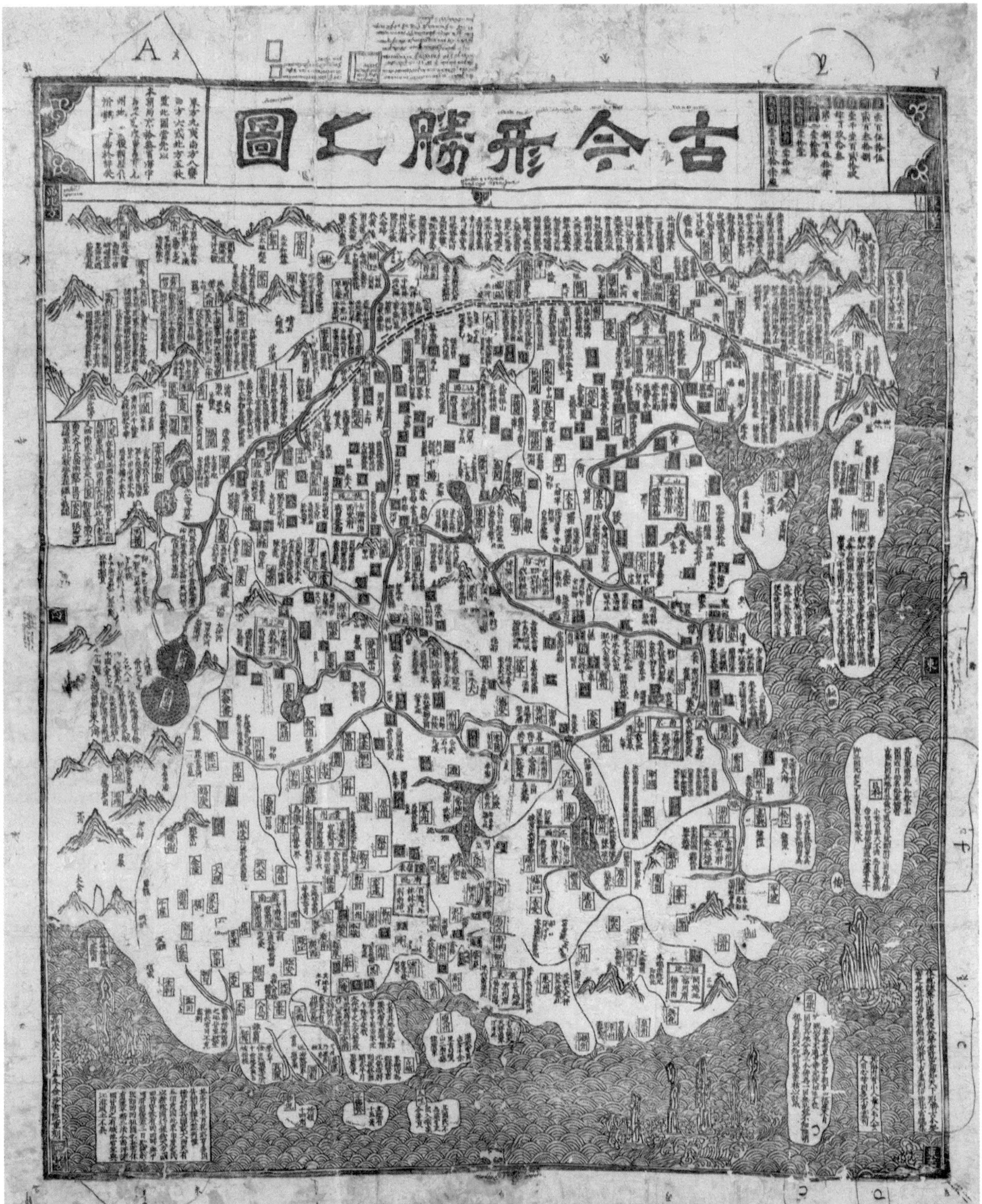

圖6.3：《古今形勝之圖》

為明代喻時繪製，明嘉靖三十四年（一五五五年）福建金沙書院重刻。該圖雕版墨印，是已發現的中國較早的大幅雕版地圖，明重刻本現藏於西班牙塞維利亞的西印度群島檔館。此圖由複印圖複製。原圖縱一百一十五公分，橫一百公分。

但長江沒有塗色。圖的左下角刻有「嘉靖乙卯孟冬金沙書院重刻」十三字，說明此圖是明中期的作品，明嘉靖三十四年（一五五五年）十月，在福建省龍溪縣金沙書院重刻本。

此圖以《明一統志》為依據，為學者研究歷史、瞭解「天下形勢古今要害之地」而編製，屬歷史地理圖和形勢地圖的性質。繪圖範圍包括兩京十三省及周邊地區，東至日本、朝鮮，西至今烏茲別克東南的鐵門關，北起蒙古高原，南達南海，包括爪哇、三佛齊（今蘇門答臘）等地。用不同的符號和文字標注。圖上標注府、州、縣、衛、所及域外國家地區的各級地名近千處，古地名用陰文，今地名用陽文，以示區別。

《古今形勝之圖》未採用計里畫方繪圖法，所以，水系與海岸線繪製得不很準確，島嶼與半島畫得更是離譜。也許是描繪不準的原因，這張圖的空白處填入許多注記文字，詳述了圖中所繪內容。此圖雖然繪有，朝鮮、日本，爪哇、三佛齊，但總體上講，它還是一幅中國地圖。這幅地圖不是那個時期全國地圖中最好的，至少在它的前邊還有明正德時期的《楊子器跋輿地圖》，但陰差陽錯，就是它落入了西班牙駐馬尼拉總督（當時還沒有菲律賓這一命名）基多．拉維查理士（Guido de Lavezaris）手裡，由於來東方的西班牙人都有帶回當地地圖的使命，這位總督即刻將這幅極具「中國」特色的地圖，寄給了西班牙國王菲利浦二世。這封一五七四年被寄往西班牙的郵件，使《古今形勝之圖》成為第一幅傳入西方的古代中國的全國地圖。十年之後，也就是一五八四年，在奧特利烏斯編的《世界概觀》一書中，出現了西方世界繪製的第一張單幅的洋文的中國地圖。特別值得一提的是這一年，利瑪竇在中國廣東畫了第一張中文版的世界地圖《山海輿地全圖》。也就是說，是中國的地圖先進入了西方，而後，西方的世界地圖才來到中國。

專家認為，《古今形勝之圖》的中文注釋文可被視為一獨立成篇的《古今史地概略》，其西班牙文的譯文應當被視作是第一部從中文翻譯成西方文字的著述，比如圖中就有關於景德鎮的介紹。此圖上所包含的澳門及葡萄牙人的訊息很有價值。從圖上看，嘉靖年間香山縣還是一個大島。早期葡語文獻稱「香山島」為「Ilha de Macao（澳門島）」。十八世紀法文和十九世紀英文文獻亦如是稱。此圖印證了西方人士的稱呼與當時的實際地理狀況吻合。雖未標出澳門，但圖上有手寫的西班牙文的題記曰：「葡萄牙人在此」。駐菲律賓總督基多・拉維查理士在所附的西班牙文說明中，提及：「葡萄牙人遣使前往晉見國王走的也是驛站」。

《古今形勝之圖》大約是在一五七四年，由統治馬尼拉的西班牙總督寄回西班牙王室的，為的是讓王室授權攻佔中國。雖然，沒有什麼文字來證明它是歐洲地理學家描繪中國的地圖祖本，但是，一五八四年第一幅西洋版單幅中國地圖中，可以發現，至少在將朝鮮畫成一個巨大的葉形島這一點上，兩張地圖有驚人的相似之處。我們相信這第一幅「走向世界」的中國地圖，曾以它特有的形式融入了西方世界的地圖中。這亦是《古今形勝之圖》與眾不同的特色之一。

第一部綜合性的全國地圖集——《廣輿圖》、《分野輿圖・西南海夷圖》

〰《輿地總圖》〰明嘉靖三十四年（一五五五年）刻本

〰《分野輿圖・西南海夷圖》〰明朝晚期（一六〇一～一六三三年）繪

數典不能忘祖。《廣輿圖》雖然被稱為中國第一部綜合性全國地圖集。但它的祖本卻是元代人朱思本繪製的。所以，為向先輩致敬，後世刻《廣輿圖》皆署「元朱思本繪圖，明羅洪先增纂」。

朱思本，江西人，大約生於南宋咸淳九年（一二七三年）。元仁宗時奉詔代祀名山大川，根據實地考察所得，並參校前人著作，先繪各地分圖，繼為總圖，繪成圖廣七尺，幅面四十九平方尺的《輿地圖》二卷。可惜的是《輿地圖》原圖已佚。所幸有羅洪先以它為祖本纂《廣輿圖》，才不致完全湮沒。

羅洪先，也是江西人，生於明弘治十七年（一五〇四年）。嘉靖八年（一五二九年）中狀元，曾授修撰職，後因上疏得罪皇帝被貶。被貶後，「積十餘寒暑」專心於元人朱思本《輿地圖》闕略訛誤處的訂正增廣工作，終在嘉靖二十年（一五四一年）前後完成《廣輿圖》兩卷。目前存世的嘉靖刻本有三種，其中最早的是嘉靖三十四年（一五五五年）的刻本，此本應是《廣輿圖》的初刻本，所以，傳世極少，僅見北京圖書館、遼寧省圖書館及荷蘭海牙繪畫藝術館收藏單位著藏。

因朱思本《輿地圖》「長廣七尺，不便卷舒」，乃參照其它地圖，以計里畫方立法將《輿地圖》總圖、兩直隸及十三布政司圖縮編，另增繪九邊、漕河、四極等圖幅，匯總成《廣輿圖》，新創二十四種圖例符號，其中部分符號已抽象化，符號標注在全圖之首，各圖均附表解。此本為西學東漸之前，由中國人所繪製的最為科學、精確的地圖，也因此成為後世諸多傳統輿圖編繪的底本。

《廣輿圖》首次按照明朝的行政區域，以省為單位繪製地圖。卷首有《輿地總圖》（圖6.4）。分圖有：南北兩直隸圖，即北直隸輿圖、南直隸輿圖；十三省分省地圖，即陝西輿圖、河南輿圖、浙江輿圖、江西輿圖、湖廣輿圖、四川輿圖、福建輿圖、廣東輿圖、廣西輿圖、雲南輿圖、貴州輿圖等；九個邊防要塞圖，即遼宋邊圖、薊州邊圖、內三關邊圖、宣府邊圖、大同外三關邊圖、寧夏固蘭邊圖、甘肅山丹邊圖、洮河邊圖等。還有「萬里海防圖」，即明朝海岸線地圖。在每幅圖的背面，羅洪先還附上了各個省區的沿革、形勝、行政區域範圍，還有田賦數字等重要資訊。每幅圖約高三十五公分，寬度因各翻刻版而不等。

《廣輿圖》對研究當時的歷史概況，有很高的參考價值，是難得的明代僅存的珍貴歷史圖冊，其嘉靖版本已極為罕見。現在中國國家圖書館、遼寧博物館。河南省圖書館各藏有一部。

值得一提的是自《廣輿圖》問世以來，照搬它的地圖集層出不窮，如，這部現由美國國會圖書館收藏的《分野輿圖》就是流失到海外的一部模仿《廣輿圖》的地圖集。

這部《分野輿圖》是明朝晚期（一六〇一～一六三三年）墨繪本，刊有二十幅地圖，疊裝一冊，圖框縱三十三公分，橫三十三公分。封面黃絹貼簽，墨書圖題「分野輿圖」，周裕度題「輿圖」二字於扉頁。二十幅輿圖首為星宿圖，以下依次為明朝全國總圖，北京、南京和十三省圖。東北女直、東南諸夷、和西北諸夷，但是後三幅不具圖題。此圖集是摹仿羅洪先《廣輿圖》的內容與形式剪裁刪定，但沒有文字說明，表現明朝的疆域和兩京十三省的府、州、縣區劃。此圖的最後一圖類似《廣輿圖》的《西南海夷圖》

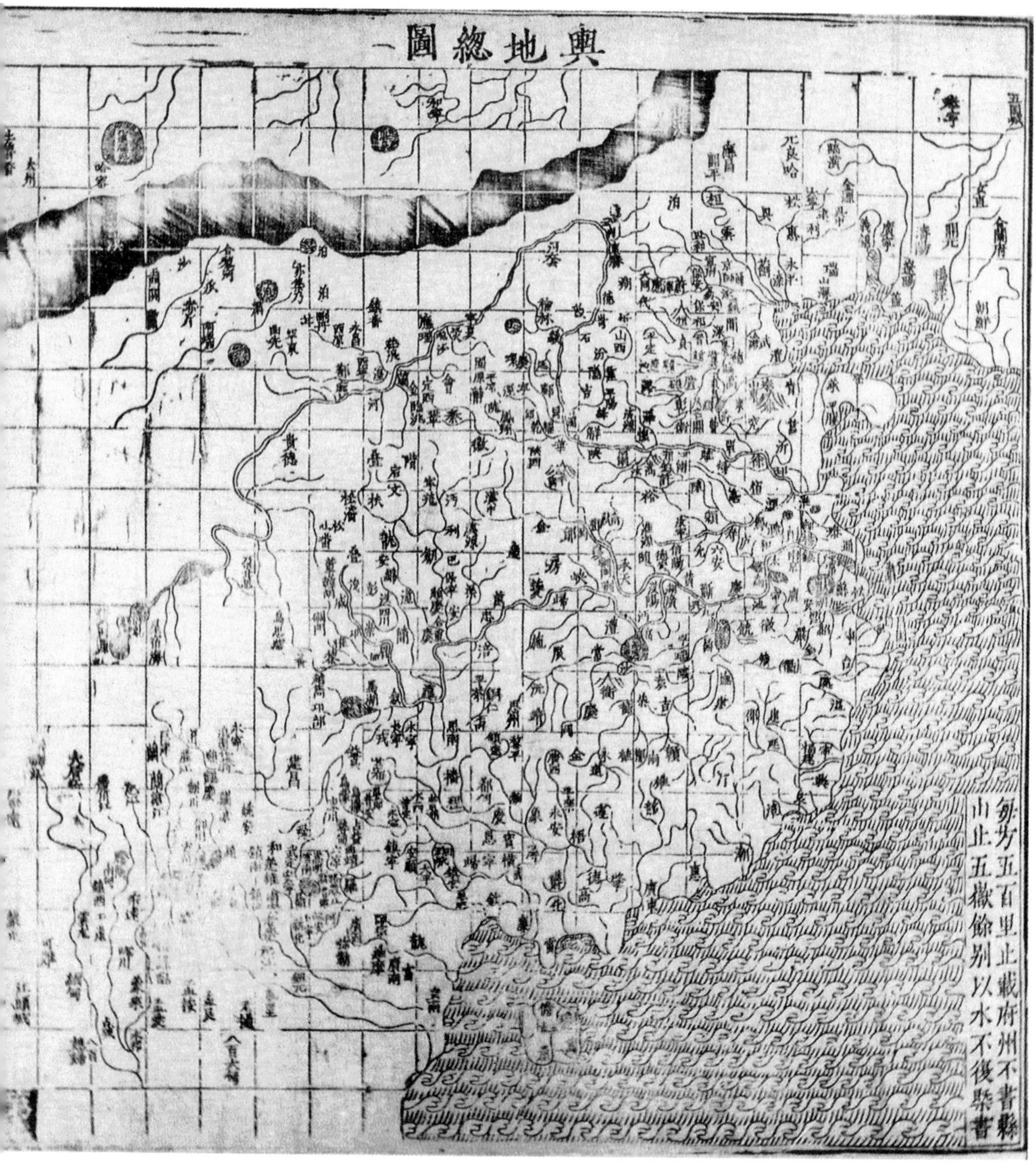

圖6.4：《輿地總圖》

出自中國第一部綜合性全國地圖集《廣輿圖》。此圖畫方，為每方百里。圖中府、州、縣、衛關隘、山嶺均採用標準附號表示，符號標注在全圖之首。中國現存最早的是明嘉靖三十四年（一五五五年）刻本，應是《廣輿圖》的初刻本。此刻本的地圖皆為三十五公分正方形。

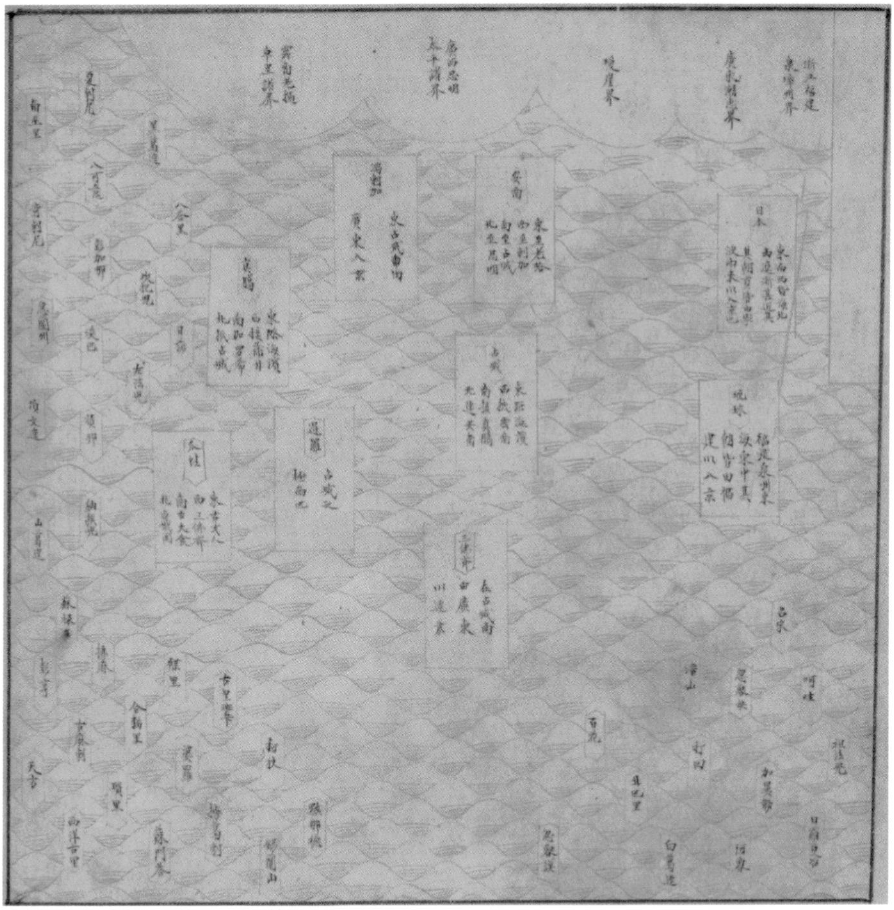

圖6.5：《分野輿圖・西南海夷圖》

《分野輿圖》的最後一圖，類似《廣輿圖》的《西南海夷圖》，最西南為阿拉伯「天方」。

（圖6.5），最西南為阿拉伯的「天方」。

圖上用各類符號顯示地方行政建制城市，以及周邊諸部族的分佈。圖形符號，京和省城六邊形，府圓形，州方形，縣長方形，衛菱形，所橢圓形，宣衛司房形，江河、湖海繪波紋，黃河源繪成三個葫蘆形，山脈用山形符號，京杭運河未標，但山東膠萊運河突出。

據研究美國國會收藏中國古代地圖的李聰孝講述，這類「分野輿圖」，美國國會圖書館藏有四至五套，可見當年模仿《廣輿圖》的地圖集之多。

西南海洋鄰國圖——《安南圖》

〰《安南圖》〰 明萬曆年間刻本

安南為越南古稱，秦時屬象郡，漢為交趾、九真、日南三郡。「安南」作為政區名稱，最早見於初唐。因歷史上的越南長期臣服於中國，所以「安南」國名與中國官方有關。初唐時，置安南都護府，治所在今天的河內。但「安南國」之名，產生於南宋，自宋孝宗始正式「詔賜國名安南，封南平王李天祚為安南國王」。

此《安南圖》（圖6.6）為萬曆版《廣輿圖・安南圖》，其「安南國」之名，始稱於南宋，清嘉慶八

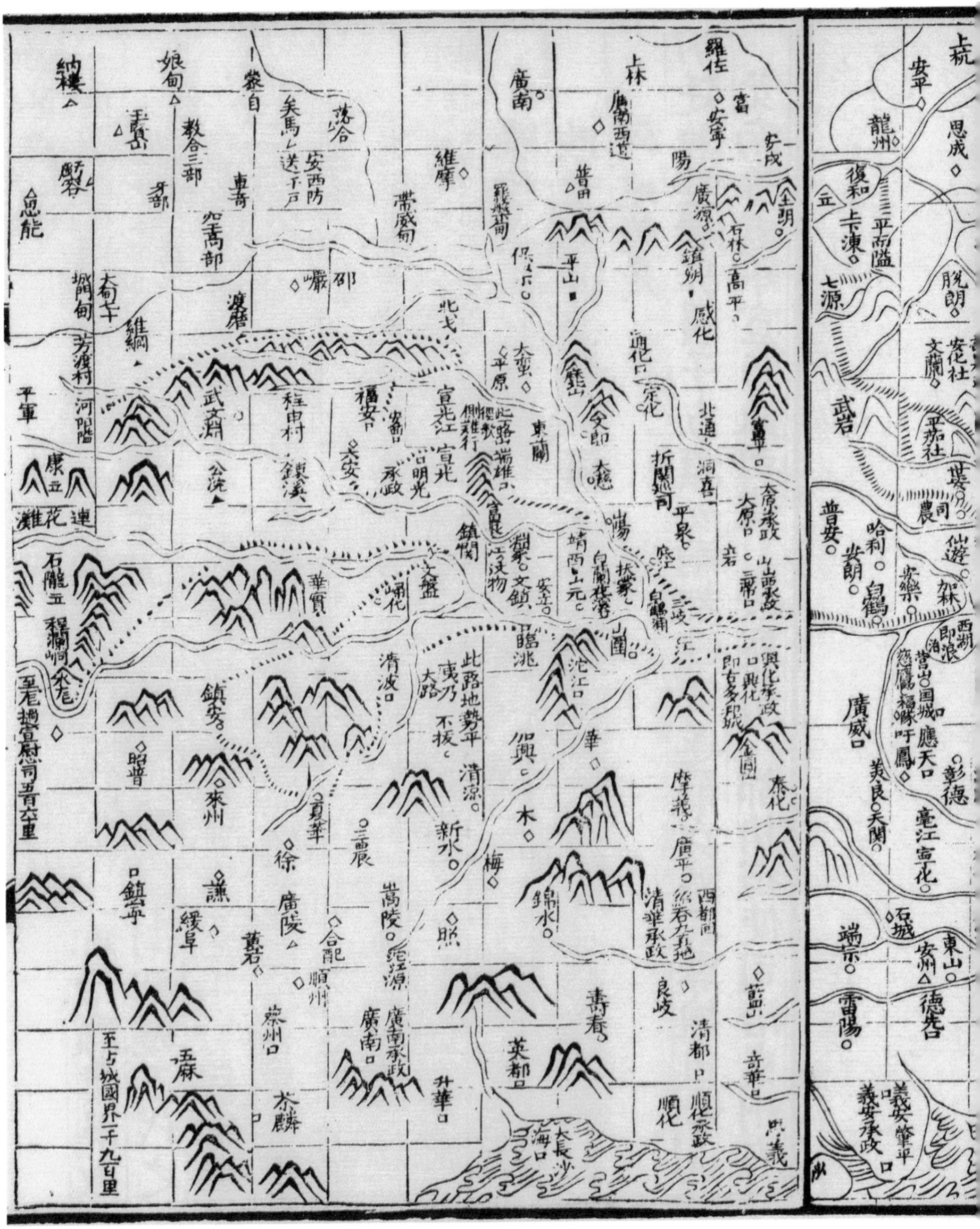

圖6.6：《安南圖》

此萬曆版《安南圖》，「畫方」，並注明「每方百里」。圖面主要表現的是陸地部分，注記有大理的地名，繪有山脈與河流。但沿海部分也描繪細膩，特別是一些江河的入海口，標注清楚。圖縱二十八公分，橫三十八公分。

年（一八〇三年），改「安南國」為「越南國」。

原圖說，詳細列舉了，自明永樂朝廷正式下詔書，把「安南」更名為「交趾布政使司」（行省）以來，曾從次派兵到安南平亂。安南國也在不斷動盪中，變來變去。明宣德二年（一四二七年）朝廷又廢「交趾布政司」，仍為安南國。此後叛亂之君又自立「大越」。

安南真正叫「越南」時，已是清嘉慶八年（一八〇三年），大清改「安南國」為「越南國」。在記述行政建置之外，還以文字的形式記述了河道、海口，甚至還介紹了艦不能入的港口河道，可以用平底船入港。

自明嘉靖四十五年（一五六六年）韓君恩、杜思刊本《廣輿圖》。已將開本縮小，每幅圖改為雙面連式。所以，此萬曆版《安南圖》亦是兩頁分圖合成。此圖「畫方」，並注明「每方百里」。圖面主要表現的是陸地部分，注記有大理的地名，繪有山脈與河流。但沿海部分也描繪細膩，特別是一些江河的入海口，標注清楚。

東南陸海鄰國圖──《朝鮮圖》

〰《朝鮮圖》〰明萬曆年間刻本

《廣輿圖》是中國最早的刻本地圖集，有人將作者羅洪先與同時代的荷蘭地圖學家麥卡托相提並論，認為他是東方最偉大的地圖學家。其實，羅洪先是與麥卡托無法相比的，羅洪先只是編輯了中國地圖集，而麥卡托是用科學的方法繪製世界地圖。不過，羅洪先比之他的前輩，在編繪外國地圖方面，還是有所進步的，至少在這個地圖集中編輯了朝鮮、朔漠、安南、西域等四幅鄰國和周邊地區圖。古代中國的地理學家很少繪製外國地圖，尤其是外國專圖。如果拋開西域地圖來講，只有宋代出現過《西土五印之圖》這種印度專圖。

在明嘉靖三十四年（一五五五年）《廣輿圖》的初刻本中，出現了《朝鮮圖》、《安南圖》等鄰國地圖，或有特殊的海防背景。朝鮮國曾是大元跨海攻打日本的重要基地，安南是中國南大門的前線陣地。所以，用地圖來展現其地理面貌，有著十分重要的現實意義。

《朝鮮圖》（圖6.7）在嘉靖版的《廣輿圖》中，僅有一百六十七個字的介紹文字，到了的萬曆版時，關於朝鮮國的介紹文字增加到三百七十字，可見大明對與朝鮮的重視。

介紹朝鮮的文字從秦皇漢武說起，簡要說明了朝鮮與中國的關係。同時記述了唐征高麗的歷史，及子孫朝貢宋、遼、金，歷四百餘年。接著重點介紹了「國朝」也就是明朝，與朝鮮的關係。大明初立時，高麗大將李成桂廢高麗恭讓王，在松京（開城）壽昌宮即位。李成桂曾以「權知高麗國事」的頭銜

圖6.7：《朝鮮圖》

此圖出自羅洪先編撰的《廣輿圖》，此圖陸地部分仍然按傳統「畫方」，海面部分以波浪表示。受書版的邊框所限，朝鮮半島的南北長度被大大壓縮了。南端為朝鮮半島的兩大島：濟州島和巨濟島。在巨濟島上特別標注出「水軍節度營」，表現出對這一海防前哨的高度重視。此為萬曆版《廣輿圖》中的《朝鮮圖》，圖縱二十八公分，橫四十公分。

向明朝上表，朱元璋不予批准。不久，李成桂擬定兩個國號——「朝鮮」（古號）和「和寧」請朱元璋決定，朱元璋選了「朝鮮」二字。燕王朱棣起兵奪位時，明惠帝漸處下風，被迫對朝鮮採取懷柔政策。於是賜李成桂的兒子李芳遠國王誥命，李芳遠的頭銜從其父兄的「權知朝鮮國事」變成了朝鮮國王。

此圖陸地部分仍然按傳統「畫方」，海面部分以波浪表示。圖以鴨綠江為界繪出了朝鮮半島的基本面貌，及朝鮮的八道行政區劃。受書版的邊框所限，朝鮮半島的南北長度被大大壓縮了，但還是描繪出了半島前端的兩個島：濟州島和巨濟島。特別是在巨濟島上，特別標注出「水軍節度營」，表現出對這一海防前哨的高度重視。因為，此島的前方就是對馬島和朝鮮半島與日本之間的對馬海峽。

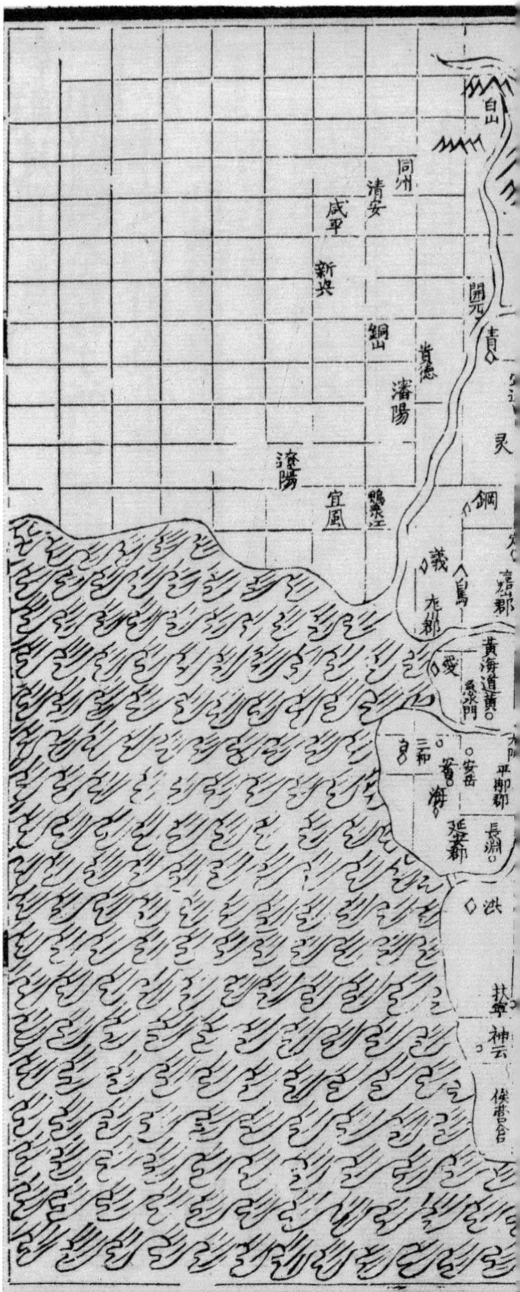

東南海洋鄰國圖——《日本圖》

〰《日本圖》〰明嘉靖四十年（一五六一年）刻本

明嘉靖四十年（一五六一年）時，胡松增補本《廣輿圖》（浙江、河南兩省圖書館有此藏本），增加了《日本圖》和《琉球圖》，此圖沒有畫方。

明代中期，倭寇的侵擾日益猖獗，東部沿海特別是東南沿海地區深受其害。為了抗擊倭寇，用於加強海防的籌海圖和江防圖的繪製也頗受重視。所以，胡松在這一增補本中加入了日本與琉球兩幅海島地圖。此圖的右上角題名處刻有「昆山鄭子若著」的字樣，有專家認為清光緒年間刻成的《昆新兩縣續修合志》，明嘉靖時，昆山沒有「鄭子若」這個人，但卻有著名輿地學家鄭若曾之傳。明嘉靖末年，鄭若曾撰寫《籌海圖篇》，並有抗倭專論，所以，此圖應當「鄭若曾」所著。

《日本圖》（圖6.8）圖說，介紹了倭奴國的地理位置，自漢武帝以來，與中國往來。魏晉隋唐皆來

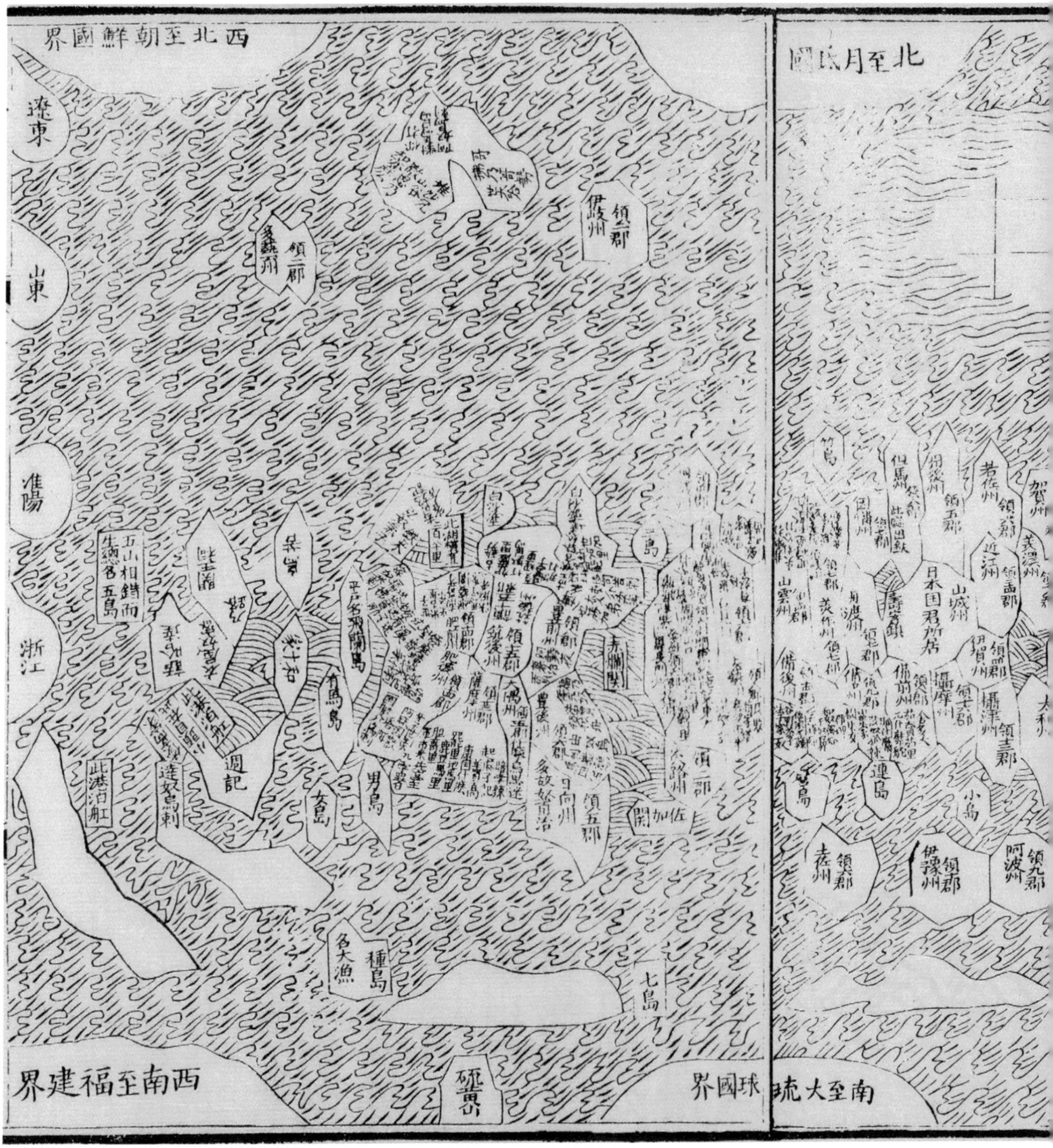

圖6.8：《日本圖》

出自明嘉靖四十年（一五六一年）胡松增補本《廣輿圖》。原《日本圖》出自鄭若曾《籌海圖編》，母圖可能取自日本「行基圖（行基，日本高僧）」，即僧人手繪的簡單的「魚鱗圖」。此圖不是簡單介紹相鄰國家，也有接受朝貢發展貿易的想法，圖中多個州的名字旁邊有「此處出鐵」、「此處出金」的礦產標注。當然，更有深層的防寇抗倭之意。圖縱二十八公分，橫三十八公分。

朝貢。西元四世紀中期，大和政權統一了割據的小國。在關西地方建立了比較大的國家，範圍包括本州西部、九州北部及四國。唐初定國號日本。宋時尚來朝貢，元時不僅不來朝貢，還殺國使，忽必烈怒而征伐，但有元以來，日本不再朝貢。大明曾派鄭和招諭，但與大明打交道更多的是倭寇。所以，此圖不是簡單介紹相鄰國家，更有深層的防寇抗倭之意。

《日本圖》北部至陸奧州，今日本北部秋田一帶，其北端隔青津海峽與北海道相望。但此圖並沒有繪出古稱「蝦夷」的北海道。中部繪出了「山城州」，今關西地區。其「日本國君所居」，是指西元七九四年（唐德宗貞元十年）建的平安京城，即京都。南部至肥後州，今九州。週邊散落著「男島」、「女島」諸多小島。圖的四至標示明確，「南至大琉球」、「北至月氏國」、「東北至矮人國界」、「東南至東女國界」、「西北至朝鮮國界」、「西南至福建界」。圖雖然是南北下南，但為了橫排方便，日本的南北豎著的群島，被扯成東西倒著的群島。中國沿海一側，特別標明了與日本隔海相望的遼東、山東、淮陽、浙江等沿海地區。

早期的海外專圖——《東南海夷圖》、《西南海夷圖》

《東南海夷圖》明嘉靖三十四年（一五五五年）刻本

《西南海夷圖》明嘉靖三十四年（一五五五年）刻本

朱思本的《輿地圖》雖然很大，但內容卻僅限於華夏，對於海外採取了「言之者不能詳，詳者又未必可信，故於斯類，姑用闕如」的態度；但到了《廣輿圖》卻有了很大發展，曾加了不僅有許多關於海疆的描繪及海運圖，在明嘉靖三十四年（一五五五年）二刊時，又曾加了《東南海夷圖》、《西南海夷圖》等描述海洋與外國的海圖，再後的重刻中，又增補了日本、琉球等圖。

雖然，《東南海夷圖》、《西南海夷圖》讓我們看到了較為少見的海外專圖，打破了以往海外諸國僅僅是環繞中國的小島的描述。但是，由於長期以來中國的地圖學家，包括裴秀、朱思本、羅洪先這樣的大地理學家，都是以大陸為基地「因奉旨祭祀名山而開始周遊天下」，而沒有海上測繪的經驗，即使偶有元代汪大淵這樣的遠洋遊子，其描述也是文字撰述，而無地圖描繪；所以，在《廣輿圖》這樣的中國地圖的顛峰之作上，對於東南和西南離中國很近的國家以專圖描述，依然弄不清海上距離與方位，計里畫方的辦法在海上完全失靈，一些國家的面積與位置錯得離譜。

據香港古地圖收藏家譚廣廉先生研究，《廣輿圖》雖然有了某種世界眼光，但在地圖繪製方面，與當時的西洋繪圖方法在精確性上相差甚遠。

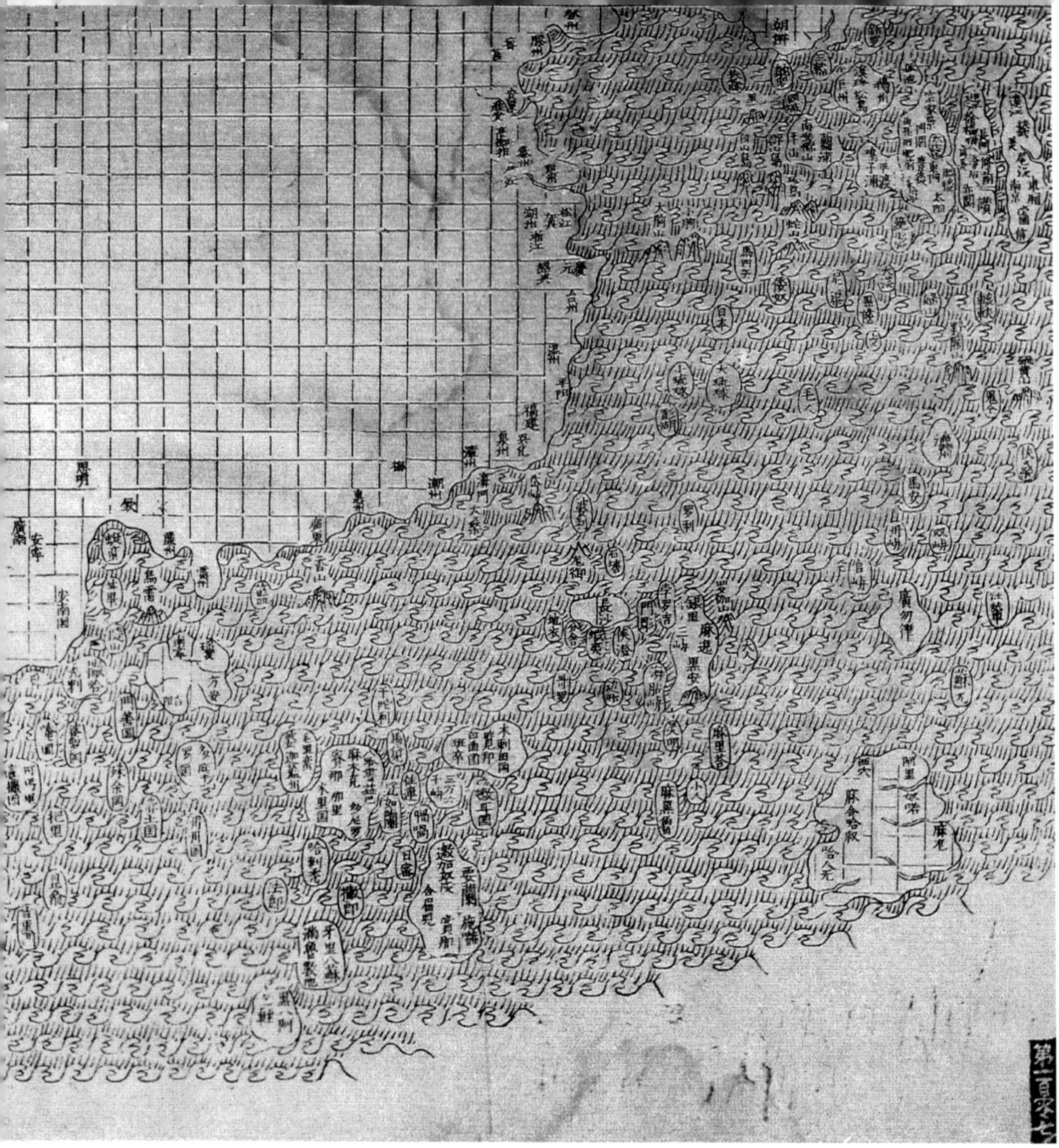

圖6.9：《東南海夷圖》

《東南海夷圖》與《西南海夷圖》對接起來，就是一幅東起南海，西到非洲南部的亞非海岸圖，其祖本可能是《大明混一圖》。圖為三十五公分正方。

在《東南海夷圖》（圖6.9）上，大陸部分做了計百畫方描繪，東南沿海的海岸有簡約描繪，標注了重要地名。但海面部分則明確注明「海中風迅不常，難以里載」，也就是說因為無法把握海上的季風與海流，所以，測量不了海上距離。這裡也沒有考慮借助天文定位，來進行定位與描繪，更沒有經緯概念的應用了。正因如此，東南海夷各國在圖面上幾近隨意擺放，錯誤百出。廣東省以南出現了印度的多個地名，如馬八兒、木里國；日本的豐前、肥前數郡畫到了朝鮮東南海面上，而日本和倭奴則在朝鮮之南。

在《西南海夷圖》（圖6.10）上，看到了是與前圖一樣的混亂，而且更加突顯了沒有經緯觀念錯誤。這裡的「通西」是今天的雲南省瑞麗市附近，緬甸在其南面，但向西過了大洋之後，非洲的南部確赫然出現在洋面上，位置安排在了緬甸的西北部。這個非洲的圖形此前曾在《大明混一圖》中出現過。這是否表明，《廣輿圖》在明嘉靖三十四年二刊時，刊刻人加入元末李澤民《聲教廣被圖》或《大明混一圖》等其他地圖資料，這就不得而知了。

譚廣廉先生認為，按照中國古代的航海傳統，人們一直是靠北極星或華蓋星導航的，所以，理論上講中國船通常不會超越南緯十度，因為越過此限，整個小能星座包括北極星都會消失在北邊的海平線以下，無法觀測。

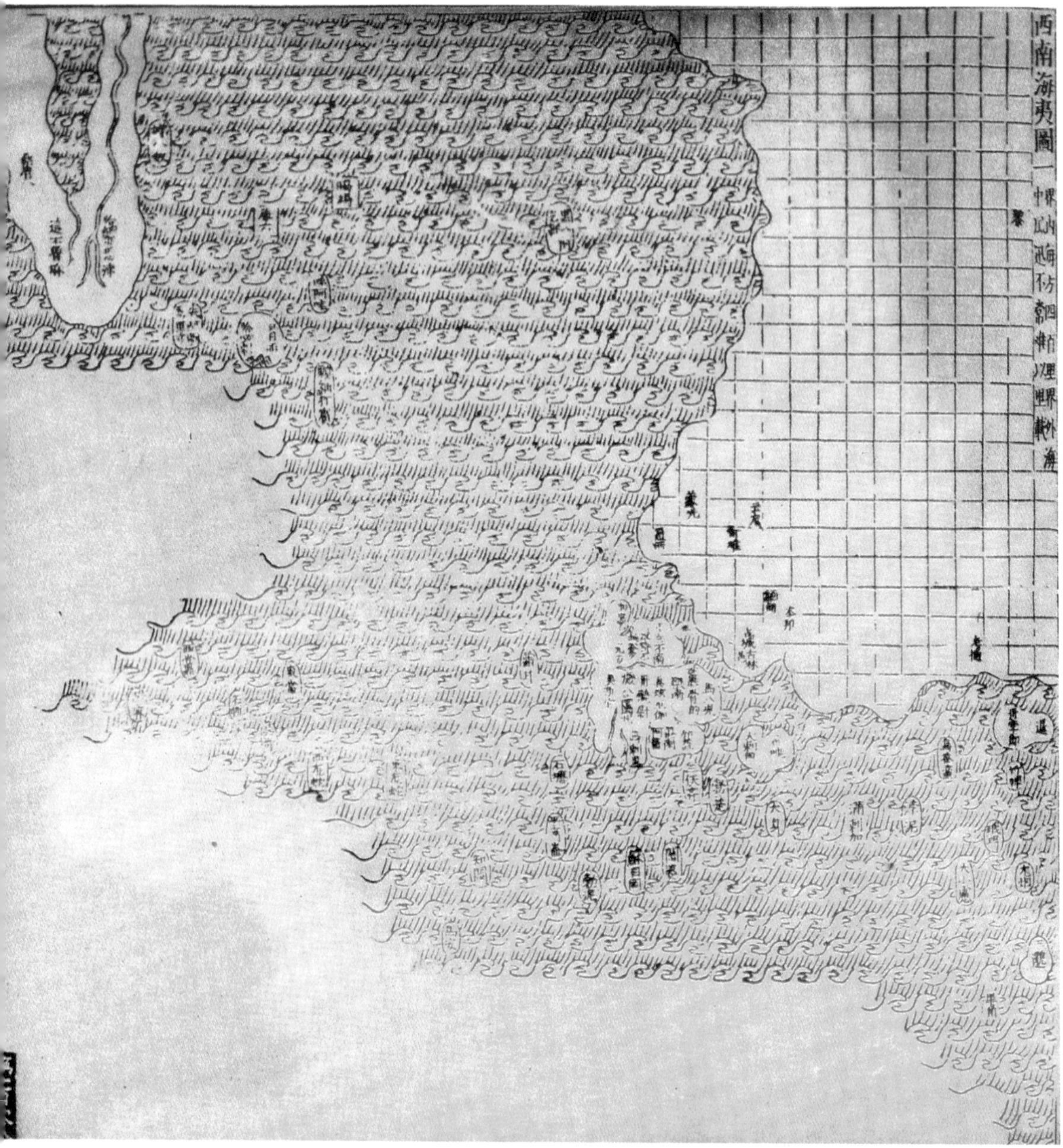

圖6.10：《西南海夷圖》

《西南海夷圖》的非洲部分的四個地名，只有西邊的「桑骨巴」、可考，此名本是古阿拉伯稱東非「Zangibar（黑人之地）」的譯音，但不只為何標注在西非，東非則標注著「娣八奴」。圖為三十五公分正方。

中央之國的四海歸一圖——《四海總圖》

〰《四海總圖》〰西元一五〇〇年代刊刻

如果說「天下」在春秋戰國時，還多是紙上談兵，但到了秦始皇建立中央集權制國家時，「天下」已有了真正的「一統」意義。秦統一中國後，不論是從「所有土地」，還從是「王的世界」來講，其「天下」都偏於內指。此時的中國，北是荒漠，西是流沙，西南是高山，東與南皆是大海；其「天下」觀也好，觀「天下」也罷，終究跳不出先秦以來形成的「中原視野」。

秦以後，尊重「傳統」的中國，漸漸成為「傳統的中國」。祖先說：我們居天下之中；後人就認為：中國是天下的核心。漢代的「天下」，已不僅是指君臨所及的王土，大漢已將「天下」觀擴展為「華夷」觀。華夏是天下的中心，文明的中心，華之外是夷；從中心向四邊延伸，越處邊緣，就越野蠻荒蕪。這種以中國眼光看世界，以中國方式對待世界，成為中國式的天下觀和中國式的方法論。

當然，這種認識也不是沒有來由的。

讓我們先看一看秦始皇的「天下」——秦的版圖。如果僅從海疆來看，秦的海岸線與今日中國的海岸線差別不大；東至朝鮮半島，西至越南灣；但我們若觀察陸疆就會看到，西部與北部變化巨大。尤其是當我們看到清代的「海棠葉版圖」，就會感到海陸兩疆的變化完全不成比率。從陸上變化多、海區變化少的版圖現實看，天朝「寧邊」的訴求，遠遠大於擴張的需要。尤其是當我們再以長城作為歷史回望的焦點時，就會看出歷代君王為「治邊」、「撫遠」而做出的種種努力。

事實上，秦以後的中國皇帝都失去了以武力獲得「天下」的擴張意識（這一點，元朝是一個例外）。相反，儒學傳家的中國人，漢以後多以孔子「遠人不服，則修文德以來之，既來之，則安之」（《論語．季氏》）的思想對待「四夷」。古代中國的「天下」實非侵吞小國的擴張「天下」，尤其是西部與北部，那是漢唐以來的戰爭與和親、分治與一統的多重政治變奏中，一步步經略成的邊疆的現實。

兩千多年來，處於「居天下之中」的中土王朝，對邊緣政權或周邊國家都不存在「食貨」之需求，即使是人口最多的清朝，也就四億人，中國也基本是自給自足。滋長「天下一家」和「四海歸一」思想的不僅是中國之內因，外因也起著重要作用。

在這樣的大背景下，中國有了一種超越地理意義的人文構想：在「天下」這個最大化的空間單位裡，中國是核心，所有的次級空間，都如「五服」、「九畿」一樣，圍繞著它。在這個「天下」裡，所有的「外」，都是「內」。如，《四海總圖》（圖6.11）。這幅地圖是我在美國出版的《古代地圖集》中發現的，說明文字沒有注明它的出處，只說它是一五〇〇年代中國刊刻的地圖。我在國內出版的古代地圖集中，從未見到圓形的古代中國地圖，相反在韓國的地圖集中，卻可以看到多種此類的「四海地圖」。宋代以來的中國輿圖幾乎都是方形地圖。我無從知道它是什麼人，在什麼地方繪製。只能根據圖面來分析這幅地圖。

在《四海總圖》裡，中國被描繪成一塊巨大的中央大陸，外圈是內海，再外一圈是島嶼或環狀大陸，再外一圈是外海，它差不多就是一幅世界地圖。雖然，地圖名之為「四海」和「華夷」，但中國仍是天下中心、文明中心，從中心向四邊延伸，就是野蠻荒蕪的「馬蹄國」、「長臂國」……尚未認知的地方，皆為八荒海外，這是中國聖人「存而不論」的。

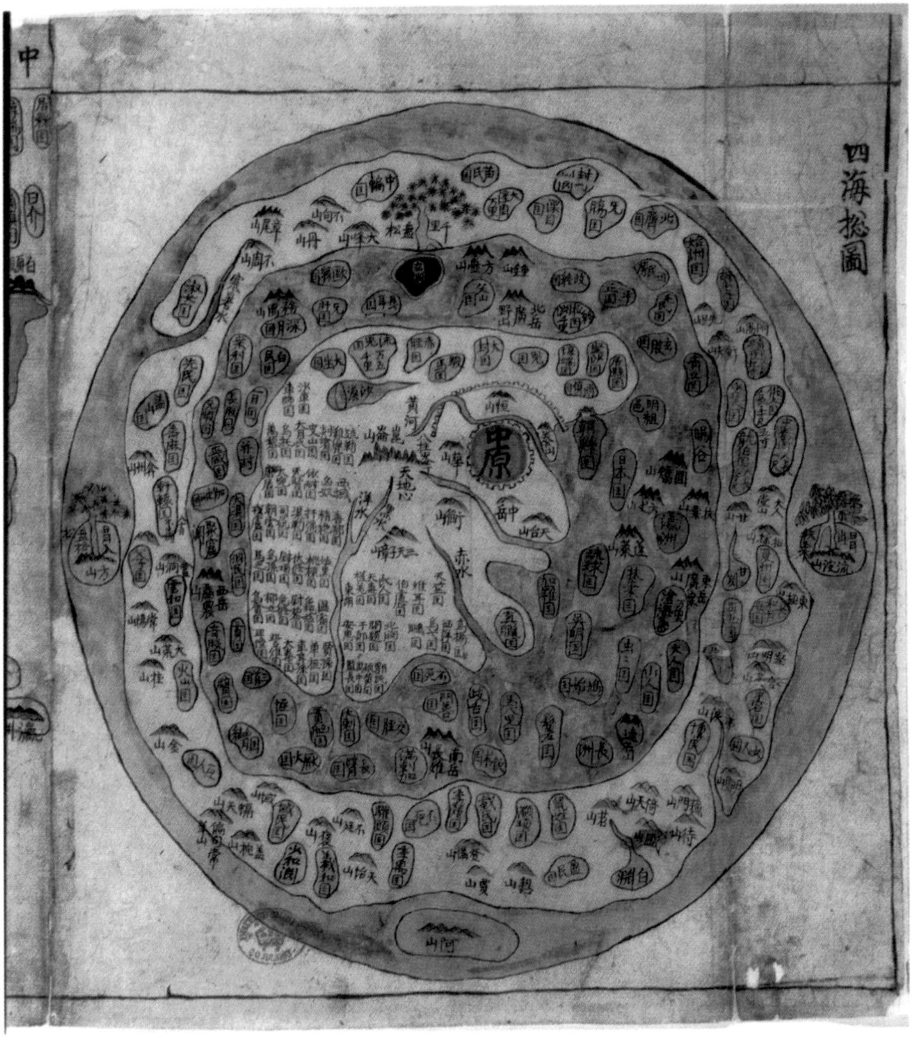

圖6.11：《四海總圖》

這幅一五〇〇年代刊刻的《四海總圖》是古代中國極少見的圓形地圖，宋代以來的中國輿圖幾乎都是方形地圖。這幅地圖差不多就是一幅世界地圖，天下以中國為核心，中國的四周是一些島國，島國之外是無邊的大洋。

在這樣的「天下」觀影響下，古代中國形成了中土王朝的最為簡單的外交關係：「華夷」和「朝貢」。這種觀念一直維繫到八國聯軍打進北京，那之後，我們很少再用「天下」這個詞了，這個世界已非「一姓天下」了。連「天下」這個詞，也被後來的「世界」與「國際」這些詞一點點取代了。

以大明為中心的世界地圖——《乾坤萬國全圖古今人物事跡》

〰《乾坤萬國全圖古今人物事跡》〰明萬曆二十一年（一五九三年）刻本

〰《天下九邊分野人跡路程全圖地形圖》〰明崇禎十七年（一六四四年）

〰《大明九邊萬國人跡路程全圖》〰清康熙二年（一六六三年）

雖然，明萬曆時利瑪竇的中文版世界地圖在大明知識精英中產生了一定的影響，但對於大多數傳統文人，尤其是對朝廷的主流意識而言，中國仍是天下之中，朝貢關係仍然是華夷的關係的根本表述。所以，在利瑪竇的多種中國版世界地圖問世後，仍可看到大量以中國為中心的世界地圖。這裡要講的《乾坤萬國全圖古今人物事跡》就是一個經典例證。

《乾坤萬國全圖古今人物事跡》（圖6.12）是萬曆二十一年（一五九三年），常州府無錫縣儒學訓導梁輈鐫刻，由南京吏部四司刊印。最初的印本已亡佚，其早期摹繪本也流失海外。在圖的序文中，作者對此圖的底本有所交待：「此圖舊無善版，雖有《廣輿圖》之刻，亦且掛一而漏萬。故近觀西泰子之圖說，歐羅巴氏之鏤版，白下諸公之翻刻有六幅者，始知乾坤所包最鉅。故合眾圖而考其成，統中外而歸於一」。它基本上採用了《古今形勝之圖》繪畫方法，同時，也吸收了利瑪竇等西洋人的世界地圖的元素。但從圖面上看，這種借鑒僅限於一些外國的地名和國名的標注，總體上仍然採用以中國為天下之中的傳統繪製法，外國仍被畫成圍繞中國的彈丸小國。所以說，這是一幅以中國為主的世界地圖，但畢

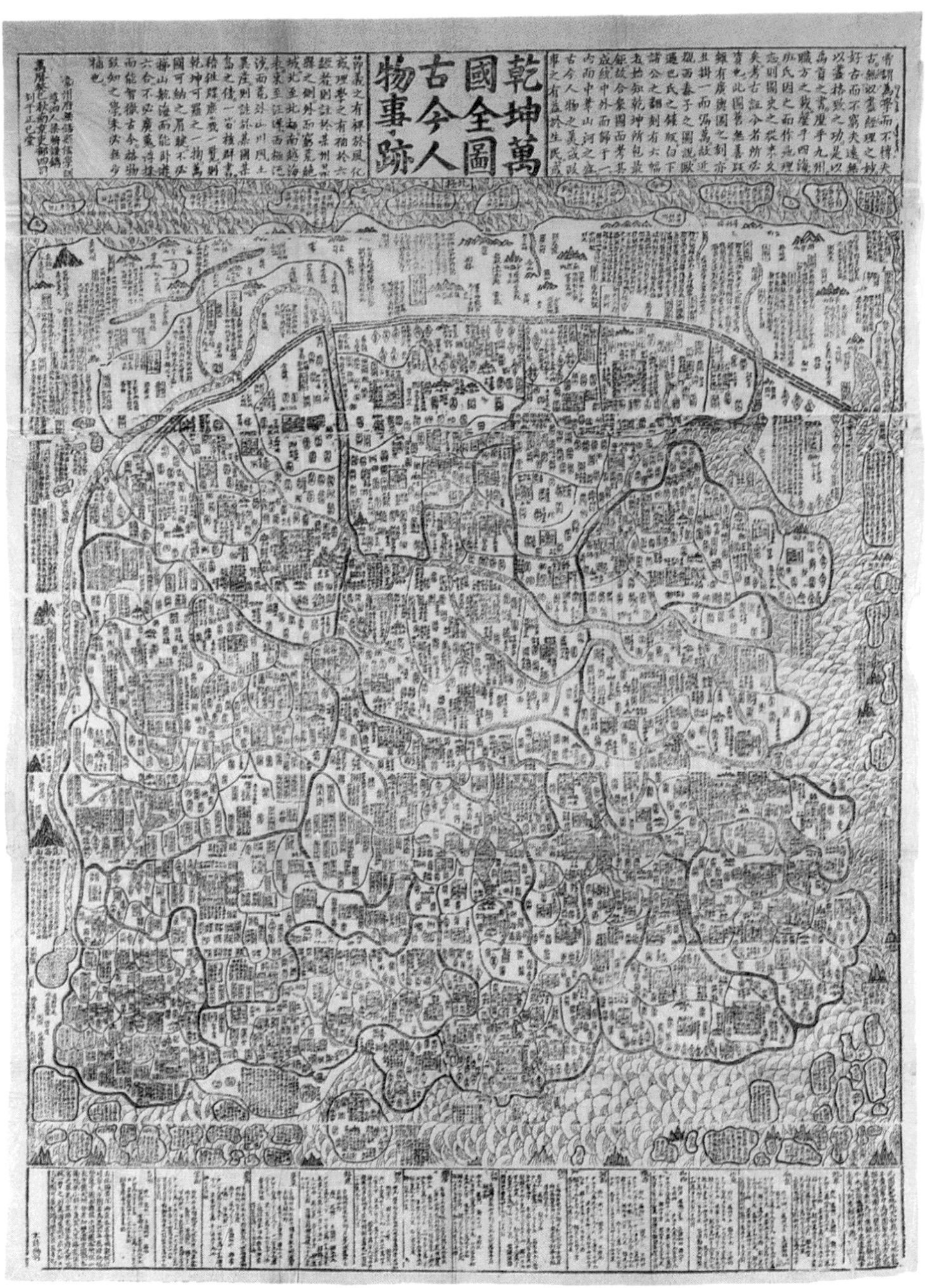

圖6.12：《乾坤萬國全圖古今人物事跡》

此圖繪於明萬曆二十一年（一五九三年），為常州府無錫縣儒學訓導梁輈所刻。此圖注記最多的是明代兩京十三省。其國外部分，標注了大量文字，但多以大小圓圈表示，半島不是島，島嶼也不具其形，多是示意性質。該圖是以中國為主的世界地圖，是一幅承上啟下的重要地圖。圖縱一百七十一公分，橫一百三十公分，雕版墨印。

竟有了新的「世界」概念，在十七世紀中國製圖史上，它仍是一幅承上啟下的重要地圖。說到它的影響，就要說到與之「血肉相連」的另外兩幅著名地圖：《天下九邊分野人跡路程全圖》和《大明九邊萬國人跡路程全圖》。

《天下九邊分野人跡路程全圖》（圖6.13）是晚明曹君義在梁輈的《乾坤萬國全圖古今人物事跡》重新繪製的地圖，於明崇禎十七年（一六四四年）完成，其圖為木刻本。縱一百二十四公分，橫一百二十六公分。此圖也流失海外。此圖在繪製手法上與《乾坤萬國全圖古今人物事跡》相同，都是採用中國古地圖傳統畫法繪製的。但《天下九邊分野人跡路程全圖》繪有三十六條未標注經度的經線，這些線雖然不很準確，但它使歐洲、地中海和非洲的地理位置保持了相對正確，南北美洲分別置於右下、右上兩隅，比之《乾坤萬國全圖古今人物事跡》繪畫真實。這種以經線來規劃地圖的方法，對後來的此類地圖產生了積極的影響。如現藏中國第一歷史博物館和北京大學圖書館的《大明九邊萬國人跡路程全圖》。

《大明九邊萬國人跡路程全圖》（圖6.14）是姑蘇王君甫在清康熙二年（一六六三年）以曹君義的《天下九邊分野人跡路程全圖》為藍本重新編印的地圖。圖縱一百二十二公分，橫一百二十三公分。明代的九邊，是指明朝沿長城東西一線的險要地帶建立的遼東、薊州、宣府、大同、太原、榆林、固原、寧夏、甘肅的九個邊防重鎮，合稱九邊。此圖在表現九邊的同時，還注意表現了中國四周的鄰近國家和各大洲。

在這幅圖中，大明兩京十三省佔據了地圖的百分之七十面積。北面以長城九邊為界，長城外是女直（女真），契丹，大小野人，奴兒干都司，大羅北方韃靼。再往北就是北極海了。西邊以黃河，昆侖山

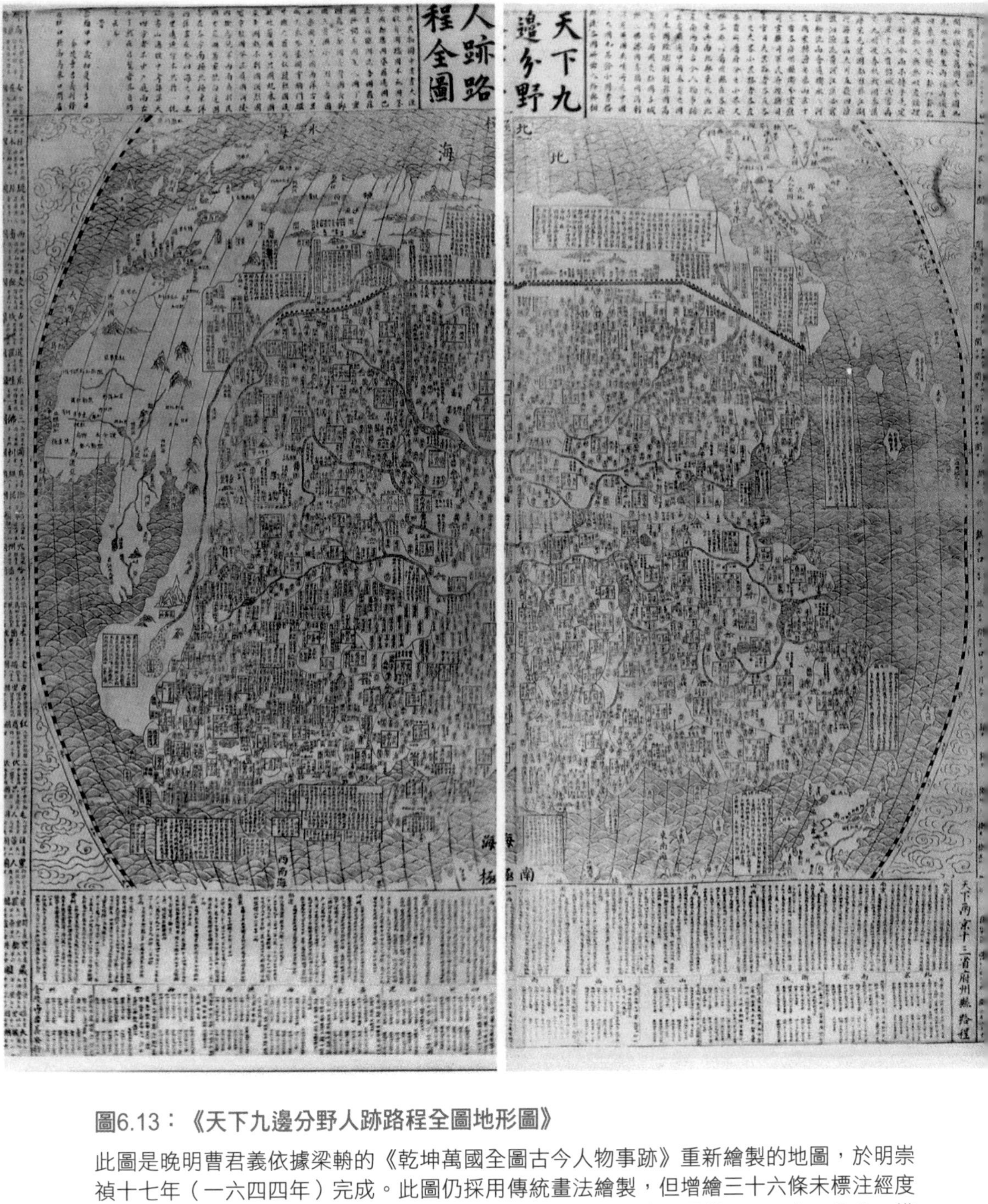

圖6.13：《天下九邊分野人跡路程全圖地形圖》

此圖是晚明曹君義依據梁輈的《乾坤萬國全圖古今人物事跡》重新繪製的地圖，於明崇禎十七年（一六四四年）完成。此圖仍採用傳統畫法繪製，但增繪三十六條未標注經度的經線，使歐洲、地中海和非洲的地理位置保持了相對正確。圖縱一百二十四公分，橫一百二十六公分。

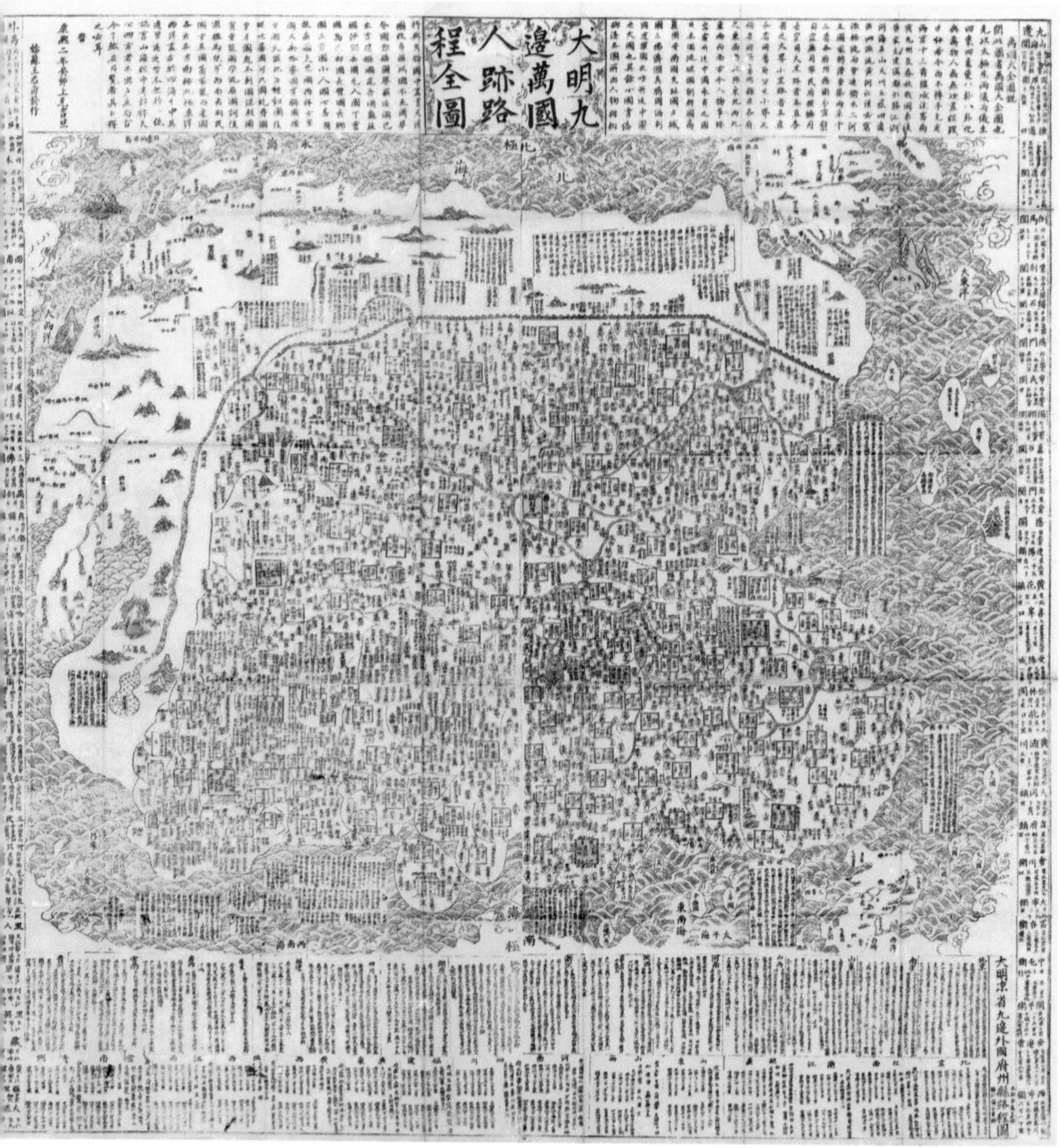

圖6.14：《大明九邊萬國人跡路程全圖》

此圖是姑蘇王君甫在清康熙二年（一六六三年）以曹君義的《天下九邊分野人跡路程全圖》為藍本重新編印的地圖。長城外是女直（女真），奴兒干都司，大羅北方韃靼，再往北就是北極海了。西邊繪有地中海，西班牙以西就是大西洋。東邊繪有大東洋，加拿大國和古巴島。南邊繪有太平海和東南海，海對面則是南極。南美洲的智勒國、孛露和火地都錯繪成南極的一部分。圖縱一百二十二公分，橫一百二十三公分。

為界，歐洲的地中海，弗朗察，以西把尼亞（西班牙）距離黃河比山西大同和河北真定距離黃河還要近。西班牙以西就是大西洋。在女直以東的大東洋東北，有加拿大國和新以西把尼亞和古巴島。中國南邊是太平海和東南海，海對面則是南極。南美洲的智勒國（智利）、孛露（秘魯）和火地都成了南極的一部分。

從梁輈的《乾坤萬國全圖古今人物事跡》，到曹君義在此圖基礎上重新繪製的《天下九邊分野人跡路程全圖地形圖》再到王君甫以曹君義圖為藍本重新編繪的《大明九邊萬國人跡路程全圖》。每一次重新編繪，都有所進步，比如，地圖上增加了經線。但中國在天下之中的核心思想沒有變，天朝帝國的自以為是的老大思想沒有變。從這樣的地圖和地理概念上，朝廷上下所認知的歐洲，美洲仍是彈丸之地的西夷小國。四海之外的國家都是圍繞中國的蠻族，大清從大明承繼下來的就是這樣的世界觀與海洋觀，這種「落後」才是大清「挨打」的根本原因。

江海關係的風水表達——《中國三大幹圖》

〰《中國三大幹圖》〰　明萬曆三十七年（一六〇九年）刊刻

傳統的中國輿地學問中，除了「中央之國」和「華夷之辨」的學說，還有一種就是「風水」之學。古代風水家將大地看成生命的活體，以風水解釋中華大地，這種傳統至少從周代就開始了。風水地圖也隨風水之學的傳揚，成為中國傳統輿圖的一個組成部分。這幅明代的《中國三大幹圖》（圖6.15）即是經典一例。

《中國三大幹圖》出自明代著名插圖本百科全書《三才圖繪》。這裡的「三才」，即天、地、人，此書圖解的是這三界中的知識。此書為王圻及其兒子王思義撰寫，於萬曆三十七年（一六〇九年）刊刻。全書分天文、地理、人物、時令、宮室、器用、身體、衣服、人事、儀制、珍寶、文史、鳥獸、草木等十四門。所記事物，前有繪圖，後有解說，圖文並茂。書中圖譜多取之於他書，間有冗雜、虛構之弊。

《中國三大幹圖》以風水地圖的形式描繪了中國的大陸與海疆。所謂「三大幹」即「三大幹龍」。這裡講的龍，即龍脈。《管氏地理指蒙》云：「指山為龍兮，像形勢之騰伏」。在此圖左上角標注有「昆侖」。從戰國時代起，中國人即以昆侖為天下祖山。由昆侖生發出的五支山脈，有三支向東南進入中國，成為風水家說的三大幹龍。此三大幹龍，以南海、長江、黃河、鴨綠江四水域為界。長江以南為南龍，即嶺南諸山脈如武夷山、衡山、天目山等，龍脈盡於南海，此圖上標注出了「南嶽」、「天目

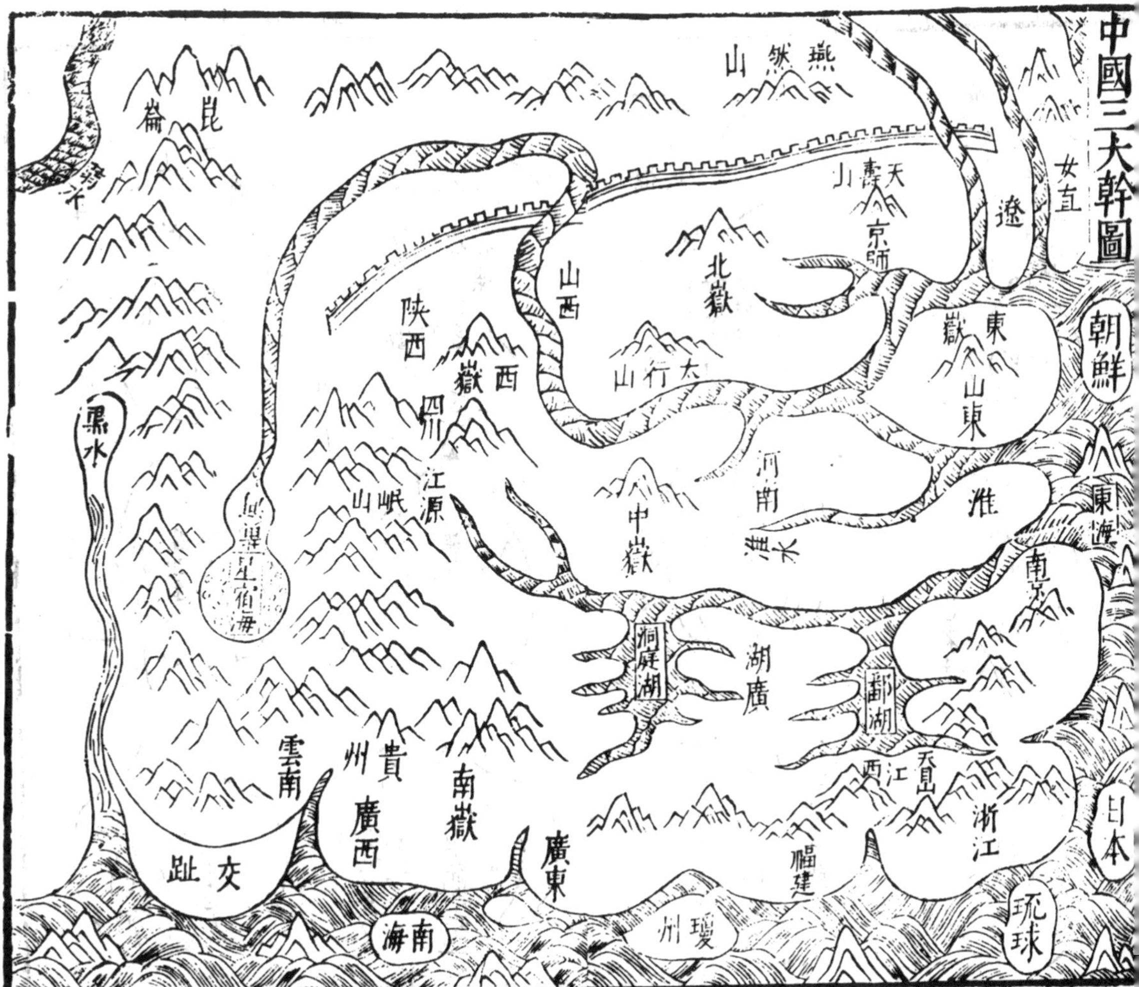

圖6.15：《三才圖會・中國三大幹圖》

抄自徐善繼、徐善述明嘉靖四十三年（一五六四年）出版的《人子須知資孝地理心學統宗》一書的《中國三大幹龍總覽之圖》。此圖以風水地圖的形式，描繪了中國的大陸與海疆。所謂「三大幹」即「三大幹龍」。即以南海、長江、黃河、鴨綠江四水域為界，將中華山脈地勢分為三大部分，長江以南為南龍，長江、黃河之間為中龍，黃河以北為北龍。

山」和「南海」。長江、黃河之間為中龍，即淮南諸山脈，如嵩山、大別山、鐘山等，龍脈盡於東海，此圖上標注出了「中嶽」和「東海」。黃河以北為北龍，即漢南諸山脈，如太行山、燕山、軍都山、天壽山等，龍脈盡於黃海，此圖上不僅標注了「太行山」、「北嶽」，還和許多明代地圖一樣特別標注出了大明「京師」之地「燕然山」和大明帝陵十三陵的靠山「天壽山」。

《中國三大幹圖》在描繪三大幹龍之時，也表現出了一定的江海關係，突出了大江及其入海口：在北部繪出了鴨綠江和遼河及入海口；在東部繪出了黃河與淮河環繞著齊魯與淮北；再往南繪出了長江入海口；在西部繪出了黑水（金沙江）匯入南海……如此描繪，亦是借此表現龍脈東延南展，掀天揭地，襟江帶海，內聚生氣，外納新機，國有金湯之固……正如明代風水師所說「唯我皇朝得國之正，同乎堯舜拓地之廣，過於漢唐功德隆盛，上當天心，下秉地氣，真萬世不撥之洪基也。」

從圖面上看，中國的陸地、江河與大海渾然一體，描繪簡約，表現到位。但圖中的海島部分則描繪不足，且表現失準：朝鮮半島畫成了島；東邊的日本畫到了南面；琉球國畫得面積過大；只有瓊州島的位置畫得基本正確，中南半島與中國的龍脈無關，所以被略去不表。

大明海權思想的版圖表達——《山海輿地全圖》

〰《山海輿地全圖》〰明萬曆三十七年（一六〇九年）刊刻

《山海輿地全圖》是《三才圖會‧地理卷》的卷首地圖。在讀這幅地圖前，我們有必要先瞭解一下，研究古代地理常常要提到的《三才圖會》這部書。《三才圖會》是明嘉靖進士王圻及其兒子王思義共同撰寫的百科類圖錄。所謂「三才」即「天、地、人」，此書要以文字與圖像的方式來解釋這三界中的一切。

《山海輿地全圖》全書一百零八卷，分十四門，即天文、地理、人物（此前三門，為王圻所撰）、時令、宮室、器用、身體、衣服、人事、儀卷、珍寶、文史、鳥獸和草木，各門中都繪有圖像及文字說明。書中夾雜著一些想像及神話色彩的解說。全書共輯錄地圖二百餘幅，包括世界地圖、中國總圖、區域地圖、兩京城池圖、邊疆圖、外域圖、歷史沿革圖、山川圖等。其中有的地圖改編自外國傳教士帶來的海外地圖。此書於明萬曆三十七年（一六〇九年）出版，有萬曆刊本存世。

我曾在台灣故宮曾看到過明刻《三才圖繪》，但展出的只是聖賢人物的部分，沒有見到它的地理卷，而《山海輿地全圖》（圖6.16）即刊於《三才圖會‧地理卷‧卷一》。所以，我只能從其它轉述著作中見到它的樣子。此圖為傳統中國地圖中少見的圓形地圖，四角有四行注記：「外三圈天球定天度晝夜長短影候」、「內一圈地球分天地五州區境之略」、「圖中橫豎三十六方每方中各十度」、「地球橫

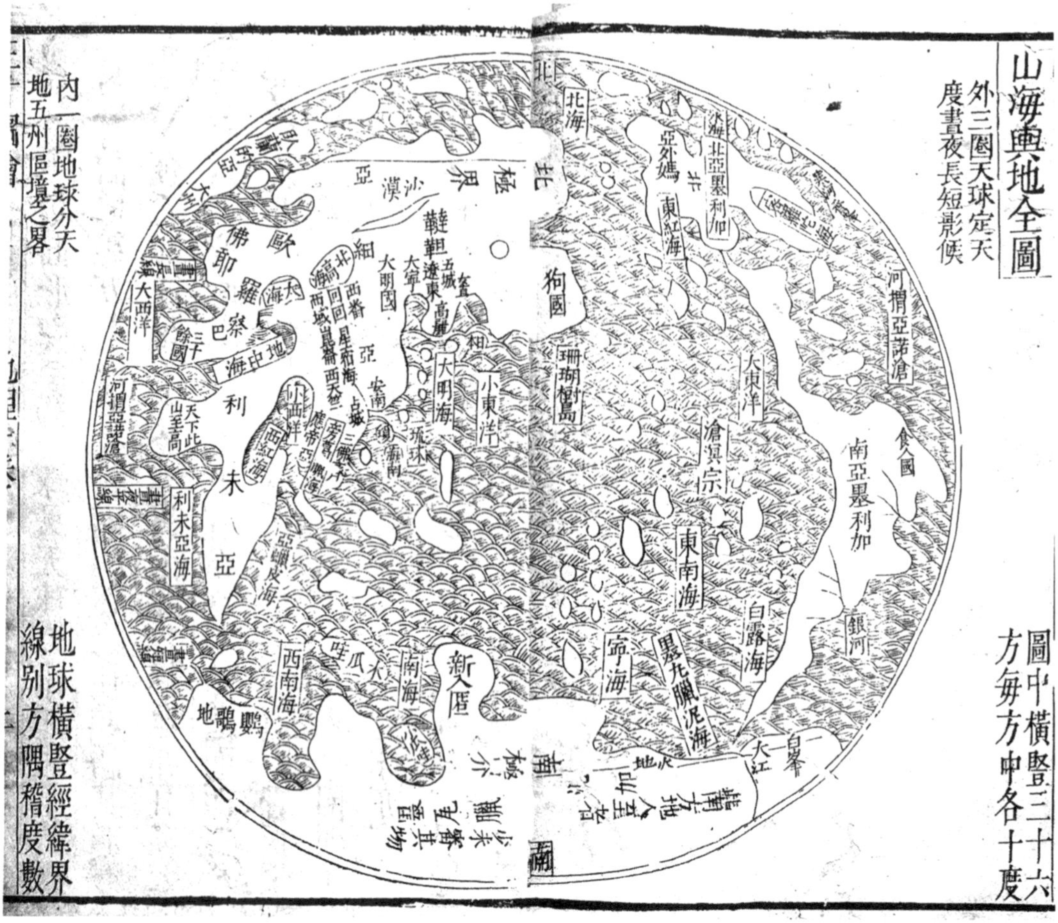

圖6.16：《山海輿地全圖》

選自明萬曆刻本《三才圖會·地理卷》。在中國的東南海面上明確標注了「大明海」三個字。從圖面上看「大明海」北起「高麗」半島，南至南洋，西至中國大陸及「安南」，東至「小東洋」一線。這無疑是一種「海權」思想的版圖表達。圖為書版墨印。

竪經緯界線別方隅稽度數」。此言經緯線間隔各為十度，故緯線數為十八，經線數為三十六，所謂「橫竪三十六方」有誤。圖中不僅沒有「外三圈」界線，而且也沒有「地球橫竪經緯界線」。圖中還有「晝長線」（即北回歸線）、「晝夜平線」（即赤道）和「晝短線」（即南回歸線）等注記，也未繪出其線。由此我們可以推想，此刻本地圖比原圖簡略而遜色。

《山海輿地全圖》實際上並不全，圖中僅有地名六十八個，其中洲名六個，國名（包括地區）三十二個，海洋名二十二個，江名三個，山名三個。注記中還出現「狗國」和「食人國」等民間傳說的海外地名，雖然，我們已在地圖上「開眼看世界」了，但仍沒改變天朝大國骨子裡的自大與驕狂。

圖面內容反映了當時人們已經掌握的主要世界地理知識。從繪製風格看，技術含量不高，有失精準。大陸輪廓線嚴重失準。但各洲位置基本正確。此圖源於利瑪竇在萬曆二十八年（一六〇〇年）所繪的南京版世界地圖，是中國人學習西方繪製方法後，製作的第一代中西繪圖法相結合的世界地圖。

這裡要特別要提出的是，這幅世界地圖在中國的東南海面上明確標注了「大明海」三個字。從圖面上看「大明海」北起「高麗」半島，南至南洋，西至中國大陸及「安南」，東至「小東洋」一線，也就是西太平洋。這無疑是一種「海權」思想的版圖表達。

當然「大明海」在世界地圖上的出現，並不是這幅王圻版的《山海輿地全圖》的原創，它最早應當是利瑪竇為中國畫的世界地圖上最先標注出來的。從中國現在僅存的幾種利氏世界來看，「大明海」在中國歷史博物館的墨線紡繪本、南京博物院的彩色紡繪本、禹貢學會的影印本等多個版本上都有明確標注。我們可能相信在世界地圖上宣示大明海權是利瑪竇的手筆，其後的明人繪製的世界地圖上出現的「大明海」應是利氏世界地圖的這一「傳統」延續。至於當年的利瑪竇和後來的明代仿繪者，是否用「大明海」來刻意宣示「海權」而標注的，我就不得而知了。但是，在利瑪竇給中國畫世界地圖之前，傳統的涉及中國海區的地圖中，從沒有見過以大唐、大宋、大元之名來命名中國海區的。所以，明代的這種「海權」宣示，還是不該被地圖史學與歷史學研究者所忽視的。

7 西洋人眼中的大明與世界

引言：騎在全球化門檻上的大明王朝

教科書一直是把清道光二十年（一八四〇年）的那場並不很大的戰爭，定位成中國近代史的開端，這使中國近代史的起點，甚至落在了「新世界」的後面，這一點至少與中國和世界進入最初的「全球化」的腳步很不相符。

世界近代史開端，通常是以十六世紀為起點，因為資本主義到了十六世紀已成為世界性潮流。諸如，新航路開闢、殖民擴張、宗教改革的興起、尼德蘭革命等等；還有一點我以為特別重要：恰是從十六世紀開始，國家和地區相對隔絕的狀態被殖民浪潮打破，世界成為一個相互認知的整體。如果我們從這個角度看過去，十六世紀的中國不僅沒有隔絕於世界之外，剛好相反，在海洋交往中扮演了重要角色。

西方對中國的興趣，很大程度上是受《馬可波羅遊記》鼓動的。這部遊記完成於一二九九年（元成宗大德三年），次年也就是新世紀開年——一三〇〇年率先在義大利出版。探索東方像一劑春藥刺激得整個西方躁動不安。大膽的航海家衝出地中海尋求繞過非洲的新航線；或者一直向西尋找通往東方的新航路。整個十五世紀，西方人撞來撞去，撞出了「新大路」，也沒有進入神秘的中國。所以，直到一五

○二年（明弘治十六年）葡萄牙出版《馬可波羅遊記》時，其葡文版前言還在說：「嚮往東方的全部願望都來自想去中國」。

一五一七年（明正德十二年），已經拿下了麻六甲的葡萄牙人，不滿足於通過麻六甲華人瞭解中國的情況了。派出特使皮瑞茲沿南中國海北上，先後到達廣州和北京，要求與大明通商，但被拒絕。一五五三年（明嘉靖三十二年），精明的葡萄牙人不再提通商要求，而以修船為由在澳門「借住」，一住就是四百多年。

如果，我們以殖民地來劃分中國近代史的開端，葡萄牙這種「軟殖民」，事實上，已拉開了「半殖民」的序幕。如果，我們將外族侵略和海上對抗外國進攻也算作劃分近代史的一個因素的話，那麼葡萄牙人「借住」澳門之後，又有西洋人來「借」澎湖群島和台灣。

一六○四年（明萬曆三十二年），大舉進入南太平洋搶佔香料產地的荷蘭人，首次北上，進犯澎湖群島，被大明軍隊擊退。一六二四年，荷蘭人二次進犯澎湖群島失敗後，轉而佔據了南台灣（這一年，鄭成功在日本長崎出生）。以製作地圖名聞天下的荷蘭人，很快畫出了荷蘭版的台灣實測地圖，其侵佔意圖不言自明。

西班牙人，在荷蘭人佔領南台灣的第二年，也就是一六二六年（明天啟六年），也以保護呂宋的中日貿易為藉口，率幾艘大帆船侵入北台灣，隨後在基隆建起了港口，定名為特里尼達德。一六二八年（明崇禎元年），大明朝廷招撫鄭芝龍（鄭成功之父，著名海商及海上武裝的首領）任「海防游擊」、「五虎游擊將軍」，以對抗西洋人的海上侵略。

這一切，都表明早在十六至十七世紀，大明王朝已經在主權、軍事、貿易、文化、宗教諸問題上與世界展開了正面交鋒，包括直接與海上進犯澎湖群島與台灣的西洋人開戰。與此同時，西方列強之間的紛爭，也打到了中國南部海域，如一六四二年（明崇禎十五年）荷蘭驅逐台灣北部的西班牙人的戰鬥。

大航海將大明拉入了世界的紛爭之中。但剛剛介入東方紛爭的西方列強，對大明仍敬畏三分。所以，直到大明垮臺，已經與西方世界有所接觸的中國，也沒有遇到來自西方的太大挑戰與威脅。

大明從地圖上進入「全球化」，還有一個重要的地理事件，也從另一個角度證明了，大明中國已經融入了「世界」，至少是在地理上進入了「全球化」。一是外國人畫了第一幅西洋版的單幅中國地圖；二是外國人畫了第一幅中文版的世界地圖。時間均在一五八五年左右，也就是萬曆十三年前後。

先說，第一幅西洋版的中國地圖。一五八五年，荷蘭的奧特里烏斯在他再版的世界地圖集——《世界概觀》中，收錄了葡萄牙地理學家巴布達所繪製的以「chinae（中國）」來命名的中國地圖。這是第一幅由西洋人繪製的單幅中國地圖（亦是中國分省地圖）。它標示出了明朝十五省中的十三個省的位置及名稱——中國已經清清楚楚地顯現於西洋人的放大鏡下。

這一年，中國也因一個西洋人的到來而有了「國際視野」：一五八五年（明萬曆十三年），利瑪竇在肇慶繪製了第一幅中文版的世界地圖，即《山海輿地全圖》。後人在談到利瑪竇的世界地圖時，總要提到中國被放在世界中央的事。其實，不論是把中國放在世界中央還是置於一邊，利瑪竇的世界地圖都是當時最先近的，也是中國人前所未見的世界景觀。通過利瑪竇的世界地圖，大明中國知道了「天下」分為五大洲：亞細亞（亞洲）、歐羅巴（歐洲）、利未亞（非洲）、亞墨利加（美洲）、墨瓦臘泥加（南極洲）。此後，不僅徐光啟這樣的大知識份子知道了世界的樣貌，連萬曆皇帝也在一六〇一年見到了利瑪竇獻上的《萬國全圖》。

中國與世界，世界與中國，就這樣在地圖上聯繫在一起了。

新的地理學為大明開啟了一個融入世界的良機，此後的大明不是不知世界是什麼模樣的問題了。大明知道地圖中的「天下」遠遠超出「王土」之外；大明更知道這是一個不利於王道與皇權的世界景觀，是一個要顛覆我朝一統的新世界。所以，萬曆皇帝只是將《萬國全圖》作為一幅畫塗在屏風上觀賞而已，以華夏為中心的世界觀，沒有像人們預想的那樣在世界地圖面前「崩潰」。

就這樣，大明中國與世界在溫和中握了握手，又在溫和中揮手作別；

就這樣，大明中國不尷不尬地騎在世界近代史的門檻上，進退失據；

一轉眼，又是一個三百年……

第一幅中文版世界地圖——《坤輿萬國全圖》

〰《坤輿萬國全圖》〰 明萬曆年間刻本一六〇二年

一五七九年（明萬曆七年）六月，三十六歲的義大利傳教士羅明堅抵達澳門，他被稱為首位來中國的傳教士（其實，元朝時就從海上來了不少）。一五八二年（明萬曆十年）春天，通過當時最有話事權的葡萄牙駐澳官員疏通，羅明堅得以在肇慶落腳，並很快將正在印度果阿（葡萄牙東方殖民活動的中心）傳教的利瑪竇調來當助手。為了融入中國社會，師徒二人仿照中國和尚的樣子，剃光頭髮，改穿僧服；並請求地方官批了一小塊地，建了一個敬神的小房子鮮花寺。

有了鮮花寺這個陣地，利瑪竇便在肇慶擺開了西洋文化的場子：西方書籍、自鳴鐘、望遠鏡、地圖……在這個圖書館、展覽館兼文化沙龍的寺院裡，最引人注目的是那幅世界地圖。利瑪竇指著地圖，講述自己在哪裡出生、從哪裡來到中國、經過了哪些國家……飽讀四書五經的大明書生，眼界大開。知府王泮是個精明人，即刻請利瑪竇把這張圖翻刻成中文刻印出版。於是，利瑪竇與中國朋友一起繪製了一幅比原圖更大的，並且有漢字注釋的世界地圖。王泮為此圖題了一個中國式的名字：「山海輿地全圖」。

肇慶和整個中國，就這樣擁有了第一張中文版的世界地圖。

據史料載，《山海輿地全圖》繪成後，王泮的目光在地圖上掃了半天，才找到「我泱泱大國」，知府大人對「置中國於地圖之極東一角」，表示了不滿「世界唯中國獨大，餘皆小，且野蠻」。剛剛落腳肇慶的利瑪竇感到了主人的不快，當即決定以東方視角重新安排中國的位置與世界圖景。

非常遺憾的是利瑪竇繪製的《山海輿地全圖》早就消失了，它到底是啥模樣，沒人能確切描述出來。據地圖史學家講，最接近《山海輿地全圖》的是明代的理學家九江白鹿洞書院山長章潢，一五八五年編撰的《圖書編》中的《輿地山海全圖》（名字已經不一樣了）。這張地圖被認為是現存最早的利瑪竇世界地圖的仿製圖，僅比前一張晚了一年。《輿地山海全圖》將中國繪在地圖的中央，這似乎證明了：除《山海輿地全圖》外，利瑪竇後來畫的所有世界地圖，全都是將中國置於地圖中央的。四百多年過去，直到今天，這款「太平洋格局」的世界地圖，雖經無數次修正，越畫越準，但從未走出「利瑪竇框架」。

一六〇一年（明萬曆二十八年），利瑪竇終於等來了進京拜見萬曆皇帝的機會，這位「西洋陪臣」為萬曆皇帝獻上了一系列禮品：天帝母圖像、天帝經、自鳴鐘、建築繪畫、銅版畫、西洋琴、沙刻漏、乾羅經，還有一張被叫做《萬國輿圖》的世界地圖。這幅地圖畫得非常巧妙，大西洋和太平洋上畫了很多中國沒有見過的動物，萬曆皇帝很喜歡，令工匠把這幅世界地圖分成十二幅，做成屏風。世界地圖就這樣變成了一幅賞心悅目的宮廷圖畫。

利瑪竇的中文版世界地圖，對中國的知識界產生了巨大的影響。但對當朝者影響有多大，則另當別論。華夏為中心的世界觀，並沒像人們預想的那樣「崩潰」。在英國人打到大清家門口時，皇上照樣不知英國在哪裡，林則徐赴廣州之前，也分不清歐洲和美洲。皇上的世界觀仍然很堅挺，很固執。

從一五八二年澳門登陸到一六一〇年病逝北京，利瑪竇在中國生活了二十八年。在漫長的東方歲月裡，利瑪竇留下了大量的世界地圖。據古代地圖專家曹婉如考訂其版本有：

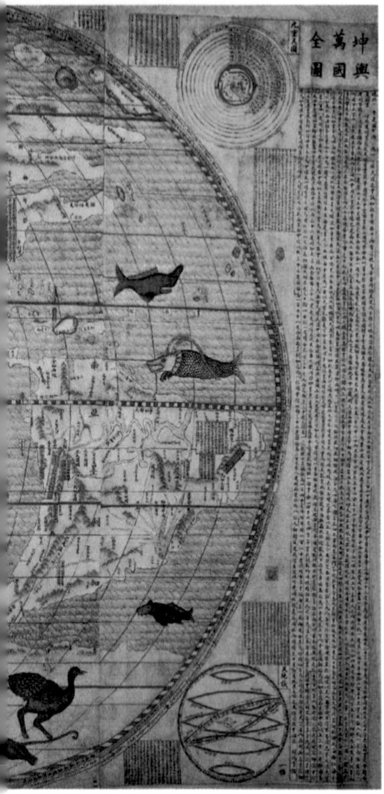

《山海輿地全圖》（王泮付梓，肇慶，一五八四年）；《世界圖志》（南昌，一五九五年）；《世界圖記》（南昌，一五九六年）；《山海輿地圖》（趙可懷勒石，蘇州，一五九五—一五九八年）；《山海輿地全圖》（吳中明付梓，南京，一六〇〇年）；《輿地全圖》（馮應京付梓，北京，一六〇一年）；《坤輿萬國全圖》（李之藻付梓，北京，一六〇二年）；《坤輿萬國全圖》（刻工某刻板，北京，一六〇二年）；《兩儀玄覽圖》（李應試付梓，北京，一六〇三年）；《山海輿地全圖》（郭子章付梓，貴州，一六〇四年）；《世界地圖》（李應試刻板，北京，一六〇六年）；《坤輿萬國全圖》（諸太監摹繪，北京，一六〇八年）。

四百多年過去，如今在中國可以看到的利瑪竇世界地圖，僅剩下南京博物院收藏的彩色摹本《坤輿萬國全圖》、中國歷史博物館收藏的墨線仿繪本《坤輿萬國全圖》、遼寧省博物館收藏的刻本《兩儀玄覽圖》、禹貢學會影印的《坤輿萬國全圖》等少數幾個版本。其它的版本流散於亞歐其它國家。

我們這裡選登的是中國歷史博物館收藏的墨線仿繪本《坤輿萬國全圖》（圖7.1）。此圖以地球為一圓球，把東、西方兩個已知世界彙編在同一幅地圖上，引進了南極洲、南北美洲、太平洋、大西洋、印度洋等地理概念，並且第一次在中文地圖上，使用了赤道、南北回歸線（圖中稱「晝平線」、「晝短線」、「晝長線」）、極圈、南極、北極等名詞，又以赤道、回歸線、極地界（圈）分地球為五個氣候帶，把地球緯度和氣候的密切關係，也標示於圖上。據說利瑪竇用五種色彩渲染五大洲，但此摹繪

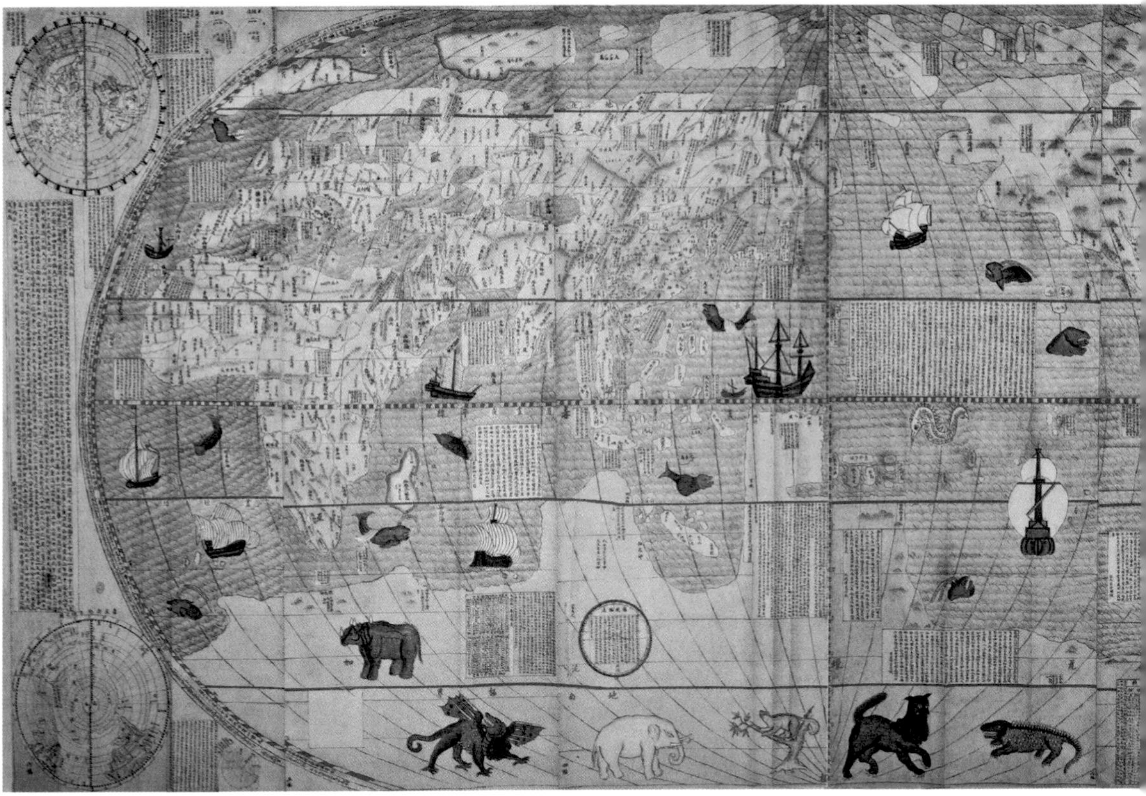

圖7.1：《坤輿萬國全圖》

這裡選登的是中國歷史博物館收藏的墨線仿繪本《坤輿萬國全圖》。

只用了墨色。海洋以密密層層的水波紋繪出。《坤輿萬國全圖》所附的小圖，是對大圖的一系列補充。南北兩半球圖，目的是闡明地球說；九重天圖是說明宇宙的結構；天地儀圖是說明「天包地外」、「地處天中」的天地概念；量天尺圖，又稱看北極法，用以測定地理緯度。遺憾的是當時還沒有發現澳大利亞，所以，這幅當時最先進的世界地圖也有它的「漏洞」。

二〇〇〇年，為與上一個百年，或上兩個千年作別，北京修建了中華世紀壇，壇內雕刻了一百位對中華文明有貢獻的歷史名人，其中僅有兩個外國人入畫，一位是馬可波羅，一位是利馬竇。

馬可波羅把中國介紹給世界。

利瑪竇則把世界介紹給中國。

世界是圓的——《東西兩半球圖》

〰《東西兩半球圖》〰明萬曆三十八年（一六一〇年）刻本

利瑪竇用中文標注以西洋繪圖法繪製的世界地圖——《山海輿地全圖》，自一五八四年在廣東肇慶問世後，引起了大明知識層的重視，求圖的人不斷找上門來。利瑪竇也因此畫出了多種形式的世界地圖。其中最具代表性的有兩幅，一幅是《山海輿地全圖》，一幅是《東西兩半球圖》。但利瑪竇一人繪圖的「產量」畢竟有限，於是，一些愛好地理之學的中國學人，開始自己動手摹繪翻刻利氏世界地圖，並納入自己編輯的書中。如，明末著名理學家章潢（一五二七～一六〇八年）編輯的《圖書編》，就收錄有《輿地山海全圖》和《輿地圖》；明末學者馮應京（一五五五～一六〇六年）編著的《月令廣義》收入了一幅《山海輿地全圖》，同時還摹繪了《東西兩半球圖》。

萬曆三十二年（一六〇四年），馮應京首次翻刻利氏圓形世界地圖時，將其定名為「世界輿地二小圖」。後被程百二輯入《方輿勝略》，改名為《東西兩半球圖》（圖7.2）。此圖將世界分為六個大洲繪於兩個半球之中。為亞細亞（亞洲）、歐羅巴（歐洲）、利未亞（非洲）、北亞墨利加（北美洲）、南亞墨利加（南美洲）、墨瓦臘尼加（南極洲）。兩個半球上，分別繪出了地球經緯線；還有「晝長線」（即北回歸線）、「晝夜平線」（即赤道）和「晝短線」（即南回歸線）等注記。

這種全新的將世界分為兩個半球來描述的地圖，在古代中國地理認識史中是空前的，在某意義上也曾是絕後的。因為，這種畫法到了清代一度被拋棄，地圖類型又回到了古式的平面圖。直至晚清，這種

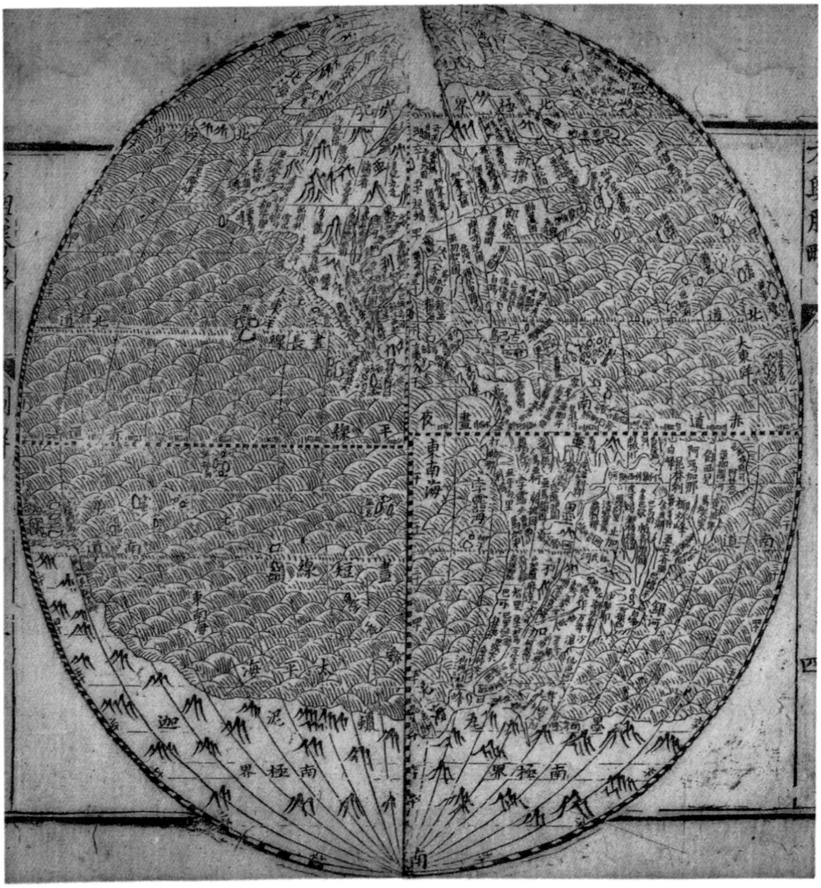

圖7·2：《東西兩半球圖》

此圖選自程百二的《方輿勝略》。此書刊印於明萬曆三十八年（一六一〇年）。其圖源於利瑪竇於明萬曆二十七年（一五九九年）翻譯繪製的《東西兩半球圖》。利瑪竇在中國最先將世界地圖繪製成東西兩個半球，將世界五大洲三大洋繪於兩個圓球之中。《東西兩半球圖》的半球直徑二十六公分。圖為雕版墨印。

地圖才在魏源的《海國圖志》中重新與國人見面。

《東西兩半球圖》的各大洲的基本格局，地圖上的經緯線，以及南北兩極的描述，已十分接近現代地圖了。對於當時的國人認識自己在地球上所處的位置與中國和世界的關係起了積極作用。如果從地理的角度說，中國人在歷史上的某個時段「開眼看世界」了，那絕不是清朝，而是明朝，那是中西文化在地理認識上的一次偉大碰撞與結合。

西儒送來的極地圖——《北輿地圖》、《南輿地圖》

《北輿地圖》 明天啟四年（一六二四年）

《南輿地圖》 明天啟四年（一六二四年）

一六一〇年（明萬曆三十八年），給中國人送來「第一張世界地圖」的義大利傳教士利瑪竇死在北京，同年年底，澳門島上又來了一位義大利傳教士，他就是為中國送來「第一部中文版《世界地理》（《職方外紀》）」的艾儒略。他們用生命完成了一次載入青史的西學知識的大接力。

一五八二（明萬曆十年）出生的艾儒略和利瑪竇一樣，都出生在貴族家庭，受過良好的教育。在威尼斯神學院畢業後，艾儒略加入了耶穌會，並由此踏上了異域傳教的道路。一六一三年經過三年的努力，艾儒略終於得已進入中國，為了討好中國人，他為自己起了個「艾（愛）儒」的名字。進入中國後，他在北京找到了利瑪竇的老朋友，已經入洋教的徐光啟。不久後，他跟隨辭職返鄉的徐光啟到了江南。在杭州傳教的過程中，他接納了楊廷筠、李之藻兩位重要人物入教，並開始用中文出版著作。從明天啟三年（一六二三年）到天啟四年（一六二四年），艾儒略在江南先後出版了他的最為重要的三部著作：《萬國全圖》、《職方外紀》和《西學凡》。

艾儒略的《職方外紀》說起來也不是他的原創，此書封面上印著這樣一行字：西海艾儒略增譯，東海楊廷筠匯記。這十幾個字告訴人們它是一部書的譯記。此中的意思有點複雜，要分頭來說，才能把它說清楚。

先說什麼是「職方」？「職方」是古代中國的一個官職。遠在商周時期，便有「職方」、「外史」一類的官職，專司地理文獻方面的管理及考編工作。接著說「外紀」又是一種什麼「紀」？商周設「職方」之官時，也有「外史」之官。凡外出之史，記錄的地理文獻方面的文字，稱之為「外紀」。這方面的早期經典，即晉釋法顯的「外紀」之書《佛國記》。此後，這類輿地志書，漸次盛行。

「西海艾儒略增譯」，所謂「西海」是明朝對弄不清的西方來客的統一稱謂。所謂「增譯」，《職方外紀》的署名的多種，其中，廣為人知的是《四庫全書》中的署名「艾儒略撰」。但在最初的刻本上，寫的就是「西海艾儒略增譯」。當初刻上「增譯」二字，艾儒略是想告訴人們這部書是有所本的。它是從西人龐迪我、熊三拔的西班牙底本上增擴而來的。

「東海楊廷筠匯記」，言明此書有中國楊廷筠的潤色整理之功。事實上，沒有護教骨幹楊廷筠將身為傳教士的艾儒略藏在杭州家中，艾儒略不僅無法完成《職方外紀》，或許，在那場聲勢浩大的教案中，連小命都搭進去了。所以，天啟四年（一六二四年）此書初刻時，當然要署上楊廷筠的大名了。

《職方外記》全書共分五卷：卷一，亞細亞總說；卷二，歐羅巴總說；卷三，利末亞總說（非洲）；卷四，亞墨利加總說（美洲）；卷五，四海總說。附七幅地圖——《萬國全圖》、《北輿地圖》、《南輿地圖》、《亞細亞圖》、《歐羅巴圖》、《利末亞圖》、《南北亞墨利亞圖》。

這是西方人地理大發現之後，最為全面的一部世界地理大全。它不僅記錄了大發現之後，重新認識的非洲，和以前聞所未聞的新大陸美洲，還有歐洲人並不十分瞭解的遠東。其中《北輿地圖》、《南輿地圖》（圖7.3）兩幅地圖，從兩極的視角描繪了赤道以南和赤道以北的世界，以這種視角來描繪世界，在中國繪圖史上還是前所未有的。它不僅是由「西方人編寫的第一部中文版的《世界地理》」，同時，也是「十七世紀西方世界的最新版的《世界地理》」。

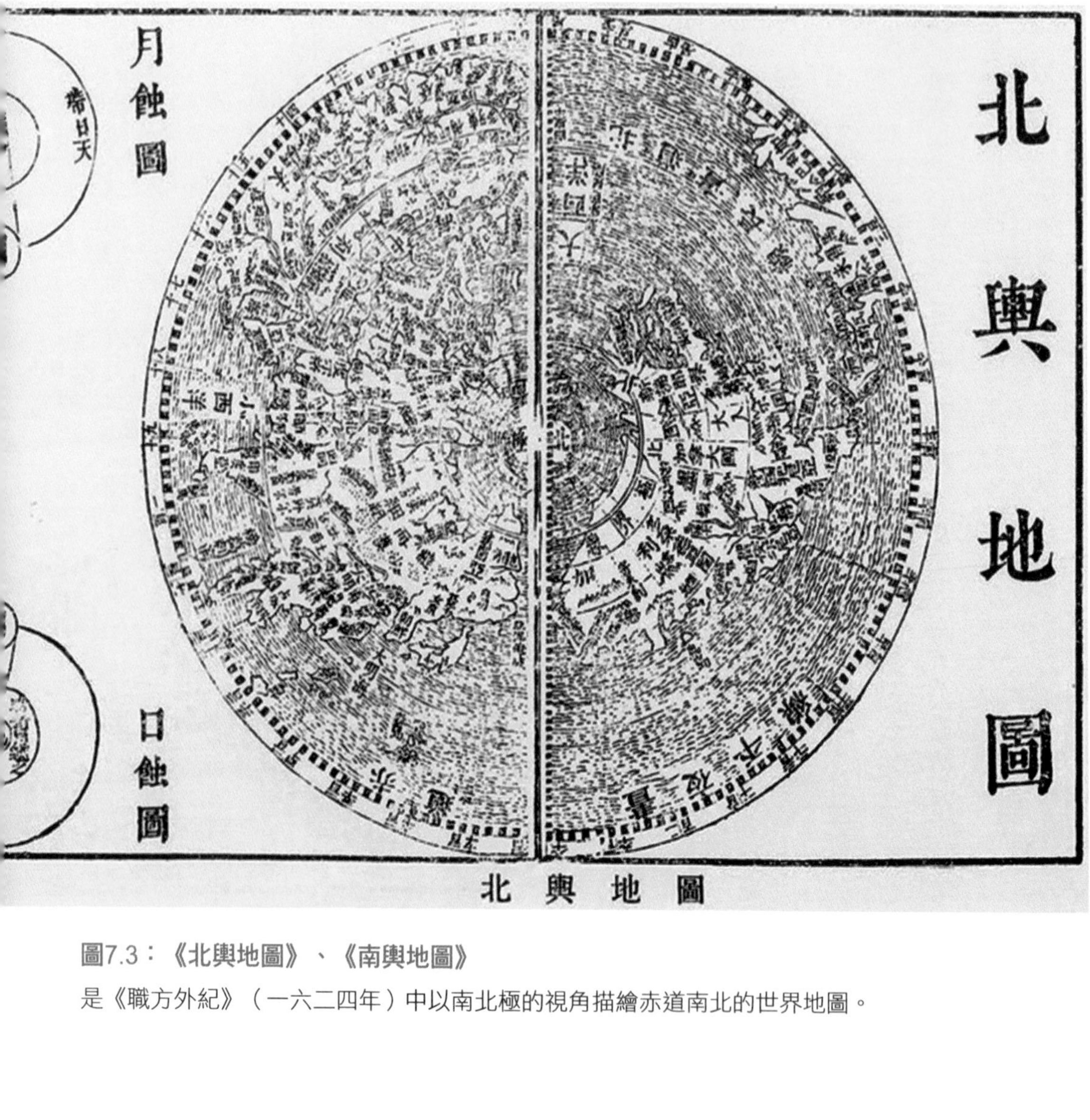

圖7.3：《北輿地圖》、《南輿地圖》

是《職方外紀》（一六二四年）中以南北極的視角描繪赤道南北的世界地圖。

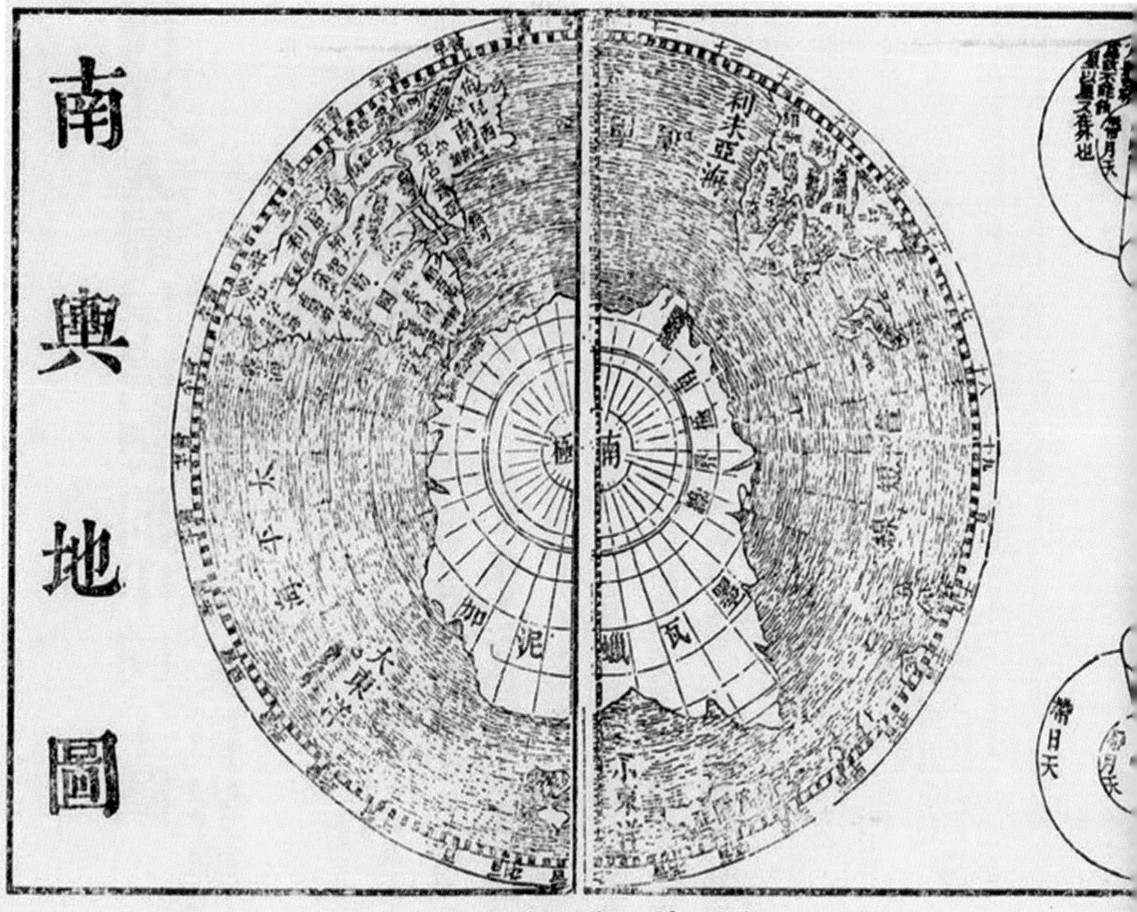

南輿地圖

西洋人最早繪製的中國全圖——《世界概觀．中國地圖》

〈〈《中國地圖》〉〉一五八五年（明萬曆十三年）出版

雖然，中國以自己為世界，已有上千年的歷史，但將中國圖景繪入世界地圖，一直是西方的一項偉大地理工程。在西方地理學先師托勒密西元二世紀描繪的最早的世界地圖中，中國是不存在的。在這幅以地中海為中心的世界地圖裡，直布羅陀海峽是世界的最西邊，印度是世界的最東邊。

這樣的認識在西方足足持續了一千年，直到一三七五年（明洪武八年）一幅全新的世界地圖——「加泰羅尼亞航海圖」的誕生。在這幅細密畫風格的地圖上，中國被描繪成一片富裕的大地，大汗的京城（北京），南方的刺桐（泉州）港，皆在其中；但蒙元帝國的邊界完全不準確，比例也和實際相差甚遠。這是馬可波羅東方旅行之後，最清晰地描繪了中國的西方世界地圖。不過，此時離新大陸的發現，還有一百多年，世界仍是殘缺的。直到一四九二年（明弘治五年）哥倫布發現了新大陸，一五〇七年（明正德二年）德國教士瓦德西．繆勒繪製並出版加入了美洲的全新世界地圖——世界終於成為一個整體。而一五八五年（明萬曆十三年）荷蘭安特衛普出版的奧特里烏斯《世界概觀》地圖集，終於初步完成了地理的全球化。

在奧特里烏斯《世界概觀》中，對於中國別具意義的是，它收錄了一幅葡萄牙耶穌會士、地理學家巴布達所繪製的並以「CHINAE（中國）」來命名的中國地圖。自十六世紀初，葡萄牙人打通麻六甲航線後，有機會自南海接觸到中國和中國地圖。據信，明嘉靖年間刻印的《古今形勝之圖》已於一五七四年傳入西班牙。這些因素直接影響了十年後，編入《世界概觀》中的巴布達繪製的這幅中國地圖（圖7.4）。

巴布達的這幅中國地圖，也是一張中國分省地圖。它標出了明朝當時十五個省份中的十三個省份的位置及名稱，這些省份有：廣西（QVANCII）、廣東（CANTAM）、福建（FOQVIEM）、浙江（CHEQVIAM）、南京（NANQVII）、山東（XANTON）、京師（QVINCII）、貴州（QVICHEV）、陝西（XIAMXII）、山西（SANCII）、雲南（IVNNA）、河南（HONAO）、江西（FVQVAM撫州）。四川和湖廣則沒有標出。其中，廣西、廣東、福建、浙江、南京、山東等沿海省份的相對位置大致正確，一些港口城市和海島也標注得較為清楚，如：澳門（但誤為珠江口東岸）、廈門、寧波、海南島、台灣島等。這幅地圖的另一貢獻是，第一次在西文的中國地圖上繪出了長城。

一五八五年，西方通過《世界概觀》知道的中國的圖景與位置，這一年，中國也首次擁有了西方人繪製世界全圖，即利瑪竇在廣東繪製的《山海輿地全圖》。中國通過利瑪竇的世界地圖，知道了天下分為五大洲：亞細亞（亞洲）、歐羅巴（歐洲）、利未亞（非洲）、亞墨利加（美洲）、墨瓦臘泥加（南極洲）。此後，在中國，不僅徐光啟這樣的有影響的知識份子知道了世界，而且連萬曆皇帝也於一六〇一年見到了利瑪竇獻上的《萬國全圖》，還高興地將它繪在了宮裡的屏風上。

明萬曆十三年（一五八五年），中國與世界，世界與中國就這樣聯在一起了。

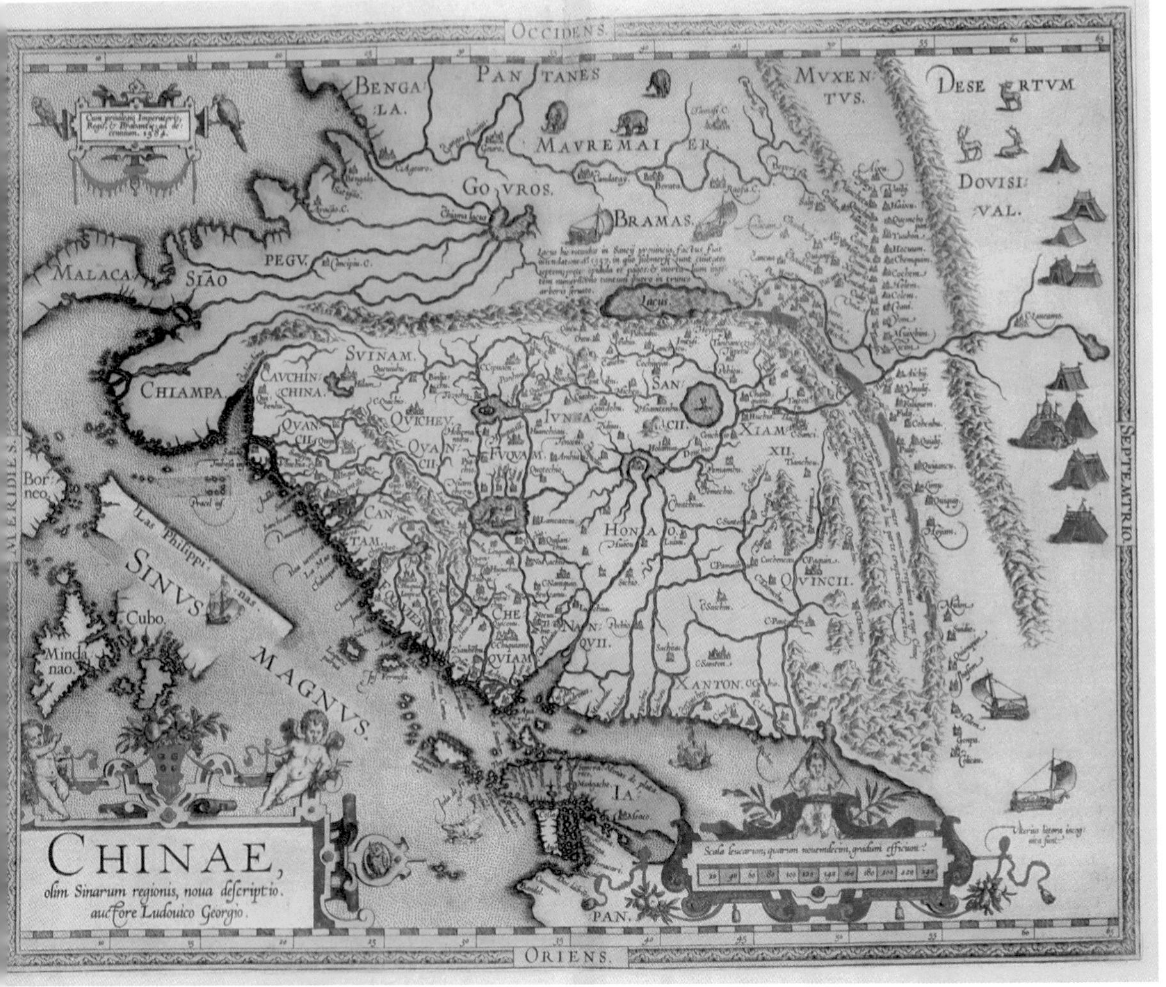

圖7.4：《中國地圖》

奧特里烏斯一五八五年（明萬曆十三年）在荷蘭安特衛普出版的《世界概觀》地圖集，以地圖的方式初步完成了地理上的全球化。這個世界地圖集對於中國的特殊意義是，它收錄了一幅葡萄牙地理學家巴布達所繪製的《中國地圖》，這是西方世界的首張單幅的中國地圖。

葡萄牙人繪製的中國城市地圖——《澳門地圖》

〰《澳門地圖》〰一六〇七年（明萬曆三十五年）繪

西方人對中國的興趣，很大程度上是被馬可波羅的遊記所激發。在一四九二年（明弘治五年）哥倫布西行尋找中國撞上美洲之後。葡文的《馬可波羅遊記》也在里斯本出版。雖然，一五〇二年（明弘治十五年）這個葡文版比一三〇七年（元成宗大德十一年）的法文版，晚了二百年，但它激起的到東方去的欲望，卻非同凡響。葡文版的前言中說：「想往東方的全部願望，都是來自想要前去中國。航向遙遠的印度洋，鼓動對那片叫做Syne Serica（中國）的未知世界的嚮往，那就是要尋訪Catayo（契丹，古歐洲人對中國的稱呼）。」

一五〇八年（明正德三年），葡萄牙人塞戈拉（Diogo Lopesde Sequeira）自里斯本率六艘船隻遠航滿剌加（麻六甲）。葡萄牙國王特頒指令，要求他彙報在滿剌加的中國人的情況：「要弄清中國人的情況。他們來自哪裡？距離有多遠？到麻六甲貿易的間隔時間有多長？攜帶什麼商品？每年來往商船的數目和船的規模如何？是否在當年返回？他們在麻六甲或者其他地方是否設有商館和公司？他們是否很富有？性格怎麼樣？有沒有武器和大炮？身穿什麼服裝？身材高矮如何？此外，他們是基督徒還是異教徒？他們的國家是否強大？有幾位國王？國內有沒有摩爾人和其他不遵行其法律及不信仰其宗教的民族？如果他們不信仰基督教，他們信仰和崇拜什麼？風俗如何？國家規模以及與什麼國家接壤相鄰？」

圖7.5：《澳門地圖》

這幅澳門地圖是葡萄牙人希歐多爾・拜耶，於一六〇七年（明萬曆三十五年）繪製的。據研究者稱，這是西方最早印刷的澳門專圖，亦是第一幅澳門城市地圖。其圖上的《AMACAO》也被認為是「媽祖」的音譯，是當初葡萄牙人以「媽祖」稱乎此地的證明。銅版墨印，縱二十六公分，橫三十三公分。

一五一七年（明正德十二年），已經拿下了麻六甲的葡萄牙，派出特使皮瑞茲沿南中國海北上，先後到達廣州和北京，要求通商，但被大明政府拒絕了。一五三五年（明嘉靖十四年），葡萄牙人又從印度來到中國，並在澳門碼頭停靠船舶，進行商貿活動。一五五三年（明嘉靖三十二年）葡萄牙人不再提通商要求，而以修船為藉口，在澳門「借住」。從一五五七年（明嘉靖三十六年）起，通過買通廣東海道副使，葡萄牙人以每年向當地中國官吏交納一定銀兩的地租，換取了澳門居住的資格，這一住就是四百四十六年。當然，也有學者認為，廣東海道副使允許葡萄牙留在澳門，也有朝廷海上貿易的需要，甚至有朝廷借助葡萄牙人之力把守中國門戶，擋住不斷來擾的西洋人的考慮。不過，隨著一八四〇年（清道光二十年）鴉片戰爭爆發，葡萄牙政府也趁機發難，公然宣佈澳門為「自由港」，並拒交地租，以武力搶佔關閘，驅逐中國官吏，綁架中國士兵，從而逐步完成了對澳門的佔領。

這裡選用的澳門地圖，是葡萄牙人希歐多爾．拜耶於一六〇七年（明萬曆三十五年）繪製的。據研究者稱，這是西方最早印刷的澳門專圖，亦是第一幅澳門城市地圖。其圖上的《AMACAO》（圖7.5）也被認為是「媽閣廟」（媽祖廟）的音譯，當時的澳門確有媽祖廟，亦有的「媽閣山」一類的地名，所以，這個名字當是葡萄牙人以「媽祖」稱乎此地的有力證明。

荷蘭人實測的中國島嶼圖——《澎湖群島及福爾摩沙島地圖》

〰《澎湖群島及福爾摩沙島地圖》〰一六四〇年（明崇禎十三年）出版

自葡萄牙人打開了通往中國的海上通道後，其它海上列強的船隊，也紛紛駛向中國沿海。一六〇四年（明萬曆三十二年）大舉進入南太平洋的荷蘭人，首次進入了台灣海峽，並佔領了澎湖島。一六二四年（明天啟四年）當他們的二次佔領澎湖島失敗後，轉而佔據了南台灣。

想在此落地生根的荷蘭人，開始全面瞭解這個綠色的大島，曾經以製作地圖而名聞天下的荷蘭人，很快派出船隊繞著台灣島進行了實地測量，並畫出了荷蘭版的台灣地圖。這幅一六四〇年（明崇禎十三年）荷蘭出版的《澎湖群島及福爾摩沙島（台灣）地圖》（圖7.6），糾證了以前一些西洋人把台灣島作為一個斷續的群島的錯誤認識。此圖不僅繪出了精確的台灣的海岸線，也精確地繪出了澎湖群島，其侵佔意圖不言自明。

在荷蘭人佔領南台灣的第二年，也就是一六二六年（明天啟六年），西班牙人以保護呂宋的中日貿易為名，率幾艘大帆船侵入北台灣，隨後在基隆建起了港口，定名為特里尼達德（Santisima Trinidad）。西班牙與荷蘭的戰爭也打到了中國南部海域。大明王朝的海禁與海防遇到了空前的挑戰與危機。昔日的西域式「和親」外交，南洋式的「朝貢」外交，傳統的外交舊夢由此破滅。

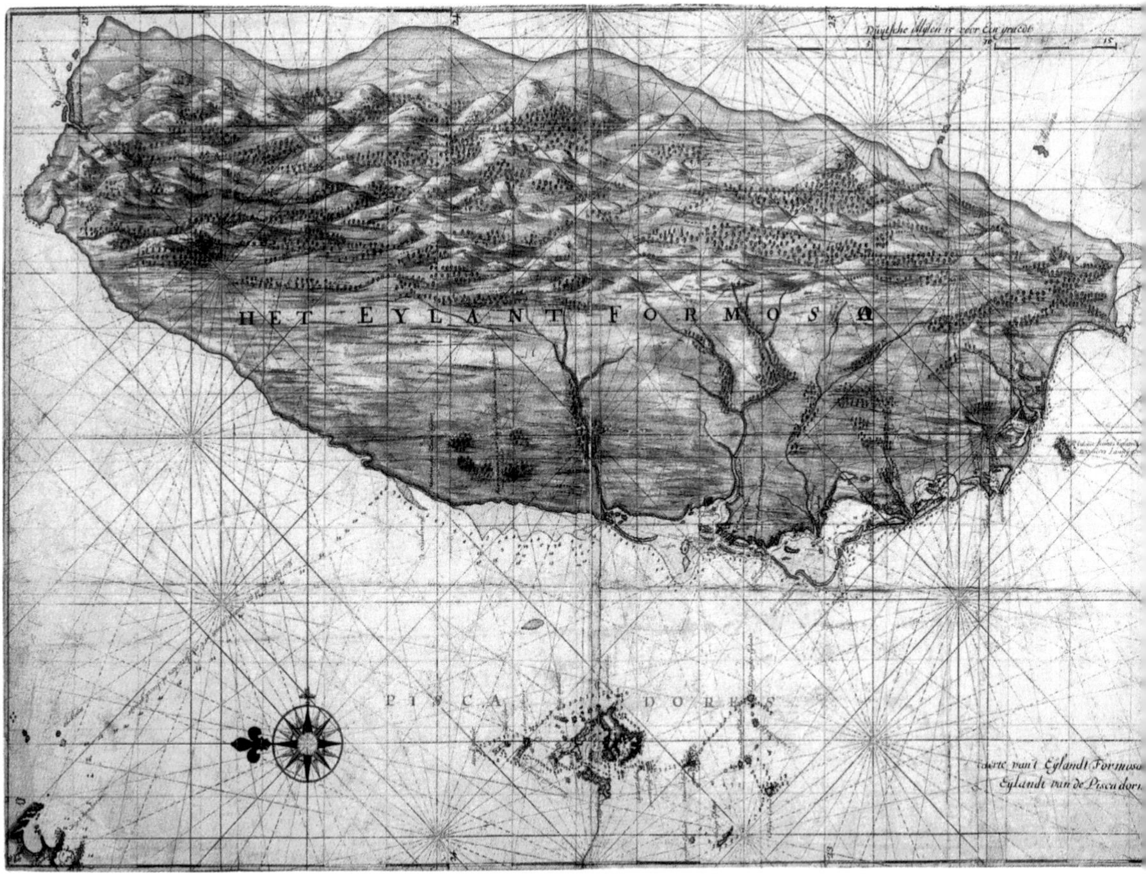

圖7.6：《澎湖群島及福爾摩沙島地圖》

一六〇四年（明萬曆三十二年）大舉進入南太平洋的荷蘭人，首次佔領了澎湖島，一六二四年（明天啟四年）二次佔領此地失敗後，轉而佔據了南台灣。以製作地圖名聞天下的荷蘭人，很快對台灣進行了環島測繪，並於一六四〇年（明崇禎十三年）出版了荷蘭版的台灣及澎湖群島地圖，即《澎湖島及福爾摩沙（台灣）地圖》

8 大清盛世的疆域地圖

引言：清初三朝的實測中國全圖

大清建國於極特殊的歷史時期，若將這一時期放到世界歷史的大環境中看，西方的軍事勢力雖然還沒有強力介入這個專制王朝，但西方的文化影響已經進入了帝王的生活。

大清第一個皇帝順治的身邊就有幾位傳授西學的洋教士，其中德國的湯若望，還間接地指定了大清帝位的繼承人。清初天花病流行，帝王家的金枝玉葉也難逃此劫。順治的六個女兒，有五個夭折，她們甚至都沒活過八歲；而八個兒子中，也有三個夭折。據說是湯若望告訴順治得過天花而活下來的人將在下一次天花降臨時免於染病。於是，順治選擇了得過天花而倖存下來的三兒子為太子，他就是後來的康熙帝。

雖然，中國的皇帝沒有明說，西方文化是先進文化，但在「術」的層面上，還是採取了一種「西學為用」的器物層面的接受，其直接成果即是清初實測中國全圖。清廷不僅在繪圖技術上完全採用了西洋實測繪圖法，甚至，還請洋教士來主理這一重大國家工程。

一六七八年，當了十七年皇帝的康熙，令他的西學老師比利時傳教士南懷仁代皇上給歐洲耶穌會寫信，請耶穌會派人到中國傳受西方算學。十年後，六位被冠以「國王的數學家」稱號的法國耶穌會士張誠、白晉等人來到清廷，為康熙建立了蒙養齋算學館。據說是，在一六八九年（清康熙二十八年）中俄簽定《尼布楚條約》時，法國傳教士張誠借準備邊界談判地理資料之機，繪出了最新的亞洲地圖；並在向清廷進獻談判所用的地圖時，指出了中國東北部地理資料很不完善，而且建議清廷進行一次全國性的大地測量。此後，他又借入宮議事的機會，當面向康熙提出這個問題，最終引發了這項影響深遠的測繪工程——《皇輿全覽圖》——古代中國的第一幅實測全國地圖，它也是後來大清繪製的全國地圖的母本。

但《皇輿全覽圖》由於戰亂等原因，一些地區沒有完全靠實測表現出來。所以，雍正與乾隆二朝，又在此基礎上，分別測繪和和製作了《皇輿十排全圖》和《皇輿十三排全圖》。《皇輿全覽圖》《雍正十排圖》和《乾隆十三排圖》在中國地圖史、地理學史和測繪史上，具有重大的意義。尤其是《皇輿全覽圖》和《乾隆十三排圖》有相當高的準確性，成為有清三百年間繪製各種小比例尺地圖的重要依據，一直到民國申報館編繪《中華民國新地圖》時，還利用了其中的資料。三大輿圖的完成，為中國清代以來全國地圖的編繪奠定了科學基礎，在中國科技發展史上，乃至世界測繪史上都是一項創舉。

康雍乾三代繪製了最為精確的中國版圖，但對於世界以及新的世界秩序，大清一代仍以「皇朝威儀」的觀念來看待世界。所以，乾隆八年（一七四三年）完成的《大清一統志》中，仍認定西洋國在印度洋附近，也可能在西南大海中，而佛郎機、荷蘭與蘇門答臘、爪哇相鄰。乾隆五十四年（一七八九年）和珅等奉旨編修的《欽定大清一統志》，仍然將外面的國家都列為「朝貢」之國，而西方國家，也僅計錄了荷蘭、西洋、俄羅斯、佛郎機等少數幾個國家。

精確的國家版圖與完全糊塗的世界圖景，成為大清與世界的最終認知格局。

順便說一句，自《皇輿全覽圖》《雍正十排圖》和《乾隆十三排圖》問世以來，主要供王室和官員使用，而且由於圖體寬闊厚重，不易攜帶，世人難得一見。民國時期曾經複製過康熙、乾隆二圖，但複本極少，台灣也曾據此重印，複本也極其有限，不易得見。雍正圖自雍正年間印刷後則再無重印。

二〇〇七年，中國外文出版社將《皇輿全覽圖》、《雍正十排圖》和《乾隆十三排圖》這三大輿圖重刊再版。這部超大開本、重達二十餘公斤、由三百餘幅地圖和三冊地名索引組成的《清廷三大實測全圖集》的出版，極大地方便學者對清代歷史、地理、以及測繪製圖等諸多方面的研究。

第一幅科學實測的全國地圖——康熙朝《皇輿全覽圖》

《皇輿全覽圖》一七一七年刻

《皇輿全覽圖．盛京全圖》一九四一年復刻

這裡所強調的用近代方法實測，主要是區別於古代中國繪製地圖的傳統。傳統的繪製方法有兩種：一是以平面地面為基礎採用矩形網格座標「計里畫方」的作圖法；二是採用形象對景圖的畫法，即把山水形象地繪在地圖上。

近代西方的地圖繪製方法，即三角測量、天文觀測、經緯度和投影等技本相結合的繪製方法。所謂三角測量法，即在地面上按一定條件選定一系列點，構成許多相互連接的三角形；然後，在已知的點，用望遠鏡觀察各方向間的水平角，並精確地確定起始邊長，以此邊長作基準線，推算其他各點的經緯度座標。但三角測量法需和天文觀察相結合，才能更精確地進行繪圖。天文觀察方法大約有四種：一是用太陽觀察確定各點的經緯度；二是用月蝕觀測確定；三是用木星遮掩某恆星觀測測定；四是用木星第一衛星觀察確定。繪圖師通常是在天文觀察確定若干個基本點後，再採用三角測量方法推算出其他各點的經緯度。

清康熙十七年（一六七八年），康熙讓南懷仁給歐洲耶穌會寫信，希望向中國增派精於算學的耶穌會士。十年後，張誠、白晉等六位被冠以「國王數學家」稱號的法國耶穌會士來到中國，並成為康熙帝

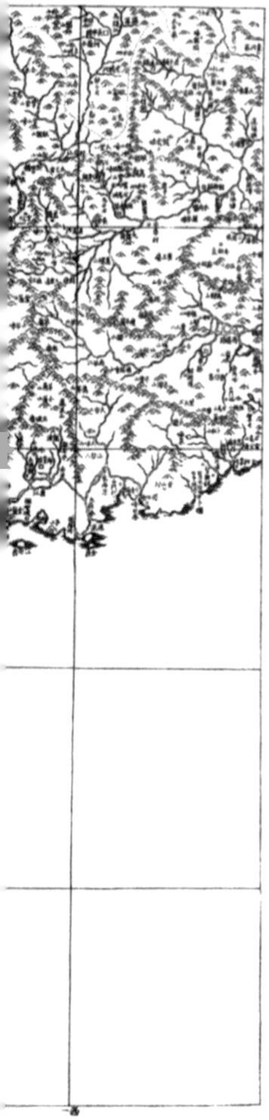

建立蒙養齋算學館，培養科技人才的中堅力量。又經過近二十年的人才培養、購置儀器、測定各地緯度、繪製局部地圖等準備工作，測繪全國地圖的工作終於開始。

康熙四十七年（一七〇八年），康熙啟動了重繪大清地圖的工程：「諭傳教西士分赴內蒙各部、中國各省，遍覽山水城廓，用西學量法，繪畫地圖。並諭部臣，選派幹員，隨往照料……並諮各省督府將軍，札行各地方官，供應一切需要。」從康熙四十七年至康熙五十六年（一七〇八年至一七一七年），這項工程持續了十年之久，測繪隊走遍東北、華北、華東、華中、西南各省，繪製了一幅幅各省地圖。最後完成的是西藏地圖，此前，曾有西藏人繪成西藏地圖，但法國傳教士雷孝思發現圖上的地點大多沒經過實測，於是康熙就派在蒙養齋從傳教士學數學和測量的兩個喇嘛前去西寧、拉薩等地測繪。這次繪成的地圖較前為好，可仍有許多錯誤。但因此圖出自欽天監出身的喇嘛之手，洋教士不好過分批評，於是湊合成圖。至此全國測繪工作宣告完成。康熙五十六年（一七一七年）各省分圖，最後由白晉總繪製成一幅全國地圖——《皇輿全覽圖》，成為中國第一次經實地勘測繪製的全國地圖。

《皇輿全覽圖》不僅很大，而且很準。地圖以北京為零度經線，建立了以地圓為基礎的經緯坐標系統。康熙旨諭各王子督辦或讓其親自測量各地的經緯度，並提出「里」合地球經線一度的規定，為測繪全國大地圖制定出統一標準。這幅全國地圖描繪了康熙時的大清疆域，東起大海，西到蔥嶺，南至曾母暗沙，北跨外興安嶺，西北到巴爾喀什湖，東北到庫葉島，版圖面積大約有一千三百萬平方公里，是當時世界上實測面積最大的國別地

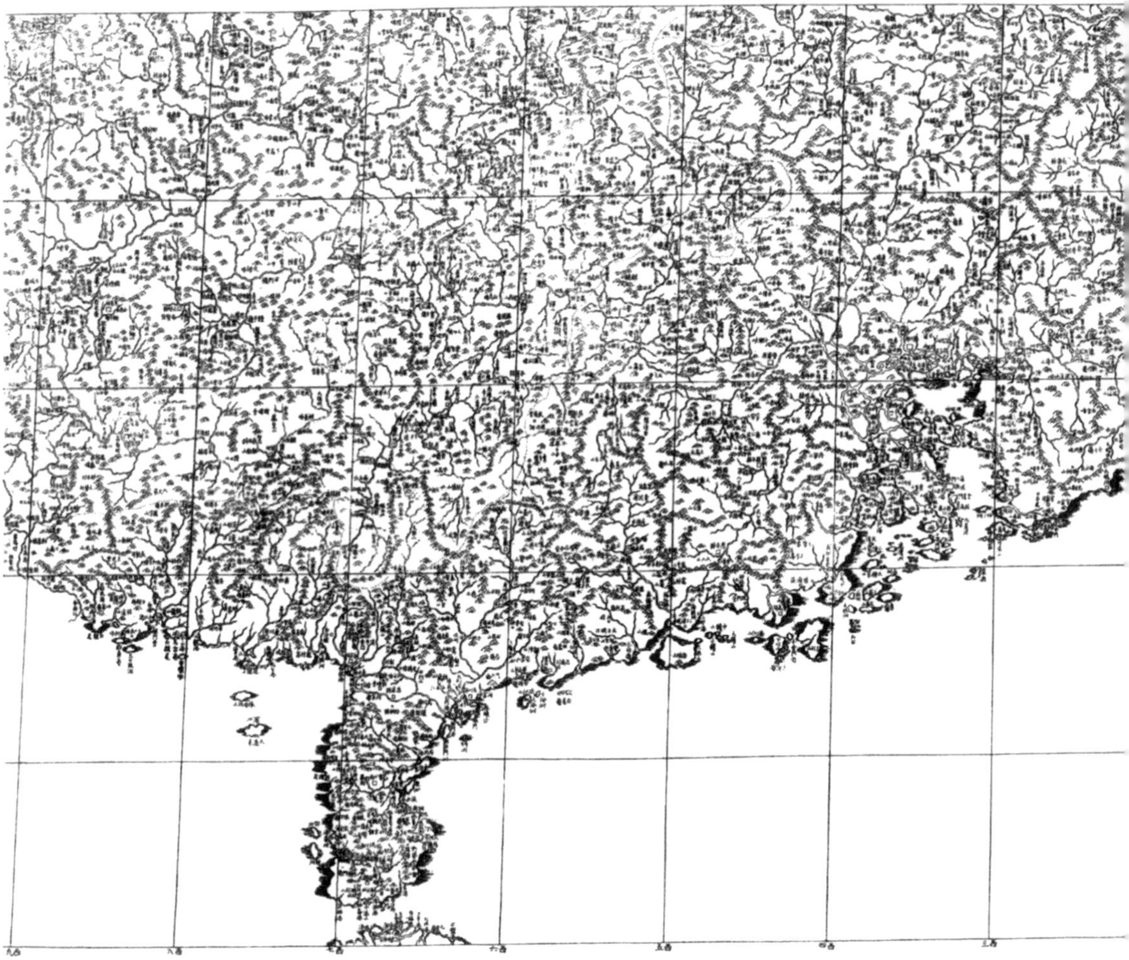

圖8.1：《皇輿全覽圖》

康熙朝運用現代測繪方法繪製了《皇輿全覽圖》、此為圖中的廣東部分，可見全圖之一斑。

圖。

地圖學史專家汪前進先生研究，《皇輿全覽圖》成圖後，相繼產生了一些稍有不同的版本。最早的版本是木刻墨印設色的，板框高二百一十公分，寬二百二十六公分，單幅。圖上額墨筆楷書「皇輿全覽圖」五個大字，此圖刻於康熙五十六年（一七一七年），此圖圖中的局部圖，後來成為各省繪製地圖的母本。同年，還有一木版同名圖，分二十八幅合成。這裡選刊的《皇輿全覽圖．廣東部分》（圖8.1），可見全圖之一斑。此外，《皇輿全

覽圖》還有彩繪本，由十六幅合成。而後，學界皆知的一九二九年在瀋陽故宮發現《滿漢合璧清內府一統輿地秘圖》四十七塊印刷銅版。據考是傳教士馬國賢所刻。此圖，實際上就是《皇輿全覽圖》，只是這些銅版，年頭太久，無法再印了。

後來，在美國國會圖書館，人們還發現有一七二一年（清康熙六十年）版，三十五圖的版本。這套圖是德國人瓦爾特·富克斯（Walter Fuchs），一九四一年根據一七二一年的罕見木刻版複製而成。全圖共分為：一盛京全圖，二烏蘇里江圖，三黑龍江口圖，四黑龍江中圖，五黑龍江源圖，六色楞厄河圖，七熱河圖，八河套圖，九黃河河源圖，十哈密葛思圖，十一雜旺阿爾佈灘圖，十二金沙瀾滄等江源圖，十三拉藏圖，十四牙魯臧布江圖，十五岡底斯阿林圖，十六黃河河源圖，十七牙魯河源圖，十八金沙瀾滄等江源圖，十九哈密圖，二十朝鮮圖，二十一直隸全圖，二十二山東全圖，二十三山西全圖，二十四陝西全圖，二十五河南全圖，二十六江南全圖，二十七浙江全圖，二十八江西全圖，二十九湖廣全圖，三十福建全圖，三十一廣東全圖，三十二廣西全圖，三十三貴州全圖，三十四四川全圖，三十五雲南全圖。這裡選刊的為《皇輿全覽圖·盛京全圖》（圖8.2）。

康熙朝運用現代測繪方法繪製的《皇輿全覽圖》極為精細，在當時的世界上，如此大比例的地圖也是少見，可稱世界一流。

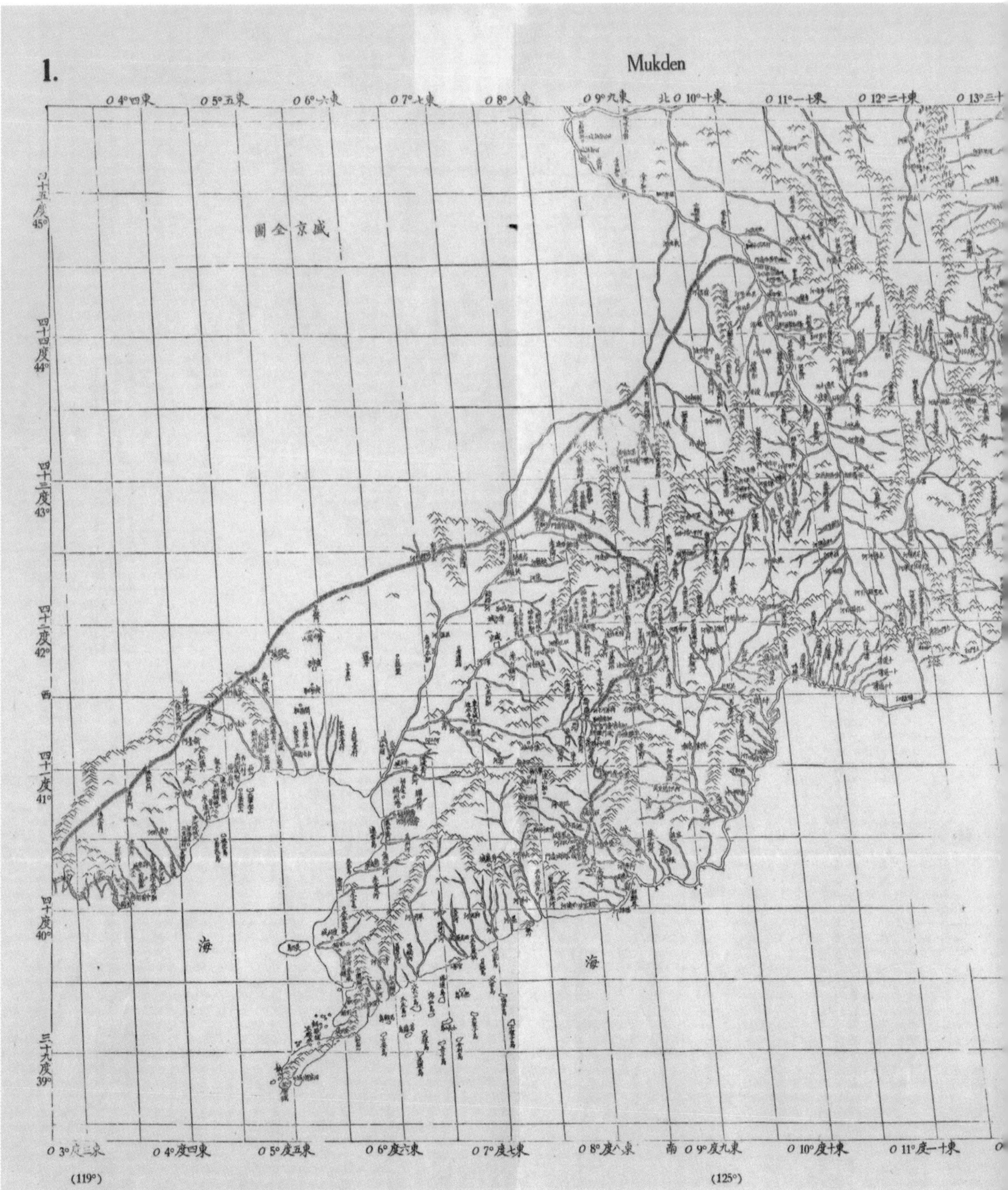

圖8.2：《皇輿全覽圖．盛京全圖》

在美國國會圖書館，人們還發現有康熙五十六年（一七一七年）的三十五圖版本。此為其中的第一圖《皇輿全覽圖．盛京全圖》

承上啟下的大清版圖——《雍正十排全圖》

〰《雍正十排全圖》〰 清雍正年間

《皇輿全覽圖》問世五年後，為此傾注了巨大心血的康熙就駕崩了，接了皇位的雍正也承繼了完善全國地圖測繪的偉業。雍正初年，延用為康熙朝測繪地圖的西方傳教士巴多明、雷孝思、杜德美、費隱、麥大成、馮秉正、德瑪諾等十多人，在康熙朝大規模測繪的基礎上，開始補充資料、引用外國地圖成果、擴大範圍、編繪新的全國地圖。

雍正朝的全國地圖，與康乾兩世的全國地圖不一樣，除雍正朝一朝外，後世再沒有印刷過。由於雍正朝當年印製的地圖量就很小，所以，傳世的更是少之又少，在康雍乾三世地圖中，尤顯珍貴。

雍正朝傳世的全國地圖，目前已知的有中國第一歷史檔案館收藏的一個印本和一個手繪本，此外就是這裡選用的中國科學院圖書情報中心收藏的這個印本。這件寶物原來由蘭州的高伯禎收藏。此圖是高伯禎一九二〇年在甘肅海原縣的城隍廟地震廢墟中偶然發現的，當時裝在一個近兩尺長的木匣子裡。一九六五年，高伯禎去世時，將此圖捐給了國家。當年的獻圖儀式，由時任中國科學院副院長的竺可楨親自主持。經專家考定，此圖是存世的雍正朝全國地圖中較早的印本。

高伯禎捐獻的這件地圖，由十條長短不齊的橫幅互相銜接，構成一幅完整的中國地圖。此圖東西長十公尺，南北寬五公尺，由油墨先印在宣紙上，而後又裱在厚紙上，每條橫幅背面都蓋有清朝大印，並用毛筆書寫《雍正十排圖》的字樣。

《雍正十排圖》吸收傳統方格計里的形式，縱橫直線正交，且等分，成正方形，每方二百里。地圖按緯度由北往南排列，每八度為一排，共分十排，所以有《雍正十排圖》之名。地圖以北京為本初子午線，此線標注為「中」，相當於現在的東經一百一十六・二八度。位於中東邊的第一根經線為「東一」。最東線為「東三十六」，相當於現在的東經一六十度左右。最西線為「西九十二」，相當於東經二十八・五度。經過北京的緯線也定為「中」，相當於現在的北緯三十九・五五度。最北的緯線為「北四十一」，相當於現在的北緯八十度。最南的緯線為「南三十九」，相當於現在的北緯十五度。經緯線皆以北京為中心，反映了皇帝為天地之中的中央集權思想。這裡選刊的是《雍正十排圖》局部（山東半島）之圖（圖8.3）。

《雍正十排圖》與《皇輿全覽圖》相比，其繪製範圍略大，上自北冰洋，下至海南島，東北臨海，東南至台灣，西抵波羅的海里加灣。圖中的地名略多，圖中內容及地名注記也詳於康熙圖。圖上長城以內，凡重要關隘、衛、堡、城、鎮、營、汛，均貼黃簽以漢文注記駐紮官兵人數，幾乎形同軍事地圖。

從圖面上看中國的東南、東北、西南特別是沿海各省市繪製得相當詳細清楚，城市、縣區、山脈、江海河流、礦產、橋樑、公路、鐵路、水路等全部用漢字注明。西北部如甘肅、新疆、青海、蒙古四省區繪製較簡單，且用滿文標注地名。長城以南直至海南島等地區，皆用漢文。圖中地名書寫整齊，位置排列得當，各種圖例符號的設計較為科學。

值得注意的是，此圖對北部海洋的關注，將西伯利亞北部的北冰洋沿岸，以及地中海以東的地理概貌載入此圖。看得出雍正朝，對外在中國北方的不斷向東、向南擴張的沙俄給予了一定的關注。它將有助於大清處理西方與北方邊界的政治、軍事、外貿和交通諸多問題。

《雍正十排圖》在康雍乾三世測繪全國地圖的工程裡，恰好居中，所以，此圖也有著承上啟下的歷史作用。

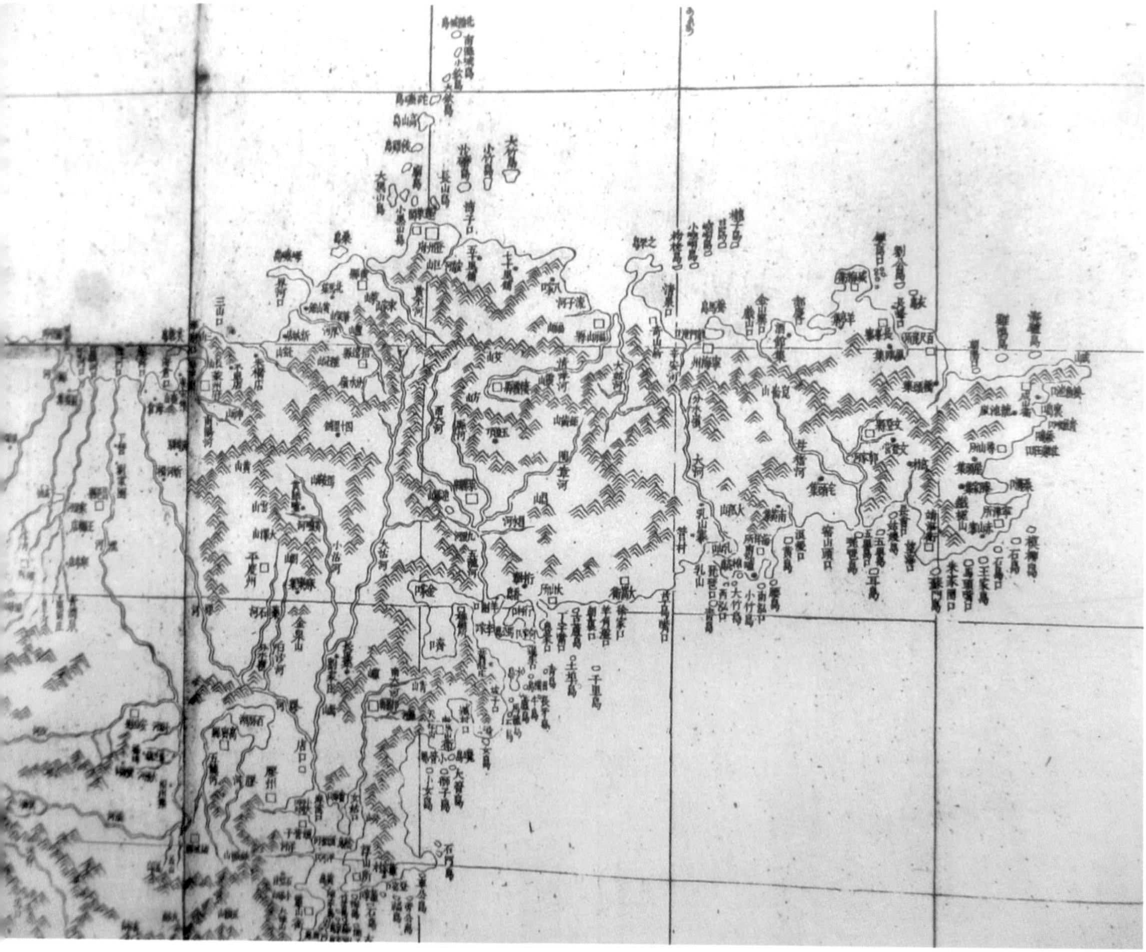

圖8.3：《雍正十排圖》

《雍正十排圖》局部（山東半島）。

最完整亞洲大陸全圖——《乾隆十三排圖》

〈〈《乾隆十三排圖》〈〈一九三二年二印本

康熙、雍正兩朝，雖然用近代科學方法完成了重要的大清版圖測繪，有意義非同尋常的《皇輿全覽圖》和《雍正十排圖》巨幅地圖傳世。在這兩幅全國地圖上，大清疆域都有了明確的繪製和經緯度測量，對於尚不能進行測量的西域地區，兩朝的測繪者都在地圖上以虛線標注。那一條條虛線好似留給後世的一道道作業題，等待著下一位帝王來完成。

乾隆登基後，天下一統，自然是他的首要任務。乾隆在完成平叛與統一大業後，遂即展開接續先帝未竟的大清版圖測量工程。乾隆朝的測繪工作與康熙朝大有不同，此時中國的測繪力量已有很大進步，所以，整個測繪工作是以大清的技術人員為主，西方傳教士僅為助手。

乾隆朝的增補測繪工作，主要集中在西部地區。大清平定了準噶爾、大和卓、小和卓以後，於乾隆二十一年（一七五六年）開始，進行西北地方的測量。清廷先後兩次分別派劉統動、何國宗、明安圖等中方測量人員與西方測量人員傅作霖、高慎思等前往新疆天山南北兩路測量經緯度，測得哈密以西至巴爾喀什湖以東、以南地區九十三個點經緯度數據。同時，還重新測繪了西藏，於乾隆二十四年完成新疆和西藏的測繪工作。通過這次測量獲得了全國版圖內的經緯度網點七百三十四點的成果，並取得全國一千七百一十一處經緯度值，從而完成了康熙朝未能完成的精確大地測繪。

據古地圖專家孫果清先生研究，乾隆二十五年（一七六〇年），大清完成了乾隆朝的「皇輿全圖」。乾隆四十年（一七七五年）由法國傳教士蔣友仁製成銅版一百零四塊（含地圖一百零三頁，乾隆御制詩一頁），印製新圖。此圖自北而南依緯度劃分，每五度為一排，共有十三排，由此得名《乾隆十三排圖》。開本縱四十六．五公分橫七十五．五公分。這套區域面積極廣、精度極高的大地圖，被朝廷視為珍寶，藏於內府，密不示人。初印本數量有限，當時分別藏於紫禁城內的乾清宮、內務府以及清漪園、圓明園、靜宜園、靜明園、避暑山莊等處，供皇帝御覽之用。初印本現在僅有兩部存世。一部在梵蒂岡教廷圖書館一部在中國國家圖書館。

一九二五年五月，故宮博物院文獻館清點故宮造辦處存物時，發現銅版一百零四塊。一九三二年，經朱希祖先生整理，鑒定為乾隆朝《皇輿全圖》，並用該銅版印刷了十套，題名為《乾隆內府輿圖》，首頁鈐：故宮博物院版權之印。此十套地圖，也只是由故宮博物院、北平圖書館等政府部門珍藏，民間無存。後因日本入侵，局勢不穩，一九三六年文物南遷時，國民政府帶走了一套，現存國家圖書館。不久，英國人也搞到了一套，現存入大英圖書館。目前僅知中國國內還有六套，分別藏於中國國家圖書館、北京故宮博物院、北京大學圖書館。

一九八八年，地圖學專家曹婉如等在編輯《中國古代地圖集》時，到故宮博物院拍照銅版，發現銅版已不能用，地圖集中僅留下遺憾的面目全非的銅版圖片（圖8.4）。所以，即使是二印本，因現存銅版已不可再用，也都成了絕版。《乾隆十三排圖》每一幅單圖也都很完整，如「福建沿海圖」（圖8.5）。

值得慶倖的是二〇〇六年五月，在北京海王村春季書刊資料拍賣會上，驚現一套原銅版二印的《乾隆內府輿圖》，這可能是流傳到民間的唯一一部《乾隆內府輿圖》。其拍品保存完整，通過網上圖片可以看到其卷首印有：清乾隆二十五年鐫製銅版《清乾隆內府輿圖》，民國二十一年一月，故宮博物院重

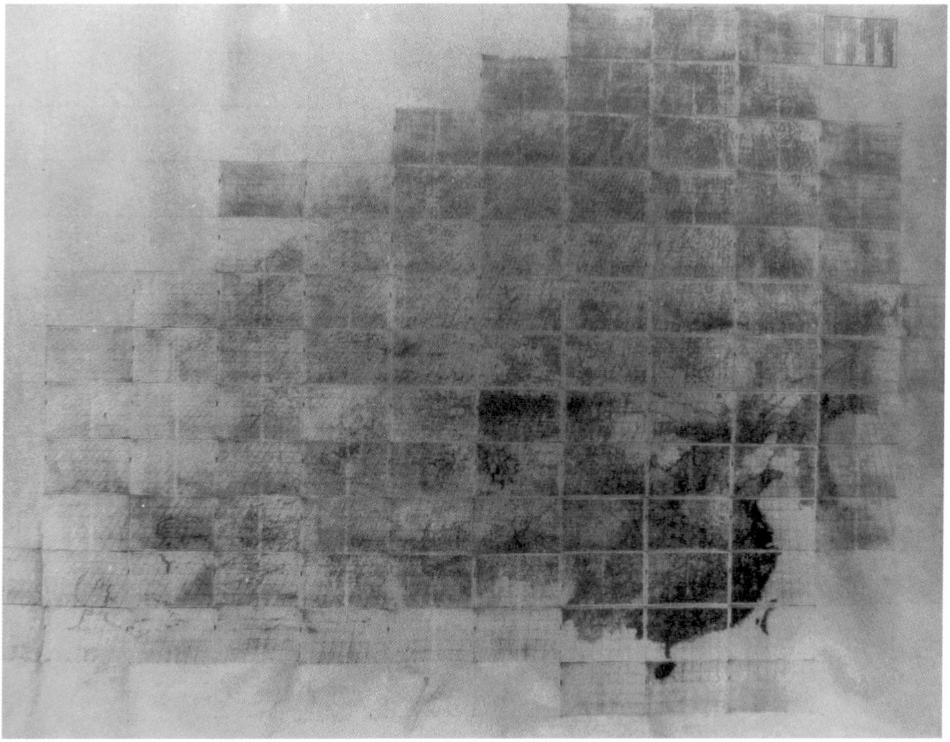

圖8.4：《乾隆十三排圖》

地圖學專家曹婉如等在編輯《中國古代地圖集》時，到故宮博物院拍照銅版，發現銅版已不能用。地圖集中僅留下遺憾的面目全非的銅版圖片。

印；這一民間藏品的出現，實為地圖收藏界的一個奇蹟。

《乾隆十三排圖》的比例尺約為1：140萬，比康熙《皇輿全覽圖》大一倍多，圖中各要素也增加了許多，內容更加詳細。此圖通過北京的子午線不標為零度，而是「東一和西一」，其範圍東自庫頁島，西迄地中海（東經三十七度至西經九十七度），南起南海、印度洋，北至北冰洋（北緯十八度至北緯八十度）。就其地理範圍而言，大致包括整個亞洲大陸。就其海洋界野而言，也遠遠超出了中國海疆的範圍，擴大到整個亞洲海域。所以，它描繪的已不是一幅中國全圖和中國海疆的圖景了，幾乎就是當時世界上最完整的一幅亞洲海陸全圖。

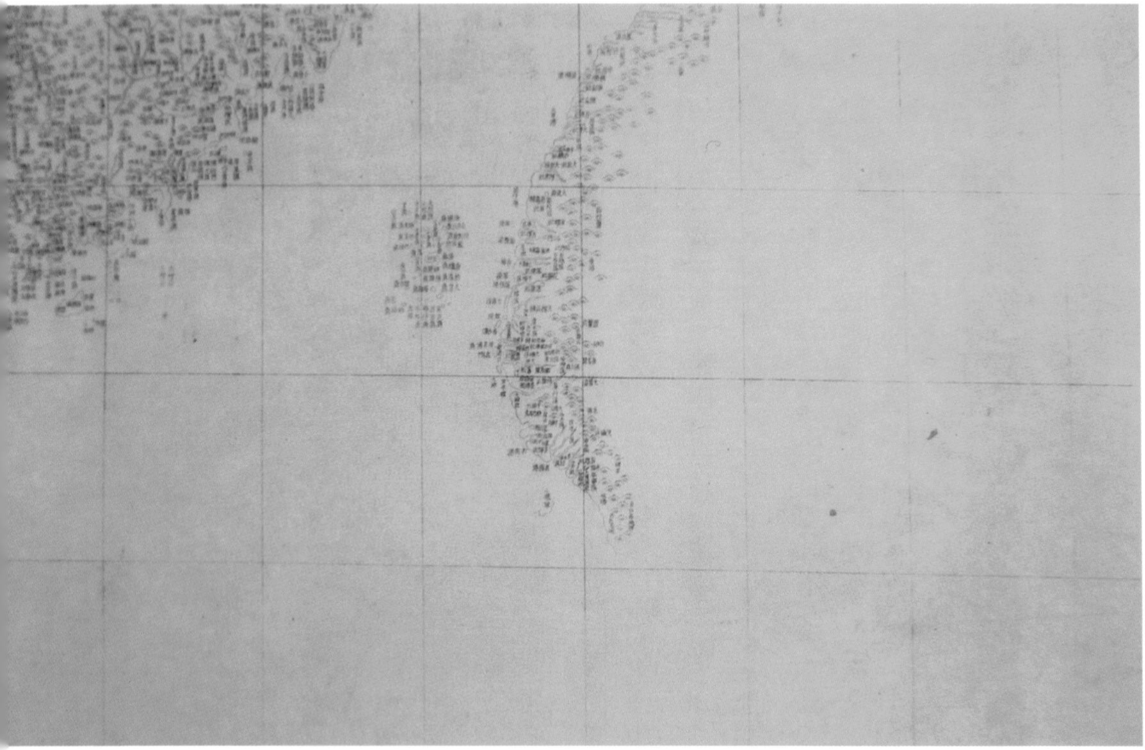

圖8.5：《乾隆十三排圖》

每一幅單圖地圖也都很完整，如「福建沿海圖」。

萬年一統的美好願景——《大清分省輿圖》、《大清萬年一統地理全圖》

〰《大清分省輿圖》〰約清乾隆十九年至五十一年（一七五四年～一七八六年）間繪製

〰《大清萬年一統地理全圖》〰道光五年（一八二五年）刻繪

康、雍、乾三世的《皇輿全覽圖》、《雍正十排圖》和《乾隆十三排圖》都是巨幅地圖，絕大多數版本是幾十幅分圖組合而成，單幅的全圖極少。所以，康、雍、乾三世的這三幅超大地圖傳出宮的極少，傳世的就更少了。

清初的全國地圖有多種，那時大清的地域和海疆都空前的遼闊。比如，這幅和順齋繪製的（清乾隆十九年至五十一年）《大清分省輿圖》（圖8.6）全國總圖，全圖集共十九圖，一總圖，十八分省圖，每圖縱三十公分，橫三十五公分，紙本彩繪，現藏美國國會圖書館。此總圖的大清東邊海疆在海參威之外，但咸豐十年（一八六〇年）中俄《北京條約》簽定後，變成了俄國的符拉迪沃斯托克，東邊還清楚地畫出了巨大的興凱湖，這個湖也在中俄《北京條約》簽定後，變成了中俄界湖。這幅地圖的海疆描繪值得注意的地方還有，在東南海面，大小琉球都有標注，但台灣島繪出了島形，但卻沒有標注台灣，或以福建省代之，不另注記。但是，在珠江口卻突出繪出了澳門島。可見當時的天朝對被葡萄牙人佔據的澳門還是非常重視。

現在看清初傳世最多的完整表現大清的全國地圖，要數黃千人的這幅《大清萬年一統地理全圖》。

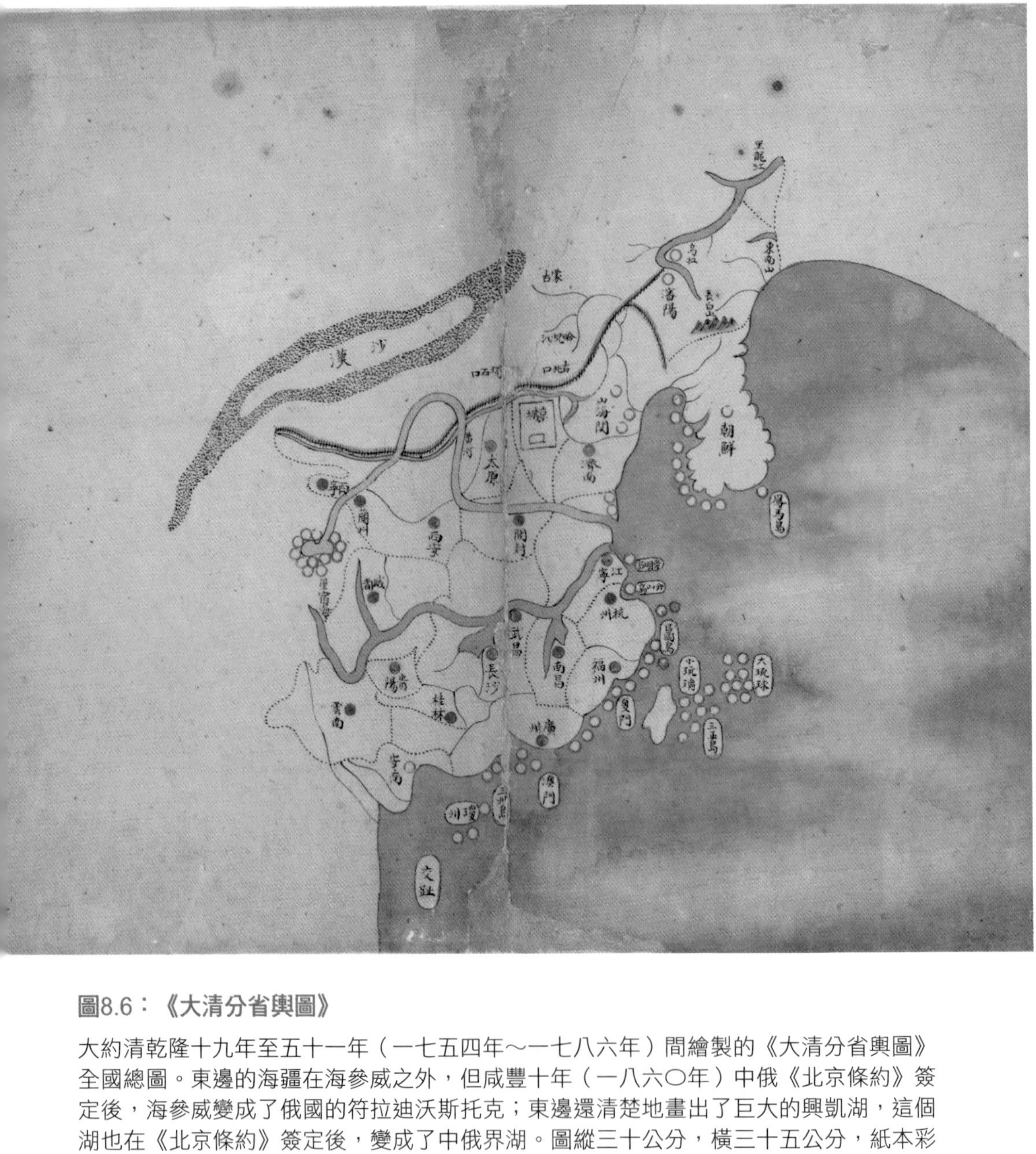

圖8.6：《大清分省輿圖》

大約清乾隆十九年至五十一年（一七五四年～一七八六年）間繪製的《大清分省輿圖》全國總圖。東邊的海疆在海參威之外，但咸豐十年（一八六〇年）中俄《北京條約》簽定後，海參威變成了俄國的符拉迪沃斯托克；東邊還清楚地畫出了巨大的興凱湖，這個湖也在《北京條約》簽定後，變成了中俄界湖。圖縱三十公分，橫三十五公分，紙本彩繪，現藏美國國會圖書館。

黃千人，浙江餘姚人，是明末清初傑出思想家黃宗羲之孫。清乾隆三十二年（一七六七年），黃千人將黃宗羲舊刻輿圖重訂為《大清萬年一統地理全圖》並付梓。在此圖的「題記」中，黃千人稱：「本朝幅圓之廣亙古未有。東西南朔莫可紀極，而萬國之梯航、重譯、職貢、稱臣者更指不勝屈。乾隆丁亥間，餘姚黃千人曾為《天下輿圖》，其中山川、疆界、都邑、封圻靡不星羅棋佈，如指諸掌，洵足瞻盛世之版章，為遠近之觀度矣！然其時，金川、西藏、新疆州郡未經開闢，而河道、海口等尚不無掛漏之譏。茲刻遵御纂諸書悉為增補，較舊圖似加詳晰……其塞徼綿亙無際，海嶼風訊不時，難以里數計者，載其方向，俱仍舊式，未敢稍易。已見此圖久經鐫版行世，茲特刻為屏幅，俾途寓書箱，便於攜帶，博雅君子懸壁縱觀天下之廣，可以全覽焉。」

根據題記提供的訊息可知，此圖在摹繪母本《乾隆十三排圖》（刻印於乾隆二十六年，即一七六一年）的基礎上，又根據「御纂諸書」做了增補，其增補內容有金川、西藏、新疆州郡等，較舊圖似加詳晰。為便於攜帶與觀賞，特將此圖刻為屏幅。

顯然，這是一件民間私刻的「全國地圖」與康、雍、乾三世的朝廷輿圖有所不同，由於出自民間，所以，得以在民間不斷翻刻，不斷增補。清嘉慶時，曾有藍、綠拓本，一幅（分切二十四張），縱一百三十五公分，橫二百三十六公分。與原圖相比已經有所變形，尺幅更寬了。此後，又有清道光五年（一八二五年），四川綿竹年畫藝人改造成八條屏式「年畫版本」（圖8.7）。凡乾隆末年及嘉慶初年府、廳、州、縣建置之增改在圖上均有所反映。由於民間的不斷刻印與改造，遂使《大清萬年一統地理全圖》成為流傳最廣的大清「全國地圖」（同時還有黃千人及兒子黃諸文的與此版本略有差異的《大清萬年一統天下全圖》刊行於世）。

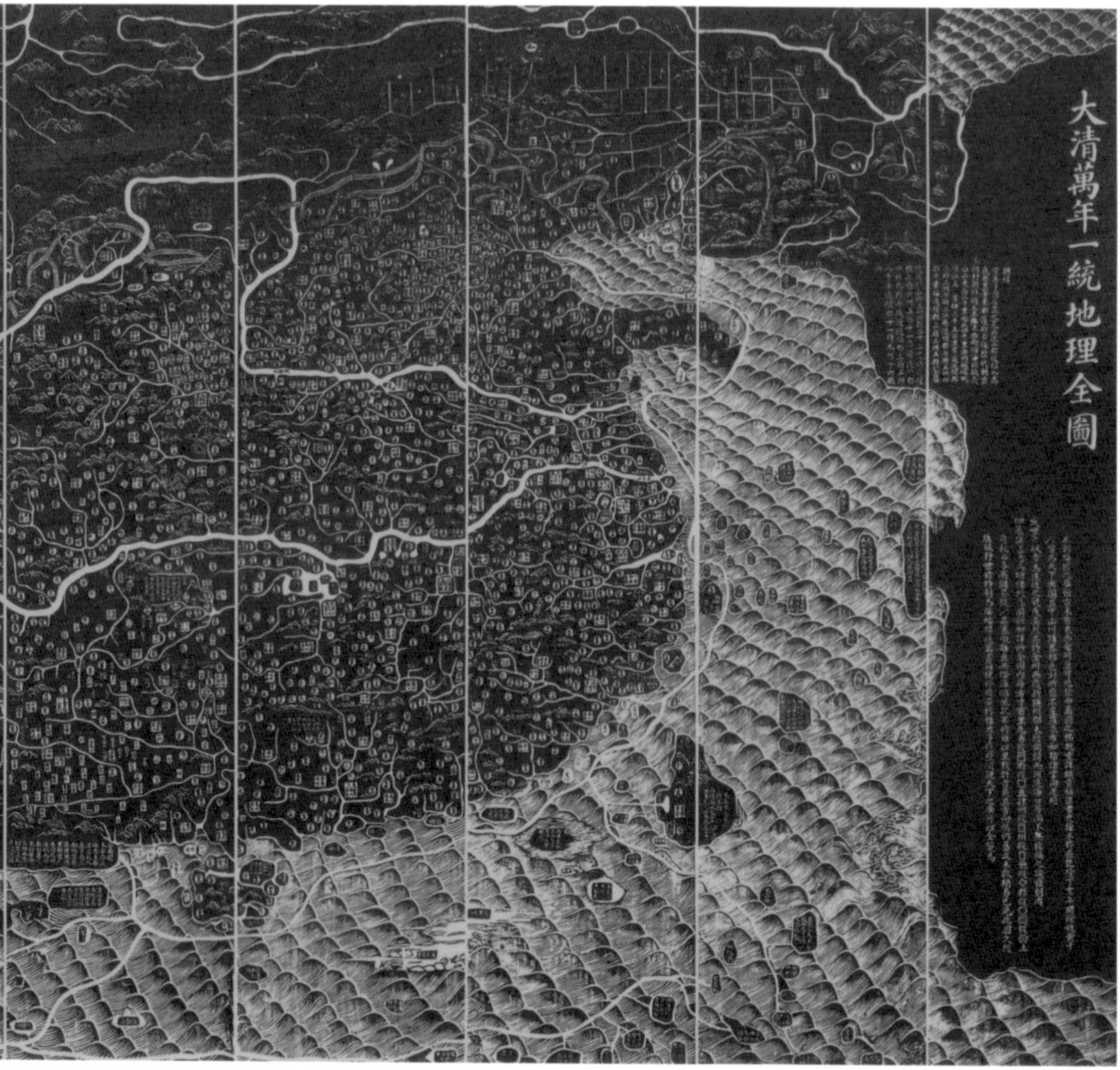

圖8.7：《大清萬年一統地理全圖》

此為清乾隆三十二年（一七六七年），黃千人依祖父黃宗羲舊刻輿圖重訂的《大清萬年一統地理全圖》。這幅地圖比康、雍、乾三朝主持的全國地圖多出了海上航線部分。在從北到南的海岸線上，繪有一條長長的近岸航海的海運線；這條近岸航海的航線延伸部分，向西一直延伸到印度方向，向南則延伸了西南諸島和南洋。此為年畫藝人在道光五年（一八二五年）所刻的木板八條屏地圖。圖縱九十公分，橫一百一十五公分。

此圖文字注記中雖然說了「每方百里」，但圖中並未繪出畫方。但圖中列出的「圖例」，非常精細，為大清後來的地圖繪製提供了標準「圖例」。通常人們在看這幅地圖時，目光都集中於陸地上，而忽視了海上部分。事實上，這幅地圖比康、雍、乾三朝主持的全國地圖多出了海上航線部分。在從北到南的海岸線上，細有一條長長的近岸航海的海運線；這條近岸航海的航線延伸部分，向西一直延伸到印度方向，向南則延伸了西南諸島和南洋。這是清代地圖中罕見的航線描繪，但因「海嶼風訊不時，難以里數計者，載其方向」，所以，圖上再沒有更細的航海描繪了。

這幅道光五年（一八二五年）的《大清萬年一統地理全圖》，所刻為木板條屏地圖，由八塊木板條屏拼出此地圖，「懸壁縱觀」，氣勢「博雅」。這差不多就是鴉片戰爭前的大清版圖原貌，不久，這種所謂的「萬年一統」的夢幻就不存在了，列強瓜分中國的悲劇開始了。

9 清代的台灣、琉球、南海諸島地圖

引言：大清開啟的台灣測繪的新時代

先秦時的中國人對島嶼是沒有概念的，那時的人們正忙著在中原爭奪。秦一統天下後，島嶼成了大陸人假想的仙境，是一個求仙與永生的地方。直到漢代，中國描述東南沿海的島嶼時，仍用「夷洲」之說。

關於古代中國經營台灣，最早的疑似記載是，孫權曾派大將軍衛溫、諸葛直率一萬多名士兵到過「夷州」，但「夷州」是不是台灣島，沒有地理文獻加以證明。隋朝時，台灣和琉球皆被稱為「流求」，未分大小「流求」，也很難斷定其位置。所以，從唐朝到北宋，這五百年間古代歷史文獻中，我們也找不到有關台灣的正式的和準確的地理記載。

古代中國地圖對海疆的全面描繪，現在能見到的是宋代的石刻地圖，其中最為著名的是現藏西安碑林的《禹跡圖》和《華夷圖》。在宋代的地圖上曾有過疑似台灣的身影，如北宋元符三年（一一〇〇年）的《古今華夷區域總要圖》中，大陸東南方繪出的「蝦夷」、「流球」等島嶼，被認為是對台灣的早期描繪，但很難認定畫的就是台灣。

史料對台灣的比較明確的行政記載是元代，蒙元政府正式在澎湖設立「巡檢司」。巡檢司是元朝首創的縣級衙門底下的基層組織。該組織通常為管轄人煙稀少地方的非常設組織，除了無行政裁量權之外，也沒有常設主官管，其功能以軍事為主。元代的地圖中，有了更多的關於台灣的標注，但位置與面積都不夠準確。

明初，這一海區的島嶼，有了大小琉球之說，中山國（後為沖繩）為大琉球，台灣為小琉球。台灣島開始標注於一系列的地圖上。明天順五年（一四六一年）刊刻的《大明一統之圖》中，繪在日本南端的台灣，其位置與形狀較接近於現實，標示為「琉球」。明嘉靖三十五年（一五五六年）刊刻的《籌海圖編．輿地全圖》中，繪出了日本、琉球、小琉球；明萬曆二十九年（一六〇一年）馮應京刊刻的利瑪竇《輿地全圖》，還有明萬曆三十三年（一六〇五年）刊刻的《乾坤一統海防全圖》等地圖，都不同成度地繪出了台灣島。但這些描繪台灣的地圖，位置與形狀都不夠準確。當時繪製地圖仍用的是「對景圖」畫法，沒有用較科學的經緯度三角測量畫法。

明萬曆時，朝廷正式使用了「台灣」一詞（依連橫《台灣通史》：台灣是原住族群的「台窩灣」一稱演變而來）。隨著西方人的「大航海」帆影向東方推進，寶島台灣也進入了殖民者的視野。

西方殖民史中的臺灣是與葡萄牙的「發現」連在一起的，一五四三年打通了麻六甲海峽的葡萄牙人駕船北上，偶然中發現了「日本」。一五四四年再次北上的葡萄牙人，又在海上遠遠地「發現」臺灣。葡萄牙人遠望島上山川雄秀，不由發出「Formosa」的感慨（意為「美麗之島」）。現在能看到了較早描繪臺灣的地圖，皆出自葡萄牙。至少在一五七一年里斯本出版的《東印度與日本海圖》中，已有了對臺灣的描繪。此圖不標注經度，但標注緯度。北回歸線剛好穿過臺灣島，說明地理位置繪製準確，當時未將其標注「Formosa」（福爾摩沙），只是將其畫成三段的「群島」，在北端注為「琉球」。

此後，在一五九六年在阿姆斯特丹出版《東印度水路志》中，其作者林斯豪頓（Jan Huygen van Linschoten）很可能是以此前里斯本出版的《東印度與日本海圖》為母本，繪製了《中華及東南亞諸島地圖》，此圖中的日本仍保留著葡萄牙人最初繪製的「月牙」形狀，臺灣仍舊是三個方形島構成的「群島」，但北島已標注為「I.Formosa」，中島標注為「lequeo pequno」（小琉球），南島仍無名。臺灣的這種「群島」描繪就這樣在西方世界「群島」臺灣誤傳了半個世紀之久。要說明的是，當時的「臺灣」，一般是指今天的台南。在一六〇六年西洋版的《中華地圖》中的臺灣。「TYOROAN」（臺灣）已標在圖中，但與「FORMOSA」並用，福爾摩沙指的是全島。

獨幅的台灣地圖是殖民時代開啟的。

葡萄牙人經過台灣之後，這裡的要衝地位很快被荷蘭殖民者看中。一六二二年（明天啟二年）荷蘭東印度公司先是登陸澎湖，後來佔領台灣，欲將這裡建成對華、對日以及南洋的貿易（主要是日本的白銀、中國的絲綢、南洋的香料）轉運站。一六二五年（明天啟五年），為全面控制寶島，荷蘭東印度公司派船環繞台灣，完成了首幅獨立的寶島實測地圖。此圖糾正了葡萄牙和西班牙此前的航海圖一直把台灣繪成一串島嶼的錯誤。

如今在台灣很少看到荷蘭殖民者的印痕了，但隨處可見「國姓爺」的印記，這個名字不斷出現於學校、街道、及各種土特產品之上。所謂「國姓」，即南明隆武帝為攏絡明朝最後一位反清復明的官員鄭成功，賜其姓為明朝國姓——朱。清康熙元年（一六六二年）鄭成功收復台灣，開啟了國朝登陸台灣統轄的歷史。康熙二十二年（一六八三年），鄭成功的孫子降清，大清統一了台灣。

經歷了荷蘭人的侵佔，大清對台灣的重要性看得更加清楚。康熙二十三年（一六八四年），大清設立了由福建省管轄的台灣府。台灣輿圖也由此進入了新的歷史階段。

中國人從此有了自己繪製的台灣獨幅的台灣地圖，這之中最為著名的是康、雍、乾三朝繪製的單幅的巨幅長卷台灣地圖。

大清在繪製台灣地圖之時，還繪製了《琉球國全圖》，和表現大清船隊封舟琉球國的航海圖《針路圖》，以及表現澎台與大陸海峽間的航路圖的《澎台海圖》。雖然，這些海圖與同時期的西方海圖的精確性無法相比，但卻都具體的記錄了清朝政府對台灣海域的苦心經營，從史料的角度再次證明，琉球與中國的關係，「釣魚臺」自古就在中國的海疆之內。

這也是我們研究這些海圖的重要歷史價值所在。

最早的單幅台灣地圖——康熙朝《臺灣輿圖》

〰〰《台灣輿圖》〰〰清康熙五十七年（一七一八年）繪製

我到台灣的考察是跟隨旅行社進行的。這趟由臺北起步的旅行，在旅行業內稱之為「西線遊」。所謂「西線」即寶島緊鄰台灣海峽的這一側。這條線路亦是當年康熙朝描繪的《台灣輿圖》的主要場景。

滿人文化水準不高，但輿圖意識極強。早在入關以前，滿人已著手搜集明朝輿圖檔冊。康熙當朝，開始全面規劃國家輿圖，聘請西方傳教士白晉、雷孝思、杜德美、潘如、湯尚賢、費隱、麥大成等十多人，運用西方經緯度法和投影法，在實測的基礎上重新繪製全國地圖。清康熙五十七年（一七一八年），完成了《皇輿全覽圖》。

康熙朝在繪製《皇輿全覽圖》圖時，即令宮廷畫工將台灣部分節錄出來，另繪出一幅獨立的台灣專圖，這就是後世所說康熙朝的《台灣輿圖》（圖9.1）。此圖縱寬六十六公分，橫長五百三十六公分，絹本設色，以傳統山水畫技法繪製。地圖方位為，上東、下西，主要描繪了台灣西部由北到南的山川地形、兵備部署與城鄉生活等人文景觀。它是台灣社會文化生活及滿清對台灣地理認知的一個縮影，也透露出明末清初台灣發展的歷史軌跡，是目前所知最早最詳細的單幅彩繪台灣全圖。

康熙朝《台灣輿圖》描繪的台灣城鎮、村莊全都集中於寶島之西，而島的東面幾乎沒有描繪。為什麼會有這樣的格局呢？台灣人告訴我：寶島東邊是茫茫大洋，並有中央山脈阻隔，開發不易。而西邊則是近在咫尺的福建，為方便往來貿易，先民們把家都安在了島西。這種格局一直保持到今天，也是台灣「西線遊」紅火的原因。

此圖原藏於清宮之中，八國聯軍攻北京時，由皇宮內府流出，一九〇二年輾轉來到台灣。需要特別說明的是，這幅極為重要的古地圖，並不在臺北故宮，而是在臺北火車站前二二八和平公園內的台灣博物館。

康熙朝《台灣輿圖》在日本佔領台灣時，和台灣光復以後，都曾在此公開展示。直到一九八〇年，由於破損嚴重，才撤展修護。經過日本宇佐美松鶴堂重新托裱、補絹、全色，並以適當形式重新裝裱之後，此圖於二〇〇六年和二〇〇八年，兩度公開展出。原件「休息」的時候，觀眾可以在三樓看到它的複製件。

據瞭解，台灣博物館還藏有一幅比此圖年代更早的《台灣略圖》，該圖大約繪製於清康熙二十年（一六八一）以前。圖為紙本墨繪，滿、漢文箋注，縱一百二十七公分，橫一百二十三公分。規模較之康熙《台灣輿圖》小很多，描繪的內容也少很多，但它是康熙朝最早的對台灣的描述。

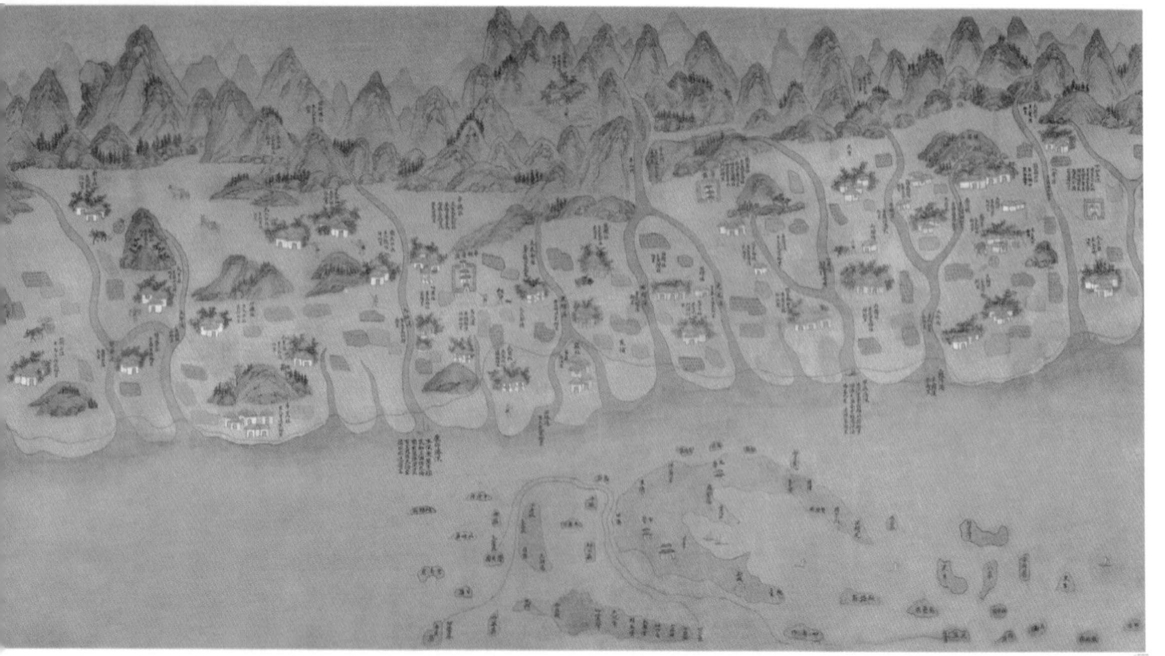

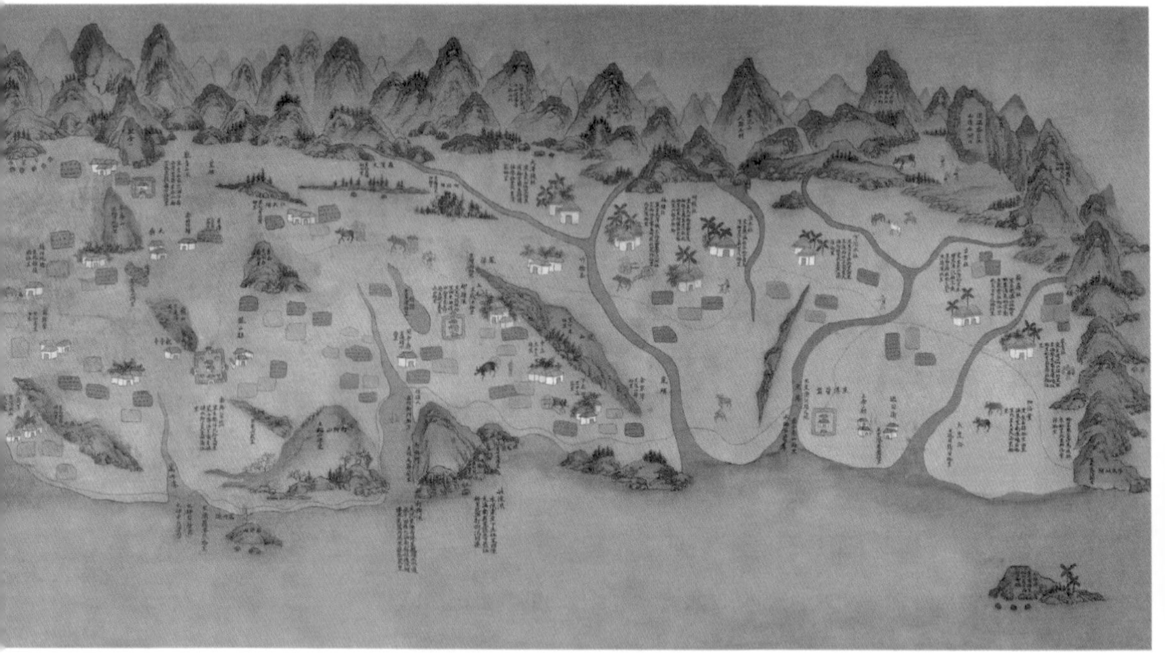

圖9.1：《台灣輿圖》

康熙朝《台灣輿圖》是康熙朝在繪製《皇輿全覽圖》圖時，令宮廷畫工將台灣部分節錄出來，另繪獨立的台灣專圖。此圖絹本設色，以傳統山水畫技法繪製。方位為上東、下西，主要描繪了台灣西部由北到南的山川地形、兵備部署與城鄉生活等人文景觀。是目前所知最早最詳細的單幅彩繪台灣全圖。圖縱寬六十六公分，橫長五百三十六公分。

最大的台灣地圖——雍正朝《臺灣圖附澎湖群島圖》

〰〰《臺灣圖附澎湖群島圖》〰〰清雍正年間

雍正一朝，承前朝之志，對版圖高度重視，對台灣亦是高度關注，所以，也繪製了巨幅長卷台灣地圖。康、雍、乾三朝繪製的最為重要的三幅台灣地圖，雖然都藏於臺北，但卻分屬兩家館藏。康熙朝《台灣輿圖》藏於台灣博物館，雍正朝的《臺灣圖附澎湖群島圖》和乾隆朝《台灣輿圖》皆由臺北故宮收藏。所以，想看三圖，必跑兩館。

在去臺北故宮的路上，導遊一直在對客人講：臺北故宮有三件「鎮館之寶」，一是翠玉白菜，二是肉形石，三是白玉苦瓜。所以，一進門就帶大家直上三樓，看這三樣寶貝。其實那棵「白菜」，只是清末光緒之瑾妃隨嫁的一個賞玩之物。臺北故宮裡的比它歷史文化價值高的寶貝多得很，比如，其五百銘文可凌駕於《尚書》之上的毛公鼎，比如，「三稀」之首《快雪時晴帖》……當然，還有我要說的雍、乾兩朝的台灣地圖。

在一樓文獻館，隔著玻璃看了明刻的《三才圖繪》，但沒能尋到雍、乾兩朝的台灣地圖。據工作人員講，這些易損寶物，不長期展示，偶爾會在專題展中露面。二〇〇九年十月，兩岸故宮在臺北故宮舉辦的「雍正展」上，雍正朝《臺灣圖附澎湖群島圖》真身再次「亮相」。

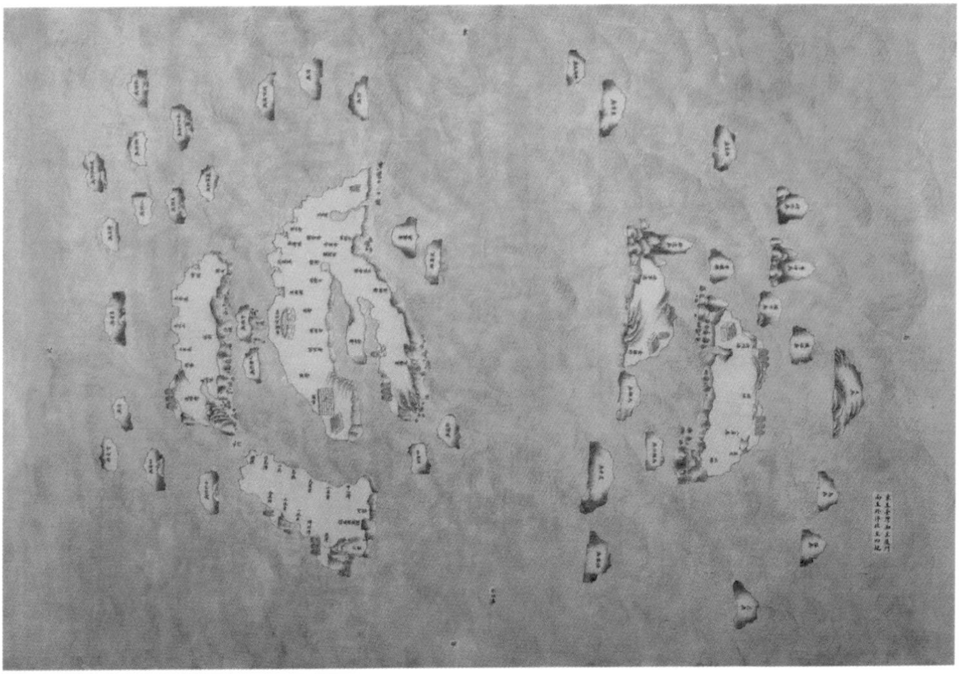

雍正朝《臺灣圖附澎湖群島圖》（圖9.2）是康、雍、乾三代台灣地圖中最大的一幅，為紙本彩繪長卷，縱六十三公分，橫七百七十二公分。北起雞籠社，南迄沙馬磯頭；凡山川、港灣、河流、島嶼、沙洲、縣城、衙署、廟宇、炮臺等，俱逐一標明，南詳北略。

雍正朝《臺灣圖附澎湖群島圖》最為特別的是，它特別將澎湖群島作為附圖單獨列出，顯示清政府出對此地的高度關注。圖上沒有標明繪製時間，後世根據雍正元年（一七二三年）建彰化縣，雍正十二年（一七三四年），彰化縣城環植刺竹。圖中標明彰化縣名，但未築城植竹，由此推知，此圖應是雍正十二年以前繪製的台灣地圖。

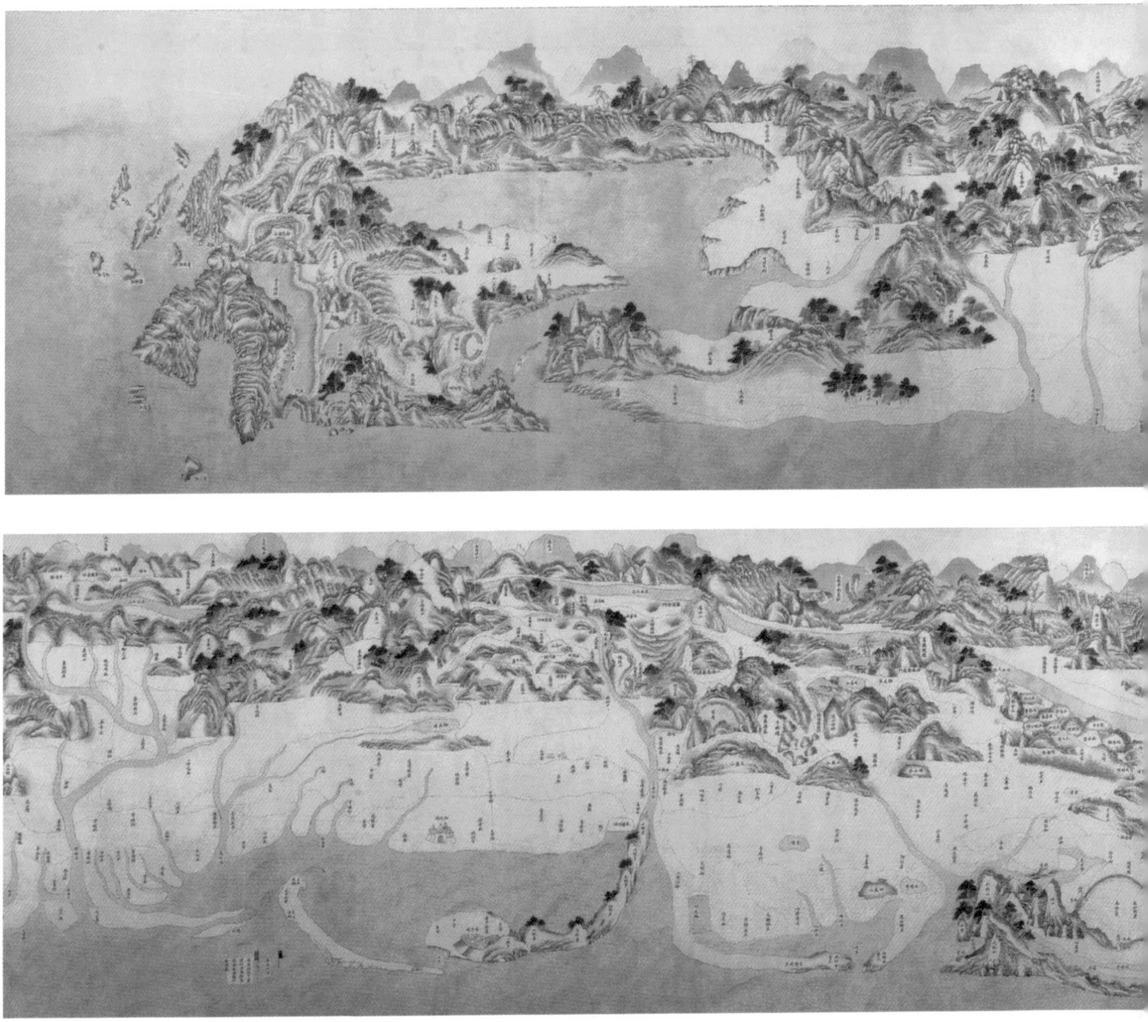

圖9.2：《臺灣圖附澎湖群島圖》

是康、雍、乾三代台灣地圖中最大的一幅，為紙本彩繪長卷，北起雞籠社，南迄沙馬磯頭；凡山川、港灣、河流、島嶼、沙洲、縣城、衙署、廟宇、炮臺等，俱逐一標明，南詳北略。圖縱六十三公分，橫七百七十二公分。

最精細的台灣地圖——乾隆朝《臺灣輿圖》

〰〰《臺灣輿圖》〰〰 清乾隆二十一至二十四年（一七五六年～一七五九年）繪製

〰〰《臺灣輿圖》〰〰 清乾隆五十一年（一七八六年）繪製

乾隆一朝，對台灣特別重視，命畫工繪製了多幅台灣地圖，其中年代最久、畫工最精的、保存最好的，藏於臺北故宮。在台灣考察時，我沒能趕上它的展出，但退而求其次，在臺北故宮的紀念品店裡，購買了複製的地圖。康、雍、乾三朝的三件複製手卷，共五千二百塊新臺幣，絕對物有所值。

臺北故宮收藏的乾隆朝《臺灣輿圖》（圖9.3），依然保持傳統山水畫法繪製，地圖縱四十六公分，橫六百六十七公分，其方位為，上東、下西、左北、右南。範圍北起大雞籠城，南至沙碼磯頭，東迄山地，西抵海。此圖的繪製年代不詳。研究者從圖中所呈現的官署，治所及行政轄區等區劃看，認為它大約成於乾隆二十一至二十四（一七五六年～一七五九年）年。

臺北故宮收藏的乾隆朝《臺灣輿圖》的一大特色是全圖繪有三十多條大小河流，並以線條的粗細分出河流的大小，以水系而言是清代最精細的地圖作品。全圖注記了一千多個地名，其中包括三百三十個原住民部落名稱，四百多個漢人居住點，以及二百多個軍事駐紮、官衙等名稱。為後世研究當年的政情民風提供了饒富古意的圖像訊息。

康、雍、乾三朝的台灣地圖，皆持從大陸看台灣的視角，以陸上海下為原則，故地圖方位為上東下西、左北右南；對於寶島的描繪，皆以面對大陸的島西為重點；繪圖技法均為山水畫長卷之方法。這種中國傳統地圖，沒有西洋的三角測量圖準確，但繪畫所傳遞出的具象訊息，卻是測量圖所不能替代的。如，圖中大清對台灣的經營變遷、寶島的民風民情、原住民的居住形態、土地分界等細節，為後人研究社會民情留下了保貴的形象線索。這亦是中國山水畫式的古地圖獨具之魅力。

大陸收藏的最早的台灣地圖是《臺灣地理全圖》又稱《福建臺灣地理全圖》。此圖為乾隆年間繪本，上有乾隆二十八年（一七六三年）題簽。是現存最早的手繪大型台灣地圖之一。縱三十四公分，橫四百四十公分。因台灣府於清康熙二十三年（一六八四年）便隸屬於福建省，所以《臺灣地理全圖》又稱《福建臺灣地理全圖》。此外，廈門大學人類學博物館還收藏一幅乾隆五十一年（一七八六年）的《臺灣輿圖》（圖9.4），也是台灣古地圖中極為重要的一幅，這是一幅長卷彩繪地圖，圖中的地名與相關描述都是康、雍、乾三代地圖中，最為豐富的一幅。這裡選刊的是此圖的臺北部分，其中雞籠和滬尾的描繪十分細膩。

道光二十年（一八四〇年），英國人海上來襲，斷腕割肉之痛並沒讓清廷對大海有多少認識和反省，大清的海防仍停留在黃水戰略的沿岸防衛之中。甲午之時，大清已有了現代化的海軍，但稱不上有了綠水戰略的近海控制能力……光緒二十一年（一八九五年），康、雍、乾三代都高度關注並苦心經營的台灣，失手於慈禧太后的積弱一朝。

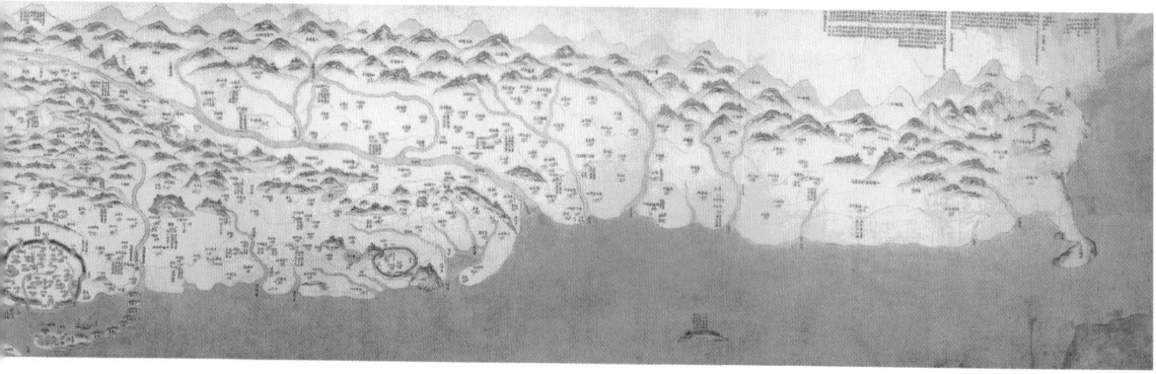

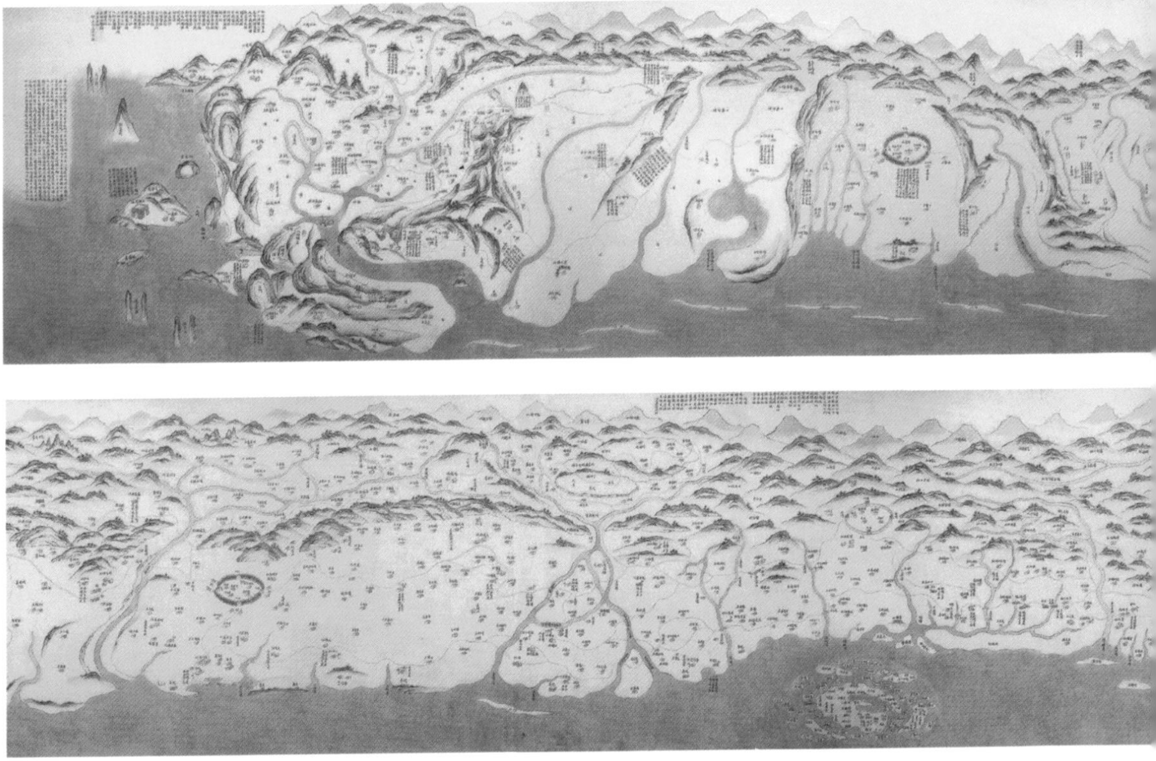

圖9.3：《臺灣輿圖》

乾隆朝的《臺灣輿圖》依然保持傳統山水畫法繪製，其方位為上東、下西、左北、右南。地圖範圍北起大雞籠城，南至沙碼磯頭，東迄山地，西抵海。此圖繪製年代不詳。研究者從圖中所呈現的官署，治所及行政轄區等區劃看，認為它大約成於乾隆二十一至二十四年（一七五六年～一七五九年）。圖縱四十六公分，橫六百六十七公分。

小南灣
大南灣

圖9.4：《臺灣輿圖》

廈門大學收藏的乾隆五十一年（一七八六年）的《臺灣輿圖》，也是台灣古地圖中極為重要的一幅，這是一幅長卷彩繪地圖，圖中的地名與相關描述都是康、雍、乾三代地圖中，最為豐富的。這裡選刊的是此圖的臺北部分，其中雞籠和滬尾的描繪十分細膩。

早期的台灣海道圖——《澎台海圖》

〰《澎台海圖》〰 清康熙五十三年前繪製

古代台灣與福建的聯繫全靠海道，但直到清代，這條重要的海道才納入到大清海圖的視野，這裡選刊的《澎台海圖》（圖9.5）即是一例。

《澎台海圖》是一卷軸式海圖，彩繪紙本。圖上有題簽兩則，一為「澎台海圖附記建置疆界海道」，另一則為「嘉慶乙丑夏六月石山石鑒藏」。依附記來看，此圖所附的記事、建置、疆界和海道情況是仲建烈於雍正八年（一七三〇年）在廣州時撰寫的。後者表明此圖為嘉慶十年（一八〇五年）所收

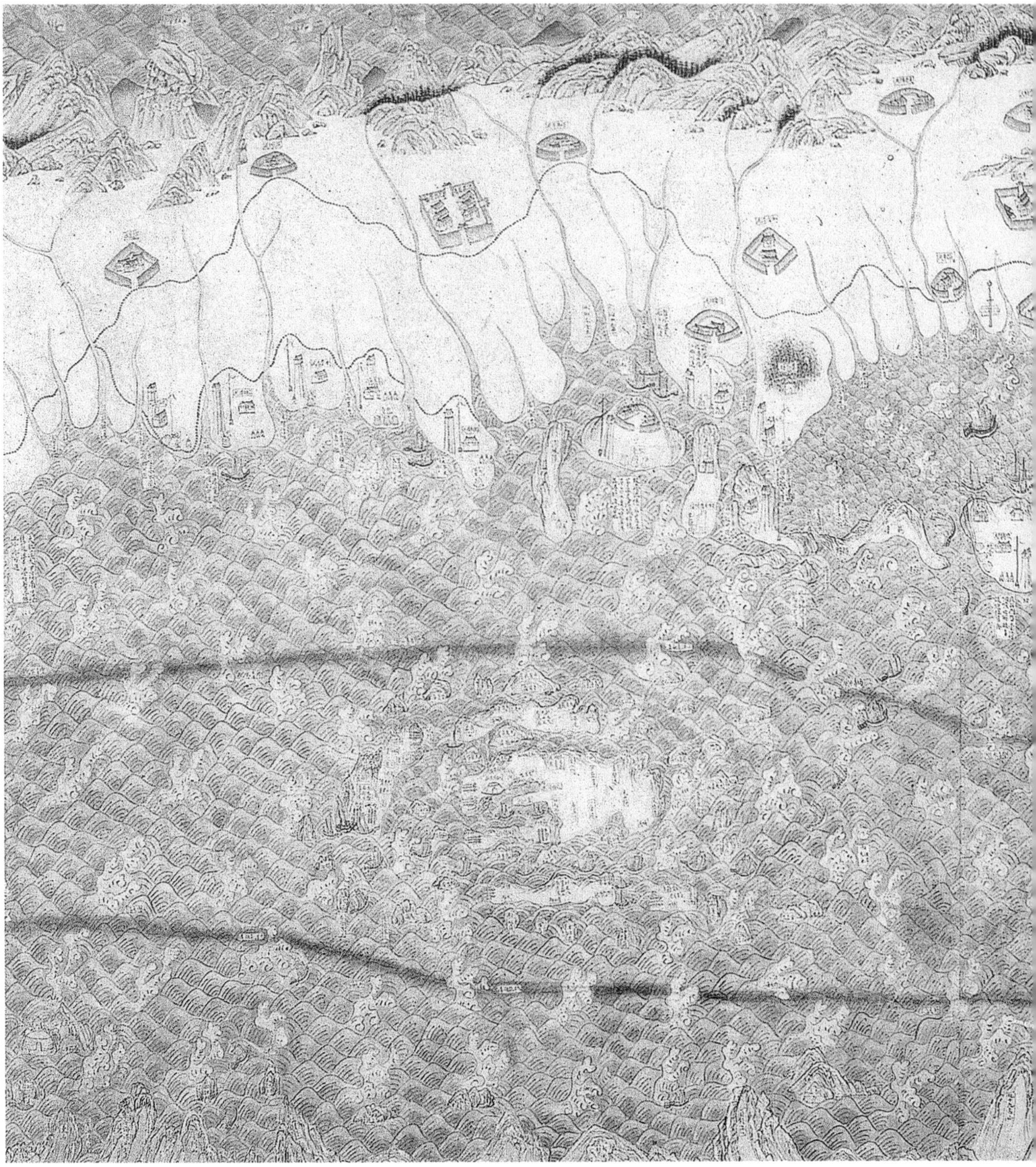

圖9.5：《澎台海圖》

是一卷軸式海圖，彩繪紙本。以上方為東，下方為西，左北右南。圖上內容非常豐富，上半部繪台灣面對大陸的西部地區，中部繪澎湖島，下方繪與台灣相對的福建沿岸。圖上橫穿南北的兩條重重的綠線，表現的是澎湖島東西兩邊的兩條重要的海道。圖縱六十公分，橫一百五十二公分。現藏旅順博物館。

藏。但圖上沒有繪圖者的名字和繪製時間，據古代地圖專家曹婉如推斷，此圖可能是在康熙五十三年實測台灣地圖之前繪製的。

《澎台海圖》以上方為東，下方為西，左北右南。圖上內容非常豐富，上半部繪台灣面對大陸的西部地區，中部繪澎湖島，下方繪與台灣相對的福建沿岸。此圖著重表現軍隊駐防，多以方形或圓形柵欄符號表示，據曹婉如分析，當時駐軍可能就是以柵欄圍繞建的營區。島上的山河用符號表示，道路也用紅色虛線標示出來。

清朝康熙年間將台灣納入版圖，後設立了台灣府，隸屬於當時的福建省。光緒十三年（一八八七年）台灣獨立設省，下設臺北府、台灣府、台南府三府。清代的台灣府，在台灣島的中央偏南，即現在的台南地區。在此圖的中部，作者繪出了台灣府的許多城鎮與防務情況。

《澎台海圖》既然是海圖，海道是要表現的重要內容。圖上橫穿南北的兩條重重的綠線，表現的是澎湖島東西兩邊的兩條重要的海道。東邊的海道有「小洋澎湖溝」等注記，西邊的海道有「大洋澎湖溝」等注記。東西兩邊的兩條海道是為南北航行的船隻作指引的，避免在複雜的澎湖諸島附近航行發生意外。在圖面上，可以看到在廈門海域繪有一些船隻，反映了當時兩岸海上往來的實際情況，但澎湖群島與廈門和台灣的距離畫反了，廈門與澎湖挨得太近，台灣與澎湖離得太遠；實際上，廈門離澎湖有近一百海浬之遙，而澎湖離台灣僅有三十海浬。

清冊封琉球國圖——《琉球國全圖》

〰《琉球國全圖》〰約清乾隆二十一年（一七五六年）繪製

《琉球國全圖》（圖9.6）選自清周煌所輯《琉球國志略》，為乾隆年墨格抄進呈本。開本30.7cm×19.6cm，版框21.8cm×15.3cm。六冊一函。黃綢暗花書衣。本書主要記載琉球國的歷史和地理概況並附有多幅地圖。

琉球國處在台灣和日本之間。最初是琉球群島建立的山南、中山、山北三個國家的對外統稱，後來指統一的琉球國（一四二九年～一八七九年）。歷史上，曾經向中國的明、清兩朝和日本的薩摩藩、江戶幕府朝貢。一八七九年（清朝光緒五年、日本明治十二年）日本兼併琉球王朝，將最後一位琉球國王尚泰和他的兒子尚典移居到東京，置琉球為沖繩縣。琉球國滅亡。

清乾隆二十一年（一七五六年），周煌同翰林院侍講全魁受命前往琉球，冊封尚穆（尚為明宣宗賜琉球王的姓氏，根據琉球與明王朝的藩屬關係，琉球每一代國王都需要接受來自明王朝的冊封）為琉球國中山王。在出使途中，周煌留意當地掌故，隨手記錄。回國後又參閱大量史籍，整理編輯，手寫成《琉球國志略》後，進呈皇帝御覽。

《琉球國志略》全書依序有總目、凡例、採用書目、首卷及正文。首卷包括御書、詔敕、諭祭文和圖繪。其圖繪包括，琉球星野圖、琉球國全圖、琉球國都圖、王府圖、先王廟圖、天使館圖、球陽八景圖、封舟圖、玻璃漏圖、羅星圖和針路圖。

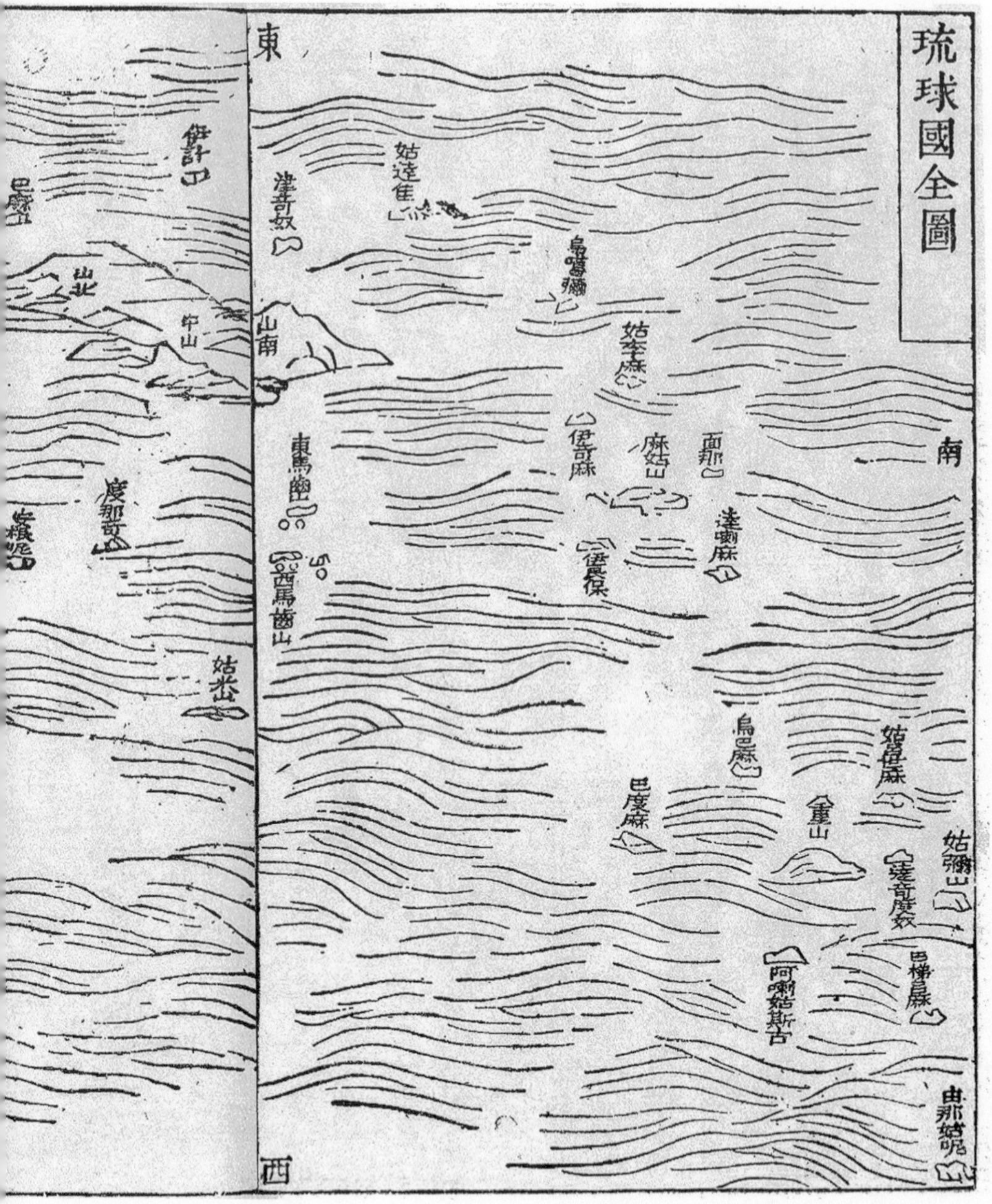

圖9.6：《琉球國全圖》

選自清乾隆年周煌所輯《琉球國志略》，此圖較為詳盡地表現了琉球國的海洋疆界。圖的左右兩邊顯示出，琉球國北至「奇界」，南至姑彌山（姑米山）。再次説明「釣魚臺」並不在琉球國的疆域之內。圖縱二十二公分，橫十六公分。

《琉球國全圖》，此圖較為詳盡地表現了琉球國的海洋疆界。圖的四方顯示，琉球國北至奇界，南至八重山列島，東至伊計島，西至姑米山。雖然，地圖不很精確，但也繪出了琉球國的基本面貌。

據琉球國史《球陽》記載：薩摩藩入侵琉球後，該藩派遣官員，測量分配田地，劃清國界。尚寧王之後，尚豐王十一年（一六三二年），琉球在被薩摩所占島嶼建立館舍，兩國同時派官員管理來往貿易和收稅。此後琉球王國淪為薩摩藩的魁儡政權。及至尚貞王在位二十五年（一六九三年），琉球「創定姑米、馬齒兩島，遣大和橫目職兩員，看守貢船往來」。依此歷史記載，薩摩藩所占之界，西邊也就到「姑米、馬齒兩島」，並沒有到達「釣魚臺」。因而在這幅《琉球國都圖》，也沒有繪出「釣魚臺」，說明此島並不在琉球國的疆域之內。

同時，在此書的《琉球國都圖》中，還可以看到在「那霸」港左邊繪有「迎恩亭」，也表明了琉球國對大清天朝的臣服與感恩。

此書及所附地圖是研究琉球與釣魚臺問題的值得信服的史料。

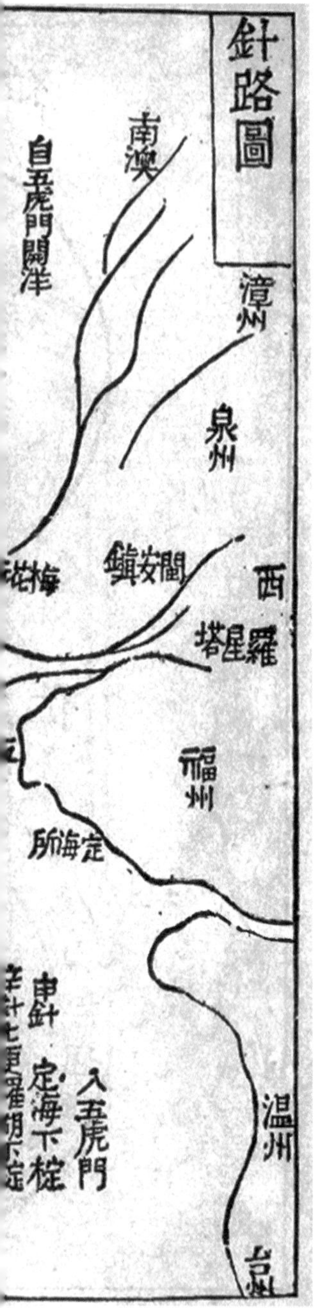

清冊封琉球航海圖——《針路圖》

《針路圖》清乾隆二十一年（一七五六年）繪製

《封舟出洋順風針路圖》清乾隆二十一年（一七五六年）繪製

《針路圖》（圖9.7）是一幅航海圖，表現的是大清「封舟」（即代表朝廷出海賜封海外王的舟船），「出洋」的航線。此圖出版後又有其彩繪本《封舟出洋順風針路圖》，圖的內容沒變只是在南邊的航線上加畫了兩個「封舟」。此圖所說的「針路」即航路。在指南針出現之前，海上航行主要通過天文和地文導航來確定航向。天文導航即通過確認星辰的方位和距地平線的高度來計算船隻所在位置。地文導航則是通過辨識沿途的特徵標誌物來確定方位航向。「針路」即使用指南針導航將每一航段對應的羅盤針方位都記錄下來，用針位訊息構成一條完整的航線，故稱為「針路」。在沒有機械動力之前，海上行船主要是靠季風，借風而行。所以，此圖後來的彩繪本就成了《封舟出洋順風針路圖》（圖9.8）。

此圖的方位為上南下北，右西左東。圖上的出發港為右側的福州的羅星塔（今馬尾港），圖左側的

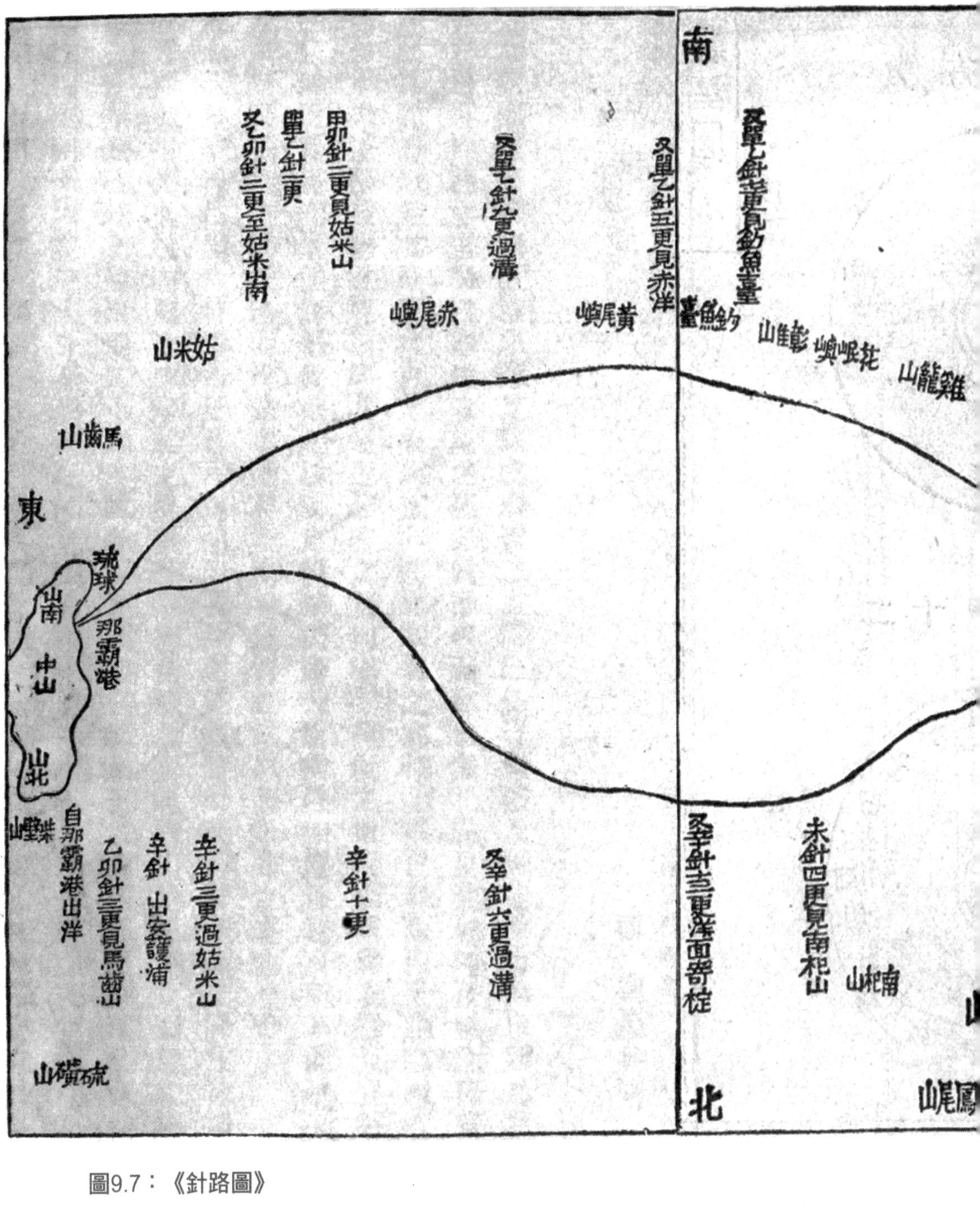

圖9.7：《針路圖》

為清代自福州至琉球那壩港之間的往返航海路線圖。繪圖時間約為乾隆二十一年（一七五六年）。圖上的出發港為右側的福建的羅星塔（今福州馬尾港），圖左側的到達港是琉球那壩港。在往返的航道上，繪出了海上的重要地標，中山島、東沙島、雞籠山，釣魚臺、黃尾嶼、赤尾嶼、姑米山等。圖縱二十二公分，橫十六公分。

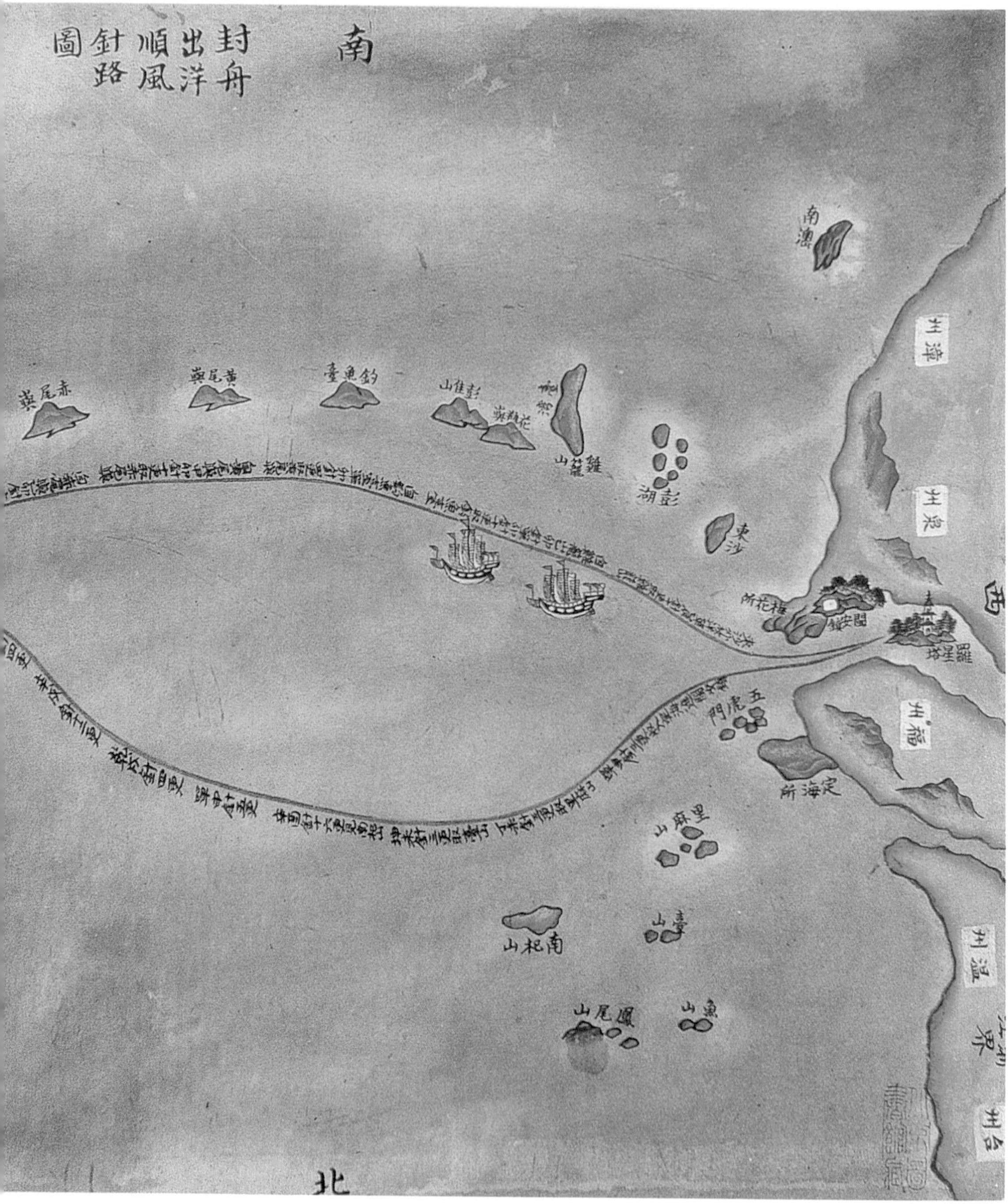

圖9.8：《封舟出洋順風針路圖》

《針路圖》後來的彩繪本就成了《封舟出洋順風針路圖》

到達港是琉球那壩港（那壩是琉球國都所在地）。在往返的「針路」上，繪出了海上的重要地標。如南邊的出航航線，西起的定海閩安鎮，東沙島、彭湖、雞籠山、花岷嶼、彰佳山、釣魚臺、黃尾嶼、赤尾嶼、姑米山、馬齒山，最後到達東邊的中山島那霸港。返航的航線上地標較少，主要標注了南杞山、臺山、黑麻山、五虎門等。

圖中還用文字詳細標注往返「針路」：元、明、清用於導航的羅盤是二十四方位水羅盤。這種技術利用八個天干（十個天干減去位於中間的「戊」和「己」）、十二個地支、及八卦的四個方位，將航海羅盤圓周分為二十四等分，使方向能夠準確地指示：子為正北零度、癸為十五度……卯為正東九十度、乙為一百零五度……巽為東南一百三十五度……午為正南一百八十度……坤為西南二百二十五度……酉為正西二百七十度……乾為西北三百一十五度……

單針羅經只用一個方位，並冠以「單」字，例如：單辰針（一百二十度），單酉針（正西二百七十度）。有的航海圖用「丹」字代替「單」字，丹酉針同單酉針。例如《鄭和航海圖》中「太倉港口開船用丹乙針」就是說「太倉港口開船用指南針一百零五度方向航行。」

此圖出航針路，由圖右向左排列，如「自五虎門開洋」、「乙辰針六更」、「單乙針五更見雞籠山」（更是計算里程的單位一般說法，以一晝夜為十更，一更的里程約五十里至六十里）。返航的針路

由圖左起，由於主要利用強勁的東南季風，所以姑米山後一直向著西偏北方向航行，見南杞山後，再轉向西南方向沿著臺山、黑麻山等島嶼。最後用「申針（西南偏西）定海下碇，入五虎門」。

這裡要指出的是早在《針路圖》誕生的一百多年前，荷蘭人精確的海圖繪製技術就已到達了台灣；但這幅航海圖採用的仍是三百多年前《鄭和航海圖》的繪圖方法，其繪圖技術與大航海時代完全沒有接上軌，落後程度可見一斑。所以，這幅海圖在中國海圖史上佔有重要的地位，並非「針路」技術進步，而是因圖面上較為準確地繪製並標注出了台灣東部的釣魚臺、黃尾嶼和赤尾嶼等重要島嶼而另有其歷史價值。

釣魚臺是台灣東北部的一個很小的島嶼。早在明代永樂元年（一四〇三年）的《順風相送》航海圖抄本中，就已有了關於它的記載，這是今存最早記載釣魚臺的典籍（原本現藏在英國牛津大學鮑德里氏圖書館）。日本主張對釣魚台群島擁有主權的主要理由之一是：日人古賀辰四郎在一八八四年發現該島，聲稱日本人為釣魚臺的發現者。這顯然與中國早有文獻記錄的史實不符。

據近年發現的清代中期著名學者錢泳抄（一八四〇年左右的抄本）其同時代的著名文人沈復《浮生六記》第五記《海國記》載，嘉慶十三年（一八〇八年）「……十三日辰刻，見釣魚臺，形如筆架。遙祭黑水溝，遂叩禱於天后。忽見白燕大如鷗，繞檣而飛，是日即轉風。十四日早，隱隱見姑米山，入琉球界矣。」這段文字明確記述有「隱隱見姑米山，入琉球界矣」。典籍記載再次證明，琉球國西部領域是從姑米山（即現在沖繩的久米島）開始的，以黑水溝為清廷與琉球國的分界線是符合歷史事實的。

所以，無論從所謂發現，還是從海域劃分，還是這幅《封舟出洋順風針路圖》來看，釣魚臺都不屬於琉球，更不屬於日本，而是中國固有領土。這也是此圖重要的歷史價值所在。

南海諸島的海圖記錄——《四海總圖》

〰《四海總圖》〰清雍正八年（一七三〇）刻印

古代中國沒有「南海四島」的概念，只有「萬里石塘」的概念。最晚在漢代，中國人對南海中的礁嶼和淺灘就有了命名，如「漲海崎頭」。唐有「萬里石塘」趙汝適在《諸蕃志序》中還說：「暇日閱《諸蕃圖》，有所謂石床（即石塘）、長沙之險，交洋、竺嶼之限。」這是最早提出有關南海界限的記載。

古代中國，最早開發並劃入版圖的是海南島，因為它離大陸大近了，離徐聞只有三十多里。所以，海南島一直被當作中國大陸的一部分，也長期被看作是大陸的最南端。海南島至少在宋代就繪入了中國版圖。中國最古老的全國版圖《禹跡圖》《華夷圖》上，就畫出了海南島，但沒有台灣，更不包括其它海島。

今天的三亞，古代的崖州，在宋代已有《吉陽軍圖經》記載，可惜書已失傳。明代又有《崖州志略》，但也失傳。現今存世的即清康熙七年（一六六八年）知州張擢士編《崖州志》是關於「天涯海角」的最重要的史料。

古代中國的南部疆界，漢代只提東西界，不提南界，北界與北方民族拉鋸。《元史・天文志》記載，元朝疆界「東極高麗，西至滇池，南逾珠崖，北抵雲朔」。元之「南逾珠崖」已「逾」明代的「南至瓊崖」。

在以往的學術論著中，通常是這樣描述南海諸島在古代中國版圖中的歷史變遷。

元代地圖上已有了「石塘」的標注。如，元至正四年（一三四四年）的《南臺按治三省十道圖》，即在南海的位置上以圓圈注記了「石塘」。這是目前所能見到的中國古代地圖中最早描繪「石塘」的地圖。此外，忽必烈的遠征船隊打爪哇時，其航行記錄記載了船隊經過「七洲洋」（西沙群島）和「萬里石塘」。也就是說，在文字記錄中，元代已開始將南海諸島明確區分為幾個島群。

明崇禎二年（一六二九年）版的茅元儀《武備志》刊載的《鄭和航海圖》，記錄了「石塘」、「萬生石塘嶼」和「石星石塘」。按三者位置關係及所使用的符號形狀、大小，學者們考證：西邊的「石塘」，繪的是西沙群島，東南方的「萬生石塘嶼」即中沙群島。東邊的「石星石塘」，即東沙群島。

雖然，受書版圖的限制，島嶼皆一字排開。地理位置，嚴重失真。但《鄭和航海圖》已經將「南海諸島」，明確劃分成了三個群島，這也是歷史性的進步。

而在《明代東西洋航海圖》上，更是完整描繪並標注出了南海四島。即：東沙：「南澳氣」；西沙：「七州」（洋，繪在瓊州旁）；中沙：「萬里長灘」；南沙：「萬里石塘」；這樣明確、完整地在海圖上標注南海四島沙，是以前我們所能看到的明代海圖中，所沒有過的。此圖，還以文字在中沙「萬里長灘」旁並注記：「似船帆樣」；在南沙「萬里石塘旁」注記：「嶼紅色」，並繪出紅色的山形。這樣準確地描繪島與沙的形態，也是以往我們所能見到的明代海圖中所沒有的。它比《鄭和航海圖》多了一個南沙島「萬里石塘」，同時，在經緯度的關係上，四島的關係也更接近於現代地圖。

清代的南海諸島的海圖描繪，較為著名的有陳倫炯所撰《海國聞見錄》中附圖《四海總圖》。陳倫炯關注海洋是受了父親的影響，其父陳昂，康熙二十一年從靖海侯施琅平定台灣。琅又使搜捕餘黨，出入東西洋五年。敘功授職，官至廣東副都統。陳倫炯少從其父，熟聞海道形勢。及襲父蔭，復由侍衛歷任澎湖副將、台灣鎮總兵官，移廣東高雷廉、江南崇明、狼山諸鎮，又為浙江寧波水師提督，皆濱海之地。故以平生聞見，著《海國聞見錄》。

《海國聞見錄》上卷記八篇，曰《天下沿海形勢錄》，曰《東洋記》，曰《東南洋記》，曰《南洋記》，曰《小西洋記》，曰《大西洋記》，曰《昆屯記》，曰《南澳氣記》。下卷圖六幅，曰《四海總圖》，曰《沿海全圖》，曰《臺灣圖》，曰《臺灣後山圖》，曰《澎湖圖》，曰《瓊州圖》。

《海國聞見錄》的《四海總圖》（圖9.9），是清代關於南海諸島的重要地圖，它清楚地把南海諸島分為四個群島，且明確標繪有四大群島的地名和位置。東沙群島為「氣沙頭」，西沙群島為「七洲洋」，南沙群島為「石塘」，中沙群島為「長沙」。更為重要的是在他的著作中，還以詳細的文字記述，對南海諸島島群的分佈、海洋特徵、潮汐變化、更路和風向，以及航行和飛鳥的關係，作了較詳細的記錄。

其後關於南海諸島的海圖，如乾隆五十五年（一七九〇年）《乾隆五十五年七省沿海圖》、嘉慶三年（一七九八年）《咸朝七省詳圖》等的繪製方法均與《四海總圖》相似。此後，道光二十二年（一八四二年）成書、咸豐二年（一八五二年）刻印魏源《海國圖志》卷三《東南洋沿海各國圖》，光緒二十年（一八九四年）馬冠群《中外輿地叢鈔》中《東南洋沿海島岸國圖》等著作，不僅都把南海諸島列入中國版圖，並明確注明屬於萬州轄地。

至清末，南海諸島在官方印行的政區地圖上反映得更加具體。光緒三十年（一九〇四年）吳長發重訂印行的《大清天下中華各省州縣廳地理全圖》中，所繪「萬里長沙」包括東沙群島和西沙群島、「萬

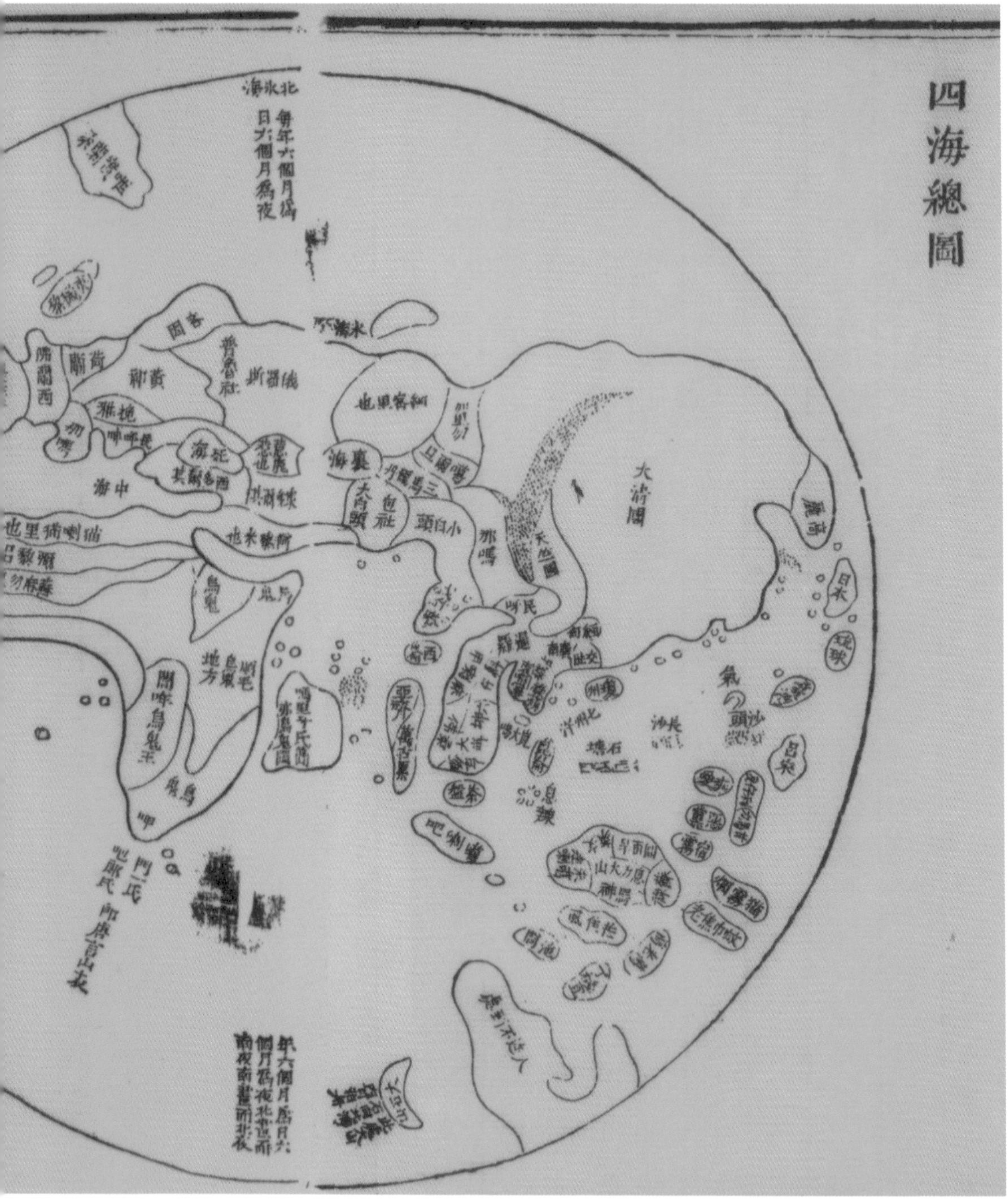

圖9.9：《四海總圖》

《海國聞見錄》中的附圖《四海總圖》，是清代關於南海諸島的重要地圖，它清楚地把南海諸島分為四個群島，且明確標繪有四大群島的地名和位置。

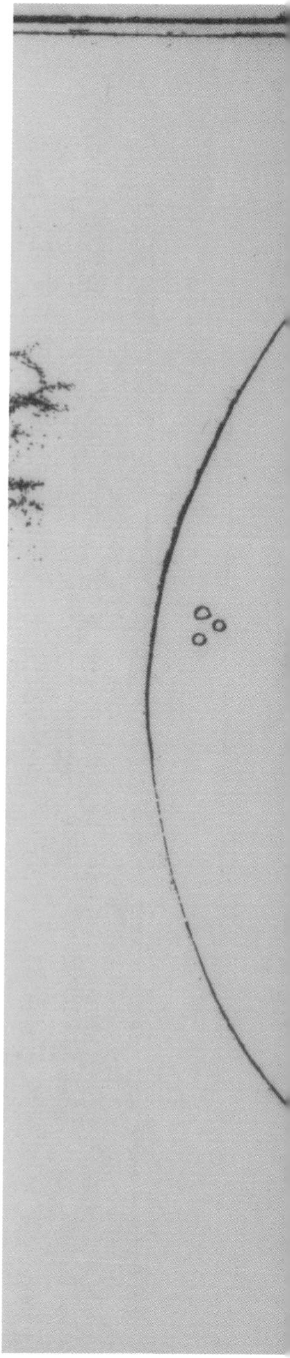

里石塘」則包括中沙群島和南沙群島，圖中把它們劃為中國的一個府，並用雙線方格形圖例表示為廣東省屬內的府級政區單位。

中國在南海諸島派遣水師、巡視海疆至遲始於宋代。由宋仁宗「御序」、集賢校理曾公亮撰著的《武經總要》，是一部具有很高權威性的文獻。宋太祖在開寶四年（九〇七年）平定南漢劉鋹後，建立了巡海水師，巡管南海海面，《武經總要》對此有詳細記載：「命王師出戍，置巡海水師營壘……從屯門山用東風西南行，七日至九乳羅洲」，「九乳羅洲」即今西沙群島。至明清兩代，把南海諸島納入海防範圍、在南海行使軍事守衛的職責，已經逐步形成制度。明朝設立巡海備倭官和海南衛、清朝設立崖州協水師營，先後負責海疆巡視，巡視範圍從西沙群島延展到南沙群島海域。此外，水師在執行巡海防務的同時，還負責朝貢護送、海難救助等任務。

雖然，「南海四島」的概念是個現代概念，但它是從南海「石塘」或「萬里石塘」，一步步演進而來。至少，明清以來的重要海圖都充分說明中國人是最早發現、開發和利用南海諸島，而且也是最早繪製南海地圖、最早命名南海諸島的唯一國家。

10 晚清時局與海洋格局

引言：閉關鎖國的「鴕鳥」策略

滿清帝國的建立與北方部族的支持有很大關係，尤其是滿蒙聯合，使東方之滿與北方之蒙形成合圍之勢，最終滅了大明。此後，康熙一朝，又經過十年的努力，平定三藩，統一台灣，完成了一統江山的霸業。若以版圖最大化和結束北部邊疆分裂局面而論，「康乾」足以稱之為「盛世」。

但是，滿清帝國大陸版圖的出色經營，並不能遮蓋它的海洋策略的失敗。如果說，明朝的「海禁」失去的只是海上貿易的利益，那麼，滿清朝廷的「閉關鎖國」則直接導致了這個帝國走向滅亡。

清初的「海禁」基本上是對內不對外的，在東南海域主要是應對鄭成功及其子孫的海上反清勢力。所以，康熙二十二年（一六八三年）統一台灣後，大清又放鬆了海上貿易限制，不斷有外國商船來中國做生意，並商討通關事宜。正是在這樣的背景下，才有了著名的英國馬戛爾尼使團訪華的事情。

馬戛爾尼訪問大清與馬可波羅到大元完全不同：馬可・波羅是來大元遊歷的商人，不代表威尼斯政府；馬戛爾尼則是代表英國來大清的國家使臣；這是一次國與國的正式接觸，也是中西（真正的歐洲國家，而不是傳統的西域之國）外交史上第一次正式接觸。所以「國禮相待」成了接待與訪問雙方都很看重的事情。

許多史料講中英衝突始於跪與不跪的「禮儀之爭」，其實那只是表面現象，事實是英使遠隔重洋而來給清皇祝壽，已讓乾隆很有面子了，令乾隆不高興的是馬戛爾尼使團帶來的禮物和禮物背後的通商條件。

如果說，利瑪竇給萬曆皇帝帶來的世界地圖和自鳴鐘，表達的是一種新全而溫和的「世界觀」，那麼，馬戛爾尼的禮品所體現的則是海上強國的強硬的「方法論」。在馬戛爾尼使團近六百件的豐厚禮品中（清王朝本著「薄來厚往」的原則，還禮三千多件），不僅有天文地理儀器，更有最新的軍火樣品長短自來火槍十二支；還有雙管火槍；除了各式槍支外，還有銅炮西瓜炮數個，有意思的是英使團，隨團還帶來若干炮兵，準備在御前試演；作為新興的海上強國，英使團還獻上了一個高五尺餘，長五尺餘的裝有一百門銅炮的風帆木質戰艦模型……英國人顯然有炫耀武力之意，但也透露了當時最重要的國防與軍備訊息。可是乾隆帝卻掌著面子，硬把這些當時的「高科技成果」，看作奇技淫巧。並讓宮中的戲班子為英國使團演了一場崑劇《四海升平》的「朝貢戲」。戲中的唱詞和乾隆後來寫給英王的信，表達的是一個意思：「國王陛下，爾雖遠隔重洋，卻以謙卑之心，求學我之文明，並遣特使呈上信函，表爾對我天朝有敬仰之意，誠願得我之文化，然我國之風俗習慣與爾截然不同，難以移植貴國享用，即使貴國特使有能力接觸我國文化之毛皮……朕對貴國物品無有需要。我天朝物產充裕，在國土以內並無匱乏之憂。無必要以我之物從蠻荒之國交換貴國物品。然而，天朝生產的茶葉、絲綢和瓷器，如若歐洲各國和爾邦極有需要，則可於廣東進行有限交易。」

但英使團所提要求，可不是乾隆想的那麼簡單：（一）英國在北京開設使館。（二）允許英商在舟山、寧波、天津等處貿易。（三）允許英商在北京設一貨棧。（四）請於舟山附近指定一個未經設防的小島供英商居住使用。（五）請於廣州附近，准許英產同獲得上述同樣權利。（六）由澳門運往廣州的英國貨物請予免稅或減稅。（七）請公開中國海關稅則。

龍顏不悅的乾隆，即令送客，英人走了之後，他仍不放心，於是頒發諭旨，關閉除廣州以外的其他通商口岸，並且頒行嚴格約束外國商人的條例和章程。由此形成了後世所說的「閉關政策」，其具體內容有三：限定一口（廣州）通商；嚴格約束外商活動；限制中國商民出海。與明代的「海禁」相比，清代的「閉關鎖國」，更加「反動」。

明代的「海禁」只是禁止了私人出洋從事海外貿易，但通過「朝貢」和官辦的方式仍可進行海洋貿易；而清代的「閉關鎖國」，不僅是不與外國商貿往來，還嚴格限制對外的政治、經濟、文化和科學等方面的交流。這種「閉關鎖國」的政策自乾隆起，一直延續到道光時鴉片戰爭前夕。

「閉關鎖國」政策，喪失了對外交流的主動權，也拉大了大清與西方的政治、經濟，以及軍事的差距。道光二十年（一八四〇年）鴉片戰爭爆發，清政府與英國簽訂了喪權辱國的《南京條約》。乾隆時期英國使團想得到而沒有得到東西，半個世紀後，英國軍隊用堅船大炮都得到了：

開放廣州、廈門、福州、寧波、上海等五處為通商口岸。

將香港島割讓給英國。

中國海關稅應與英國商定……

清初的全國海疆防禦圖——《沿海全圖》

〰《沿海全圖》〰 清同治十三年（一八七四年）刊行

明中葉以後，出於軍事上的需要，朝廷組織編繪了許多海防地圖，如鄭若增的《萬里海防圖》、徐必達的彩繪本《乾坤一統海防全圖》等。大清代明後，東部沿海不太平，清人依據前朝所繪沿海地圖，編繪了新的沿海地圖，有一個省的沿海地圖，也有幾個省的沿海地圖，陳倫炯的《沿海全圖》可謂此中精品。

《沿海全圖》出自陳倫炯《海國聞見錄》。此書有文八篇，即《大西洋記》、《小西洋記》、《東洋記》、《東南洋記》、《南洋記》、《南澳氣記》、《昆侖記》及《天下沿海形勢錄》；附圖六幅，即《四海總圖》、《沿海全圖》、《臺灣圖》、《臺灣後山圖》、《澎湖圖》及《瓊州圖》。

陳倫炯的父親陳昂是廣東右翼副都統，曾受施琅之命，出入東西洋，招訪鄭氏遺逸。陳倫炯受父親的影響，對外國風土人情和海上航道的格外留心。陳昂去世後，陳倫炯承父蔭，被召為康熙朝皇宮侍衛。雍正朝陳倫炯曾任東南沿海多個地方的總兵。乾隆朝陳倫炯又升為浙江提督。生在福建海邊，又全心投身大清海防的陳倫炯，以「防禦搜捕之扼塞」、「備風潮、警寇掠」、「保民恤商」為出發點，於雍正八年（一七三〇年）寫下了《海國聞見錄》一書。

梁啟超曾將陳倫炯、徐霞客和梁質人稱為「探險實測的地理學者」，徐霞客為西南探險家，梁質人為西北探險家，陳倫炯為海上探險家。作為清廷的海疆要員，陳倫炯的《海國聞見錄》以重要的筆墨描

繪了大清沿海地理情況和海防形勢，對東南亞的外國情況，記敘得比較簡要。

《沿海全圖》是形象表現大清海防的重要附件，圖為刻本單色，書版尺寸為二十二公分高。圖從右至左「一」字分頁展開，從鴨綠江、遼東半島向南、向西繪至與交趾（今越南）分界處。圖以陸地為上海為下，即上北下南。圖中繪有沿海府城、縣城、山川、島嶼、暗沙、要塞、炮臺等重要地標。

在編撰《海國聞見錄》之時，陳倫炯還有紙本彩繪的《沿海全圖》長卷（圖10.1）傳世。全圖包括《四海總圖》、《沿海全圖》、《臺灣圖》、《臺灣後山圖》、《澎湖圖》及《瓊州圖》六幅地圖，所繪內容與《海國聞見錄》一書附六幅地圖完全相同；卷首有「長洲彭啟豐題」的序言，卷尾有「同安陳倫炯謹志」的跋語。圖縱三十公分，總長為九百二十公分。這幅珍貴的地圖，早年為榮毅仁家族收藏，後捐贈給南京博物院，現藏該院。

陳倫炯的《沿海全圖》十分經典，後來的沿海圖多

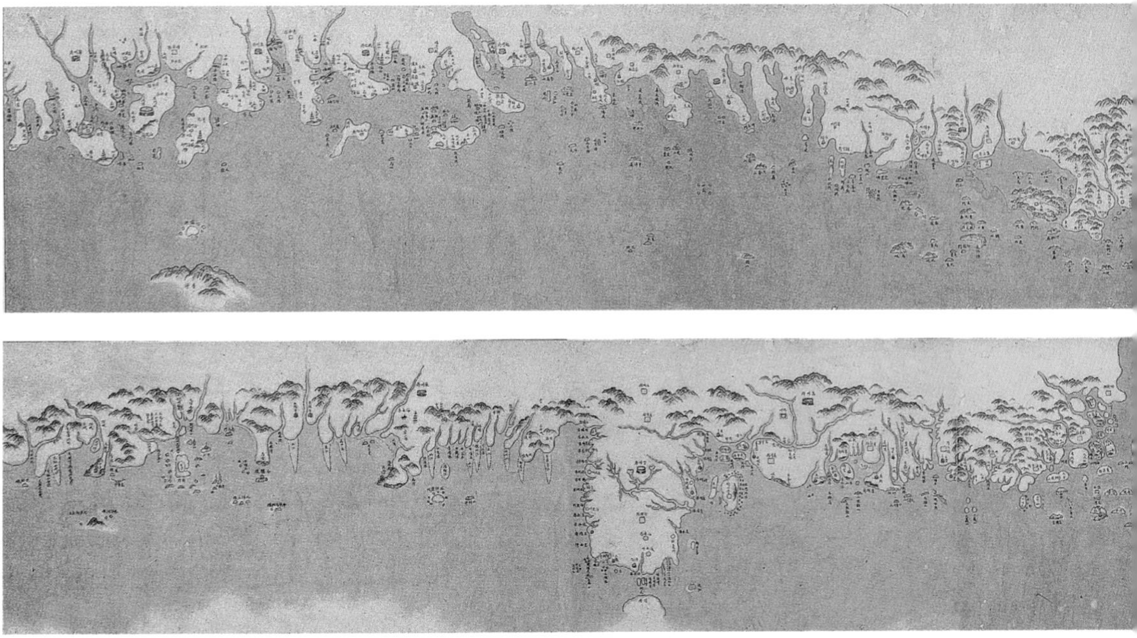

圖10.1：《沿海全圖》

紙本彩繪長卷，包《四海總圖》、《沿海全圖》、《臺灣圖》、《臺灣後山圖》、《澎湖圖》及《瓊州圖》六幅地圖，所繪內容與《海國聞見錄》一書附六幅地圖完全相同；卷首有「長洲彭啟豐題」的序言，卷尾有「同安陳倫炯謹志」的跋語。圖縱三十公分，總長為九百二十公分。現藏南京博物院。

以它為藍本，如《七省沿海圖》（即沿海的盛京（今遼寧）、直隸（今河北）、山東、江蘇、浙江、福建和廣東七省）就是在此基礎上，再進行某些修改而繪成的。

值得一提的是鴉片戰爭後，一八六一年英國海軍局刊印了英國人金約翰（KING JOHN）編輯的中國《海道圖說》。該書用地圖加文字說明的方式詳細記載了中國沿海島嶼、港口形狀、長寬、島間距離和登島位置，航道水深、潮流流向和流速，航行適宜度、通船能力、航行方位和淺灘位置，適宜錨泊的區域，航行的主要參照物、方位角、航標等等與航行和登島有關的所有要素。其中的文字說明部分用了將近一半的篇幅記載舟山群島及群島附近的情況。洋務運動中，江南製造局翻譯了《海道圖說》，並於一八七四年刊行，該書遂成為當時大清海軍的航行指南洋務運動中，江南製造局請人將《海道圖說》進行了翻譯，形成《八省沿海圖》和《新譯海道圖說》，於一八七四年刊行。

《八省沿海圖》是從英國軍用海圖翻譯過來的用漢字印刷的中國最早一部沿海實測航海圖集，其製圖方法採用等角正軸圓柱投影（麥卡托投影），從尺寸上看，以對開為主，兼有全開和四開版，最小比例尺為1：300000，最大比例尺為1：20000，以1：50000~1：100000比例尺為主。圖集總計有地圖七十九幅：自廣東到奉天的全圖一幅，直隸五幅，奉天六幅，山東五幅，江蘇三幅，長江七幅，浙江十二幅，福建十二幅、台灣五幅、廣東二十三幅，覆蓋了中國沿海大部分海區。從圖幅數量可以看出英國人對浙江、廣東、福建三省最為重視。

中日海航故道——《大清廣輿圖》

〰《大清廣輿圖》〰 天明五年（一七八四年）

〰《大清廣輿圖》〰 不詳

古代的中國與日本不僅有海上貿易往來，也有學術交往，許多中國地理著作通過海路進入日本，得到日本學者的別樣的關注與研究。

這幅《大清廣輿圖》（圖10.2）即是日本學人精心摹繪古代中國地圖的佳作。現藏於日本的這幅地圖上，題跋凡例等文字詳盡，為後人提供了寶貴的研究線索。根據《圖序》我們可知：此圖為日本水戶長久保子玉摹繪並補校。序文說，子玉博覽強識、精於地理，曾繪輿地路程全圖，刊行於世，人皆服其精當。但他仍覺得不過癮，又作《清廣輿圖》。此圖學習了利瑪竇繪製世界地圖的技術，將經緯線與回歸線等地理知識融入到這幅地圖中，並明確標示出來。令人足不出戶，可觀天下。《圖序》落款為「天明五年乙巳春久保亨識」，這裡的「天明五年」是日本光裕天皇紀年，為清乾隆五十年，西元一七八五年。

這幅《大清廣輿圖》的《凡例》上講：「唐土大圖，行於世者，無有善本，今據蔡九霞廣輿記圖本，擴之。」可知此圖之所本。清人蔡九霞，出生於湖南。他的《廣輿記》並其原創，書的全名應為《增訂廣輿記》。書的扉頁上記載：「清康熙丙寅年（一六八六年）鐫，陸應陽纂，蔡九霞增輯。全書共二十四卷。

圖10.2：《大清廣輿圖》

為日本水戶長久保子玉於「光裕天皇天明五年（清乾隆五十年，一七八五年）」摹繪並補校，圖的陸上與海面皆有紅線畫出的道路與航線。但海上航線僅繪兩條，一條是雷州半島至瓊州的航線；另一條是寧波甬江口至日本的航線。但受圖所限，日本方向僅以文字補記：「自是日本船路三千，今清商舶每年往來通交易」。

陸應陽生於江蘇青浦，大約生活在晚明嘉靖萬曆年間（一五四二年至一六二四年），是著名文人、書法家，其所纂《廣輿記》，也非原創。書中主要收錄羅洪先的《廣輿圖》。羅洪先為明嘉靖進士，曾專心於元人朱思本《輿地圖》訂正增廣工作，於明嘉靖二十年（一五四一年）完成《廣輿圖》集，共計地圖一百一十三幅。《廣輿圖》因其精確，成為後世輿圖編繪所據之底本。陸應陽纂，蔡九霞增輯的《增訂廣輿記》，仍是此傳統的延續。

二〇〇二年曾有湖南廖先生展示他的《廣輿記》道光四年（一八二四年）刻本，書中有十九幅地圖，長二十八公分，寬二十公分。圖畫方，不僅是行政區劃，連地形地貌都標得一清二楚，如湖南醴陵的淥江、茶陵的米江等小江河都標記在內。所以，日本人所摹繪的《大清廣輿圖》，標示有大清省州府縣、山川湖海、邊關海港、蕃屬之國，及歷史沿革、諸侯分封、名人事蹟、陵墓古蹟之所在，其精準細膩，也不足為奇。

值得注意的是，日本摹繪者恰如《圖序》中所說，「曾繪輿地路程全圖」，一定是精於交通描繪，所以這幅地圖陸上海面皆有紅線畫出的道路與航線。但海上航線僅繪兩條，一條是雷州半島至瓊州的航線；另一條是寧波甬江口至日本的航線，但受圖所限，日本方向僅以文字補記：「自是日本船路三千，今清商舶每年往來通交易」。正是對此圖的海上航線的關注，使我對另外一幅也被藏家稱為「大清廣輿圖」的日本摹繪彩色地圖產生了興趣。這幅地圖與前一幅地圖繪製手法色彩運用都十分相近，所不同的是日本已被繪入圖中，海上與日本相關的訊息更加豐富。

這幅藏家稱為「大清廣輿圖」的地圖（圖10.3），沒有圖名、沒有作者名、沒有製作時間，僅有一小段「圖例」文字，提供了一點此圖繪製的線索。「圖例」說，「此圖以禹貢一統志書編等考焉，而

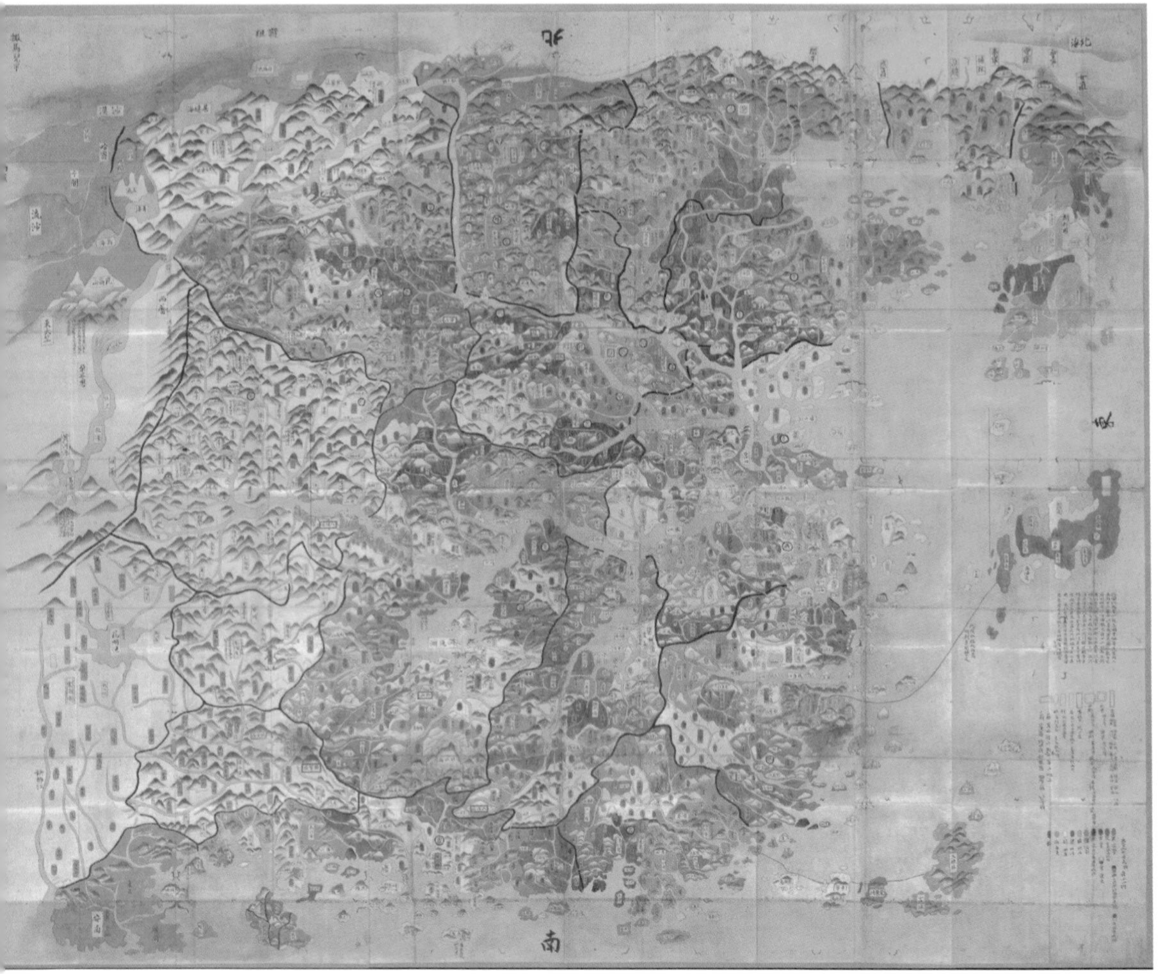

圖10.3：《大清廣輿圖》

這幅日本人摹繪的中國古代地圖地被稱為「大清廣輿圖」，在海上繪出了日本，圖中特別強調了日本西海道至寧波航線和中山國經台灣至福建的航線。僅從圖面上看，尚無法說清其目的，但它至少表明當時日本地理學界對這兩條航線是熟悉和關注的，對研究古代中國與日本的海上交往有一定的價值。

二直款十三道者，以墨為界，其府以尺分之，州府縣以方圓識之……廣西雲南者，又大略之，乃以精力所不逮也。本邦與朝鮮分其道，韃靼西番安南等者，舉其名而已，宣以圖符保視焉。」從這段文字中，我們獲知此圖所本，其中的「禹貢」就不用說了，基本上是言九州之意；「一統志」記載全國輿地的總志，元朝始有此名稱，這裡所言的「一統」既有元代的，也有明代的。如「寧波」即是明代的名稱，而舟山島沒用清代改的「定海」之名，仍用「翁州山」古名。「大琉球」和「小琉球」應該是中山國。緊鄰琉球的「東寧」，即台灣。「東寧」之稱，來自南明鄭氏政權。清順治十八年（一六六一年）鄭成功攻下今天的台南，在此建東都明京，設承天府。次年鄭成功去世，長子鄭經繼任，清康熙三年（一六六四年）改東都為「東寧」。「圖例」的結尾說「本邦與朝鮮分其道」，這句話表明地圖的作者應是日本人，日本與朝鮮都約略地記其「道」這一行政區劃，顯然，此圖重在表現中國大地。其母本應是清初的中國地圖。

此圖的最大特點是比前圖增繪了日本，並在海上繪出了中國通往日本和琉球的兩條航線，通往日本的是「西海道」到中國「定海」航線。「西海道」在奈良時代，為日本「五畿七道」之一。明治維新後，日本廢除各道，僅留「北海道」。這裡用的仍是前朝舊名。航道上特別注明了「此間水程近而易，明朝甚制禁之」，可證此圖繪於明朝以後。另一條航線是「大琉球（中山國）」經「東寧（台灣）」和「澎湖島」至終點閩江口明洪武二十一年（一三八八年）設立的「梅花所」。此航線描繪的應是明代以來中國冊封使奉命駛往琉球的航線。

這幅日本人摹繪的中國古代地圖，描繪了日本至寧波的海上商路，同時也描繪了琉球經台灣至福建的冊封航線，對於研究明清兩朝與琉球、日本的海上交往有一定的價值。

清代漕政改革的歷史畫卷——《海運全圖》

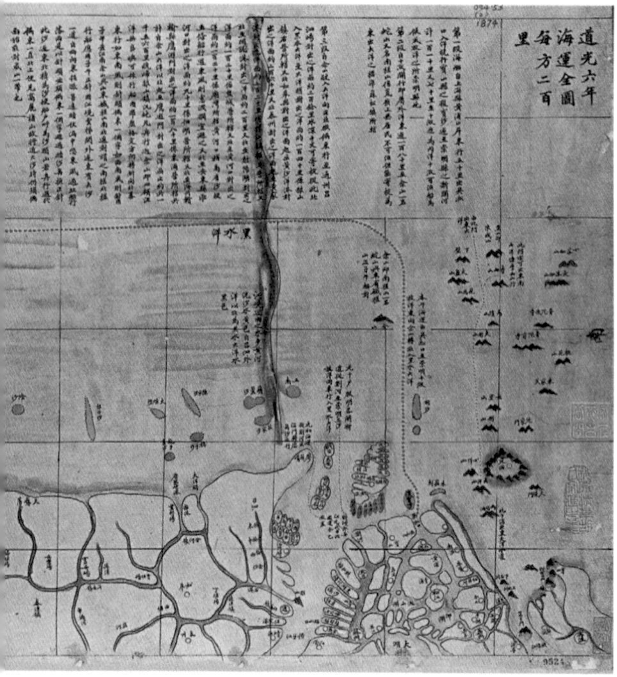

〰《海運全圖》〰 清同治六年（一八六七年）摹繪

《海運全圖》卷首有標題式注記「道光六年海運全圖」，它濃縮了重要的時代訊息：這一年，製作海運專圖確實是有著特殊意義。道光六年（一八二六年），大清實行了漕政改革，由河運漕糧改為雇商海運漕糧，這是清代漕運制度中具有重要意義的變革，史稱「南漕海運」。

漕運之名，最早見於《史記・秦本紀》關於秦攻匈奴的記載。中國的古代王朝大多建都於西北或北方，而糧食主產區則在南方。所以，將糧食運至京城與其他地區的漕運就成了歷代的重要經濟制度。

漕運路線的開發，最早的一段邗溝，開鑿於春秋末年的周敬王三十四年（西元前四八六年）。至隋煬帝通過人工開掘將東部五大水系：海河、黃河、淮河、長江、錢塘江連接起來，而有了大運河之漕運。元朝時，因運河擠塞，行船不暢，始有海運漕糧之創舉；而明從永樂起，全部漕糧又都改為河運。

清初又有人主張在江南設廠製造海船，部分漕糧實行海運。但至道光六年，「南漕海運」才得以實施，也是由

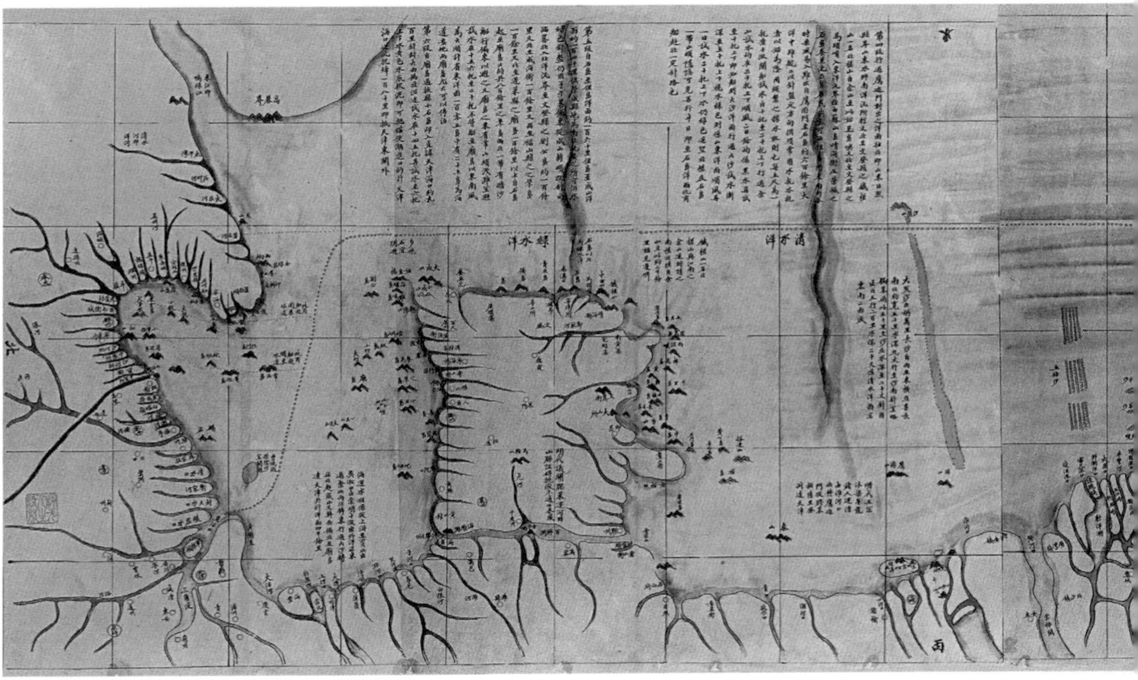

圖10.4：《海運全圖》

表示了上海黃浦江口岸，到天津東關外航線，及其地理概況，並附有詳細文字説明。該圖上東下西，左北右南，採用計里畫方法，注明「每方二百里」。此圖為清同治六年（一八六七年）婺源胡振馨，依據其父於道光六年（一八二六年），所繪之圖摹繪而成。圖為紙底彩繪，縱四十七公分橫一百四十一公分。現藏北京圖書館。

諸多因素促成的。最直接的原因是，道光四年冬，清江浦高家堰大堤潰決，江蘇運河水勢微弱，漕船擱淺。糧食北上，是當務之急。其二，也是當時社會政治、經濟、文化綜合發展的產物，更是道光「經世派」（通經致用）共同努力的結果。以魏源為傑出代表的「經世派」，認為「海運優於河運」有四利、六便，即：「利國，利民，利官，利商」、「國便，民便，商便，官便，河便，漕便」。

在開通海上航線上，幾個婺源人做出了傑出貢獻。一是婺源的嘉慶進士齊彥槐，受漕運總督魏元煜的賞識，前往上海調查沙船及海運情況，並寫出了重要的調查報告。其次子，齊學裘將父親遺稿及自己所寫的文章編成《見聞續筆》一書，為後世研究這段歷史留下了重要史料。還有一個婺源人，他就是《海運全圖》的製作者胡振馨。在《海運全圖》的卷首鈐有「婺源清華胡氏家藏書章」、「家在黃山白雲間」等朱印，這些印文表明，此圖帶有濃重的家族色彩。事實上，這張圖的原創是胡振磬的父親，原圖繪於道光六年。胡振磬是同治六年（一八六七年）依據父親當年所繪之圖，摹繪而成。

明崇禎九年（一六三六年）已有兵部陳組綬編製的《皇朝職方地圖．海運圖》。描繪了渤海灣到福建的海運航線，已近於國內海運航線的全貌。而清同治六年（一八六七年）重繪的這幅《海運全圖》，雖然，表現的海運航線沒有《海運圖》寬廣，但它以專題的形式描繪了上海黃浦江口岸到天津東關外航線，其細部更加詳細。

《海運全圖》（圖10.4）為上東下西，左北右南，採用計里畫方法繪製，「每方二百里」。圖的陸地部分採用傳統的形象繪圖法，其他要素均用符號分類表示。如政行區劃的州、府、縣、村；圖的海上部分，由南向北標示出：黑水洋，清水洋、綠水洋。此古代三洋名，表示的即是今日之東海、黃海和渤海。由於明清海禁，民間多為平底沙船，鮮有尖底海船，所以，其清代海運也是用沙船沿海岸線航行。所以，整個航線是沿著海岸線分成六段，各段航線里程及周圍地理概況均用文字詳細加以說明，並分列於所對應海域的地圖上端，航道的險惡地段的沙洲與島嶼尤其受到重視，都特別標示出來。

海運是古代中國國內運輸的一種重要形式，但海運圖卻是明代一後才有的少見的一種專題航海地圖。此圖雖稱「全圖」實際上並不全，一是只繪了國內東南航運線，沒繪西南航運線，世界海運航線更不在間中。它準確的名稱應該是「南漕北運海圖」。不過，就其實際應用而言，算得上古代經濟地圖的精品，是一張很有實用價值的航海地圖。原圖為紙底彩繪，縱四十七公分，橫一百四十一公分。現藏中國國家圖書館。

近海航運指南——《江海全圖》

〰《江海全圖》〰十九世紀中葉繪製

道光六年（一八二六年），大清實行了漕政改革，由河運漕糧改為雇商海運漕糧，這是清代漕運制度中具有重要意義的變革，史稱「南漕海運」。這一變革不僅產生了道光六年的《海運全圖》，同時，也使這一類地圖應孕而生，這幅《江海全圖》即是稍晚一些年頭繪製的同類地圖作品。

《江海全圖》（圖10.5）大約繪製於十九世紀中葉，紙本彩圖，未注比例，長卷裱軸，縱八十四公分，橫一百三十四公分，現藏美國國會圖書館。關於它的介紹，主要來自於中國著名地圖專家李教聰先生的《美國國會圖書館藏中文地圖圖敘錄》。

此圖是一幅近海航運圖，圖從右向左展開，圖地方位大約為左北右南，上東下西，實際上由於海岸線的曲折，所以，它並不代表真實的地理方位。該圖卷以傳統方式展現浙江、江蘇、山東、直隸、盛京數省的海岸線，右起自浙江省寧波甬江口、普陀、左止於盛京省鴨綠江口（高麗溝子），上方（東）標出高麗國。

凡沿海省、府、州、縣城，長城邊牆、衛、所、鹽場、廟宇、山崗、河流、堰壩、海灣、河口、灘塗、島嶼、沙洲等均詳細描繪，用各種不同類型的符號區別各級城池，但是府、廳、州未用專用符號區別。

注記重在記錄沿海水深，尤其在山東和遼東半島沿海或河口，詳注河港、沙嘴、水深（以托為單

圖10.5：《江海全圖》

大約繪製於十九世紀中葉，紙本彩圖，未注比例，長卷裱軸，縱八十四公分，橫一百三十四公分，現藏美國國會圖書館。

位）。從注記內容分析，此圖專為指導沿海近岸行船，躲避暗礁、河口攔門沙之用。圖題的左側記載沿海水道里數，是一幅實用性很強的航海圖。

從圖上的黃河在江蘇省北部入海，可以推測，此圖所繪內容應在咸豐五年（一八五五年）黃河改道之前，也就是說它應是十九世紀中期，或時間再早一點的作品。

圖上江蘇省的「儀真」已改為「儀徵」（清初，為避胤禛（雍正）之諱，改名「儀徵」）。遼東營口標「沒溝營」，煙臺未特別標明，上海標注海關；北京標注作「京都」，江蘇省會「江寧」府旁又注記「南京」二字，未用「江南」。顯然不符合清朝的規定。

專家根據，此圖的紙基色彩太新，山脈的畫法與中國傳統輿圖有別，據此推測，此圖似出自日本或韓國繪圖師摹繪之手。

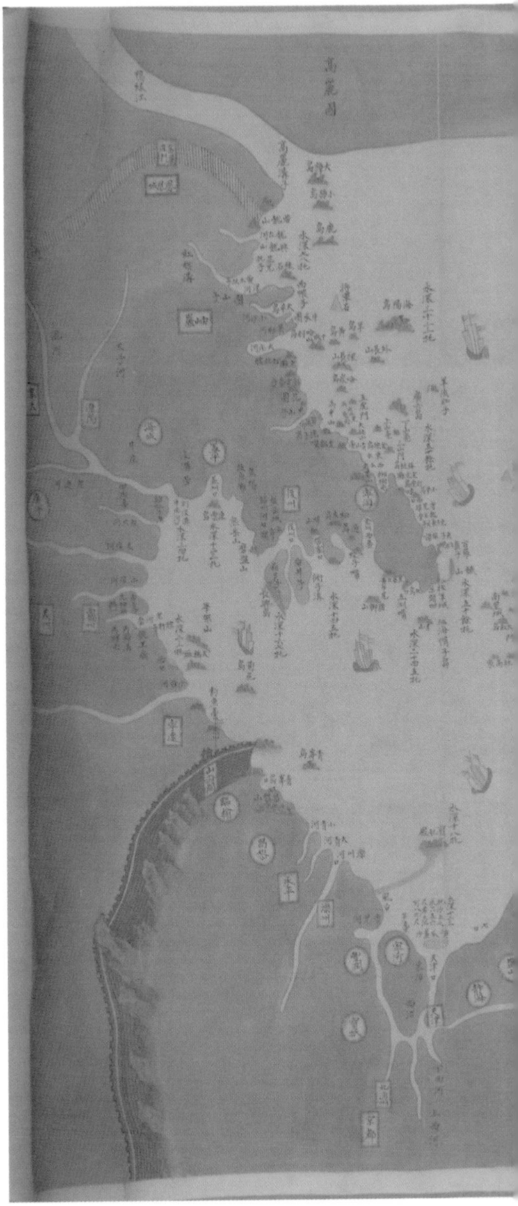

由生產到海防——《閩省鹽場全圖》、《福省全圖》

〰《閩省鹽場全圖》〰 清乾隆十一年（一七四六年）繪製

〰《福省全圖》〰 清咸豐十年至同治二年（一八六〇年～一八六三年）繪製

清初的康、雍、乾三個王朝，可謂盛世，收復台灣之後，清康熙二十三年（一六八四年），清政府設置分巡台廈兵備道及台灣府，隸屬於福建省，台灣的生產生活也納入到福建省統轄。至嘉慶十六年（一八一一年），台灣人口已達一百九十萬，使台灣成為一個新興的農業區域。這個時期，台灣與福建的來往十分密切。這幅《閩省鹽場全圖》（局部）反映的即是福建與台灣的鹽業生產情況。

《閩省鹽場全圖》（圖10.6）繪製於清乾隆十一年（一七四六年），作者為惺園菩薩保，作者名

圖10.6：《閩省鹽場全圖》

《閩省鹽場全圖》繪製於清乾隆十一年（一七四六年），作者為惺園菩薩保，作者名寅，姓氏不考。「惺園」為其字型大小，「菩薩保」或為其自稱。乾隆年間，菩薩保曾主持福建省鹽政，此圖應為他指導鹽業生產的實用地圖。

寅，姓氏不考。「惺園」為其字型大小，「菩薩保」或為其自稱。乾隆年間，菩薩保曾主持福建省鹽政，此圖應為他指導鹽業生產的實用地圖。

《閩省鹽場全圖》為絹本彩繪，未注比例，長卷裝裱，縱三十三公分，橫五百七十一公分。卷首附乾隆十二年（一七四七年）覺羅雅爾哈善跋文及乾隆十一年菩薩保序文。覺羅雅爾哈善於乾隆十年擢福建按察使，至十三年署江蘇巡撫，此圖所寫之跋文當為其在福建內時所作，表明當地主政官員非常看重鹽業生產。

此長卷由福建和台灣府兩部分粘合而成，閩省圖卷為上，海洋在下，其北方在卷首；台灣圖標籤明上東下西，左北右南。作者用山水畫形象畫法描繪台灣府及鳳山、諸羅、彰化縣，福建省寧府及寧德縣，福州府並羅源、連江、長樂、福清縣、興化府，泉州府並惠安、南安、同安縣，彰州府並海澄、彰浦、詔安縣的海岸山川地形、城池、汛塘、寺廟、塔橋，著重表現閩台的鹽場、盤丘、鹽倉、露堆，以及運鹽船泊地。其中，鹽場中的曬鹽所，鹽倉等都用不同符號作了詳細的描繪。運鹽的關隘，衙門在途中也有表示。

當時的福清縣是福建省重點產鹽區之一，一千多公頃鹽場，為食鹽集散地。該圖除繪出福清沿海海岸位置及其各鹽場，還對近海海島也作了詳細的勾畫。同時，該圖詳細描繪了福清鹽場及海防的分佈，福清總場衙門及四個城門，鹽倉等鹽場分佈和管理機構一目了然，海口橋等村莊及範圍情況重要城鎮等都進行了詳細的描繪。

據此圖文，知該圖著力表現清朝乾隆年間，菩薩保主持福建省鹽政時的鹽場位置，海船盤鹽經泊口岸主管理鹽田的官員駐紮地。注文記載各鹽官駐地至總場衙門，以及鹽圍的路程距離。該圖對產鹽、運鹽和緝鹽具有重要作用，是官方所用的詳細地圖。

古今中國，食鹽生產與售賣向為政府專利，私販鹽違法，該圖的功能即幫助鹽政官員瞭解「閩鹽」產地與分佈，以補書籍之不足。同類沿海鹽場專圖作品，還有清光緒二十三年（一八九七年），廣東石經堂印的《廣東鹽場圖》，紙本色繪，二十二幅疊裝圖冊。圖冊由《電茂場十一廠全圖》、電茂場屬十一個鹽場圖、博茂場屬九個鹽場圖和《西場各漏曬鹽一工式圖》組成。此圖現藏美國國會圖書館。通過李孝聰先生整理的圖敘錄，我們可以瞭解到此類專圖之專業性能。圖冊不僅以鳥瞰的形式描繪鹽場地形，同時，還記錄鹽田的標準面積，曬鹽規範，近海基圍面積，還有受災沖毀鹽田缺口數字，修復工程所需頑石、草皮、泥土和銀兩……可謂沿海鹽業生產之大全，是中國海圖中的一個獨特品種。

看罷清中期的《閩省鹽場全圖》一片祥和的產生圖景，接著看另一幅《福省全圖》感受到的則是山雨欲來的場景。這幅地圖的繪製年代大約是咸豐十年（一八六〇年）至同治二年（一八六三年），是第二次鴉片戰爭結束之時，大清再度受到海上列強的侵略，所以，這幅地圖重點已不再是祥和的生產與生活景象，而是海防備戰。

《福省全圖》（圖10.7）為紙本彩繪，山水畫式全景圖，裱裝卷右殘缺，圖縱五十九公分，橫九十七公分。此圖描繪了福建省省會福州城內外，及中洲、南臺至閩江五虎門一帶之山川、水道、城鎮、村落、炮臺等形勢。此圖覆蓋範圍僅福建省城周圍與連江、長樂等縣，不是福建全省。

據李孝聰先季考證，北京國家圖書館收藏的一幅清光緒年間彩繪本福州圖，圖題名為「福建省南臺港起至五虎門一帶形勢營汛總圖」，也是此類對景圖，內容和圖面覆蓋地域範圍與此圖相似，或許是同一時代的作品。

值得注意的是現在為美國國會圖書館所收藏的這幅《福省全圖》，其圖的下方有後加上去的硬筆注記，特別標明了此圖為中國軍隊駐守之要塞，顯然，這是一幅當年流入西方人，或西方軍隊，為洋人利用的地圖。

圖10.7：《福省全圖》

《福省全圖》的繪製年代大約是清咸豐十年（一八六〇年）至同治二年（一八六三年），是第二次鴉片戰爭結束之時，大清再度受到海上列強的侵略，所以，這幅地圖重點已不再是祥和的生產與生活景象，而是海防備戰。

第一部中國海口大全——《海口圖說》

〰〰《海南島海口圖》〰〰清光緒十七年（一八九一年）出版

〰〰《大沽口海口圖》〰〰清光緒十七年（一八九一年）出版

所謂海口即江河之入海口，通常建有港口和依港而生的濱海城市。因而海口也常常會是海上貿易的商業所在，更會是國家的海防要津。清以前，尤其是明代，曾有過許多全國沿海圖、海防圖，但以海口為主題繪製的專門圖集還沒有過，《海口圖說》可以說是中國第一部海口地圖大全。

《海口圖說》光緒十七年（一八九一年）出版，圖為彩色繪本，由衛傑編製。此書分上中下三冊，上冊全為文字說明，計有中國海口形勢總論、關東海口形勢論、直津海口形勢論、山東海口形勢論、江蘇海口形勢論、浙江海口形勢論、廣東海口形勢論、閩嶠（福建）海口形勢論、台澎海口形勢論、台海（台灣及附近島嶼）土番形勢論、台灣方言、海口炮臺說等等。中、下兩冊全是海口地圖，描繪的是上冊中所提到的從北到南的重要海口，共計有五十三幅圖。此書於現藏於中國國家圖書館。

據鄭錫煌先生研究：《海口圖說》的地圖上，陸地與海洋均有畫方，但未注明每方折多少里。近岸陸地有的置於圖上方，也有置於圖下方，也有的置於左方或右方；圖的方位也不固定，有些圖上北下南，有些圖上南下北，隨近岸陸地位置的不同而改變。圖中或用圖或用文字表現自遼東半島至廣東沿海一帶以及海南島、台灣島沿岸的山峰，河流、炮臺、島嶼、沙州、淺灘、航線、泊位、潮汐、風向等內容，個別地方還用樹木符號表示森林。此海圖有別於其它海圖之處的是，它突出了對海潮、海深和海平面下的地形的表示。各處漲潮時間、潮長潮落的高差、海水深度、均用文字標注。陸地不著色（山峰除外），海洋著淺綠色。高出水面的沙州用淺灰色的閉合曲線加著淺灰色表示，低於水面的暗沙灘用紅色線圈加著淺黃色表示，並用文字注明沙灘質地為泥或細沙質或粗沙質。

這裡我選兩幅有些特色的海口圖做簡要說明。

《海南島海口圖》（圖10.8）特別值得一說的是，這裡至今仍有一個叫「海口」城市。借助這個地名，我們似乎能領略到「海口」這一說法的地理起源。海南島的這個海口，至少在漢代時它已作為港口存在了。據說在宋代，這個港口就被稱為「海口」了。它也是至今仍以江河出海口直接作為地名的城市和港口，顯現著這種地理位置的重要性。

海南島孤懸海上，島上河流眾多，所以入海口也非常多，在這幅海口圖上，大大小小繪出了環島的二、三十個海口和眾多的港口碼頭。但最為重要的海口在這幅海圖的頂部。在南渡江入海處標注著的「海口所」、「海口港」，與海峽北面的「海安所」遙遙相望。歷史上，這裡曾設有宋代的海口浦、元代的海口港、明代的海口都、海口所、清代的海口商埠、瓊州口。在「海口港」旁邊還排列著一串小碼頭：牛姑港、白沙港、麻鴿港、北洋港等，表明這裡是大陸與瓊州島聯繫最緊密最繁忙的海口。

《大沽口海口圖》（圖10.9）的大沽口中國明、清海防要塞，是海河入海口，有京津門戶、海陸咽喉之稱。在這幅海圖的左邊，我們可以看到「大沽口」及「南礮臺」和「北礮臺」等顯要海防標注，旁邊還有「津海第一要口」的簡要圖說。

明永樂初，即設天津衛，於大沽海口築墩設炮。清代置大沽協鎮營，道光二十年（一八四〇年）直隸總督納爾經額增建大沽南北炮臺，置大炮三十餘尊。光緒二十六年（一九〇〇年），八國聯軍兩萬餘

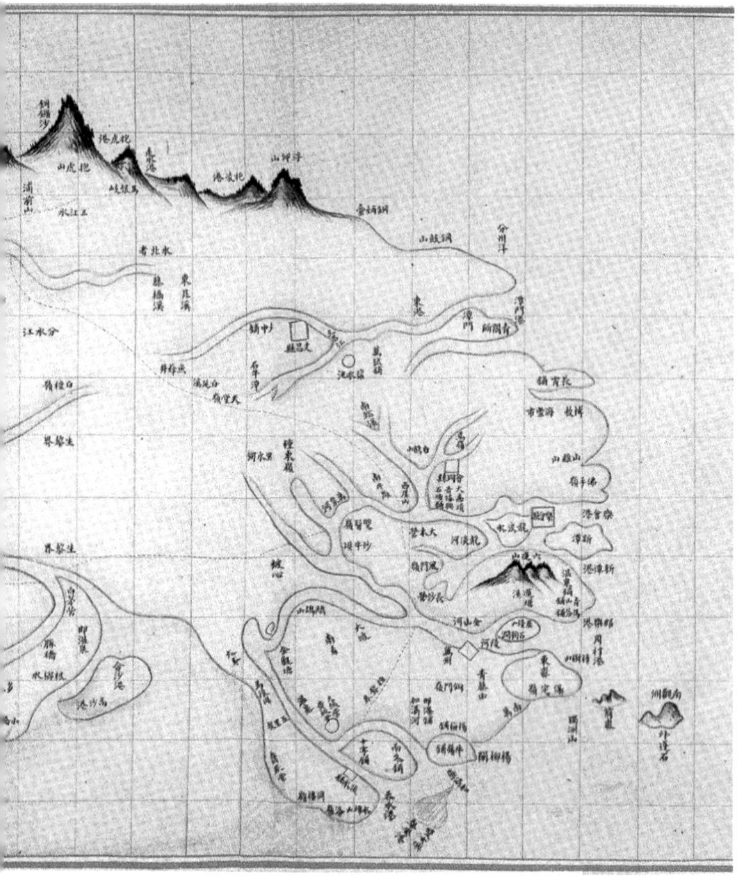

人、軍艦三十餘艘攻大沽，入侵津京。次年簽訂的《辛丑合約》諸條約中，有一條即是全部拆毀大沽炮臺。

《大沽口海口圖》不僅表現了海防，而且作為海圖，它還詳細表現了大沽出海口海域的自然訊息。海圖上對連片的淺灘做了細膩的描繪與標注，特別細分了淺灘、沙灘、泥灘、沙壘田島等，同時還用虛線標注了出海與入港航道，是一幅實用性較強的海圖。

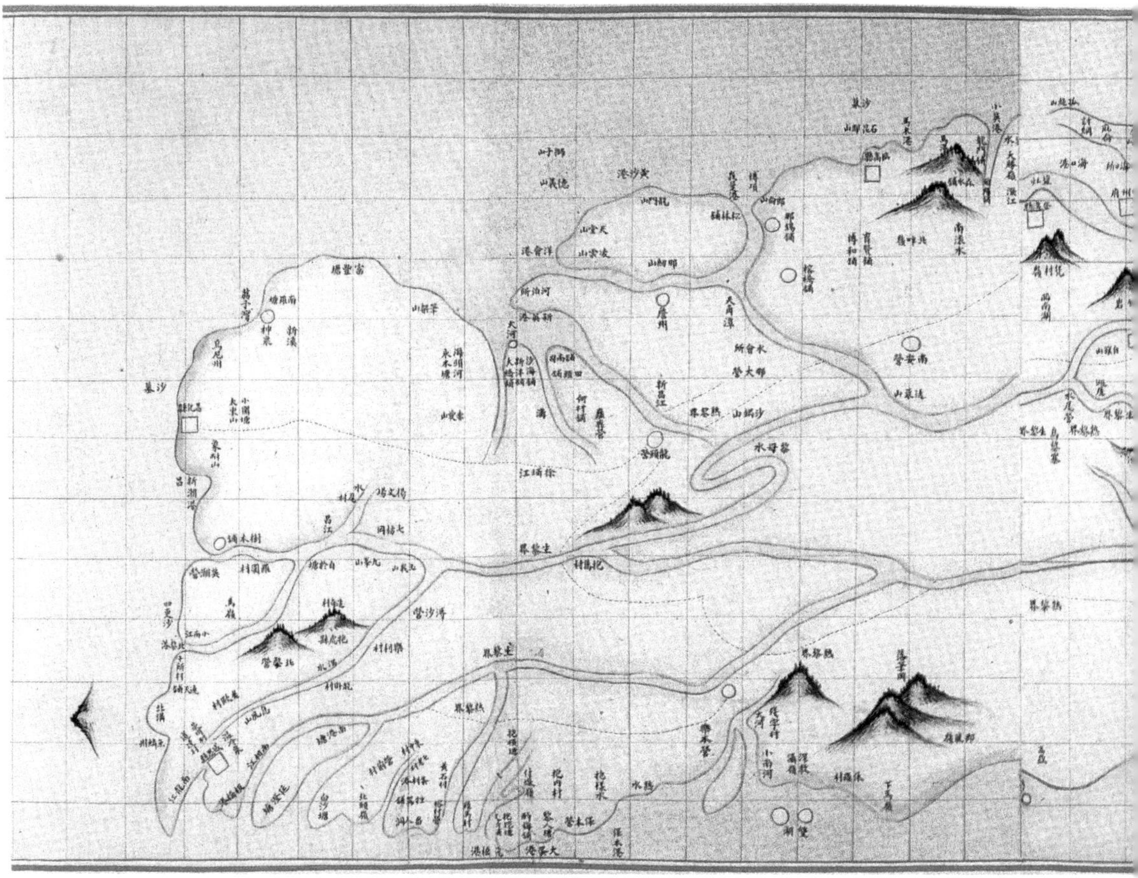

圖10.8：《海南島海口圖》

原圖為彩色繪本，圖縱三十九公分，橫二十六公分。現藏中國國家圖書館。

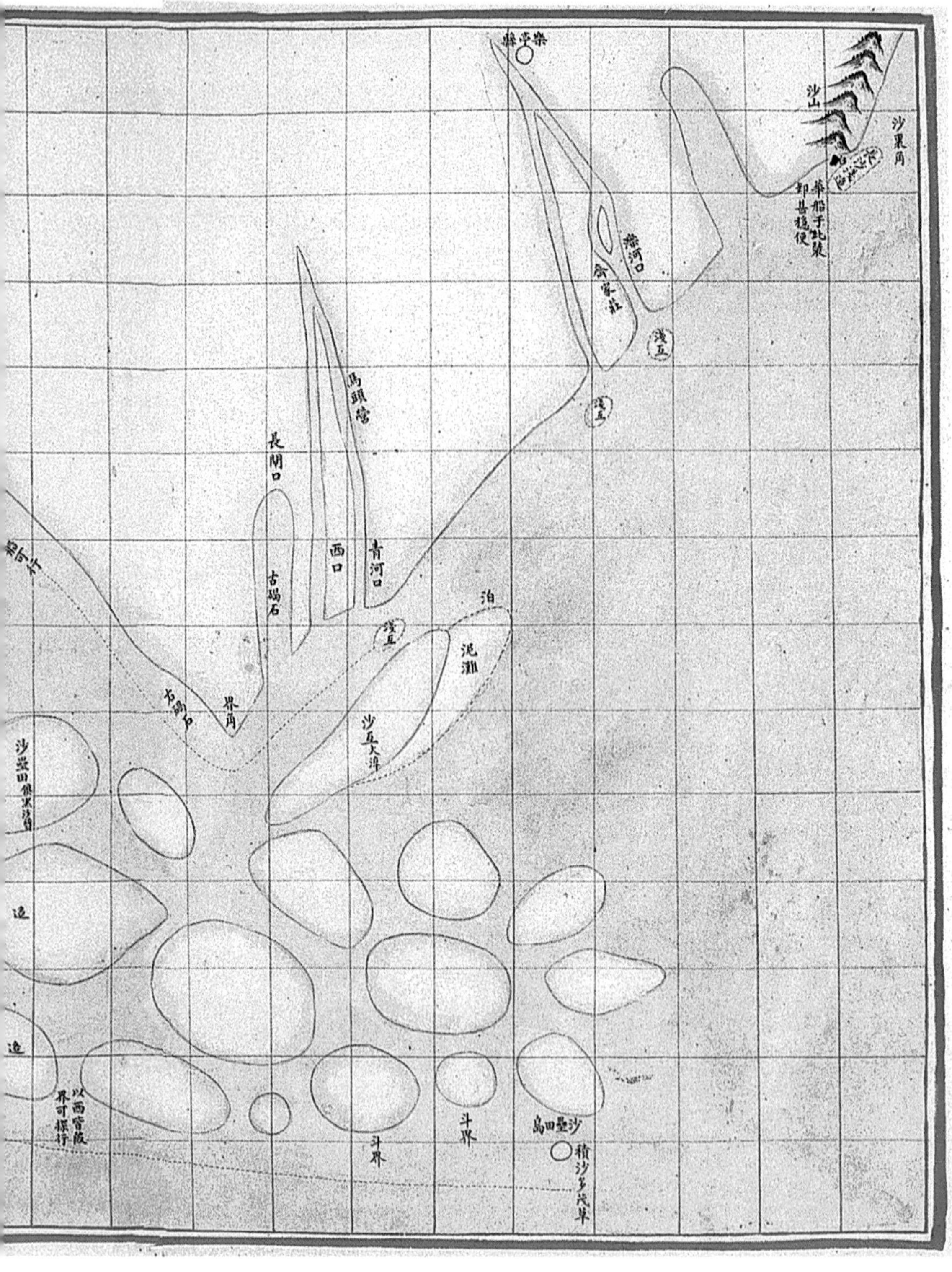
樂亭縣
沙山
沙果角
華船于此裝
卸甚穩便
蒲河口
徐家莊
淺五
淺五
馬頭營
長閘口
古碣石
西口
青河口
泊
泥灘
淺五
界角
古碣石
斗界
斗界
沙壘田島
積沙多茂草

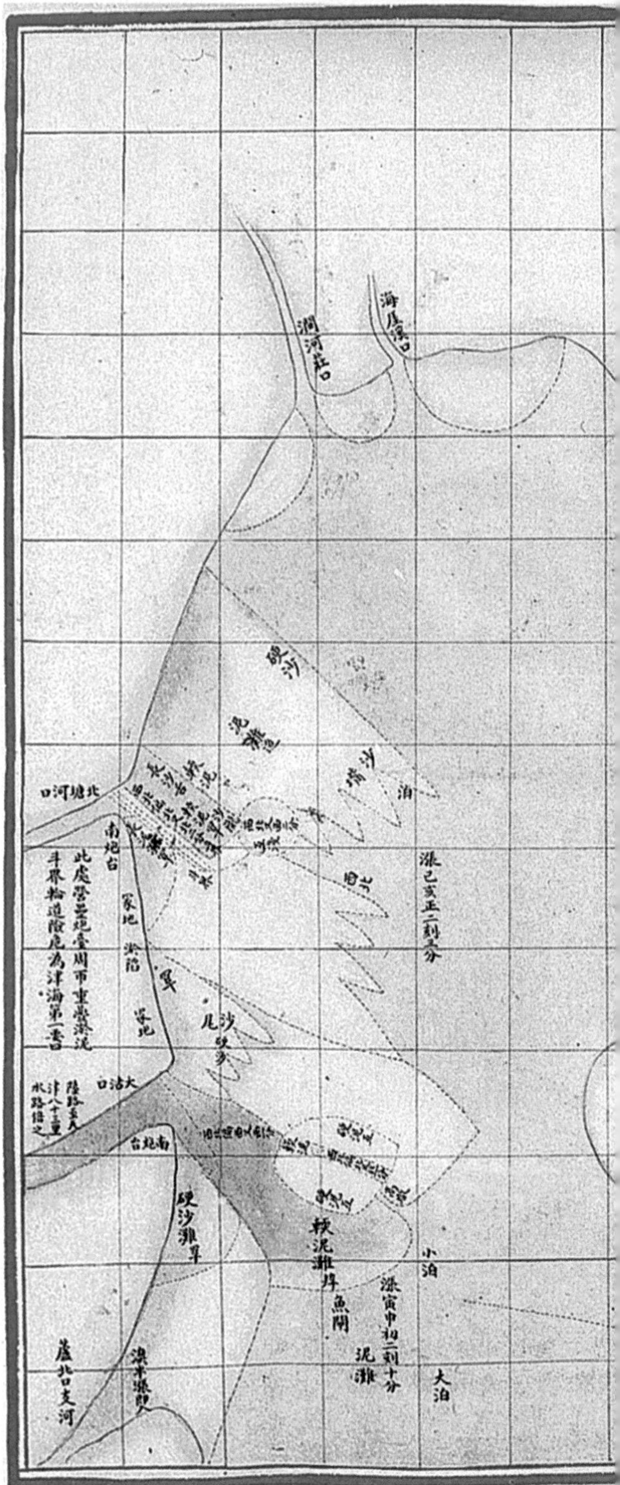

圖10.9：《大沽口海口圖》

原圖為彩色繪本，圖縱三十九公分，橫二十六公分。現藏中國國家圖書館。

伶仃洋裡看零丁——《澳門紀略・海防總圖》

﹏《澳門紀略・海防屬總圖》﹏清乾隆十六年（一七五一年）

忽必烈拿下南宋大部分江山後，命南宋降將張弘范率軍南征。此時，文天祥正引敗軍從廣東向老家江西回撤，行至海豐五坡嶺，被已經投元的當地叛將陳懿俘獲。次年年初，也就是元世祖至元十六年（一二七九年）正月，元軍押文天祥到崖山，船過今天的外伶仃洋時，文天祥寫下千古流傳的《過零丁洋》：

辛苦遭逢起一經，干戈寥落四周星。
山河破碎風飄絮，身世浮沉雨打萍。
惶恐灘頭說惶恐，零丁洋裡歎零丁。
人生自古誰無死，留取丹心照汗青。

幾個月後，元軍在珠海、澳門之間的十字門海面大敗南宋軍，無路可逃的南宋丞相陸秀夫只好背起小皇帝投海自殺，南宋就這樣沉入了零丁洋。如果說，南宋讓零丁洋出了一次悲涼之名的話，那麼，晚清則讓零仃洋又出了一次反思之名。

這裡選擇《澳門紀略．海防總圖》（圖10.10），主要是想說說後者。

珠江口因海島星羅棋佈，史有零丁洋之稱，後又稱伶仃洋。據康熙朝的《新安縣志》載：「零丁山，其下即零丁洋也」。今天所說的內外伶仃洋，是清代中後期隨著珠江口海上貿易進入高潮漸漸構築出的大伶仃洋概念。今天伶仃洋的範圍北起虎門，南達香港、澳門，水域面積約二千一百平方公里。東由深圳的赤灣，經內伶仃島，西到珠海市淇澳島一線以北為內伶仃洋，水域面積一千多平方公里。其東南外為外伶仃洋，即珠江的喇叭形河口邊緣。

歷史上的珠江口就是通洋的商貿重地，也是中國南大門的一道重要防線。明清以來，這裡已得到了天朝的高度重視，海防的概念在歷史文獻中不斷出現，《澳門紀略》即是其中的經典。此書由兩任澳門海防軍民同知印光任，張汝霖共同編撰，書於清乾隆十六年（一七五一年）面世，是歷史上第一部系統介紹澳門的古籍著作，介紹了澳門歷史、地理風貌、中西文化，並附有插圖二十一幅。其書還重點介紹了海防，書中所選的《海防總圖》也是伶仃洋最完整的海防圖。所以，此書也被譽為「安邊緯略」之書，被收入《四庫全書》當中，後來的《皇清職貢圖》、《粵海關志》和《海國圖志》等歷史著作均曾參考或抄錄過《澳門紀略》的內容。

《澳門紀略．海防總圖》的方位為上北下南，但實際上表現的是珠江口的東西兩岸，所以東西對應的位置表現得不是很準。雖然，此圖繪製得不很精確，但在島嶼描繪的意義上，還是有很大的實用價值。它詳細地標注了伶仃洋所涉及的重要陸地與島嶼，比如，左上角的「省城」，圖左中的「香山」與「澳門」，圖右邊的「東莞」與「虎門」。一些海上貿易的重要機構，也有明顯的標注，如，圖上方的「洋船灣治處所」。

據中山大學章文欽教授考證，圖中的老萬山與十字門，大約得名於明嘉靖年間，其老萬山之名，於中文來講，當時這裡確有老萬、曾一本、何亞八等海盜出沒，於葡萄牙文來講，其「Lodlrao」原意即是海盜。所以說，伶仃洋自古就是海盜橫行的水域。十字門是番船停泊的海澳，也是往珠江的西江口的重

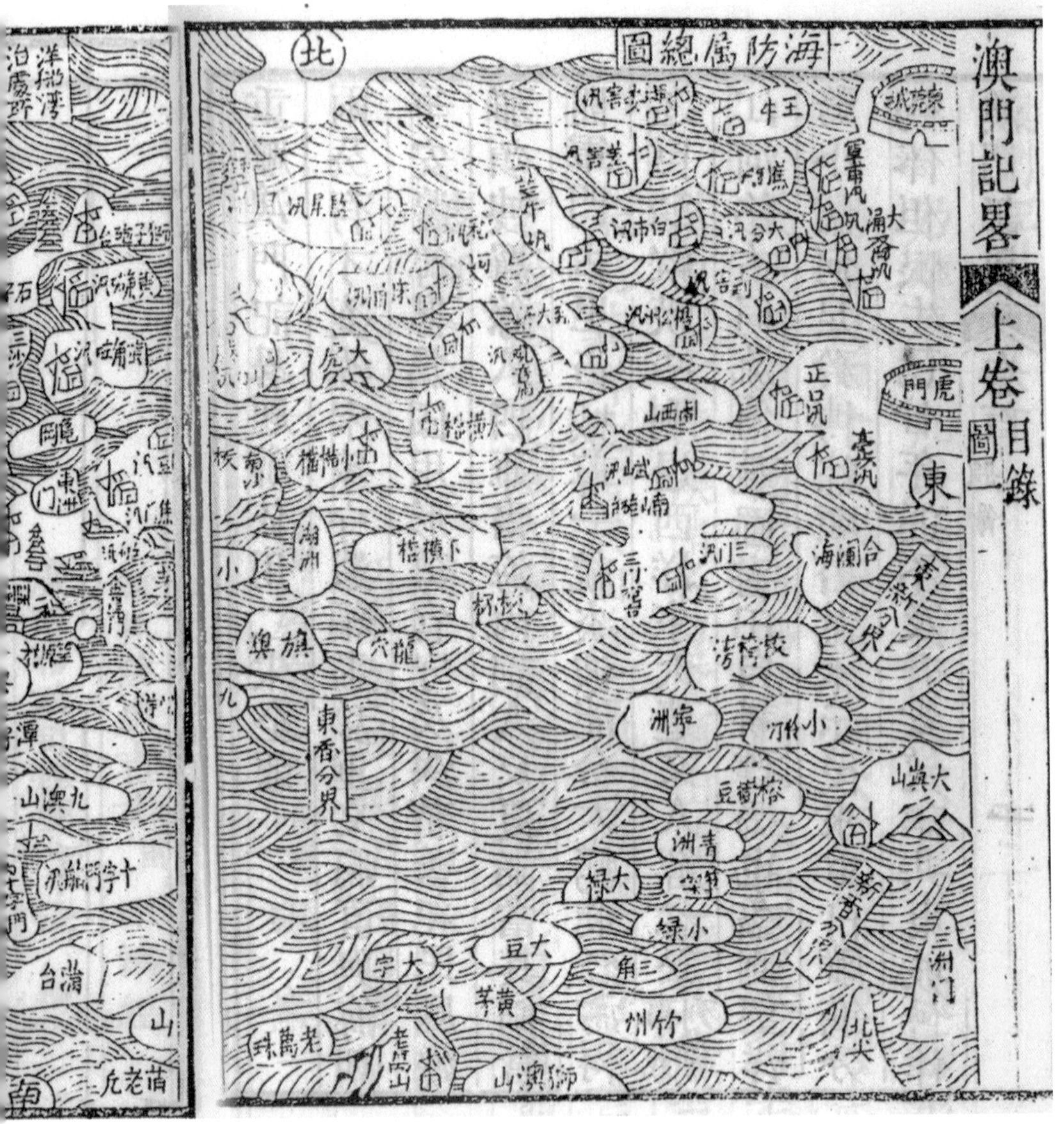

圖10.10：《澳門紀略・海防屬總圖》

《澳門紀略・海防屬總圖》的方位為上北下南，但實際上表現的是珠江口的東西兩岸，所以東西對應的位置表現得不是很準。雖然，此圖繪製得不很精確，但它詳細地標注了伶仃洋所涉及的重要陸地與島嶼，還是有很大的歷史價值。

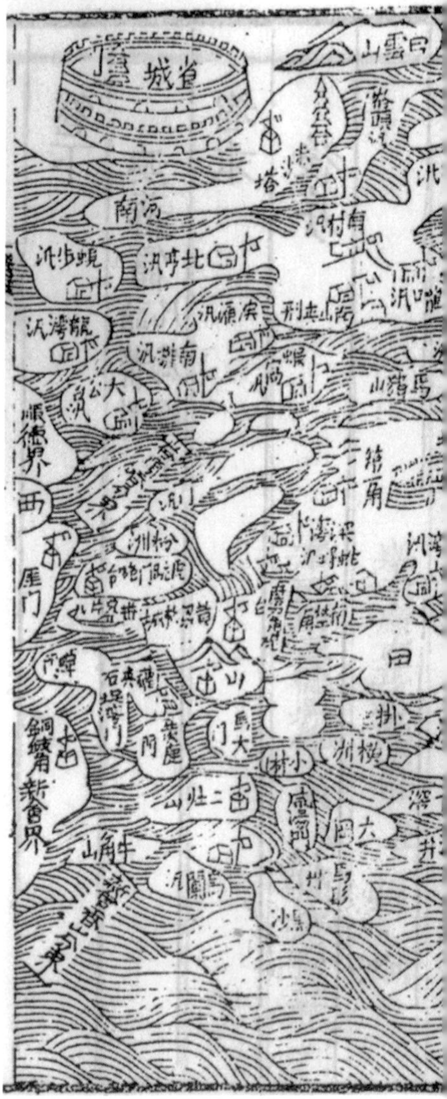

要航道。圖右中的「三門海」是番船進入虎門前的盤驗處所。「虎門」城則是重要的海防門戶，拒伶仃島之不懷好意的商船於「門」外，道光二十一年（一八四一年），這裡成了關天培的殉國之地。

伶仃洋及其附近水域，是海上貿易重地，也是非法活動的外船和海盜出沒和逗留的地區。西方對中國的鴉片貿易，早期是在澳門和黃埔，澳門是葡萄牙人的地盤，英國人則在黃埔和伶仃一帶活動。到了嘉慶二十五（一八二〇年）年，各種外船在伶仃洋一帶往來行駛，水到渠成地為在該處「建立一個聲名狼藉的鴉片停泊站」至道光十一年（一八三一年），伶仃洋已成為英國人走私貿易中心十年之後，湖廣道監察御史馮贊勳才上奏了伶仃走私的情狀，此後，才有了道光十九年（一八三九年）林則徐到粵禁煙。

今天的伶仃洋與這幅地圖對照，已有許多地方因泥沙堆集而消失了，但內外伶仃島仍在，筆者近年來曾到二島考察，外伶仃島已建成了人文旅遊的景觀地，內伶仃現在是中國國家級自然保護區。

深圳前傳新安縣——《廣東廣州府輿圖・新安縣圖》、《新安縣志重印本・海防圖》

〰《廣東廣州府輿圖・新安縣圖》〰清康熙二十四年（一六八五年）至雍正朝以前

〰《新安縣志重印本・海防圖》〰清嘉慶二十四年（一八一九年）

所謂新安，其原始名稱為寶安，這個古名在今天深圳市的寶安區以區名得以保留。

寶安曾是這裡最高的建置，漢武帝時曾在南頭城設「番禺鹽官」，吳大帝孫權黃龍元年（二二九年）左右，又設東莞郡，晉太康元年（二八〇年）吳國滅亡，東莞郡撤廢。這一時期的深圳地區主要署博羅縣。咸和六年（三三一年），東晉朝廷即在這裡建縣，名為寶安。

唐肅宗至德二年（七五七年）寶安縣改名為東莞縣（一說，因南頭曾設管鹽的東官，而有東莞之

圖10.11：《廣東廣州府輿圖・新安縣圖》

《新安縣圖》選自《廣東廣州府輿圖》，這是一部由官方繪製的「廣東省地圖集」。此圖集大約繪於清康熙二十四年（一六八五年）之後，雍正朝以前。地圖為絹本設色，冊頁裝。圖中的新安縣三面環海，南面有諸多島嶼，陸地群峰並立，山間有「新安縣」城，縣城邊有沙河流過。東部「大鵬嶺」下有「大鵬所」城。圖縱四十七公分，橫六十五公分。

名，另一說，因境內盛產一種水草叫莞草而得名）。但唐代在這一地區更為有名的是唐朝廷的南頭設立的軍事機構屯門鎮。

明朝萬曆元年（一五七三年），因擴建東莞守禦千戶基地，為便於稅收，分割東莞縣，設置一新縣——新安縣，建縣治於南頭。當時新安縣轄地包括今天的深圳市。因晚清列強入侵而多次割地，從新安縣又產生了後來的香港。

《新安縣圖》出自《廣東廣州府輿圖》，此圖集是一部由官方繪製的「廣東省地圖集」，圖集大約繪於清康熙二十四年（一六八五年）之後，雍正朝以前。地圖為絹本設色，冊頁裝。每兩頁為一幅圖，共繪有南海縣、番禺縣、順德縣、香山縣、東莞縣、新安縣等十六幅地圖。地圖為上北下南左西右東。採用立體寫景畫法繪製，山形著青綠色，府州縣繪以城郭形。

《廣東廣州府輿圖．新安縣圖》（圖10.11）圖中央的新安縣城是有一座歷史悠久的古城。漢代時曾

圖10.12：《新安縣志重印本・海防圖》

清嘉慶二十四年（一八一九年）《新安縣志重印本・海防圖》。

為鹽官駐地，三國時築司鹽都尉壘城。東晉咸和六年在此築東宮郡城和寶安縣城。明萬曆時在此地設新安縣城。我們現在可以隨意走進參觀的南頭古城，是明洪武二十七年（一三九四年），由廣州左衛千戶崔皓在原古城舊址上修建的「東莞守禦千戶所城」，萬曆年設立新安縣後，直接承繼了這座古城為縣治所在。此城處江海交通要衝，為海防軍事重鎮。

這幅康熙時期繪製的獨幅新安縣境地圖，圖縱四十七公分，橫六十五公分。圖中的新安縣三面環海，南面有諸多島嶼，陸地群峰並。除圖中央繪有「新安縣」城之外，縣城東部的「大鵬嶺」下，還繪有一座「大鵬所」城。

清嘉慶二十四年（一八一九年）《新安縣志重印本・海防圖》（圖10.12）中，描繪了作為海防城，它的戰略位置。圖中的大鵬所城，始建於明洪武二十七年，是明清兩代中國南部的海防軍事要塞，有著六百多年抵禦外侮的歷史。明清兩代大鵬所城有武略將軍劉鐘、徐勳，有賴氏「三代五將」、劉氏「父子將軍」等十幾個將軍。

清代的大鵬所城及所城的賴恩爵將軍曾取得了鴉片戰爭首戰——九龍海戰的勝利。所城也因歷史上將軍眾多而享有「將軍村」的美譽。大鵬所城至今仍有保存完好的古城門、古民居、古街道，有氣勢宏偉的將軍府第，是保存最完整的明清海防衛所。深圳今又名「鵬城」，即源於此。

描繪殖民地的香港、九龍、新界地圖

——清道光二十一年一八四一年《香港和附近海域》

——清咸豐十年一八六〇年《北京條約》割九龍附圖

——清光緒二十四年一八九八年《展拓香港界址專條・附粘附地圖》

〰《香港和附近海域》〰清道光二十一年（一八四一年）

〰《北京條約》割九龍附圖〰清咸豐十年（一八六〇年）

〰《展拓香港界址專條・附粘附地圖》〰清光緒二十四年（一八九八年）

道光十九年（一八三九年）三月，林則徐在廣州封鎖了「十三行」，六月在虎門燒了洋人走私的鴉片，英國人轉而採取了「炮艦策略」，開始攻擊珠三角沿岸。

虎門是廣州之門戶，在這個海域有一個穿鼻洋。鴉片戰爭爆發前夕的中英戰爭（一八三九年十一月三日）在這裡打響。戰爭爆發後，道光皇帝由主戰轉向主和，於道光二十年（一八四〇年）十一月派欽差大臣琦善到廣州與英軍談判。在談判進行中，英國對華全權代表義律於道光二十一年（一八四一年）一月七日突然指揮英軍攻佔沙角炮臺（即穿鼻炮臺）和大角炮臺，逼迫琦善接受英方的議和條件。並擬就一項草約，即「穿鼻草約」，其主要內容是：香港本島及其港口割讓與英國；賠償英國政府六百萬銀元；開放廣州為通商口岸；英軍撤出沙角、大角炮臺，歸還定海。

義律於一月二十一日單方面公佈了這項草約。但事實上雙方未正式簽約，因為琦善未得到道光皇帝關於割讓土地的諭令，不敢簽字。事後，中英政府都不承認這項草約。道光皇帝以琦善擅自割讓香港，令鎖拿解京問罪，英國政府認為草約索取的權益太少，將義律撤職。

雖然「穿鼻草約」英方不認可，但在中國獲取更大利益的算盤英國人早就打好了，一切都為道光二十二年（一八四二年）的《南京條約》做好了鋪墊，就連割地所需的地圖，也在這時完成了。

當年的大英帝國被世界稱為「海島和半島收藏家」，香港被割占為這個別號作了一個沉重的注腳。對於中國，英國人很早就有奪占海島作為通商據點的野心，看看這精心繪製的海圖，就知道他們是有備而來的。就在道光二十一年大清與英國簽署「穿鼻條約」時，英國愛德華．卑路乍船長奉命對香港海域進行測量，繪製了這幅《香港和附近海域》（圖10.13）的專圖。

這是一幅精緻的現代海圖，海圖重點描繪水道與海岸線，載有許多水深資料。地圖使用了「地貌暈翁法」，即利用陰影描繪地形的方法，是當時先進海圖的特點。原圖為對開地圖。大家知道，一個國家的領土的測量，是一個國家的主權。英國人能如此精細而從容地在中國的領土領海上測繪中國的地圖，這本身已說明了晚清政府在主權、海權問題上虛弱無力。

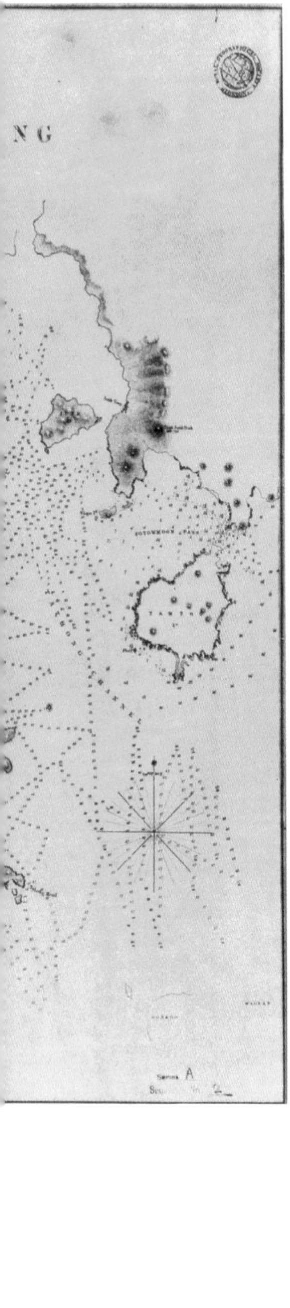

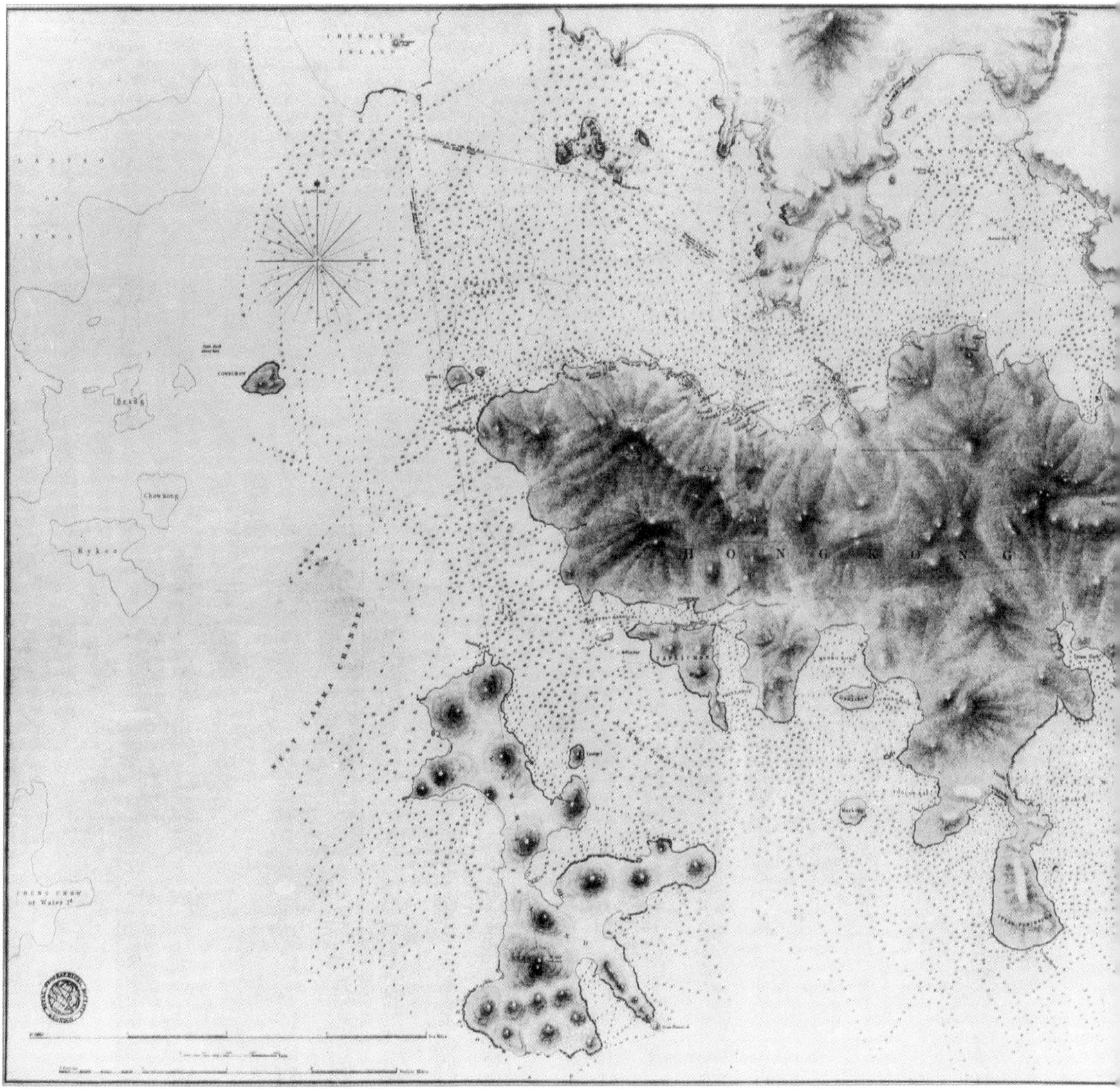

圖10.13：《香港和附近海域》

《香港和附近海域》專圖是一幅精緻的現代海圖，海圖重點描繪水道與海岸線，載有許多水深資料。此圖還使用了「地貌暈翁法」，即利用陰影描繪地形的方法。這是當時先進海圖的特點。原圖為對開地圖。

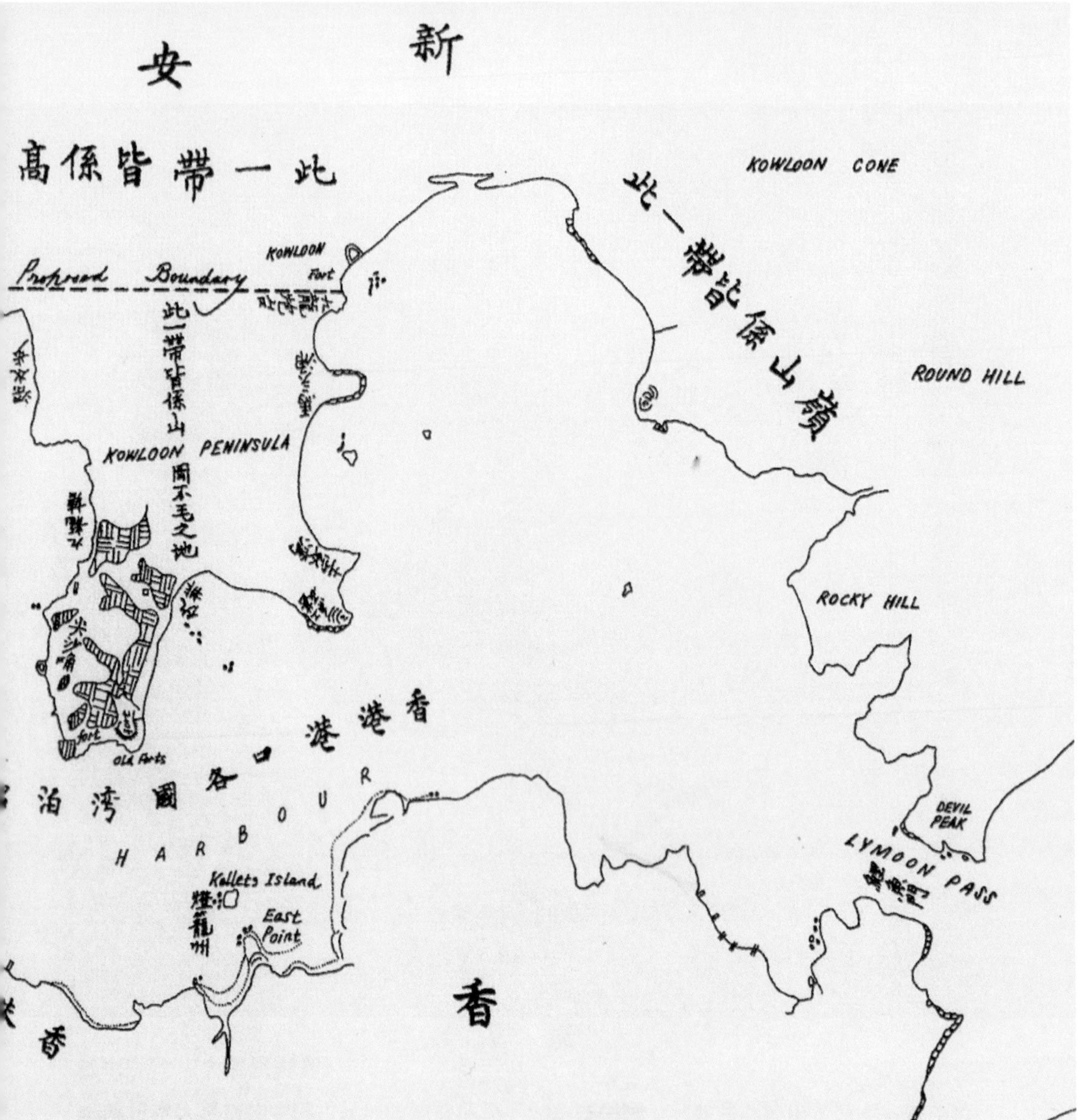

圖10.14：《北京條約》割九龍附圖

清咸豐十年（一八六〇年）的清英《北京條約》，割去的九龍司是一個行政管理機構，其全稱為九龍巡檢司，所以割占的不是整個「九龍司」，而是九龍司的一部分，即「九龍半島南端尖沙咀一帶」。

咸豐十年（一八六〇年），大清在二次鴉片戰爭中失敗，在英、法武力威脅下，清英交換了《天津條約》，簽訂了《北京條約》。條約除確認《天津條約》仍屬有效外，又增加了擴大侵略的條款：（一）開天津為商埠；（二）准許英國招募華工出國；（三）割讓九龍司地方一區給英國；（四）《中英天津條約》中規定的賠款增加為八百萬兩。

在這幅清咸豐十年（一八六〇年）《北京條約》割九龍附圖（圖10.14）中，可以看到再次割讓的大清領土。其條約中所言，割九龍司是一個行政管理機構，其全稱為九龍巡檢司，所以《北京條約》割占的不是整個「九龍司」，而是九龍司的一部分，即「九龍半島南端尖沙咀一帶」，結合地圖可以看得更

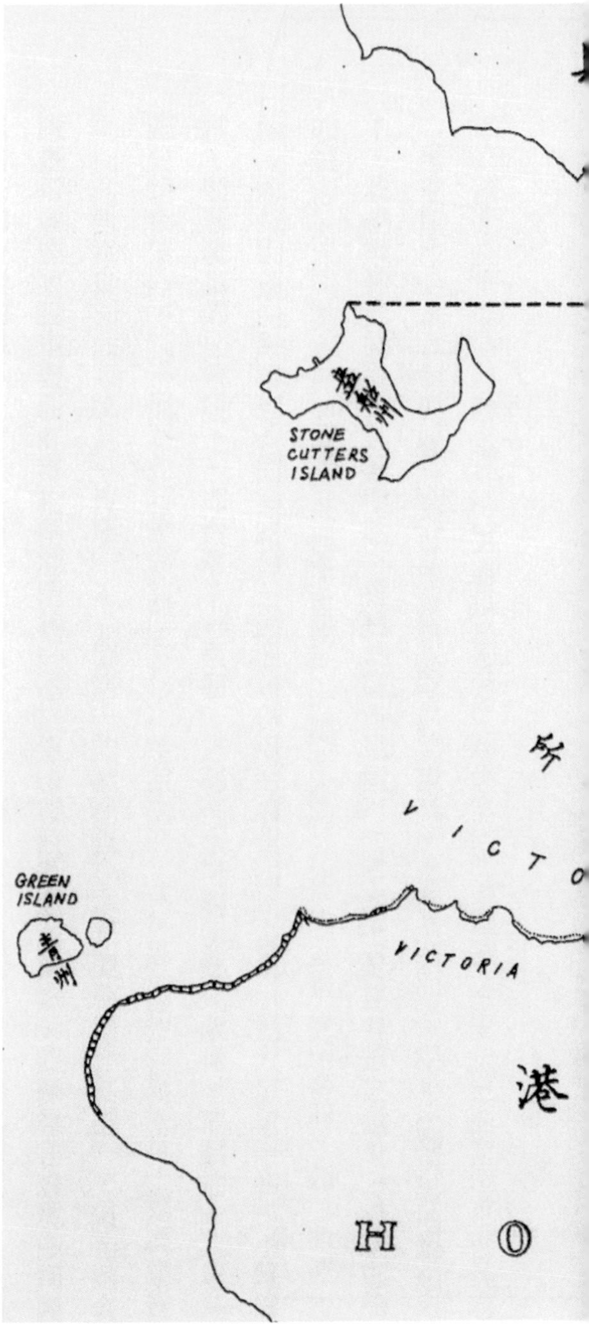

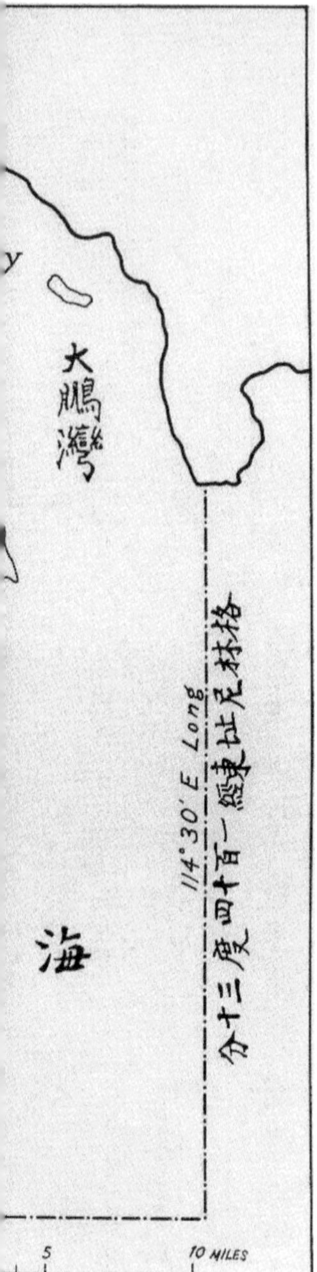

加明白。真正的九龍半島的割讓，是後來的事情。

一八九五年大清與日本簽下《馬關條約》後，列強紛紛向大清施壓割地，英國藉口保護香港安全，要求與大清重新劃界。光緒二十四年（一八九八年）六月九日，清英兩國在北京簽訂《展拓香港界址專條》。該條約中，中國將咸豐十年英國所奪占的尖沙咀以外的九龍半島的其餘部分，即從深圳灣到大鵬灣的九龍半島的全部，租與英國九十九年；租期內租借地歸英國管轄。租借地陸地面積三百七十六平方英里，其中大陸二百八十六平方英里，島嶼九十平方英里，較原香港行政區陸地面積擴大了約十一倍，租借地水域較前擴大四、五十倍。

《展拓香港界址專條．附粘附地圖》（圖10.15），可以看到擴大地盤後的新界與香港。

憑藉強大的軍事優勢，英軍先是霸佔香港島，而後占了尖沙咀，再後是新界，英國人從容的「按圖索地」，香港就這樣進入了英國人繪製的「日不落」殖民地版圖。

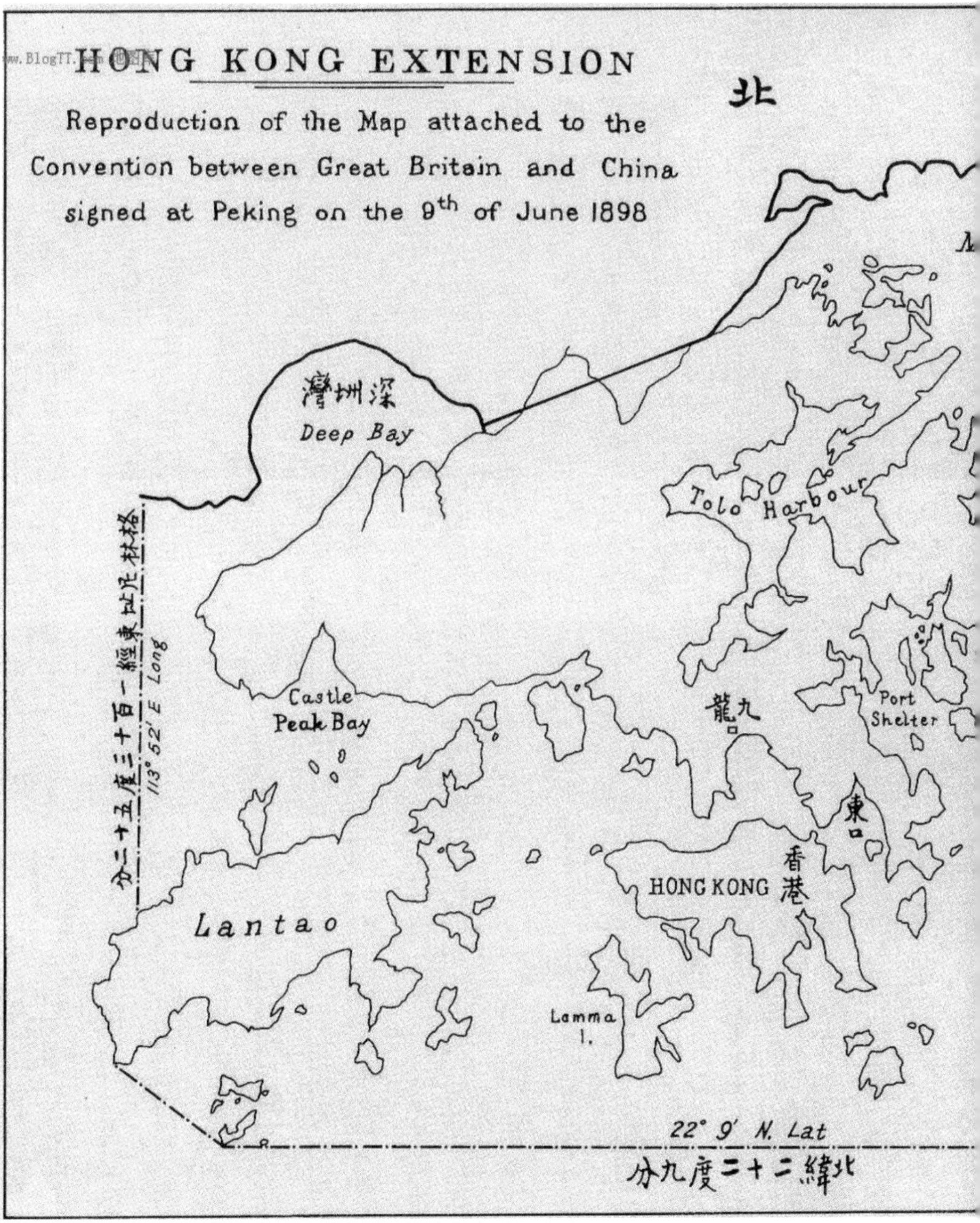

圖10.15：《展拓香港界址專條‧附粘附地圖》

清光緒二十四年（一八九八年）的清英《展拓香港界址專條》，將清咸豐十年（一八六〇）年英國所奪占的尖沙咀以外的九龍半島的其餘部分，即從深圳灣到大鵬灣的九龍半島的全部，租與英國九十九年；租期內租借地歸英國管轄。

現代測繪地圖的經典之作——《新安縣全圖》

《新安縣全圖地形圖》〰 清同治五年（一八六六年）繪製

《新安縣全圖》〰 清光緒二十年（一八九四年）出版

自道光二十年（一九四〇年）鴉片戰爭以來，新安縣的古老版圖在殖民統治下，發生了一連串變化。道光二十二年（一八四二年）七月至光緒二十四年（一八九八年）期間，清政府與英國相繼簽訂《南京條約》、《北京條約》和《展拓香港界址專條》，港島、九龍尖沙咀和新界割讓租借給英國，使新安縣的版圖被越切越小。民國二年（一九一三年），廣東省新安縣復稱寶安縣，縣治仍選在南頭）。

隨著殖民侵略傳統的中國地圖繪製也受到了前所未有的衝擊，人們也由此看到了實測的科學的新安版圖。這之中最為著名的一幅實測地圖即和神父繪製的同治五年（一八六六年）版《新安縣全圖》，非常幸運的是，最早的一版羊皮紙《新安縣全圖》（圖10.16），中共建政後仍保存在老寶安檔案館，現在此圖移至深圳市檔案館。我有幸在老寶安廖虹雷先生的陪同下，在深圳市檔案館見到了它的真容，並在館領導的幫助下複製了此圖。

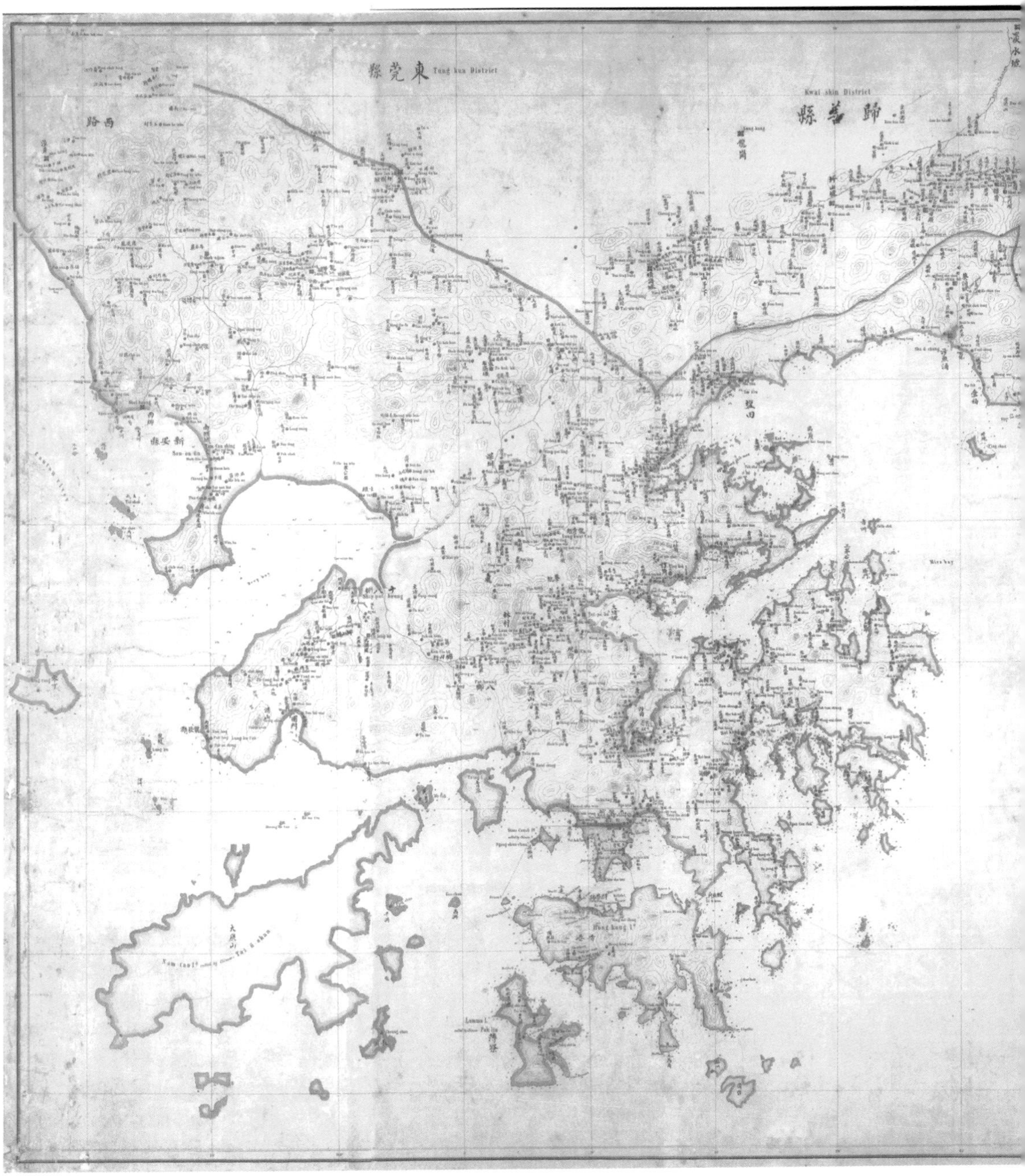

圖10.16：《新安縣全圖》

《新安縣全圖》成圖於清同治五年（一八六六年），縱一百公分，橫一百二十二公分，是新安縣第一幅現代意義的實測地圖和中英雙語地圖。

說到這幅地圖的繪製者，就不能不提到當年的天主教傳教士。明代，隨著東印度航路被西方人打通，先是有沙勿略在明嘉靖三十一年（一五五二年）抵達廣東上川島傳教，後有羅明堅、利瑪竇神父來華，進入廣東肇慶、韶山等地傳教，廣東成為最先與洋教士打交道的地方。

道光二十年原本是新安縣的香港被英國人佔領，次年羅馬教廷即頒令香港為新的「監牧區」，脫離澳門教區和葡萄牙保護權的管轄。自從教廷頒令香港為「宗座監牧區」，直屬羅馬傳信部監管之日起，傳教工作便在香港迅速開展起來，並逐漸向毗鄰的新安縣滲透，到了一八六〇年代，香港監牧區的傳教範圍已經擴大到了新安縣全境。

清光緒二十二年（一八九五年）來到香港傳教的義大利天主教和神甫（米蘭外傳教會會士「Fr · S · Volonteri」，內地也稱他為安西滿主教），或許是受了利瑪竇在肇慶繪製的《山海輿地圖》的世界地圖的影響，沒受過正規繪圖教育的和神甫，與華人神父梁子馨一起，在一位義大利人「Christoper Negri」的協助下，從同治元年（一八六二年）開始，對新安縣全境進行實地勘查。梁子馨是廣東南海人，精通拉丁文，國語、廣東話，他負責工作翻譯，也負責為地圖做中文標注。他們花費四年時間，終於繪製出了這幅《新安縣全圖》。

圖是繪出來了，他們遇到了又一個難題是，刻版與印刷的經費沒著落。於是和神甫到《香港政府憲報》上登廣告，每幅地圖作價五元，徵求至少一百二十個訂戶才能開印。地圖最終在萊比錫印製，後來，此圖在歐洲多個展覽中獲獎，包括一八九四年米蘭地圖學展覽。

《新安縣全圖》地圖附有英文簡介：「新安縣全圖（廣東省）乃傳信會一名義大利神父，以其專門技藝，歷時四年所完成者，並為有關該地迄今首次出版之唯一地圖。同治五年（一八六六年）五月。此圖，縱一百公分，橫一百二十二公分。

這幅《新安縣全圖》應當說是足夠「全」的，它包括了新安縣海陸全境和東莞、歸善縣（惠陽縣）的一部分，在圖的南端是已經塗上「日不落」紅色的香港島和九龍半島南端的尖沙咀，這些地方是《南京條約》和《北京條約》從新安縣割走的地方。地圖上用中英文標注了大量的地名，可見它不是單一給英國人使用的地圖。

關於《新安縣全圖》的繪製及其用途，和神父有過這樣一番交待：「若直接從實用及地方的觀點來看，該圖的作者有理由相信，他的努力不會白費。因為，這個既重要又富裕的殖民地（香港），位於新安縣的中央，假使我們對地圖探測學毫無認識，而我們對探測附近的地勢又毫無興趣的話，則顯示我們追不上時代。作者認為，這幅地圖對自然學者、旅行人士、運動家及傳教士也頗有用；對英國當局來說，在對付猖獗的海盜與內地蛊惑的中國官吏，這幅地圖亦很有幫助」。

由此看來，和神父他們繪製此圖的意圖，除了便於學者考察、旅行家探險、教士們傳教，更直捷目的是服務於「既重要又富裕的殖民地（香港）」，幫助港英當局緝捕「海盜」、對付中國官吏。事實也證明，和神父他們的這一「傑作」為殖民者，後來的拓展新界和鎮壓新安、東莞民眾的反殖民侵略幫了大忙。

當然，我們也要看到這幅記錄了八百五十多個地名的，完全現代化的實測地圖中的上品，對受傳統中國地圖影響的中國地圖繪製者所產生的積極影響，甚至，直接成為後來人繪製新安縣圖的母本。如，這幅嶺南少岩氏在光緒二十年（一八九四年）出版的《新安縣全圖》（圖10.17），此圖縱五十二公分，橫六十六公分，雖然尺寸與前圖略有不同，其內容幾乎就是從前圖中原樣照搬過來，如圖中的經緯度，

新安縣全
歸善屬
廣東廣州府屬

地形、地名、羅馬拼音，連原圖中和神甫為了傳教而繪在圖上的十字架，也照錄過來。當然，此圖在大輿山等地，增加了一些地名，還有右下角增加了《廣東廣州府屬》小圖。

值得一提的是，這幅嶺南少岩氏的《新安縣全圖》中，增繪了幾條重要的航線，有國內的，也國際的，從而使它成為了具有海上貿易與航運色彩的海圖。其國內航線主要描繪是香港至廣州的航線，和香港至上海、天津的航線；國際航線有香港往南洋的航路，和往日本、英國和舊金山的航路。

因此，這兩份地圖，在新安縣的中西宗教、文化與航海貿易史上，都具有十分重要的意義。

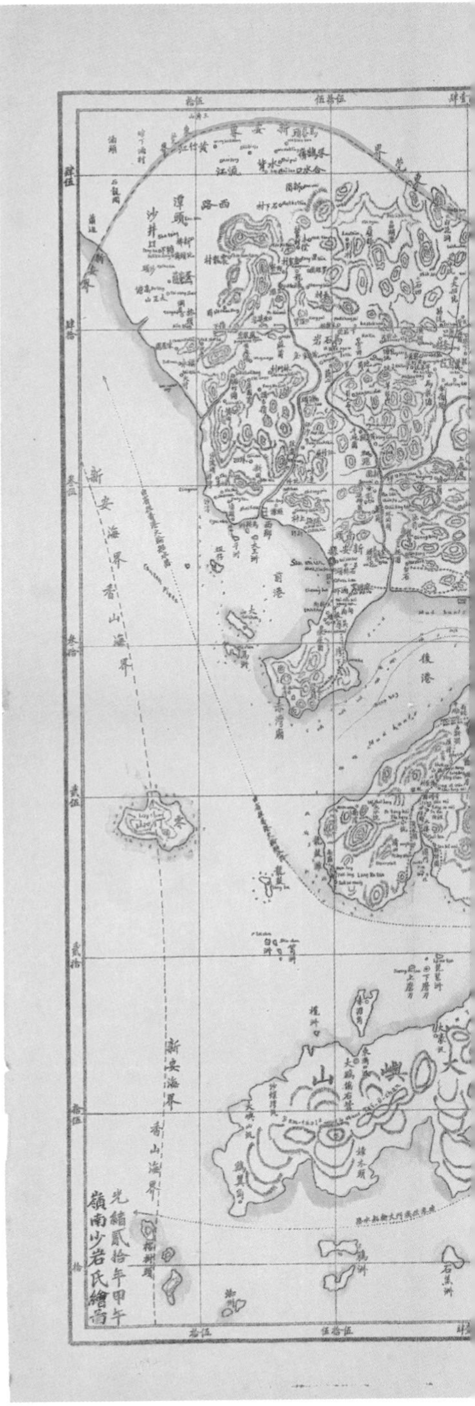

圖10.17：《新安縣全圖》

這幅嶺南少岩氏清光緒二十年（一八九四年）出版的《新安縣全圖》，幾乎就是從和神甫的《新安縣全圖》原樣照搬過來，但也增繪了不少地名，另外還繪製了幾條重要的航線，有國內的，也國際的。

現代海岸地圖的經典之作——《浙江沿海要口全圖》

〰《浙江沿海要口全圖》〰光緒三十一年至清宣統三年（一九〇四年～一九一一年）

明清兩朝對海岸的描繪非常重視，兩朝繪製了大量的海岸線地圖，但這些地圖多以對景圖為主要描繪方式，很少有用現代測繪方法描繪的海岸線地圖。這種情況一直到大清將要滅亡之時才有所改變。

這幅《浙江沿海要口全圖》（圖10.18），由清沈應旌（繪圖生）摹繪。清光緒三十一年（一九〇四年）京師設練兵處，各省始設督練公所。宣統三年（一九一一年）以後，北洋政儲廢除府、州建制，實行省縣兩級制，此圖上仍保持府州建治。所以，此圖注明由「浙江督練公所參謀處測繪股石印所」印製，其刊印時間應在光緒三十一年至清滅亡之前，即一九〇四年至一九一一年之間。

《浙江沿海要口全圖》為石印本，上色，比例尺為1：300000，單幅縱一百二十一公分橫八十四公分。附凡例、圖例和羅盤針，採用格林尼治經緯網，東經一百二十度三十五分至一百二十三度五分，北緯二十七度五十分至三十一分，用圓柱投影法繪製，並採用了暈翁法表示地形地貌。

此圖覆蓋範圍：北起自杭州灣北岸與江蘇省交界處，南止於溫州府甌江口，溫州以南未繪。描繪了浙江省嘉興、杭州、紹興、寧波、台州、溫州六府沿海各要口的海岸地貌，凡島嶼、暗沙、礁石、山險、江流、橋樑、城鎮、村屋、海塘、沙灘盡繪於圖上。此圖還詳細標注了航道、水深，並另配有分圖，詳細標注了沿岸炮臺修築之處。

從這些圖注和圖面訊息，可以看出它與西方近代製圖法相當一致了，已是一幅完全現代化標準繪製的海岸圖，可謂中國古代海岸圖之經典，可惜這樣的地圖來得太晚了，從某種意義上講，它也證明了中國走向現代化的腳步實在是太慢了。

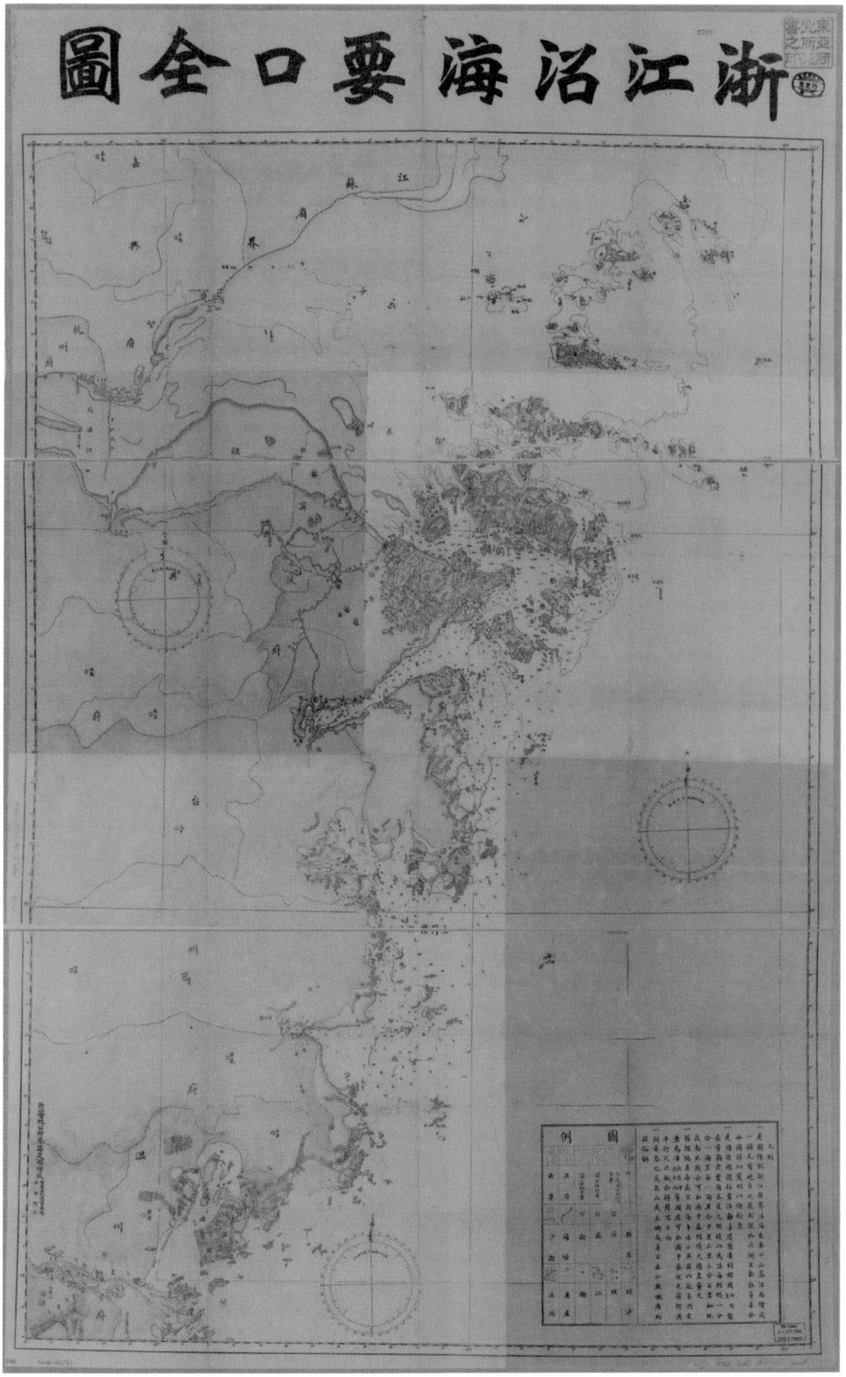

圖10.18：《浙江沿海要口全圖》

這幅《浙江沿海要口全圖》，為清沈應旌（繪圖生）摹繪，由「浙江督練公所參謀處測繪股石印所」印製，是一幅現代測繪海岸圖的精品。

晚清的版圖光景——《清會典·大清皇輿全圖》

《清會典·大清皇輿全圖》 宣統元年（一九〇九年）出版

光緒一朝，晚清已處在變革與衰亡的風口浪尖上。

光緒是清朝第十一位皇帝，母是慈禧的胞妹葉赫那拉氏。光緒在位三十四年，活了三十八歲，一直到死都處在垂簾聽政的陰影之下。光緒短短的一生，是不斷經歷失敗的一生，也是大清受到來自海上列強攻擊最嚴重的一朝。此間光緒經歷了甲午戰爭，戰敗後簽訂《馬關條約》；接著北京又受到八國聯軍的攻擊，再簽《辛丑合約》。光緒主政時，也曾有短暫的變革，有過片刻得意，其中最為著名的是他主持了戊戌變法，但變法僅一百零三天，終告失敗。光緒後被囚禁於頤和園，最終被毒死。

這幅《大清皇輿全圖》（圖10.19）就是光緒當年銳意革新的產物，原本《會典》是修前朝之事，

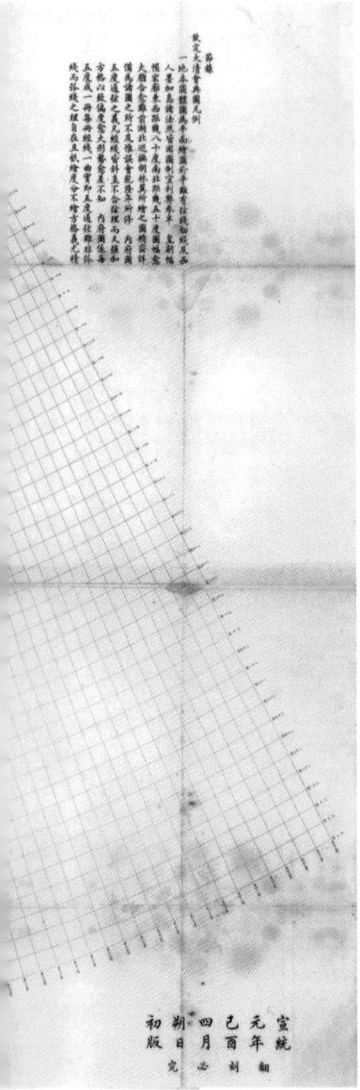

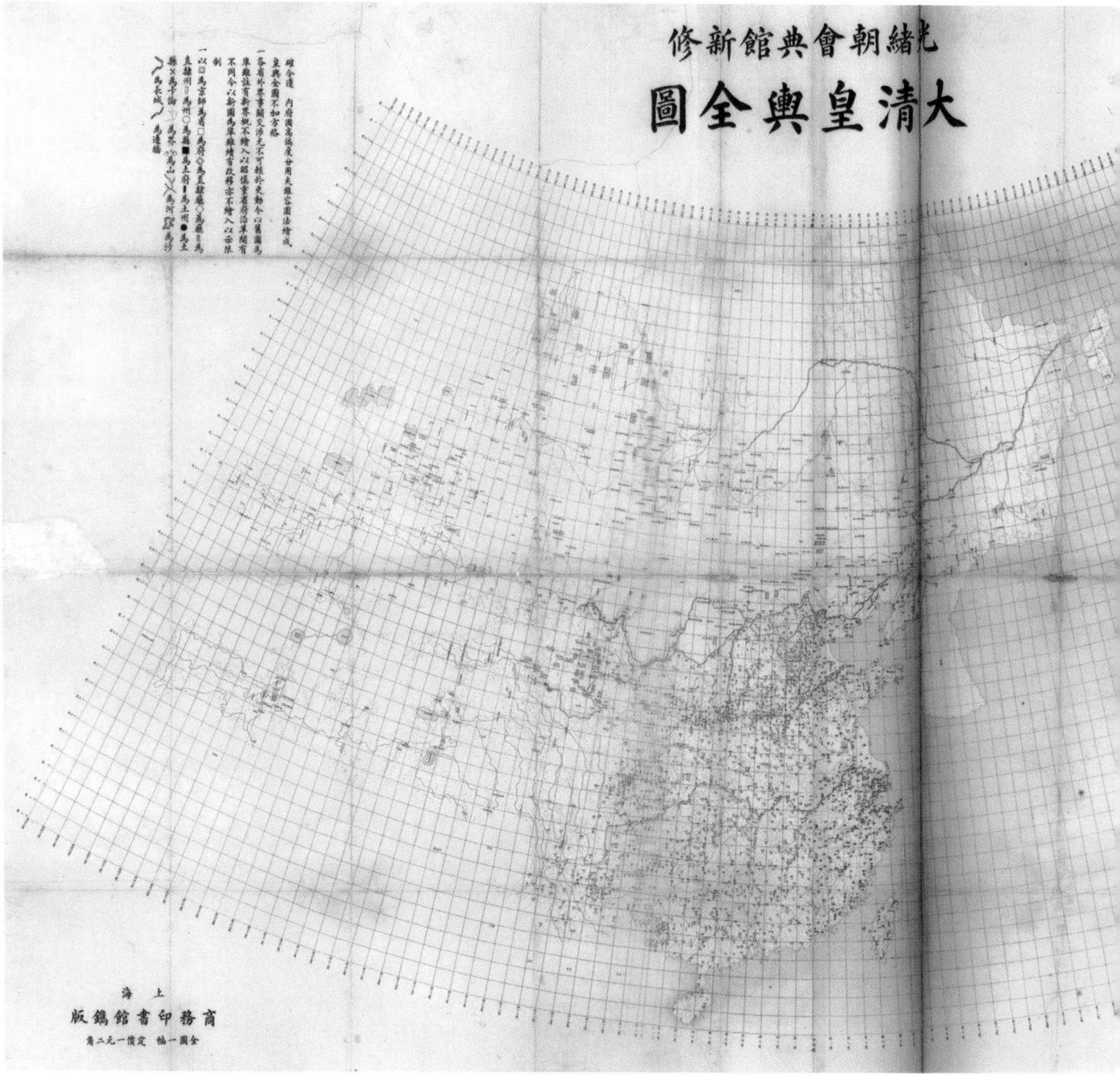

圖10.19：《清會典‧大清皇輿全圖》

商務印書館於宣統元年出版的《光緒朝會典館新修——大清皇輿全圖》。當時，測繪全國版圖，其守土保國的意思明確，測量局也歸入陸軍參謀本部，由軍方負責測繪事宜，這是大清皇帝在測繪全國版圖上的最後一次努力。

但光緒皇帝為了改革政治，理清稅收與國土，決定設立會典館，續修大清會典。他要求重新測繪全國地圖，作為《欽定大清會典》的附圖，收入書中。此工程歷經十餘年，於光緒二十五年（一八九九年）完成，全圖最後編入《欽定大清會典》，地圖仍按康熙時的「皇輿全圖」之名，定名為《大清皇輿全圖》。值得注意的是此圖完成的第二年，八國聯軍就攻入了北京，所以，細讀此圖也看得出晚清的內憂外患的破敗格局。

這裡採用的是香港古地圖收藏家譚廣廉先生《香港與華南歷史地圖集》中收錄的商務印書館於宣統元年（一九〇九年）出版的《光緒朝會典館新修——大清皇輿全圖》。這幅宣統版的地圖出版兩年之後，清政府也被推翻了，所以它也是一幅輓歌版的《大清皇輿全圖》。

據譚廣廉先生研究，大清自鴉片戰爭起，接連丟失沿海領土：道光二十二年（一八四二年）簽訂《南京條約》，失去香港；咸豐十年（一八六〇年）簽訂《北京條約》，再失九龍；光緒十六年（一八九〇年）又租了膠州灣；光緒二十一年（一八九五年）又被日本占了台灣；而後，又被俄國租了大連……從這幅地圖的圖說中，我們可以感受到大清破敗的時局感：「各省外界事關交涉，尤不可輕於更動，今以舊圖之準，雖注有新界，概不繪入……」當時測繪全國版圖，其守土保國的意思明確，測量局也歸入陸軍參謀本部，由軍方負責測繪事宜，這是大清皇帝在測繪全國版圖上的最後一次努力。

此圖採用了錐形投影，按經緯法繪製，此時的大清仍堅持以北京為零度經線，但「中央」大國的心理已經破碎，連保持領土完整的努力和希望都十分脆弱飄渺，所以，在新修的全國地圖上，索性連國界也不繪上了。

不過，從科學測繪的角度講，它仍不失為大清朝最精準的全國版圖。

晚清被列強欺侮的政治地圖——《時局全圖》

〰《時局全圖》〰光緒二十四年（一八九八年）七月

這是中學地理教學中最有名的一幅近代地圖，和人們在中國革博物館看到的一樣，都是它的影響最大的《俄事警聞》改繪版的《時局圖》（圖10.20）。這是一幅很特別的地圖——漫畫地圖——所以，我們要分頭來說它的構成。

先說漫畫。漫畫作為一個獨立的畫種，興起於英國產業革命的大背景下。它從誕生的那一天起就承擔了政治鬥爭的任務，政治漫畫也因此成為了現代漫畫的先鋒和輿論利器。一八四一年英國的諷刺雜誌《笨拙》在倫敦創刊，漫畫出版的風潮迅速席捲了整個歐洲，也影響了亞洲。至清末民初，距英國萬里之遙的中國，刊載漫畫的報刊幾近二十種，這之中就有上海的《俄事警聞》。

現在我們要說一說地圖，更準確地說是版圖的問題。光緒二十六年（一九〇〇年）沙俄乘八國聯軍侵華戰爭之機，出兵侵佔了我東北全境。中俄兩國於光緒二十八年（一九〇二年）四月八日在北京簽訂中俄《交收東三省條約》，按規定光緒二十九年（一九〇三年）四月八日，是沙俄第二期撤軍的期限，俄軍不僅沒有退兵之意，反而想要獨吞東北三省。為喚起國人對東三省前途問題的關注，光緒二十九年十二月底，蔡元培、章士釗等人在上海創辦了這份以抗俄為主旨的《俄事警聞》期刊。並在創刊號上推出了《時局圖》。他說「因為這一張圖，我們中國人知道的雖然不少，還有一大半是不知道的。所以，特地登在第一天警聞上頭，請我們四萬萬的中國人都開著眼看看，捫著心想想，恐怕不知不覺要趕緊去

圖10.20：《時局全圖》

這張圖最早的版本刊於光緒二十四年（一八九八年）七月的香港報紙《輔仁文社社刊》。當時的名字叫《時局全圖》。圖上署名：「戊戌六月，開平謝纘泰畫於香港」。依時間算，它是迄今為止發現的中國第一幅近代報刊漫畫和漫畫地圖。

想法子了。」

這是我們今天所見到的《時局全圖》的最早的內地版本。但它不是這張漫畫地圖的最初版本。從現存的資料看，這張圖最早的版本刊於光緒二十四年（一八九八年）七月的香港報紙《輔仁文社社刊》（戊戌變法，光緒二十四年六月至九月）。當時的名字叫《時局全圖》。圖上署名：「戊戌六月，開平謝纘泰畫於香港」。依時間算，它是迄今為止發現的中國第一幅近代報刊漫畫和漫畫地圖。

謝纘泰這個名字一般人不知道，但他卻是近代史上不一般的人。「開平謝纘泰」並非出生在廣東，而是一八七二年出生在澳大利亞的雪梨，開平是他的祖籍。十五歲時，謝纘泰隨經商的父親謝日昌來到香港，二十歲那年他與友人創辦「輔仁文社」。光緒二十一年（一八九五年）加入興中會，曾經參與策劃廣州起義，失敗後返回到香港。一九三七年四月一日，病逝於香港。

圖上雖有謝纘泰的署名，但研究者認為，謝纘泰所專並非漫畫，其圖應是當時國際媒體上流行的「瓜分圖」的基礎上修改繪製的。分析圖上喻體：熊霸佔東三省，喻俄國；狗守住長江一帶，喻英國；蛤蟆占廣東廣西雲南地方，喻法國；腸，貪占山東，喻德國；太陽光線直指台灣，喻日本；鳥飛來分食，喻美國。這應是光緒二十一年中日《馬關條約》後，中國版圖出現的悲慘狀態。

其圖在他創辦的《輔仁文社社刊》上刊出後，托好友帶到日本、印成彩圖，然後交給上海別發洋行發行，遂留入內地而廣為人知。但是到了一九三〇年底《俄事警聞》刊出時，《時局全圖》已變了模樣。首先是比原圖多出了五個中國人的形象：一個手舉銅錢的貪官；一個酒生夢死的人；一個倒在地上的大煙鬼；一個文狀元和一個武狀元。新加入的人物形象多了一份自我批判的意識。同時，五個動物也有了一點變化：原來代表英國的犬，換成了老虎，近珠江口香港的位置上有爪痕；德國的腸不見了，似乎被老虎尾巴所代替；代表日本的太陽，其光線不只延向台灣，更延伸至遼東半島、福建及中國內陸。警示性更加突出，漫畫性更強了。

最後說說圖中的題詩：「沉沉酣睡我中華，那知爱國即愛家！國民知醒宜今醒，莫待土分裂似瓜。」關於這首詩的作者，有兩個說法，一說是繪圖人謝纘泰所作，一說是黃遵憲所作。

以黃遵憲自一八七〇年到一九〇〇年曾五次到過香港，並留下了大量詩文史實看，時空上有這種可能。但與題詩繪圖的落款具體時間「戊戌六月」不吻合。黃遵憲第四次到香港是一八九〇年，第五次是一九〇〇年。另外這首詩，實在不像黃遵憲「登樓四望真吾土，不見黃龍上大旗」的千秋妙筆。但黃遵憲見過《時局圖》，並在晚年懸於老家壁上，則是有證可查的。

出任晚清外交官長達十五年之久的黃遵憲，中日甲午戰爭後，投身洋務運動，並在湖南推進戊戌變法。維新變法失敗後，黃遵憲被免職，回歸廣東梅州故里人境廬。光緒二十四年（一八九八年）的九月、十月間，黃遵憲帶病回歸故里，曾有兩首詩提到這幅圖。一首是《仰天》，其中有「藏名士株連籍，壁掛群雄豆剖圖。」詩中「群雄豆剖圖」，想是《時局圖》之喻。二是光緒三十年（一九〇四年）冬，即黃逝世前一年，他在《人境廬詩草》最後一首詩《病中紀夢述寄梁任父》（梁啟超）中寫道：「起起拭眼看，噫籲瓜分圖。」但他拭眼看的顯然已是《俄事警聞》版的「瓜分圖」了。而不是《輔仁文社社刊》「時局全圖」了。

國家圖書館出版品預行編目 (CIP) 資料

海洋地圖--中國古代海洋地圖舉要 / 梁二平著. --
初版. -- 臺北市 : 風格司藝術創作坊, 2015.03
面； 公分
ISBN 978-986-6330-92-6（平裝）

1.文化交流 2.古地圖 3.中國史

630.9 103027945

歷史群像24

海洋地圖——中國古代海洋地圖舉要

作　　者：梁二平著
編　　輯：苗龍
發 行 人：謝俊龍
出　　版：風格司藝術創作坊
106 台北市安居街118巷17號
Tel: (02) 8732-0530　Fax: (02) 8732-0531
總 經 銷：紅螞蟻圖書有限公司
Tel: (02) 2795-3656　Fax: (02) 2795-4100
地址：台北市內湖區舊宗路二段121巷19號
http://www.e-redant.com
出版日期／2015 年 3 月　第一版第一刷
定　　價／399 元

ISBN 978-986-6330-92-6 Printed in Taiwan

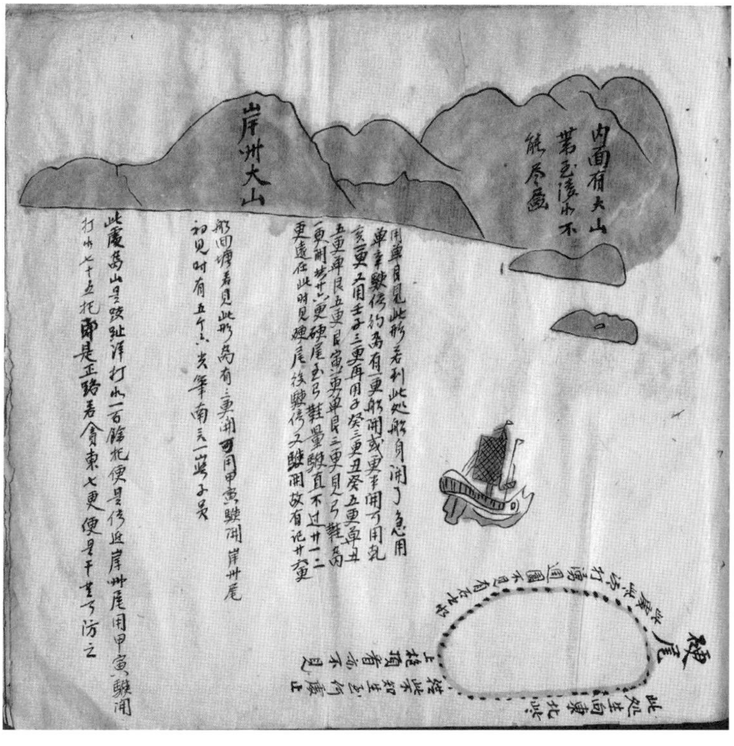

硬尾
此處生向東北嶼
從此不知生到何處止
上掟有看而不見
內面有大山
萬邑淺水不
能盡畫
岸州大山
用单艮見此形者到此處船身開了急用
单辛駛傍約為有一更船開或更半開可用乾
亥一更又用壬子三更再用子癸三更丑癸五更单丑
五更单艮五更艮寅三更单艮三更見了鞋為
一更開去廿六更硬尾五弓鞋量駛直不過廿一二
更遠在此時見硬尾後駛傍又駛開故有記廿更
船回塘若見此形為有二更開可用甲寅駛開岸卅尾
初見時有五个三尖筆南邊一嶺子見
此處為山是交趾洋打水一百餘托便是傍近岸州尾用甲寅駛開
打水七十五托即是正路若貪東七更便是千里石防之

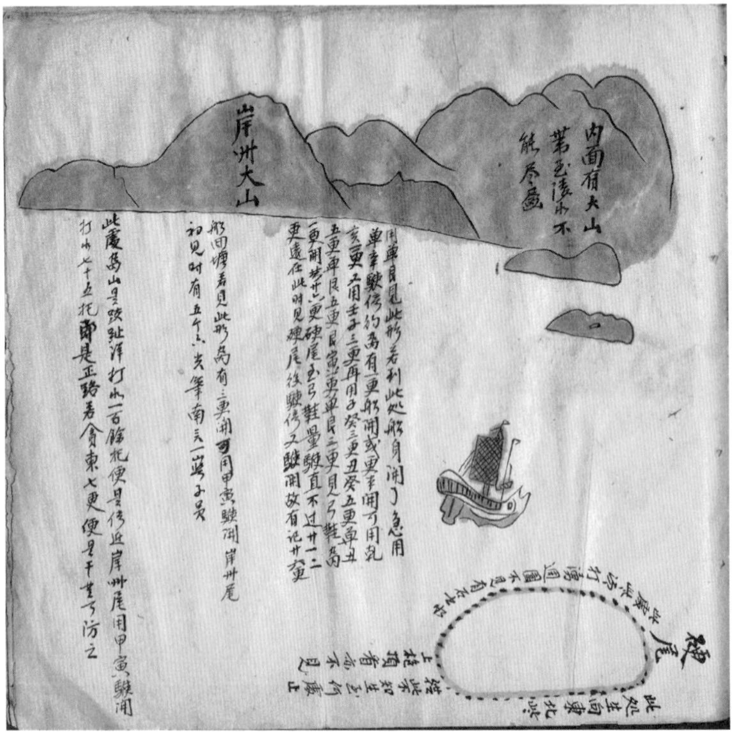
岸州大山
内面有大山
萬邑淺水不
能尽畫
用單艮見此形若到此處船身開了急用
單辛駛後約為有一更船開或單辛開可用乾
亥寅更又用壬子三更再用子癸三更丑癸五更單丑
五更單艮五更艮寅二更單艮二更見弓鞋為
一更開共廿六更硬尾至弓鞋量駛直不过廿一二
更遠在此附見硬尾後駛後又駛開故有记廿六更
船回塘若見此形為有三更開可用甲寅駛開岸州尾
初見时有五个六尖峯南头一尖子号
此處為山是跤趾洋打水一百餘托便是後近岸州尾用甲寅駛開
打水七十五托即是正路若貪東七更便是千里石防之
硬尾
此處生向東北嘴
此處生沙行湧迴圍不見有石之物
往此不知生之何處止
上往硬看亦不見

Knowledge House & Walnut Tree Publishing

Knowledge House & Walnut Tree Publishing